利率市场化后我国基准利率问题研究

刘义圣 著

海洋出版社

2022年·北京

图书在版编目（CIP）数据

利率市场化后我国基准利率问题研究/刘义圣著.
—北京：海洋出版社，2022.11
ISBN 978-7-5210-0904-0

Ⅰ.①利… Ⅱ.①刘… Ⅲ.①基准利率-研究-中国 Ⅳ.①F822.0

中国版本图书馆 CIP 数据核字（2022）第 015613 号

LILÜ SHICHANGHUA HOU WOGUO JIZHUN LILÜ WENTI YANJIU

责任编辑：张　欣　沈婷婷
特约编辑：刘义杰
责任印制：安　淼

海洋出版社　出版发行

http://www.oceanpress.com.cn
北京市海淀区大慧寺路 8 号　邮编：100081
北京中科印刷有限公司印刷　新华书店北京发行所经销
2022 年 11 月第 1 版　2022 年 12 月第 1 次印刷
开本：787 mm×1092 mm　1/16　印张：24
字数：484 千字　定价：128.00 元
发行部：010-62100090　邮购部：010-62100072

海洋版图书印、装错误可随时退换

目 录

第一章 相关概念与理论基础 (1)
第一节 基准利率相关概念 (1)
一、基准利率范式及多维透视 (1)
二、基准利率概念辨析 (3)

第二节 主要文献综述 (4)
一、利率市场化研究文献回顾 (4)
二、利率双轨制研究文献述略 (9)
三、基准利率文献综述 (13)
四、国际利率联动性的研究动态 (29)

第三节 基准利率选择的理论基础 (38)
一、马克思利息理论 (38)
二、西方利率规则理论体系 (41)
三、其他经典利率理论 (53)

第四节 央行基准利率形成与作用机理 (57)
一、央行基准利率的形成 (57)
二、央行基准利率的作用机理 (58)

第二章 我国利率市场化历程 (64)
第一节 官定利率市场化改革历程回顾 (64)
一、改革开放以来利率市场化改革历程回顾 (64)
二、改革开放以来中国利率政策操作的特征梳理 (70)
三、我国利率市场化改革的思路及特点 (72)

第二节 民间借贷利率市场化改革 (75)
一、民间借贷利率的概念和特征 (75)
二、民间借贷市场利率决定 (80)
三、民间利率与官定利率的联系与区别 (88)
四、民间利率市场化改革回顾 (92)
五、民间利率市场化改革评价 (105)

第三章 我国基准利率现状和存在问题 (107)

第一节 我国基准利率现状:"利率双轨制" (107)
一、利率双轨制特征 (107)
二、现阶段"隐性利率双轨制"表现 (109)
三、"利率并轨"改革面临诸多限制 (110)

第二节 我国基准利率存在的问题 (115)
一、利率未完全市场化,利率调控未充分重视 (115)
二、金融市场不发达,基准利率传导机制不健全 (116)
三、基准利率种类多,缺乏核心基准利率 (116)
四、隐性利率双轨制依然存在,价格型货币政策传导效率低下 (116)

第四章 我国基准利率的比较与选择 (118)

第一节 基准利率比较与选择基础:可供选择的利率考察 (118)
一、央行存贷款基准利率 (118)
二、再贴现利率 (121)
三、央票利率 (122)
四、银行间同业拆借利率 (123)
五、银行间债券回购利率 (125)
六、短期国债收益率 (126)

第二节 我国基准利率的比较 (129)
一、市场代表性比较 (130)
二、定价基准性比较 (133)
三、合理稳定性比较 (136)
四、经济相关性比较 (136)
五、政策可控性比较 (137)

第三节 我国基准利率的选择 (139)
一、央行基准利率选择的实证检验 (139)
二、新型货币政策工具应用下基准利率选择的实证检验 (150)

第五章 我国基准利率的变动与管理:利率微调 (158)

第一节 利率微调的概念及理论 (158)
一、概念 (158)
二、国外两种利率"微调"理论 (159)
三、利率微调的操作原则 (161)

第二节 利率微调模式的内外条件 (164)
一、利率微调模式的市场条件 (165)

二、利率微调模式的政策条件 ……………………………………………… (167)
　　三、中国利率微调操作欠缺条件 …………………………………………… (169)
　第三节　美联储成熟的利率"微调"操作经验 ………………………………… (171)
　第四节　市场主导下中国利率的微调模式选择 ……………………………… (175)
　　一、宏观经济调控"粗调"与"微调"之辨析 ………………………………… (175)
　　二、中国宏观经济调控的理性过渡：从"粗调"到"微调" ………………… (177)
　　三、中国宏观经济调控的利率微调前瞻 …………………………………… (179)
　第五节　中国利率微调模式的操作工具选择 ………………………………… (183)
　　一、中国利率微调的传统工具：公开市场业务 …………………………… (183)
　　二、中国利率微调的创新工具：常备借贷便利 …………………………… (186)

第六章　基准利率的变动与管理：利率走廊 …………………………………… (189)
　第一节　利率走廊调控 ………………………………………………………… (189)
　　一、利率走廊系统的基本原理 ……………………………………………… (189)
　　二、利率走廊理论模型 ……………………………………………………… (191)
　　三、利率走廊调控的优势 …………………………………………………… (192)
　第二节　基准利率两种调控模式的比较：公开市场操作与利率走廊 ……… (194)
　　一、公开市场操作和利率走廊的作用机制 ………………………………… (194)
　　二、公开市场操作和利率走廊的互动关系 ………………………………… (197)
　第三节　利率走廊调控基准利率的环境要求 ………………………………… (200)
　　一、利率走廊对准备金制度的要求 ………………………………………… (200)
　　二、利率走廊对准备金制度形式变化的影响 ……………………………… (203)
　第四节　我国施行利率走廊调控模式的条件考察 …………………………… (206)
　　一、我国初步具备实施利率走廊调控的宏观经济基础条件 ……………… (206)
　　二、中国在利率走廊调控方面存在的不足 ………………………………… (208)

第七章　我国基准利率的变动与管理：国际利率联动性 ……………………… (210)
　第一节　国际利率联动的背景、相关概念分析 ……………………………… (210)
　　一、背景释读 ………………………………………………………………… (210)
　　二、相关概念 ………………………………………………………………… (212)
　　三、国际利率联动性成因及与利率政策间关系 …………………………… (214)
　第二节　国际利率联动的理论基础 …………………………………………… (218)
　　一、凯恩斯利率理论与国际利率联动 ……………………………………… (218)
　　二、蒙代尔-弗莱明模型与国际利率联动 ………………………………… (221)
　　三、利率平价理论与国际利率联动 ………………………………………… (222)
　　四、国际利率联动作用机理 ………………………………………………… (225)

第三节　国际利率政策联动性实际考察 ……………………………… （235）
　　　一、2008 年金融危机前国际利率的特征回顾 ………………………… （238）
　　　二、危机期间国际利率联动性 …………………………………………… （242）
　　　三、危机后国际利率联动性造成的全球性趋势 ………………………… （245）
　　第四节　中美利率联动对中国利率调整的影响 ……………………… （249）
　　　一、简单的 VAR 模型 …………………………………………………… （249）
　　　二、回归分析 ……………………………………………………………… （252）
　　　三、建议：利率调整时关注美国利率调整的国际联动性影响 ………… （254）
　　第五节　开放条件下对外开放度对利率调控效果的影响 …………… （255）
　　　一、开放背景下对外开放度对国内利率调控效果影响理论基础 ……… （255）
　　　二、对外开放度的指标测算 ……………………………………………… （260）
　　　三、利率双轨制下我国对外开放度对国内利率调节的效应影响 ……… （266）

第八章　基准利率选择的国际比较：经验借鉴 ……………………… （275）
　　第一节　发达市场经济国家基准利率的选择 ………………………… （275）
　　　一、美国利率市场化历程中基准利率的选择及成功经验 ……………… （275）
　　　二、英国利率市场化历程中基准利率的选择及成功经验 ……………… （283）
　　　三、日本利率市场化历程中基准利率的选择及成功经验 ……………… （287）
　　第二节　新兴市场国家基准利率的选择 ……………………………… （291）
　　　一、韩国利率市场化历程中基准利率的选择及成功经验 ……………… （291）
　　　二、新加坡利率市场化历程中基准利率的选择及成功经验 …………… （294）
　　第三节　国外基准利率选择对我国的借鉴意义 ……………………… （296）
　　　一、市场发达国家基准利率选择对我国的借鉴意义 …………………… （297）
　　　二、新兴市场国家基准利率选择对我国的借鉴意义 …………………… （300）

第九章　我国基准利率培育、管理及相关配套制度建设 …………… （301）
　　第一节　我国基准利率的培育目标：长短期目标考察 ……………… （301）
　　　一、基准利率培育的短期目标：将 SHIBOR 培育为货币市场基准利率 …… （301）
　　　二、基准利率培育的长期目标：打造具有全面参照性的基准利率体系 …… （304）
　　第二节　我国基准利率培育与管理的深化完善 ……………………… （305）
　　　一、深化我国基准利率的培育路径 ……………………………………… （305）
　　　二、在"利率并轨"要求下存贷款基准利率向市场利率方向改革 …… （308）
　　　三、继续完善和发展中国利率微调的操作工具 ………………………… （311）
　　　四、进一步深入完善利率走廊 …………………………………………… （316）
　　　五、加强国际利率沟通与协调，注重国际利率联动性影响 …………… （319）
　　第三节　完善我国基准利率培育的配套制度 ………………………… （320）

一、增强市场参与主体的微观经济行为 …………………………（320）
二、继续深入利率市场化改革 ………………………………………（324）
三、增强利率政策信息的公开度及透明度 …………………………（327）
四、完善市场体系建设和金融监管 …………………………………（332）
五、注重利率与汇率的互动性以及政策协调的作用 ………………（333）

参考文献 ……………………………………………………………（338）

第一章 相关概念与理论基础

第一节 基准利率相关概念

在市场经济中，利率种类繁多，各种利率在庞大的利率体系之中相互联系、相互影响，发挥着调节和优化社会资源配置的重要作用。同时，多样化融资活动又从根本上影响着利率的多样性。影响融资活动的因素包含贷款额度、贷款期限、信用记录和金融工具等，这些因素的不同组合方式就会形成多样化的融资活动。当然，融资活动构成因素的不同也会导致其风险的不同，不同风险的融资活动中会形成差异化的利率水平，不同的利率水平就能直观地反映出该项融资活动对应的风险和收益。由此可见，利率是利息和本金的比率，是市场经济中重要的经济指标，也是国家调控宏观经济的重要经济杠杆。

根据价格理论，市场经济中的价格会随着商品的供求关系而发生变化，而利率正是资本的价格，同样适用于此理论。当金融市场中的货币需求大于资金供给的数额时，则会导致利率的上升，反之则下降。不难看出，利率水平的变动程度能够真实反映市场上资本的供求及其变化趋势。

一、基准利率范式及多维透视

（一）基准利率范式

基准利率是在金融市场中充当其他利率和金融资产普遍参照的利率，是调节金融市场其他利率的基础，金融资产的价格围绕着基准利率水平上下波动。在利率市场化进程中，基准利率扮演着重要的角色。从现实来看，不论是宏观管理者制定经济政策还是投资者计算投资损益在客观上都需要寻求一个客观且公认的利率，这也是基准利率存在的客观前提。从一定程度上我们可以将基准利率视为利率市场化机制形成的核心。不同国家对于基准利率的具体规定都有所不同，美国的 FFR、英国的 Libor、欧盟的 Euribor、日本的 Tibor 以及其他国家和地区以同业拆借利率为基准利率，而德国、法国、西班牙等国家和地区以回购利率为基准利率。我国目前的基准利率是以中国人民银行对国家专业银行和其他金融机构规定的存贷款利率。

(二) 基准利率的多维透视

虽然近年来国内对于基准利率方面的研究有所增加,但针对基准利率的具体定义仍没有达成统一的意见。对于基准利率定义问题,各方学者根据其理解的不同而持着不同的观点。

根据风险和期限结构方面来看,李格平(2008)认为基准利率有两个条件:一是能够准确地反映当前市场中资金供求关系;二是能够恰当显示未来金融形势变化对资本供求的直观影响,即基准利率必然可以在所需的任何时期代表当前市场参与各方对未来发展的预期。根据风险和价格传导的方面来看,梁福涛(2007)认为,基准利率是在金融市场和利率系统中起关键性和决定性作用的利率,也是没有风险或最低风险的利率,其变化决定了其他利率的趋势,进而影响其他金融产品的价格。根据基准利率在金融市场的地位方面来看,王志栋(2011)认为,金融市场基准利率的地位主要取决于对其他利率工具和有价证券的价格影响。根据利率二重性原理,基准利率不仅具有作为货币政策直观信号及指标的特点,而且具有成为市场利率反馈手段的特点,即应当成为市场利率与政策利率的趋同点。在基准利率概念界定方面,黄达(1990)将基准利率界定为利率体系中最主要、最关键,并起决定性作用的利率。此外,在确定基准利率时,戴国强和梁福涛(2006)从金融市场的现实即供求关系角度展开,认为基准利率在许多利率的制定过程中都起着决定性的作用,是符合普遍的市场检验和受到广泛认可的存在。此番定义也反映了基准利率的市场性质和对于中国利率市场化发展的重要性。

根据上述定义和国际货币市场基准利率形成的经验,笔者认为基准利率的内涵应包括以下几个方面:

首先,基准利率是货币市场利率体系的一部分,且与其余的货币市场利率呈现相辅相成的关系,同时其具有代表性,可以准确地反映出市场利率体系的整体变化。货币市场中有许多大型的市场交易实体,它们进行着大规模的交易,这些交易是产生基准利率的基础。因此,基准利率可以准确地反映市场资本的供求信息。其次,基准利率作为利率基础,成为市场上其余利率制定的参考标准之一,其变化趋势会直接影响到其他市场的利率变动。再者,基准利率一旦发生变化,其余以此为参考标准的市场利率也会随之发生变化,这反映了金融市场的总体利率水平。最后,基准利率被认为是一种无风险或低风险的投资回报率,因此,它就成为其他金融产品定价之锚。

因此,我们可以对基准利率做如下的界定:基准利率是整个利率体系的基础和核心,是中央银行进行金融宏观调控的重要手段,是能够推动国民经济健康发展和完善金融市场的重要工具。

二、基准利率概念辨析

(一) 基准利率及其体系

基准利率是一个系统性的概念，常常是指在整个利率系统中起着中心作用的利率。从概念上可以分为官方基准利率和市场基准利率两种，而在品种和结构方面，基准利率可以说是一种特定的某个期限的利率，也可以是具备一系列期限结构的利率。总之，基准利率是一个抽象的利率概念，不仅包括某种利率，还包括具有多个利率子系统的利率体系。

(二) 央行政策性基准利率

央行政策性基准利率是具有较强行政规定性的利率，是指中央银行根据宏观经济形势所确立的目标利率，因此，它不是由市场机制而自发形成的，主要是用来反映中央银行对当前和今后一段时期货币政策的一种态度和趋向。在我国，中央银行的基准利率，包括基准存款利率、贷款利率、存款准备金利率等，这些都是由中央银行直接确定，无需由市场交易形成。因此，中央银行的政策性基准利率不是本文所要探讨的央行基准利率。

(三) 央行基准利率与市场基准利率

中央银行基准利率是市场利率市场化改革的关键，也是本文的研究重心。央行基准利率是在一国利率体系中起基础性和指导性作用的利率体系，在金融市场上能够充当其他相关产品的重要参照和价格变动信号的市场核心基准利率。通过已经完成利率市场化的国家实践来看，央行基准利率大多可以充当货币市场利率。

在金融市场机制完善的国家，货币市场不仅具有短期资本融通和提供流动性便利的功能，而且还是资本信息反馈的中心。更重要的是，货币市场化是央行实施和推出货币政策的支点，也是实现政策目标的重要场所。货币市场包括银行间债券市场、票据贴现市场、国债买卖市场等形成的短期利率市场，普遍带有较强的联动性，货币市场这些重要子市场所形成的利率能通过影响各类金融机构的融资成本和交易意向从而达到对金融市场上资金和供求的影响。由此，可以看出货币市场利率在资本市场和货币市场之间扮演着连接器的重要作用。另外，央行可以通过公开市场操作直接参与到货币市场之中，或通过贴现窗口等形式影响货币市场的资金供求，从而达到间接影响货币市场利率的效果。

然而，市场基准利率则是与央行基准利率相对应。市场基准利率通常是指在市场整个大系统中抑或是某个子系统中发挥核心作用的利率，它涵盖所有长、短期资金融通市场，如货币市场、债券市场等。市场基准利率最大的特点就是以市场为基础的利率，是没有强制行政规定而自发形成的基础利率。市场经济是一个包括要素市场、货币市场、商品市场等部门的市场体系，各个市场又包含各类不同的子市场，由于市场种类的繁多，在界定市场基准利率时，将其划分为专业市场基准利率和一般性市场基准利率两种利率，专业市场基准利率一般是指某个具体的子市场或分市场基准利率，而一般性市场基准利率则是指市场整个大系统的基准利率，主要出现在货币市场上。

央行基准利率和市场基准利率两者间存在辩证统一的关系。从两者的联系来看，首先，央行基准利率和市场基准利率的形成机制都是以市场为基础的，都是产生于市场交易主体的供求互动之上；其次，它们都具有普遍的基准性，在市场经济中产生普遍而广泛的影响；第三，央行基准利率对市场基准利率具有约束力和指导性；最后，市场基准利率也对央行基准利率具有反作用，这表现在市场基准利率一般能反映货币市场的宏观经济趋势以及资金的供求情况，如若市场机制不能很好地确保市场基准利率的平衡，使得关键的宏观经济指标得不到应有的控制，这一信号将被传递到央行，迫使他们采取措施调整央行的基准利率从而达到引导市场基准利率走势，实现资本供需平衡和实现宏观经济的目标。

从央行基准利率与市场基准利率的区别来看，首先，两者发挥作用的先后顺序存在差异。中央银行的基准利率是中央银行货币政策的最前沿，而市场基准利率则是跟在央行基准利率之后，处于央行货币政策的中端；第二，它们有不同的出发点。市场基准利率是以其在市场中的主导地位为基础的，而中央银行的基准利率则是以中央银行为基础；第三，二者的组成内容有所差别。前文谈到市场基准利率是有做区分的，市场基准利率包含专业市场基准利率和一般性市场基准利率，此外还有一些其他的利率类型，这些多种多样的利率虽然期限有异但由于性质相同才共同组建了市场基准利率体系，而央行基准利率作为政策性利率往往是指某一具体的利率。

第二节　主要文献综述

一、利率市场化研究文献回顾

利率市场化是金融体系的重要组成部分，同时也是金融自由化的基础。利率市场化强调的是发挥市场在资源配置中的决定性作用，实现资源在各地区、行业和企业之间的自由流动从而提高资源配置的效率。我国最早是在1996年开展银行同业拆借业务，至今已走过20多年的风风雨雨，回顾这些年来我国利率市场化的改革成就可谓巨大，同时相关学者对于利率市场改革的研究成果也十分丰硕。本书试图对相关的研究文献进行分类梳理，以供参考。

(一) 中国利率市场化理论研究

利率市场化改革作为当前我国经济体制改革和金融市场化改革的重要一环，国内学者对于是否采取利率市场化改革大多持支持的态度，原因有以下几个方面，一是从发展均衡角度而言，利率市场化是金融稳定和健康发展的必然要求，也是市场博弈的结果，能够为各方带来均衡利益。二是利率市场化是纠正利率管理制度缺陷和促进利率管理的有效手段。三是利率市场化能够带来开放经济条件下我国经济的健康发展，实现与世界经济的接轨。

易纲 (2009) 基于央行和利率管理的层面，回顾了我国利率市场化改革过去30年动态的过程及市场化改革的成就。一方面逐步改革存贷款利率的目标已经实现；另一方面发展并改进市场利率体系，使得我国的短期基准利率和中长期基准利率体系处于初步发展阶段。[1]

周小川 (2011) 认为，推动市场利率改革是充分发挥市场资源分配作用的重要方面，利率的市场行情反映了金融机构在竞争激烈的市场上独立定价的能力，是客户选择权的体现，是金融产品和服务差异性、多样性供求关系的体现，也是金融企业的风险评估和定价标准，在一定程度上也体现了宏观调控的需要。他对进一步推进改革提出了一些看法，首先，根据审慎的宏观经济管理的要求，金融公司的成立必须符合严格的标准，在这方面，金融机构可以发挥重要作用，逐步放开替代性产品的价格，让它们在竞争性市场上定价，使金融机构能够进一步提高风险定价能力。其次，必须建立公平的竞争制度和适当的自我管制。最后，尽量避免对银行产品过度交叉补贴。[2]

胡新智和袁江 (2011) 比较分析了国际"渐进"和"激进"市场利率改革模式的路径，总结了一些主要的经验教训，概括了银行和金融交易在市场利率之后的发展情况。他们认为，渐进式改革是我国利率市场导向的合理选择。金融制度的创新为利率市场导向提供了可靠的保障，货币政策框架的管理是金融改革的一个重要组成部分，而经营转型是商业银行发展的先决条件。[3] 巴曙松 (2012) 认为，借鉴发达国家的改革经验，中国长期以来一直在稳步推进市场利率改革进程，并取得了良好的业绩。目前，继续深化利率市场改革有足够的内在动机，经过多年的研究，中国利率市场化基本条件基本得到满足。我国的利率市场改革正在进行之中，积极推进我国利率市场化进程，同时积极推进尚未建立的金融制度，如存款保险制度，金融机构退出机制等，以及有

---

[1] 易纲. 中国改革开放三十年的利率市场化进程 [J]. 金融研究, 2009 (01): 1-14.
[2] 周小川. 关于推进利率市场化改革的若干思考 [J]. 西部金融, 2011 (02): 4-6.
[3] 胡新智, 袁江. 渐进式改革: 中国利率市场化的理性选择——利率市场化的国际经验及其对中国的启示 [J]. 国际经济评论, 2011 (06): 32-145.

效监测短期内可能产生的不利影响。① 彭建刚等人（2016）在利差决定模型的基础上，实证分析了商业银行利润差额受利率市场化的影响，结果表明，利率差额与利率市场化之间的关系不是线性的，而是倒 U 型的曲线。谭中明（2016）以中国四家国有商业银行为例，分析了我国商业银行的盈利能力受利率市场化程度的影响，他认为随着利率市场改革的深入，商业银行的净利差没有出现下降趋势，基准利率的变化对我国商业银行的净利差影响不大。

巴曙松和谌鹏（2012）指出，互联网金融介入是传统金融业务的有益补充，在中国金融系统分业经营、分业监管的情境下，传统的金融公司必须在网络竞争中创造其独特的优势。戴国强，方鹏飞（2014）发现，互联网金融增加了商业银行的风险，主要通过增加了银行资本支出，降低了银行成本效益，间接增加贷款利率等途径发挥作用。吴诗伟等（2015）认为，互联网金融正经历着"野蛮增长"，其"鲶鱼效应"有助于深化金融市场的改革，有助于优化金融资源的配置，进一步促进实体经济的健康发展。然而，这对传统商业银行的负面影响也较为明显。宋首文等（2015）②认为，在"互联网+"时代，互联网金融与银行实现完美融合，商业银行必须采取措施应对与互联网金融相关的风险。如通过实施新的管理改革，一旦传统商业银行利率市场化之后，实现与互联网金融的协同发展。

（二）利率市场化的含义和影响因素

利率市场化的重要性在于市场根据资金需求和供应确定利率水平，尽量减少政府对市场的干预。在市场化条件下，利率变动只由单方面参与者决定是不可能的，而是在市场参与主体共同影响下进行调控。对央行而言，其不是直接控制利率的变化，而是通过间接货币政策来影响利率，诸如在公开市场上买卖有价证券等。在讨论利率市场化的意义时，许文彬（2002）认为，利率"出价"权应是市场参与主体都平等享有的权利，利率结构的形成应由市场自发调控，政府不再直接干预，而是采取间接方式对金融资产进行调节。③ 王国松（2005）认为，利率市场化不仅包含放松对利率的控制，也是利率体系的建立和利率传导机制的完善。④

国内学者对利率市场化改革的影响因素也进行了深入研究。刘芳等人（2013）认为我国利率市场化的影响因素主要有以下三方面：一是经济形势的负面"冲击"；二是

---

① 巴曙松. 我国利率市场化改革时机渐趋成熟 [J]. 金融市场研究，2012（01）：14-19.
② 宋首文，代芊，柴若琪. 互联网+银行：我国传统商业银行风险管理新变革 [J]. 财经科学，2015（07）：10-18.
③ 许文彬. 渐进模式下的制度演进与中国股票市场发展 [J]. 江西财经大学学报，2002（01）：19-23.
④ 王国松. 融资结构对国有企业治理结构的影响力分析 [J]. 上海大学学报（社会科学版），2005（02）：33-36.

结构类因素；三是制度类因素。① 在此基础上，还根据 Abiad 和 Mody 对于金融改革决定与影响因素的相关研究，探讨了利率市场化的影响因素。结果显示，各因素对利率市场化的影响不尽相同，有正向的积极影响因子，如利率缺口收窄、金融工具质量等；负向的消极影响因子有经济周期波动、市场垄断、通货膨胀和预算软约束等；还存在不确定影响因素，即经济开放程度和产权多元化。因此，我们必须依靠稳定的经济环境，利用经济危机倒逼利率市场化改革，以此打破银行垄断，加强预算约束，提高制度创新水平。

（三）国际利率市场化改革经验

与发达国家相比，我国的利率市场改革开始得很晚，因此，我国早期对于利率市场化的研究内容主要集中在国际经验借鉴部分。杨肇辉（2014）② 将市场利率改革模式分为三类：市场驱动型、政府激进型和政府渐进型。按利率进行市场改革的模式在中国是属于政府渐进型，同时，进一步分析了国内利率市场化的关键步骤，从而理清其逻辑顺序。马胜杰（2001）研究发现我国利率市场化改革的条件已经成熟，主要基于对国内利率市场化的微观基础、银行存贷规模、利率市场化的举措以及金融市场监管等几方面分析得出的结论。在借鉴国外经验的基础上结合我国的实际情况，实施市场利率改革主要包含以下五个方面：一是逐步放宽利率管制，即采用渐进式的方式；二是不断扩大央行的自主决策权；三是发挥市场在商业银行和国有企业中的重大作用，实行市场化运作；四是加强金融监管机构的能力，以法制为金融监管机制保驾护航；五是相应配套改革措施应予以重视，以稳定经济环境。③ 史露燕（2015）比较了美、日、德三国市场化存款利率改革的背景，以及深入分析了改革对汇率、实际利率、改革期间存款增速、利率曲线斜率、存贷款利差和银行业危机的相关影响。进一步预测，一旦我们的利率市场化，存贷利差必然呈现下降趋势，这将对我们的经济产生严重影响。④

（四）我国利率市场化历程及进程测度

学术界对于我国利率市场化起点的问题研究上没有统一的定论。相关学者在他们的研究中选择了不同的起点。罗良文、雷鹏飞（2011）认为国内市场化改革的起点是1978 年，在此基础上对利率市场化与经济增长方式转变二者之间的关系进行了研究，

---

① 刘芳. 我国利率市场化改革中的金融风险防范研究［J］. 当代经济研究，2012（04）：45-50.
② 杨肇辉. 中国利率市场化改革的模式和顺序［J］. 决策与信息. 2014（23）：30-30.
③ 马胜杰. 从国际经验看中国的利率市场化改革［J］. 世界经济，2001（05）：56-60.
④ 史露燕. 关于利率市场化后各部门发展研究综述［J］. 商，2015（11）：173.

将1978—2009年的样本分为两个阶段，分别为1978—1993年和1994—2009年。[①] 陶雄华、陈明钰（2013）基于三个指标对我国利率市场化水平进行测度，结果显示：到2012年底，我国利率市场化程度为80%。与此同时，我国的利率市场化进程分为三个阶段：（1）1979—1995年，曲折中前进；（2）1996—2006年，持续上升；（3）2007年至今，停滞回潮和小范围突破。[②] 刘金山、何炜（2014）采用了陶雄华、陈明钰（2013）的利率分类法对我国利率市场化进程采取每次重大调整赋值法进行测度，研究表明，截止到2013年，我国利率市场化达到80.64%的水平。[③] 王舒军、彭建刚（2014）[④]建立了利率市场化指标体系，从存贷款利率、货币市场利率、债券市场利率和理财产品收益率入手，通过指标体系测算出到2013年底，利率市场化率达到85%。

（五）利率市场化现有研究的不足

近年来，尽管国家研究人员就利率市场化问题进行了广泛而富有成效的探讨，也取得了丰硕的成果，但梳理相关文献，我们发现对利率市场的研究仍不够充分：

首先，从文献内容的角度看，以下重要问题在文献中仍然没有得到有效解决：第一，在促进经济增长过程中，管制利率与市场利率二者之间存在的本质区别及完全自由竞争在我国是否允许且应该实行的退出约束机制是什么。第二，必须加强对货币政策在市场利率改革进程中的效力研究。第三，关于在线金融发展对利率市场化进程的影响的文献很少，缺乏深入的研究与探讨。

其次，从文献使用方法的角度看，尽管近年来经济学开始采用实证方法研究利率市场化，但规范分析仍占多数。虽然有学者运用计量经济学模型分析利率市场化的效应和选择基准利率，但他们只研究了制度质量的综合影响，对于制度质量指标的研究也是单一的。

第三，从文献的宏微观角度来看，关于我国利率市场化对企业和居民的微观影响的研究很少。这意味着利率市场化对微观企业和居民的有效性问题得不到验证，也就无法对微观主体应对利率市场化的风险提出有益的参考意见。

基于以上分析，本文将从以下几个方面进行深入研究：首先，必须探讨建立市场利率的有效机制。金融机构硬约束的市场机制尚未建立，市场准入和退出机制尚未完善，如何制定一种机制来建立市场利率，以防止利率操纵显得尤为重要。此外，金融

[①] 罗良文，雷鹏飞．利率市场化对经济增长方式转变的影响［J］．经济问题，2011（10）：20-23．
[②] 陶雄华，陈明钰．中国利率市场化的进程测度与改革指向［J］．中南财经政法大学学报，2013（03）：74-79+160．
[③] 刘金山，何炜．我国利率市场化进程测度：观照发达国家［J］．改革，2014（10）：20-27．
[④] 王舒军，彭建刚，2014．中国利率市场化进程测度及效果研究——基于银行信贷渠道的实证分析［J］．金融经济学研究，29（6）：75-85．

商品和服务的市场价格体系，在利率的市场化过程中：名义上的利率市场化可能会导致价格的进一步扭曲，这主要是因为不能享有对中间业务产品的相关价格的自主定价权。第二，在利率市场化的情况下，必须注意货币转移机制的有效性，如利率市场化影响国内货币政策的传导机制、货币乘数、货币需求和货币政策效率。

我们在梳理国内外学者研究的相关文献中发现，学者对这些问题进行了广泛的理论研究，并提出了利率市场化的基本概念和特点以及在我国利率市场化进程中凸显的问题和解决措施。此外，一些学者重点关注商业银行信贷业务在利率市场化背景下所面临的风险和危机。例如，他们认为，在利率市场化的背景下，商业银行的竞争将会大大加剧。这将导致不良贷款的增加和银行资产结构的失衡。此外，严重的产能过剩和消费信贷的快速增长将伴随着高风险。因此，在中国利率市场化的改革和发展中，以商业银行为代表的各级金融机构必须积极应对金融交易中的风险。当然，现有的研究结果也存在一些问题。例如，在利率市场化改革过程中，对我国各类金融机构可能存在的问题和风险的理论研究较为分散，尚未形成完整的理论体系，利率市场化的实际效果和更进一步地改善措施尚待检验。

二、利率双轨制研究文献述略

关于利率双轨制的文献，国内学者主要集中在对新凯恩斯一般均衡模型（DSGE）内加入利率双轨制特征和金融双轨制、金融抑制和央行政策指引下的信贷配给等限制条件，结合市场利率改革进行数学模型分析，着重对于模型分析的作用进行数值推导，从而得出具体的结果。对比利率双轨制和利率市场化两种不同情形下，对我国货币政策的政策工具选择、货币政策的传导效应动态考察以及政策操作效果的一个动态的评价。这些研究都是基于中央银行的货币政策评价的角度出发的。

针对公开市场操作及存贷款基准利率及准备金率等政策工具的应用在利率双轨制下分别对货币政策的政策传导效应的考察，学者们存在着不同的意见。

（一）从宏观货币政策传导效应角度出发

何东和王红林（2011）研究在双轨利率制度下，贷款基准利率的下限和存款基准利率的上限的管制利率，主要以 Freixas & Rochet（2008）和 Poter & Xu（2009）模型为基础，建立了一个部分平衡的经济模式。结果表明在利率双轨制下，我国公开市场操作对市场利率的影响效果不明显，而存款基准利率和存款准备金率的调整受到显著影响，这表明，在利率双轨制下，存款基准率是最强大的决策工具，对市场利率的影响程度远远大于存款准备金率的影响，而依托公开市场操作为主的数量型货币政策传导效应收效甚微。①

金中夏（2013）分析了存款利率调整对宏观经济和我国市场结构的影响，认为在经济遭受外部冲击时提高存款利率，可能会减轻外部冲击对整体宏观经济的影响，并将有助于促进货币政策的利率传递渠道更加畅通，加快流通速度。② 与之相对应，胡育蓉和范从来（2015）基于利率双轨制和利率市场化两种条件下构建 DSGE 模型，研究了不同的利率决定结构对货币政策工具选择的影响。通过贝叶斯估计方法和动态数值模拟两种方法进行对比研究，结果表明利率决定结构的不同对货币政策工具的最优选择起决定作用，即不同利率决定结构下，最佳的货币政策工具有所差异。非市场化工具在利率双轨制下效果较好，诸如央行的信贷配给计划和窗口指导下的宏观微调等措施。存款准备金作为一种常规性的数量工具，也是最强有力的宏观调控工具，其一旦进行调整，能够引起经济变量的大幅波动，对于减小通胀和产出的周期性波动的幅度；在充分市场利率条件下，诸如信贷计划和存款准备金率等非市场化的数量型货币政策工具的调整，相较于利率双轨制条件下，其效果并不好，要想达到理想的效果，其正确的政策操作应是遵循泰勒规则，按其要求进行市场基准利率的调整。③

刘金全和石睿柯（2017）从理论上介绍了在"利率双轨制"条件下当前我国的货币政策传导机制，并对其进行实证分析。结果显示：利率双轨制导致了政策传导效果的不理想。目前的双轨利率制度导致了对资金需求的软预算限制主体和民营企业融资二者之间存在"双重双轨制"特征，在这种制度下，资金分配效率扭曲，价格信号的"扭曲"需要定量工具进行纠正。④

中国利率双轨制的典型特征在于决定市场生产消费活动的存贷款利率受到政策管制属于"计划轨"利率，而银行间拆借利率等货币市场利率基本实现了按照资金供需关系实现均衡定价的市场化的利率，即属于"市场轨"利率。Poter & Xu（2013）对利率形成的微观机制进行研究，主要基于对银行利润最大化行为的研究。他们得出结论认为，"计划轨"的存贷款利率会对"市场轨"的利率产生干扰，前者通过影响资金供求使后者偏离均衡的市场利率水平，即隶属"市场轨"的银行间拆借利率作为资金价格的有效性被大大削弱了。纪洋等（2015）基于他们的研究，立足 2013 年放宽贷款利率下限的现实，将研究重点引到"存款利率上限的限制"对"贷款利率"的影响上。与过往的研究认为利率市场化会引起存贷款利率的上升的结论相反，他们得出结论放宽存款利率上限会降低贷款利率。他们指出，放宽存款利率上限导致存款利率大

---

① 何东，王红林. 利率双轨制与中国货币政策实施［J］. 金融研究，2011（12）：1-18.
② 金中夏. 中国利率市场化有利于经济结构转型［N］. 21 世纪经济报道，2013-07-15（023）.
③ 胡育蓉，范从来. 货币政策工具的选择：利率双轨制和利率市场化［J］. 经济评论，2015（04）：3-16.
④ 刘金全，石睿柯. 利率双轨制与货币政策传导效率：理论阐释和实证检验［J］. 经济学家，2017（12）：66-74.

幅度提高，居民收入增加。在相关部门，增加银行贷款来源，降低贷款利率，同时研究了利率市场化改革的次序，强调放开设定存款利率上限应优先于降低银行准入门槛和资本账户的开放。[①]

随着研究的深入，学者们开始深入挖掘"利率双轨制"背后复杂的原因和背景条件，部分学者开始将"利率双轨制"与"信贷限制""所有制歧视""国企和地方政府预算软约束"等结构性问题联系一起来深入分析政策的效果。纪洋等（2016）揭示了我国金融双轨制和利率双轨制下，金融市场对价格和数量存在双重控制。价格管制降低了存款在正规金融市场的利率，而数量控制则限制了正规金融市场的可贷款总额。双重控制的背景下将中小企业挤出正规金融市场，在"利率双轨制"条件下，利率市场化将引起正规金融市场和非正规金融市场的异质性反应，仅仅推行利率生成机制市场化的价格改革会全面引致利率提高，只有辅以数量改革，才可以降低非正规金融市场的利率水平，实现两个市场的利率渐进统一，提倡价格改革要与数量改革同步进行。遗憾的是，他们仅仅局限于金融市场本身，并没有从经济结构内部深入去探讨为何存贷款的数量管制和价格管制同步存在的原因。[②]

张勇等（2014）在"双轨利率体系"的背景下推出了新的"DSGE"模式，该模式带融资溢价性质，立足福利最大化的目的，进一步分析了利率双轨制的效率、改革和相配套的最优货币政策。研究表明：利率双轨制不仅仅只源于金融市场的扭曲，还来自产品市场的市场扭曲，目前利率双轨制在信贷配给、国企融资软预算约束的条件下存在着的垄断扭曲和融资扭曲，决定了其在短期内是高效的一个政策工具，在这个背景下的双轨制是有效率的，但成本过大，反映了以投资主导型的经济发展模式。政府应该认识到这个问题，在转变经济发展方式的同时打破国企的垄断扭曲和融资扭曲，在两种利率不再具有效率时，取消利率双轨制度是损失福利最小的。

杨坤等（2015）将非正规金融市场和利率双轨制两个因素引入到 DSGE 模型内，研究了目前我国信贷政策的效果。研究发现信贷扩张是把双刃剑，对于增加银行信用体系投放具有积极作用，但也会对非正规金融体系的借贷活动起到消极的抑制作用。在双轨利率制度下，积极的信贷冲击减少了企业对非正规金融市场的资金需求，降低了市场的利率水平。在增加信贷的时候对经济产生了数量（可贷资金增加）和价格（市场化的市场利率下降）的双重效应，增加了信贷政策的调控效果。[③]

马亚明等人（2018）通过建立 DSGE 模型，对不同企业部门杠杆率差异水平下货

[①] 纪洋，徐建炜，张斌. 利率市场化的影响、风险与时机——基于利率双轨制模型的讨论［J］. 经济研究，2015，50（01）：38-51.

[②] 纪洋，谭语嫣，黄益平. 金融双轨制与利率市场化［J］. 经济研究，2016，51（06）：45-57.

[③] 杨坤，曹晖，孙宁华. 非正规金融、利率双轨制与信贷政策效果——基于新凯恩斯动态随机一般均衡模型的分析［J］. 管理世界，2015（05）：41-51.

币政策传导的效率进行研究,此外还基于不同存款利率水平,对数量型货币政策和价格型货币政策两种工具的传导效果差异性进行深入研究。研究表明:如果企业杠杆率保持在合理的范围之内,货币政策向主要经济变量的转移是有效的,企业间杠杆率差异会随着利率完全市场化的深入而逐渐缩小,且二者逐渐呈现趋同。[1]

(二) 从银行经营等微观角度出发的研究

当然也有学者从商业银行的角度出发来研究利率双轨制下存贷款利率的决定问题。李宏瑾等(2018)引入了"隐性利率双轨制"的概念,并在对其特征和作用机理的分析基础上,对存贷款利率的决定因素予以揭示。通过理论与实证研究得出结论,现有的隐性利率双轨制条件下,商业银行的存贷款利率水平要低于理论上存贷款管制完全放开条件下的市场化的利率水平,并且反过来压低了已经市场化的金融市场的利率水平。通过在模型内的数值模拟发现,存贷款利率和金融市场利率在完全市场化之后,存贷款利率的差距也将扩大。今后的政策目标是尽快确定短期政策的目标利率,并将其与存贷款基准利率的利差相联系,一旦条件成熟,逐步取消存贷款基准利率,在完全利率市场化情境下实现价格型政策调控的转型升级。[2]

赵建(2019)从金融商品的价格角度出发,他对2019年政府工作报告中的货币政策表示了肯定,明确提出要深化利率市场化改革,降低实际利率水平。在此之前,中央银行工作会议和《2018年第四季度中国货币政策执行报告》都明确指出有必要继续深入推进利率市场化调整改革,推动利率实现"两轨合一轨"。显然,利率趋同问题已成为货币政策中的一个关键问题。促进存贷款利率和货币市场利率的逐步协调统一,并且促进货币政策传导。[3]

张远(2019)归纳了现阶段我国利率"双轨制"的主要特点,分析了现阶段我国利率"双轨制"带来的主要问题,并认为我国利率改革"双轨合一"的条件已经基本成熟。根据在2019年中央银行工作会议上,我国中央银行明确建议加快市场利率体系改革进程,促进利率实现双轨趋同,完善市场化利率的形成、调控和传递机制。旨在建立一个能够有效提高央行调控市场利率的机制,即建立健全与市场相适应的利率形成和调控机制。我国市场利率的改革已经进行了许多年,在实现"双轨"利率一体化方面的进展是最后一步,也是我国利率面向市场的关键步骤。最后,分析和总结了实现"双轨合一"过程中需着力解决的主要问题,并提出相关对策建议。[4]

---

[1] 马亚明,王虹珊.影子银行、金融杠杆与中国货币政策规则的选择[J].金融经济学研究,2018,33(01):22-35.
[2] 李宏瑾,苏乃芳.中国隐性利率双轨制及其对市场利率的影响[J].财经问题研究,2018(08):42-50.
[3] 赵建.利率并轨:金融商品的价格闯关[J].金融博览(财富),2019(04):24-25.
[4] 张远.加快推进利率"双轨"合一[J].中国金融,2019(05):33-35.

钮文新（2019）认为随着美联储加息周期进入尾声，全球迈入低利率时代。这也就意味着全球性股权资本为王的"低利率时代"到来了，中国利率"双轨合一"或迎来关键时间窗口。他认为，美国联邦储备基金加息周期即将结束，世界正进入低息期；分析出了制约利率上行的两大原因：庞大的债务规模和全球经济大变革。最后总结了为了实现去杠杆的目标，中国必须强化股权资本竞争意识[①]。

而针对利率并轨的研究，由于目前正处于政策改革的试探期，还未进入到政策落实阶段，所以大部分学者都只是对利率并轨的一些必要性和可能实现的成效进行了初步分析，具体改革的问题有待于进一步研究。央行多次放风利率并轨是为了在改革前期加强市场的信息交流，提高市场的政策改革预期，减少改革的潜在损失，但在利率并轨改革推行过程中可能存在的风险和问题，目前并没有学者进行详细的探讨，有待于进一步深入研究。

三、基准利率文献综述

（一）关于基准利率内涵的相关论述

1. 基准利率的定义

基准利率主要形成于短期货币市场的实际资金供求，在短期的货币金融市场中，利率调整和市场化的不断深入主要依赖的因素就是对基准利率的正确选择，而短期的基准利率又主要由短期货币市场的实际资金的需求和情况进行决定。为了能更好地使投资者得到在不同的信用等级、期限和结构下更为精准的短期性利率，需要在上述的长期性基准利率的基础上将信用期限、风险等因素的溢价算在内。然而，想要对基准利率的各项特征进行研究，就需要对基准利率在宏观基础上进行一个准确的定义。国内研究者在对基准利率的基本概念理解上有不同的看法，但都普遍一致认同基准利率在我国的利率货币政策体系中起着重要的主导作用。

关于当前基准利率的具体定义，国内金融学者从不同的角度研究给出了不同的基准利率定义。黄达（1990）最早从基准利率的主导作用角度出发，在他看来金融市场基准利率应该是指在金融市场和利率体系中能够始终起到决定性并充当主导性作用的利率，并且要具备流动性。陈时兴（2001）从基准利率的流动性出发，认为该利率是所谓的市场流动性基准利率，是多种市场利率并存在一定条件的情况下起重要决定作用的流动性利率，是流动性金融市场上所有流动性金融投资产品价格水平确定的重要

---

① 钮文新. 全球性股权资本为王的"低利率时代"——中国利率"双轨合一"或迎来关键时间窗口[J]. 中国经济周刊，2019（04）：96-99.

流动性参考因素和依据,且能够被人们普遍认可的具有重要参考价值的流动性利率。李格平 (2008) 从基准利率的风险和期限结构视角出发,指出基准利率在不充分考虑实际通货膨胀率的基础情况下是可以泛指一种没有任何信用风险、流动性的风险和期限结构升水的基准利率。基准利率的两个重要基本条件分别是既要能正确反映当前整个市场经济发展过程中的流动资金和市场供求的情况,又需要能正确地反映未来的经济、金融的条件和变化对我国货币资金市场供求的直接影响。也就是说,基准利率必须在任何一个时点都必须能够准确地代表当前的市场状况以及参与者对未来的货币市场预期。彭红枫 (2010) 通过对基准利率的市场性价值考量,指出一般意义上的基准利率主要是通过流动性金融市场的供求为基础所形成的基准性的金融市场利率,是多种金融产品利率组合并存在一定条件的情况下起重要决定作用的市场性利率,是各种流动性金融产品利率定价的市场性基础和依据,是目前人们所广泛公认的并普遍广泛接受的一种具有重要意义和参考价值的市场性利率。王志栋 (2011) 基于金融市场基准利率在其金融市场的重要地位及与其货币政策利率关系的基本考量,认为金融市场基准利率在其金融市场的地位主要在于它是通过对其他货币利率计算工具和固定收益投资证券的定价及其利率影响结果反映出来的,依据货币利率信号二重性原理,基准利率既在本质上具有金融市场货币政策信号利率指示器的基本特征,同时也具有金融市场利率信号反馈器的基本特征,它在本质上是金融市场基准利率与其政策货币利率的一个重合点。张华庭、夏海波 (2015)[①] 则在报告中明确指出,在整个利率体系中,基准利率应是一种被人们公认并普遍接受的典型且具体的利率,如:贷款利率、国债拆借利率、再贴现率。同时,这种独立的利率决策体系既是其他金融市场利率变化的重要参照体,又是证券投资者与其他金融货币政策的制定者共同进行利率决策的重要参照体。王志强 (2015) 则是指出基准利率应该被认为是对金融市场经济基础性的一个代表,是货币政策的一个指示器,在他看来,基准利率最重要的特征就是将利率与期限结构合理性、风险最小性等特性融为一体所形成的一种利率。

2. 基准利率的性质

现有文献对基准利率的基本属性概括得比较全面,李社环 (2001) 认为央行基准利率本身应具备如下的特质:(1) 利率能准确地反映市场资金在货币市场的流动量和供求状况,与市场货币的供给量紧密相关;(2) 其他的利率皆可能与此利率相关;(3) 货币市场监管当局对利率可能直接操作或影响;(4) 利率自身波动较小,较为稳定。李扬 (2003) 基于金融企业的视角出发,认为基准利率定义应当是泛指信誉高、

[①] 张华庭,夏海波. 基于 EGARCH 模型对我国金融市场基准利率波动性的实证研究 [J]. 现代经济信息,2015 (3X):305-306.

流通性好、结构合理的各类金融企业产品的基准利率，是金融企业在充分综合地考虑其自身的实力与企业经营管理思维风格、利润增长目标等一系列决定性因素的必要前提下形成的。他的基准利率定义主要强调了在社会主义市场经济的条件下确定基准利率已经形成的一种微观经济基础。温彬（2004）将货币市场基准利率的基本属性主要归纳为以下四点：（1）收益率的相关性：其他货币市场基准利率及有价证券的收益率将随货币市场基准利率的波动性变化而发生变化，收益率的变化将会引起居民收入的再分配，调整居民消费和对投资的偏好，调整结构性消费和流动性投资的行为，实现宽松货币政策的目标。（2）可测性：基准利率的相关数据可被迅速准确地获取、监测、分析。（3）利率的可控性：可通过诸如三大主要货币政策工具（中央银行存款准备率、再贴现率、公开市场利率操作）等间接调控利率的手段去控制或直接影响中央银行基准利率。（4）灵敏性：对基准利率的响应能对国际货币资金和市场的流动性信息以及利率变化情况做出及时反馈。戴国强、梁福涛（2006）从4个方面对基准利率进行了全面总结：（1）利率的市场性：基准利率交易的主体市场化程度要比较高，利率的水平由基准利率市场资金流动供需的状况和市场性决定，真实地反映了市场的状况。（2）利率的基础性：当期基准利率定价能被准确地看作是当期无风险资产的收益水平，成为其他金融理财产品基准利率定价体系中的重要一环，是其他当期有风险理财资产的利率定价体系形成的重要基础。（3）相关性：基准利率通常与金融市场主体联系紧密。对于国家货币金融监管当局而言，它既可能为国家货币金融监管当局的制定和发展货币金融的政策规划提供了参考和依据，可以被国家货币金融监管当局直接或间接调控；对于金融市场的参与者来说，它与一系列全国重要的货币金融市场供应量、居民消费价格指数乃至居民储蓄率和固定资产市场投资率等重要的国民经济重要统计指标之间联系紧密，可以有效引导全国货币金融市场的参与者有效地调整固定资产的配置。（4）基准利率系统的稳定性：为更好作为其他金融产品的定价基础，基准利率必须保证是系统稳定的。其中，市场性和基础性被看作是基准利率的固有属性，而相关性和系统稳定性则被看作延伸属性。Dunne等学者对欧元区具有代表性的德、法、意三国的国债市场基准性利率进行了深入的实证分析研究，发现几乎没有一个国家的欧元区国债基准利率可以被用来作为整个欧元区的其他金融市场国债基准利率，在不同国家和期限的欧元区国债基准利率市场上都具有不同的属性和基准，并系统指出了欧元区基准利率的3个基本属性：整个欧元区市场最低的基准利率、最好的资金流动性、其他的金融理财产品价格都对欧元区基准利率的变化和影响做出了反应。方意、方明（2012）认为对于基准利率来说，最不可或缺的两个基本属性之一就是其基础性和利率的稳定性。基准利率的具有基础性，是指它可以直接主导其他基准利率的根本性变动，既是我国货币性金融市场非固定基准利率的重要风向标，又是其他金融理财产品的基准利率定价重要参照和标准。稳定性则是指基准利率受其他基准利率的影响较小，保持相对稳定。戴国海（2013）认为基准利率应包含五大基本属性，分别是定价利率基础性、货币市场经济代表性、货币市场经济相关性、波动利率合理性以及货币政策可控性。胡明东（2014）通过对基准利率考察，也提出了基准利率应具备的五大属性，分别是资本市场的代表性、资本市场定价的基础性、合理的波动性、货币政策的可控性以及经济活动相关性。

大多数学者对于货币市场基准利率必须具备的基本特征及其基本属性的分析观点较为一致，大致可以归纳总结为以下 8 种：市场性、基础性、相关性、稳定性、可测性、可控性、灵敏性、传导性。现有的文献对于基准利率的基本含义和属性已经概括得比较全面，但存在一些学者对于其属性的界定不够清晰。彭红枫、鲁维洁（2010）所描述的基准利率相关性主要是指货币市场基准利率与其他货币金融市场基准利率之间的相关性，而温彬（2004）所描述相关性主要是指货币市场基准利率与其他影响宏观经济的变量因素。时光、高珂（2012）从 5 个方面对基准利率在货币市场上的有效性进行了检验，在他们看来基础性就是具有传导性，才能够成为货币市场的定价基础。同时，他们还指出基础性还应包含多样性的期限结构，从而能够满足货币当局的政策意图。此外，一些学者还提出了其他观点。戴国海、李伟（2013）就指出，已有的研究忽略了"市场基准利率"和"央行基准利率"之间的差别，而多数研究将其混为一谈。在戴国海和李伟看来，市场的基准利率和央行的基准利率之间存在着较大差异，无论是利率构成、功能定位还是形成机制方面都差距显著。市场的基准利率强调货币市场上自发地形成的与某一组利率性质相同的利率，只对整个国际金融市场的利率构成了基础性的影响；而央行的基准利率则强调由货币当局授权的某种具体利率，能够受到央行控制且能对实体经济产生实质性影响。

3. 基准利率的传导效应

随着资本市场金融脱媒和人民币利率的市场化交易进程的加快，货币政策的变化以及利率风险传导机制的作用越来明显。在货币利率制定与传导的过程中，基准利率是一个直接联系整个货币政策制定与操作的工具与其最终目标的一个直接纽带，货币利率传导在执行过程中的渠道是否畅通直接关系着整个货币政策的制定与实施执行效果。同时，货币与市场的利率波动能够直接传导影响到金融市场债券利率、存贷款公积金利率和其他实体市场经济，这也是进一步推动当前我国宏观货币政策向宏观调控框架政策转型的重要动力和基础性条件之一。

早在一百多年以前，国外的学者就已经开始对发达国家货币政策的利率传导途径及其机制的效应性进行了探索和深入研究，部分西方经济学者从货币政策利率的角度对问题进行了分析，随着一些主要发达国家的利率传导市场化的进程已经完成，西方的经济学界将货币政策利率的传导途径及其机制的效应性研究作为主要的货币政策研究方向和领域。魏克塞尔（Wicksell，1898）是最早对货币利率的传导和波动机制进行研究的学者，提出了其累积的过程，并在论文中指出经济学家可通过比较货币价格市场利率与金融市场自然利率差异大小的关系，判断货币价格市场利率变动的方向以及其经济形势是否稳定。凯恩斯（1936）在货币利率的传导作用中介理论的研究和实践方面做出了卓有突破性的贡献，提出了货币利率的直接中介和传导作用，并在文中给出了结论：正确的货币政策可以有效调节和引导货币市场的利率，影响公众对于金融资产的合理配置，亦能引导货币市场投资，从而能够实现调控货币市场总需求以及稳定市场物价。希克斯（1937）和汉森（1949）在凯恩斯理论的基础上，提出了IS-LM模型，将整个资本主义经济的市场体系分为货币市场和产品市场，指出货币利率在产品价格的变化方面对于利率传导的机制有重要的作用。约翰·泰勒（1993）在研究中指出实际存款利率对于实体市场经济中工业产出的增长以及消费和物价水平的直接引导和效果的重要性是显而易见的，并在论文中提出了"泰勒规则"。Bofinger（2011）认为金融市场利率传导的过程主要是包括三个重要的部分：一是政府设定一个重要和关键的政策基准利率，用来确定政府控制金融市场操作的目标（比如金融市场的基准利率，一般为各国银行间的同业债券拆借隔夜的基准利率）；二是金融市场的基准利率可以影响所有不同的偿还利率和期限的基准利率、其他金融资产的价格和其他货币汇率，这些的变化通过基准利率影响不同的收入和支出的变化来决定收入的产出（GDP）和收入的价格（CPI）；三是长短的利率传导过程延伸至市场的最终目标。根据期限利率结构"预期假说"理论，长期政策名义利率的影响取决于对未来短期名义利率的预期，因此仅需要通过某个关键的政策名义利率来控制和引导短期名义利率，就可以尽可能地控制长期名义利率从而有效地实现其最终目标。

由于我国的利率管制和市场化的改革刚刚起步不久，所以在利率市场呈现出利率双轨制特点，即受货币当局管制的存贷款利率和市场化的利率并存。学者们对于市场化的货币政策和金融工具对于利率的流动性和调节以及市场化利率对于实体市场经济的引导作用进行了有益探索。例如，樊明太（2004）就明确指出，当前我国货币市场的利率传导机制与其他发达金融体间存在显著差异，主要表现为我国货币政策对利率市场存在很大的影响，传导的机制较为直接。张莉（2010）把目前我国金融利率市场化传导的过程分成两个主要的阶段，即通过货币政策市场化引导的金融市场以及通过金融市场政策引导资金的产出，并通过实证研究得出尽管我国目前金融利率市场化传导的机制仍然存在，但由于目前我国的货币政策金融市场传导机制发展不够充分完善以及在央行管制利率的政策影响下效果不是特别的显著，建议我国在稳步加快进行金融利率的市场化传导改革的推进过程中，建设完备的货币政策金融市场，进一步提高金融利率市场化传导的效率。何东、王红林（2011）指出在研究我国当前的货币利率的市场化以及改革开放进程中，我国的货币利率市场化呈现出了具有明显的"双轨制"

的特点，其中银行存款的利率上限的变化是其关键。文章从利率理论上详细分析了不同利率管制下的各种货币政策和工具对于利率在公开市场的控制和传导，指出了货币价格市场利率管制的失效需要用一定的政策和工具来进行调整，并通过实证分析得出在所有的货币政策和工具中，基准货币存款的利率对于市场利率的作用最明显，其次可能是流动性存款的准备金率，最弱的可能是公开市场的操作。郑振龙、莫天瑜（2011）通过主成分利率分析方法对同时期央票的发行市场利率和同时期央票发行市场的利率波动关系的研究，发现在全球金融危机和正常市场经济波动的时期央行对货币政策信息传导的利率波动途径和其效果是与同期有所明显差异的。金中夏等（2013）[①]通过DSEG模型，发现了人民币利率传导市场化机制改革以后，货币政策对于实体市场经济的作用和影响力已经得到了实质性的提高，表明人民币利率传导的机制更加畅通了。马骏、王红林（2014）通过研究建立一个多金融部门、多区域金融市场的利率理论和模型，分析多个部门的金融市场同时执行利率达到均衡时，央行的货币政策传导利率如何从而实现对各个金融市场同时执行利率的有效传导。研究结果证明，在货币政策利率约束少的市场化情况下，央行的货币政策联动性和利率与各个金融市场的货币政策利率互相呈正向程度地联动，但是我国的利率联动和市场化的程度还不够高，在这种市场化的情况下，存款准备金率、存贷比、贷款准备金数量的限制、企业年度预算软约束均严重弱化了货币政策联动性和利率对市场传导的作用。马骏（2014）还认为，在完善的利率市场中，货币政策资金利率传导的机制至少必须有要满足两个基本要求：一是利率市场资金的供给者与资金需求者之间处于相对平等的竞争地位，不应该存在利率市场信息不对称或者其他因素干扰货币政策利率传导机制的问题；二是利率市场上的货币政策利率传导信号可信、健全。但在现阶段的整个中国网络金融市场不可能具备其中任何一个的条件。邓雄（2015）分析认为，目前以货币信贷资本市场和流动性货币的供应量增长作为金融中介服务目标的信息传导机制效果非常有限。我国央行应继续加强金融机构建基准利率，为利率传导扫清障碍，提高以货币市场利率为政策中介目标的货币市场基准利率的传导管理机制，提高货币市场政策中介信息传导的效率。王立平等（2016）[②]利用因素增广的利率向量自回归利率模型（favar）分析发现渐趋下降的利率可以通过发展小额信贷的渠道促使中小企业贷款的增加、推动经济社会固定资产投资的增长。肖硕（2016）[③]在《中国货币政策传导利率渠道的实证分析》中明确提到，货币政策的传导利率渠道机制通常可以分为货币利率传导渠

[①] 金中夏，洪浩，李宏瑾. 利率市场化对货币政策有效性和经济结构调整的影响 [J]. 经济研究，2013（4）：69-82.

[②] 王立平，刘明，申建文. 利率市场化对"三驾马车"、物价传导机制研究 [J]. 经济问题探索，2016（09）：117-127.

[③] 肖硕，周俊桃. 中国货币政策传导利率渠道的实证分析 [J]. 浙江金融，2016（10）：16-24.

道和货币市场信贷传导渠道。在发达的金融市场，货币政策的传导主要是依赖于利率的渠道，主要是遵循以下的路径：传统的货币政策传导工具——国际基准利率——国际金融市场国际基准利率——转向实体市场经济。但在目前的整个中国金融市场上，由于金融市场政策性、体制性的约束多，经济和市场主体对利率的敏感度低，市场的分割和对准入的管制、金融市场的深度和金融市场广度的欠缺等多种原因，我国的货币政策的传导仍较多地主要依赖于银行信贷等金融渠道。梁斯（2018）[①] 以货币政策利率期限的结构传导理论为研究基础描述了我国货币政策利率期限周期传导的机制。中央银行首先通过在金融市场间的利率操作影响了国债的基准利率，然后由于基准利率操作影响其他金融市场的利率，使得商业银行进一步调整了其金融资产的结构，由于其信贷在金融市场和债券市场之间存在着一定的替代效应，借此将利率传导到了债券市场，从而彻底改变了国债短期流动性利率的水平，继而从根本上实现了国债从短期流动性利率向长期流动性利率的有效传导。其他货币利率则在现行国债利率的基础上加一定的风险通过溢价方式实现市场化定价。因此，如果利率机制能充分发挥作用的话，其他利率品种便能对基准利率的变动做出迅速反应。

这些基于相关研究文献的实际综合应用研究分析结果表明基准利率双向传导框架机制的单向传导作用过程在逐步发展形成双向疏通，价格型货币框架的有效性正不断得到提升，基准利率发挥作用指日可待。因此，从当前人民币基准利率的主动传导作用角度考虑选择当前用于我国的固定货币和国际资本流动市场的固定基准利率更加合理。

（二）关于基准利率选择的相关论述

随着我国金融市场的不断开放和发展，学者对于基准利率的选择倾向也呈现出一定的阶段性特征。从我国金融市场发展的历程来看，在中共第十四次全国代表大会上首次提出了发展社会主义市场经济，确立了市场经济体制，由此开始，学术界开始逐渐关注利率市场化以及基准利率的选择问题；随着我国利率市场化改革的不断深化，在1996年正式放开同业拆借利率，同业拆借利率的放开对金融市场发展具有重大标志性意义，此后，学界对于构建市场基准利率体系的呼声不断提高；到了2015年，央行正式放开存款利率上限，这一举措标志着我国利率市场化改革已基本完成，这也对于建立基准利率体系的需求更为迫切。金融市场的不断开放和透明化，学者们有更多的视角和机会去研究货币市场基准利率选择问题，基准利率选择的相关研究成果也在不断丰富。

---

① 梁斯. 利率市场化背景下的货币政策利率传导机制研究 [J]. 金融监管研究，2018（07）：82-92. DOI: 10.13490/j.cnki.frr.2018.07.006.

1. 基准利率的选择标准

对于基准利率的选择，首先是要确立一套完善的选择标准，在这一方面，相关学者进行了反复探讨，并大致确立了相对统一的认识。主要代表观点有：宋逢明（1999）在探讨基准利率的选择标准时，提出了四个条件，即基础性、市场性、稳定性和相关性，这四个基本条件和后期的学者研究结论大致相同。李社环（2001）提出了满足基准利率选择标准的三个条件：一是被选的利率能够准确反映货币市场的资金供求，二是被选的利率要有较强的稳定性，受经济波动的影响较小，且有较好的可控性。三是被选利率比较敏感，能够及时反应利率市场的变化，并且与其他市场利率联系紧密。姚小义、王学坤（2003）强调基准利率的选取应以供需为基础，且能充当市场决策者的决策参考器作用，还要能够具备好的传导性。温彬（2004）对基准利率选择也提出了四项标准，一是便于中央银行直接获取有关指标的准确数据，并界定将这些指标用于分析，观察和监测；二是相关性，能影响金融资产价格和实际投资和消费的变化；三是灵敏性，基准利率对货币市场资金供求关系反应灵敏，基准利率选择可能受经济管理体制、金融市场发育程度和经济发展水平等客观条件影响较大。四是可控性，中央银行可以通过诸如三大货币政策工具等各种间接调控手段去控制或影响基准利率。戴国强等人（2006）对基准利率应具备的特征做了如下界定，第一，基准利率要确保基准性；第二，在利率市场化改革的背景下，基准利率必须要具备市场性，基准利率需要在市场中具有定价的基准地位且能很好地反映市场的各种变化；第三，相关性，要求基准利率必须与相关金融衍生品有一定联系或是直接受中央银行控制。第四，具有相对稳定性，避免出现大幅波动对金融稳定产生负面影响，同时能够具备一定风险规避能力。彭红枫、鲁维洁（2010）对于基准利率选择标准中的稳定性提出了异议，他们认为将稳定性作为选择标准略为牵强，依据是当一国经济处在较大波动的情况下，政府在出面平抑经济波动时就会通过调节基准利率来干预金融市场，从而实现维持经济稳定运行的目的，如果是稳定的基准利率则不利于国家对经济的干预，而当经济发展稳定时，应当放宽对于基准利率的限制，以市场调节为主。王志栋（2011）指出基准利率的基础性需要以被选利率的无风险性来凸显，因此，他认为基准利率应当是无风险的。钱枫林和马琳（2013）基于对利率期限结构相关理论研究的基础上提出基准利率应当具备完整的利率期限结构，他们研究指出，基准利率在多种利率并存的利率市场中应起到引导作用，能够引导其他利率共同向市场化方向发展。

2. 基准利率的备选方案探讨

在基准利率的选择方面，国内学者对于备选方案的探讨争议较大，尚未形成统一的观点。反观发达国家，由于他们实行利率市场化已经有较长的时间也具备较多经验，在基准利率的选择方面都比较确定，因此，国外学者对基准利率选择问题研究较少，他们的研究则关注于其他有可能挑战基准利率的利率和基准利率的相关性方面。如Gyntelberg（2008）通过研究发现，在美国爆发次贷危机以后，世界主要经济体的基准利率与其他利率之间产生了较大的偏离，原有的基准利率受到一定挑战。Fuertes（2010）通过对Libor（伦敦同业拆借利率）和银行利率关系的研究发现，Libor和银行利率间有较强的相关性。目前，在国内学术界对于基准利率的选择问题莫衷一是，主要观点大致集中在选择国债利率、银行同业拆借利率、中央银行票据利率、银行间债券回购利率和上海银行间同业拆借利率（Shibor）。早先的学者在研究比较各类利率工具的期限结构并研究其相关的基准地位时并未将Shibor考虑在内，但在2007年Shibor推出后，学界对于基准利率的研究更多地关注在了Shibor方面。对基准利率选择的主要观点如下：

一是支持将国债利率作为基准利率。国债利率是横跨资本市场和货币市场，是传导货币政策和财政政策的枢纽，因此，国债利率也受到一些学者的青睐。吴曙明（1997）研究认为，基于国债良好的信誉以及低风险性，国债又是央行宏观经济管理的一个重要工具，国债利率成为基准利率具有必然性。张晓霞、张妍（2002）通过研究分析了国债利率具备的优势以及其成为基准利率的可能性，结果证实了国债利率对市场发展的作用以及国债利率市场代表性方面的突出是利率市场的积极导向，并提出了进一步发展和提高国债利率，以及要将政府债券市场的利率培育成基准利率。祝开元等人（2006）研究认为，虽然当前国债利率作为基准利率的条件还有所欠缺，但主要的基本条件已然具备。何志刚（2006）指出，政府为了国家经济稳定发展，就算财政处于盈余状态也必须定期发行国债债券，从而发挥国债的稳定效应。赵经涛等人（2016）先假设国债利率可以扮演基准利率的角色，再通过定性分析，结果显示，银行的存贷利率可由国债利率决定，认可了国债利率作为基准利率的作用。

二是支持银行同业拆借利率。英国是世界上最早将同业拆借利率作为基准利率的国家，另外美国联邦基金利率也是选择美国同业拆借市场的利率。在基准利率选择探讨的早期，国内学者对于银行同业拆借利率还较为偏爱，但随着Shibor利率的推出，这种倾向则逐渐变弱。李社环（2001）通过定性的方式对比了国债利率和国债回购利率等货币市场利率，发现短期国债和国债回购市场都存在着各种不足，只有同业拆借利率在规模、稳定性、传导性方面具有较大优势，是基准利率的不二选择。吕江林（2004）指出央行将同业拆借利率作为基准利率是较为合理的选择，但同时他又强调当前的条件还不够成熟。温彬（2004）从基准利率属性选择标准的角度出发，基于经济发展水平、市场发育程度、交易主体、交易量等诸多因素，考量了货币市场主要利率的优缺点，最终得出了基准利率备选的两个方案，其中一个就是银行间同业拆借利率。董奋义（2006）通过对不同利率的选择进行比较分析，认为培育银行间拆借利率作为基准利率是比国债利率和再贴现利率更为现实更加合理的选择。蒋竞（2007）通过实证检验了市场上的同业拆借利率和再贴现率等四种利率，结果发现同业拆借利率更适合作为基准利率，同时，他还对Shibor提出了自己的观点，他认为由于Shibor推行时间较短，所以效果还不甚明显，暂无法执行基准利率的功能，但他也对Shibor的未来持乐观态度。

三是支持央行票据利率。张晓慧（2008）指出，从2003年4月以来，中央银行票据业已逐渐成为公开市场操作的重要影响因素，故而央票利率对于中央银行加强基础货币和商业银行流动性具有重要调节作用。梁琪等（2010）通过VECM的格兰杰因果检验进行研究，发现央票利率在货币市场中起着十分重要的作用，反观Shibor的基准性还略有不足。姚余栋等（2011）在研究中发现，中央银行票据发行利率可以将定量型和定价型的货币中介工具的优点相结合，使它们与宏观经济指标的相关性大大提高，成为一种质量较高的中介指标，主张培育和改善中央银行票据市场，使央票利率更好地为货币政策服务。

四是支持银行间债券回购利率。支持银行间债券回购利率作为基准利率的学者很多是基于英、美等国在基准利率选择方面的经验，并通过对中国货币市场上的不同利率进行比较分析得出银行间的债券回购利率比较符合作为基准利率的条件。如黄晨等（2002）就借鉴的英、美实践经验，认为选择银行间债券回购利率更适合我国短期基准利率。岳娟丽等（2014）将7天的中国银行间同业拆借利率、7天的上海银行间同业拆借利率和7天的银行间回购利率作为央行货币政策的目标基准利率，通过构建DSGE模型的实证分析发现，7天回购利率作为目标利率的劳动、生产和消费波动率最小，福利损失最小，因此，他们得出结论，在现有背景下建议将7天回购利率作为基准利率。熊一洲等（2016）对短期Shibor利率和短期银行间债券回购利率进行比较研究，通过构建数理分析模型分析短期银行间债券回购利率和短期Shibor利率的优劣比较，结果显示，前者在市场性、基础性和稳定性等方面要明显优于后者，由此，他们更倾向于选择短期银行间债券回购利率作为基准利率。许艳霞（2016）[①]通过运用实证分析比较了银行间同业拆借利率、Shibor利率以及银行间债券回购利率之间的优劣，通过研究发现，银行间债券回购利率更适合作为基准利率。杨敏（2017）选取了金融市场上的主要利率，通过实证检验各种利率的稳定性情况，检验结果显示，银行间债券回购利率风险相较于其他主要利率要更小，所以她更倾向于将银行间隔夜质押式回购利率充当基准利率的角色。

五是支持上海银行间同业拆放利率（Shibor）利率。随着2007年1月上海银行间

---

① 许艳霞.银行间同业拆借利率、银行间债券回购交易利率、SHIBOR与最优基准利率研究［J］.区域金融研究，2016（09）：27-36.

同业拆借利率正式运行后，学界对其的关注度不断提升。高鸿（2007）分析了中国的利率形成机制，他认为中央银行应继续推进上海银行间同业拆借市场建设，并建立以上海银行间同业拆借利率为中心的市场利率体系。李良松、柳永明（2009）基于新魏克塞尔主义的视角，认为隔夜上海银行间同业拆放利率比较符合基准利率的特性，因而，他们主张培育隔夜 Shibor 利率作为基准利率。方先明、花旻（2009）通过数理模型对 Shibor 进行格兰杰因果检验，结果发现 Shibor 是我国货币市场利率的风向标。彭红枫、鲁维洁（2010）梳理了我国货币市场上的几种主要利率，并通过构建 VAR 模型对他们进行格兰杰因果检验，研究结果发现，Shibor 在货币市场上充当基准利率的认可度在不断提升，能够发挥出基准利率所具备的作用。方意、方明（2012）使用有向无环图的方法来研究基准利率的选择，并通过研究发现，中国目前的基准利率依旧是存款利率，而回购利率和上海银行间同业拆借利率的不同期限品种具有某些基准利率的特性，银行间拆借利率与中央银行票据利率两者不具备基准利率的条件，这进一步强调了上海银行间同业拆借利率可作为基准利率的观点。柳欣等（2013）利用 VAR 模型结构对我国货币市场的六种主要利率进行了实证分析，结果发现隔夜（一天）债券回购利率和 7 天同业拆借利率是最优的。赵经涛等（2016）也通过 VAR 模型验证了 Shibor 作为我国基准利率的合理性。

此外，还有一些学者对基准利率的选择问题给出了自己观点，但并不是以上指向性明确的单一利率选择。刘义圣、赵东喜（2014）在研究利率走廊机理的基础上，发现中央银行票据发行利率已经逐步成为中央实施货币政策调控的重要工具，他们认为我国货币政策传导具有的畅通性能够较好地发挥基准利率的引导作用，同时上海银行间同业拆借利率在我国也已经具备了良好的市场基准条件。方华（2016）通过对各种利率品种的相关性比较发现，当考虑到经济可控性和关联性等因素时，债券回购利率和同业拆借利率都具备基准利率的潜质。彭振中（2018）[①]通过构建误差修正的 VAR 模型验证市场上各种利率间的引导关系，研究发现，基准利率的选择存在长短期的问题，银行间质押式回购利率和 Shibor 的短期利率产品具有较强的基准利率属性，而国债利率和存款基准利率在长期则根据基准利率的相关特性。在他看来，短期国债市场和 Shibor 在基准利率地位方面会呈现良性竞争格局。孙晓涛（2018）研究认为，我国应借鉴美国基准利率的改革启示，在完善对 Shibor 监管的同时也要注重推动利率衍生品市场的发展。此外，他认为当前我国应当发展多个基准利率而非单一基准利率，但长远来说，最终还是应该寻求单一基准利率体系。

就已有的文献来看，学者对于选择何种利率作为基准利率并未形成统一共识，其

---

① 彭振中，余珮，张搏. 中国货币市场基准利率选择及培育研究——基于不同期限利率日频数据的实证分析[J]. 大连理工大学学报（社会科学版），2018，39（05）：15-23.

中国债利率、银行同业拆借利率、中央银行票据利率、银行间债券回购利率和上海银行间同业拆借利率为主要备选利率。但随着 Shibor 的推出，越来越多的学者集中于探讨 Shibor 是否具备基准利率的潜质，很多学者认为长期来看，Shibor 相对更为合适，但是当下 Shibor 还存在很多亟待完善的地方。但从这些争论也可以看出，目前我国的金融市场还不够完善，还无法确立一个毫无争议的基准利率来引导市场，当然，这些讨论必然对我国货币市场的完善起到重要的理论推动作用。

（三）关于基准利率调控模式的相关论述

公开市场操作和利率走廊是世界各国央行调控货币政策的主要模式。20 世纪 80 年代，由于当前的经济和金融环境，央行一般选择公开市场操作以实现货币政策目标。在金融市场上，央行对有价证券进行买进和卖出的行为，使得金融机构拥有的准备金数量增加或减少，进而导致金融市场的货币供应量发生变化，在此基础上进一步引导利率向货币政策的目标利率变动。但 20 世纪 90 年代之后，实施公开市场操作的利率调控效果大不如从前，因而多数国家开始向实施利率走廊模式转变。利率走廊模式主要由央行设定商业银行在央行的存贷款利率，然后由货币政策的目标利率进行微调，以使得同业拆借利率水平在货币政策的目标利率水平上下小幅波动。利率走廊模式通过在实践过程中表现出其特有的优势，即操作既便捷又有效，从而逐渐在货币政策调控中占据核心地位。

国外较早地在这方面进行了研究，成果也颇为丰富。主要有：Craig（2003）通过分析商业银行从银行间市场借款与从央行常设机构借款的不同决策之间的作用机理，在此基础上建构了模型，用以分析商业银行在央行设定利率的条件下所采取的行为。分析结果表明：央行设定利率的成本与传统的公开市场操作成本相比较低，但设定单一贷款利率也会带来不利影响，即商业银行参与私人银行间市场的程度具有不确定性。(1) 商业银行在市场上能够提供有吸引力的市场报价，但这种动机可能会在有且只有一个常设机构的条件下减弱，(2) 仅从央行借贷而没有在银行间市场借贷这一行为可能具有耻辱性，这两种结果对银行从央行借款的可能性的预测具有反向作用。Atkeson et al.（2007）指出货币政策调控工具有数量型和价格型，两者在货币政策调控过程中各有千秋。数量型货币政策调控工具在价格、产出方面的调控作用较为明显，影响迅速；而价格型货币政策调控工具由于其具有稳定性、透明性与内生性的特征，因而能够在市场上准确传递出有利于实现政府政策目标的信息，进而有效控制通货膨胀。马丁和莫内（Martin & Monnet, 2011）在分析比较两种货币政策框架的同时，从福利和收益的角度出发，研究结果表明：仅实现弗里德曼规则这一目的而言，单一利率走廊模式无法完成而公开市场操作却能够有效实现；而仅就实现通货膨胀目标制而言，公开市场操作无法有效完成但利率走廊却能够达到较高的福利增长目标。因此，马丁和莫内提出，最优的货币政策调控模式应选择将两种货币政策模式进行有效结合，两者相辅相成，从而更加有效地实现货币政策调控目标。

国内研究利率走廊系统与国外相比较晚。贾德奎、胡海鸥（2004）是我国早期研究利率走廊模式运作机理和实践经验的学者，基于我国经济和金融市场环境的条件，利率走廊机制在调控利率方面的受限因素与公开市场操作相比较少，因而能够更好地调控利率水平，使其维稳在目标利率水平附近。黄燕君、郑小胡（2004）[①] 在比较分析了两种货币政策框架的基础上，得出结论：我国的短期利率调控应以公开市场操作为主，而中长期的利率调控可以利率走廊模式为主。刘义圣、赵东喜（2012）指出在经济运行状态正常的条件下，地板式的利率走廊模式在实现货币政策目标的过程中发挥的效果会更好。巴曙松，尚航飞（2015）通过研究世界各国利率走廊模式的实践经验，为我国构建利率走廊机制奠定了一定的基础，并提出在实践过程中还需完善相应的准备金制度、进一步深化利率市场化改革以及健全债券市场制度。王超、陈乐一（2015）研究认为，通过实行利率走廊模式，可以有效降低短期市场利率波动，因此，他们认为我国央行应当在今后的实践操作层面可以借鉴其在选择走廊上下限的确定区间宽度方面的成功经验。钟正生等（2015）通过研究认为，当前我国所处的经济社会发展状态与其他国家初建利率走廊时的情况很相似。杨迪川（2016）在分析了国外利率走廊建设的实践经验后，指出利率走廊与公开市场之间是相辅相成的关系，因此我国建立的货币政策框架应以公开市场操作为主，利率走廊机制为辅的模式。蒋先玲、赵一林（2016）通过构建 SVAR 模型，并从常备借贷便利工具的"托宾 q 效应""财富效应""资产负债比效应""预期效应"的角度进行分析，提出利率走廊的上限若通过常备借贷便利工具设定，将会降低货币市场利率，信贷可得性得到提高，进而刺激投资，但刺激效果有限。牛慕鸿等（2017）在梳理了学界对利率走廊问题研究成果的基础上，进一步探究了利率走廊模式的作用机理，通过建构博弈论模型和商业银行的动态流动性需求模型，说明了利率走廊在抑制市场利率波动性及降低货币政策成本方面具有优越性，利率走廊在有效引导市场预期的同时，还可以消除市场对出现流动性危机的预期，同时还能够尽可能地减少央行进行公开市场操作，从而有效控制了央行货币政策的调控成本。

（四）关于基准利率培育的相关论述

1. 关于培育 Shibor 作为央行基准利率的研究

我国对利率市场化问题的研究，在金融体制改革的初始阶段就层出不穷。随着对

---

① 黄燕君，郑小胡．我国现行利率调控模式选择的必然性［J］．上海金融，2004（2）：15-17．

利率市场化研究问题的不断深入，人们逐渐发现实现利率市场化的关键是确定市场化的基准利率。2007年Shibor推出后，央行一直以基准利率的标准发展Shibor，也就是说Shibor既作为政府政策制定和执行货币政策的标杆，也成为固定收益类证券和金融衍生品定价的基础。当前，Shibor的基准性和基准地位在不断发展的进程中，逐渐在学术界获得了一定地位。

（1）对Shibor基准性的探讨

陆维新（2010）认为选择Shibor作为基准利率还有待考察。通过在研究过程中采用协整检验和Granger因果检验分析发现，Shibor还无法充分发挥作为基准利率的作用，其利率体系还不够成熟。高丽（2012）[①] 在确定Shibor基准性地位的基础上，为检验Shibor作为基准利率是否能够完成货币政策调控的目标，构建了SVAR模型进行相关的实证分析，结果显示，Shibor作为基准利率时，货币政策的传导机制还不够顺畅，不能够及时调控货币市场的资金需求，所以选择将Shibor作为基准利率还需加大培育力度。李维林（2017）等发现短期期限品种中隔夜Shibor作为基准利率发挥作用的效果要好于中长期Shibor的基准作用，其前提是需从属性的角度出发，并在此基础上分析我国基准利率的适用原则，最终通过比较分析不同期限结构Shibor的基准性所得到的结论。曾芸等（2017）认为短期Shibor作为基准利率发挥着一定的作用，这一结论是通过相关的研究分析得出的，同时还建构了由"回购市场利率+贷款基础利率+国债收益率"组成的基准利率体系。

（2）对Shibor改进及完善的研究

梁福涛（2007）认为，Shibor与货币市场主要利率的相关性高，稳定性高以及市场代表性好。但是以Shibor作为交易参考的长端拆借市场交易不活跃，缺乏相应的信用评级标准。向兰丹、陈曼（2010）[②] 从运行机制的角度给出了培育Shibor作为市场基准利率的政策建议：完善Shibor的形成机制、积极发展中长期限交易、改善社会信用体系和利率体系。苏昌蕾（2011）[③] 认为同业拆借市场体量不够，从而导致中长期Shibor的报价与市场的实际情况不相符。卢向前和刘知鸿（2012）借鉴了国际基准利率体系建设的相关经验，并通过比较Shibor和Libor，提出了一些针对性的建议，即由于Shibor从短端到长短的利率传导存在阻碍，而且交易量不多，衍生品定价应用不足等，所以应加强对Shibor的报价管理，同时也需要提升对于Shibor的培育和重视。张

---

① 高丽. 基于SVAR模型的货币市场Shibor基准地位研究[J]. 商业研究，2012（02）：97-101.
② 向兰丹，陈曼. Shibor运行机制及其作为我国货币市场基准利率的完善建议[J]. 现代经济信息，2010（12）：161.
③ 苏昌蕾. 论上海银行间同业拆放利率的运行：现状、问题与对策——兼论Shibor作为货币市场基准利率的可行性[J]. 吉林金融研究，2011（07）：5-9.

敏锋、李拉亚（2013）[①]认为，在货币市场上 Shibor 若要充分发挥基准利率的作用，仍需加大对其的培育力度。王晋忠等（2014）在前十年学界研究成果的基础上，发现 Shibor 作为基准利率逐渐在货币市场中占有一定的位置，这一结论是经过定量分析得到的，并且还发现 Shibor 的基准性潜质已经开始发挥作用，但其基础性仍需进一步的改进。胡文君（2014）[②]在研究我国基准利率的过程中采用了定量与定性相结合的方法，并结合国外基准利率的运行情况，发现了 Shibor 在短期和中长期方面都拥有基准利率的特点。谷裕（2014）认为推动 Shibor 的基准性建设和 Shibor 的创新，需要简化 Shibor 报价期限、扩大同业存单市场发展、报价行积极探索与 Shibor 报价有关的产品创新，同时借鉴英格兰银行对 Libor 的改革经验，提高报价质量。张华庭、夏海波（2015）将我国金融市场的基准利率与国际市场成熟基准利率的波动性进行对比，再通过 EGARCH 模型分析，得出就基准利率的波动性方面，我国基准利率的表现不如国际成熟的基准利率。因此，与国际成熟的基准利率相比，我国基准利率还需要进行改进。2016 年"钱荒"一度发生，张明等（2016）为了分析影响隔夜 Shibor 的主要因素，选择从现实案例的角度进行研究。张俊等（2017）在应对监管新规则及改善交易账户利率风险管理水平这两个方面，给商业银行提出了政策性的建议，但其前提条件是以 Shibor 为研究对象。

（3）对 Shibor 成为基准利率的质疑

Shibor 未来能否成为基准利率还存在不确定性。胡朝晖（2009）[③]、陆维新（2010）等认为当前不应当选择 Shibor 作为我国的基准利率，这是在比较分析了短期国债回购利率（1 天和 7 天）、银行间拆借利率、Shibor 以及上海交易所国债回购利率的基础上，加以实证分析所得出的结果。宋芳秀等（2010）认为选择 Shibor 作为基准利率还有待考察。方意、方明（2012）指出滞后期选择的不同将对格兰杰因果关系的检验产生较大的影响，从而导致其结果存在较大的争议。两人在采用 DAG 技术的条件下，发现 Shibor 在利率管制存在的条件下，稳定性较差，很容易地受到其他利率的影响；但存款利率和 3 月期回购利率则相对较为稳定，因而成为市场上大部分金融产品定价的基准。并且他们提出 Shibor 还无法成为基准利率，这是因为在利率双轨制的条件下，虽然其表现好于回购利率，但稳定性仍然不够。时光、高珂（2012）分析基准利率的有效性，是从这五个方面研究的：基准利率的市场性、基础性、稳定性、可控性、相关性，并在研究过程中采用了相关性检验和格兰杰因果检验，进而得出以下结论：虽然 Shibor

---

[①] 张敏锋，李拉亚. 利率市场化进程中基准利率 SHIBOR 有效性的实证研究［J］. 西南金融，2013（02）：41-43.

[②] 胡文君. SHIBOR 作为我国基准利率的有效性研究［D］. 安徽大学，2014.

[③] 胡朝晖，丁俊峰. 利率市场化条件下我国基准利率的选择及 Shibor 运行效果评析［J］. 武汉金融，2009（05）：38-40.

具有成为基准利率的属性,但与成熟的基准利率相比,Shibor仍需要相当长的时间进行不断的改进。肖硕(2016)[①]通过构建VAR和VEC模型,分析了货币市场利率、存贷款基准利率以及零售市场利率之间的长期均衡和动态响应关系,结果发现未来的一段时间内存贷款利率将仍在货币市场中占据调控的主导作用,而Shibor在利率传导渠道中影响并不显著。张秀武、林春鸿(2016)从泰勒规则视角出发,规避了多种主要利率之间的比较,也考察了Shibor对宏观经济的影响。文章发现Shibor隔夜拆借利率与通胀缺口和产出缺口之间存在着紧密联系,可以作为我国基准利率,但Shibor与各变量之间的敏感性还不算稳定,Shibor隔夜拆借利率作为基准利率尚未成熟。

2. 基准利率的发展方向

关于基准利率的发展方向,国内学界主要存在两种观点:一种认为基准利率应当由唯一利率构成,另一种认为基准利率应当由多种利率构成。研究前者的学者主要有吴曙明(1997)、黄国明(1997)、陈时兴(2001)、张海星(2002)、温彬(2004)、蒋竞(2007)、董乐(2008)、戴桂兵(2009)、宋芳秀(2010)、王志栋(2012),就他(她)们的观点大致汇总如下:一、认为应当选取国债市场利率作为基准利率;二、选择银行间同业拆借利率充当基准利率;三、由于债券回购市场被银行间债券市场和交易所债券市场分割,因此学界中既有学者认为应当选取交易所债券回购利率作为基准利率,也有部分学者认为应当选择银行间债券回购利率充当基准利率。我国于2007年1月4号推出Shibor以来,学界关于Shibor充当基准利率的研究一直层出不穷,主要观点有三:一、以冯宗宪(2009),李良松(2009),蒋先玲(2012),何梦泽(2013)为主要代表人物,支持Shibor作为基准利率;二、以宋芳秀(2010)为代表人物的,认为当前Shibor还不能够成为基准利率;三、以刘湘云(2011),方意,方明(2012)为代表人物的,提出Shibor成为基准利率还需进一步的考察。还有少数学者如蒋贤锋(2008),认为存贷款利率可作为我国的基准利率;还有学者认为央票利率适合充当基准利率,如卢遵华(2006),姚余栋(2011)。

学界研究基准利率由多种基准利率构成的主要代表人物有:黄晨(2002),姚小义(2003),郭红兵(2008),工行课题组(2008),冯宗宪(2009),徐凡(2009),易纲(2009),梁琪(2010),刘湘云(2011),姚余栋(2011),高培亮(2013)。这些专家学者们大都分为短期和中长期的两个角度分析基准利率,这是由于基准利率本身的期限结构品种较多。基于此,文章分别从短期和中长期的角度分析上述学者的观点。从短期的视角分析,主要观点有:第一、将银行间市场回购利率作为短期的基准利率;第二、认为同业拆借利率可作为短期的基础利率;第三、选取Shibor作为短期基准利

---

① 肖硕,周俊桃.中国货币政策传导利率渠道的实证分析[J].浙江金融,2016(10):16-24.

率。其中第三种观点在学界占有主流地位，核心人物有工行课题组（2008），冯宗宪（2009），易纲（2009），高培亮（2013）。相关学者在定性分析和定量分析的条件下，发现 Shibor 具有基准利率的基本属性，并且相较于银行间市场回购利率和同业拆借利率，Shibor 能够更好地发挥基准利率的作用。从中长期的视角分析，主要有以下观点：第一、选取国债到期收益率作为长期基准利率；第二、选择中长期的 Shibor 作为基准利率；第三、选取国债回购利率作为长期基准利率。其中的主流观点是选择国债收益率作为中长期的基准利率，核心人物有姚小义（2003），徐凡（2009），易纲（2009），甚至有学者认为国债收益率曲线是唯一能获得基准收益率曲线地位的。还有部分学者从选取基准利率的原则出发，得出构建完整的基准利率曲线需由这五种利率组成的结构：国债利率、政策性金融债利率、央行票据利率、"FR001"和"FR007"以及 Shibor（7 天以内）。贺力平（2014）认为应当存在两种基准利率，一个是无风险资产的收益率，另一个是政策性基准利率。

通过以上学界研究的相关成果，我们能够看出，大多数的学者都是基于基准利率的属性进行研究分析，进而得出各自的观点，而且专家学者对于基准利率的选取还尚未形成一致意见。在基准利率的研究过程中，还存在市场基准利率与央行基准利率界定不清的问题，这主要是忽视了央行作为货币政策实施者的这一视角，从而导致在选取基准利率的过程中，没有考虑到央行所能够发挥的重要作用和占据的重要地位，因此也就无法从央行的角度出发去培育基准利率，并在此基础上提出一定的政策建议，而且大多数的学者在研究过程在采用的大多是定性分析，定量分析的不多。在实现利率市场化以后，学界对于实现和维持金融市场的稳健发展以及宏观经济的协调稳定发展仍存在不同意见。因此，确定选取基准利率的准则，形成以央行基准利率为核心、市场基准利率为中介的利率调控体系已迫在眉睫，改革当前的利率形成机制，以加快推进利率市场化进程。本著正是在利率市场化的时代背景下，从中央银行为实现货币政策目标的角度出发，选取最优的基准利率，以使得基准利率的传导机制不存在障碍，进而能够及时地调控资金供求。在此基础上确定央行选取的基准利率，可以是单一的或是多种利率构成的，从而为中央银行在利率市场化过程中选择央行基准利率、完善货币政策传导机制、提高货币政策和宏观调控的效率提供一定的参考。

四、国际利率联动性的研究动态

国际利率的相关性是指在跨境资本流动条件下，通过国际利率的传递，调整国外利率波动中国利率水平影响的经济现象。当各国和外国受到共同因素的影响时，本国货币当局将与外国货币当局合作执行利率政策。这可以用两种方式解释，这就意味着，如果利率被视为货币资本价格，资本市场的资本流动就可以相互关联，利率平价理论证实了这一点。在利率被用作货币政策工具的情况下，它们之间的联动关系取决于利率政策目标。这两种解释是一致的，因为如果利率偏离利率平价，可能会导致利率向利率政策目标移动。同时，由于各国在政策和经济体制、经济发展水平、文化背景等方面存在差异，使得各国利率政策调整的时机、频率和范围都会有所不同。但随着经济全球化和金融一体化的深入，国家之间的经济和资本市场之间的联系大大加强，各国利率政策操作的独立性呈逐渐弱化趋势，这从当今世界利率变动的整体趋势可以很明显地看出。

经济体之间利率联动性问题研究可追溯至18世纪大卫·休谟（1752）所提出的金本位体制下物价—硬币—流动机制理论。自此以后，国际经济贸易联系加强，经济全球化步伐加快，伴随而来的是不同经济体之间彼此依存的关系，紧接着货币政策出现联动。近年来，包括中国在内的世界主要经济体一直非常关注货币政策与其对经济稳定发展的影响之间的联系。相关学者从不同的角度探讨了货币政策与不同的切入点之间的关系，并得出了许多有价值的研究成果。

（一）国外研究动态

1. 国际利率联系

关于国内外利率联系的理论研究主要是基于利率平价理论及其发展。利率平价理论是国际金融经济学中最重要的理论之一，该理论包含的内容主要是开放经济背景下，国内外利率与本币升值预期之间的联系。换句话说，国内和国外利率存在差异将导致跨境资本流动，汇率只有让投资者的本国资产和国外资产的预期回报率相等时，二者之间才没有差异，此时即处于均衡状态。凯恩斯（1923）首次提出了古典利率平价理论框架。他认为如果国内利率低于外国利率，人民币的汇率就会提高。当国内货币面临下行压力时，国内利率高于外国利率。换句话说，利率差异和本币货币价值升贴水相互抵消。[1] 爱因齐格（1937）分析了国内利率、外国利率和汇率之间的动态平衡，改进了凯恩斯关于利率平等的理论。后来，根据凯恩斯和爱因齐格的利率平价理论，经济研究者进一步修正和完善了现代利率平价理论，包括基于国际经济金融实践发展演变的利率平价理论。前者指的是国内利率、外国利率和远期汇率之间的关系，而后者是指国内利率，外国利率和预期汇率之间的关系。利率平价理论基于金融市场的相互联系，认为汇率的变化是由利率差异决定的。20世纪80年代以来，研究人员逐渐放宽了利率平价初始资本流动的假设、完全货币替代的假设，拓展了利率平价理论的内容，引入货币的国家风险、交易成本、税收差异、国家储备、市场的不完全性和理性预期的偏差等新的解释变量，为探究现实国际利率联系与平价利率理论二者的偏离提供了

---

[1] Keynes. A tract on Monetary Reform [M]. London: Macmillan, 1923: 110-156.

基础。利率平价理论为国际利率关系的研究提供了理论基础,此外,还就调整国际利率联动性问题进行了广泛的实证研究。然而,许多关于国际利率的经验研究并没有得出一致结论。国际利率变动之间的关系是一个动态的变化过程,对其考察和研究要根据不同的汇率制度、资本的流动程度、国家风险和国际金融经济的演进等因素而定。

2. 国际利率传递

利率的独立性和国际传导研究主要集中在蒙代尔—弗莱明模型及其发展研究上。利率是一个国家管理国内经济的重要货币政策工具。根据国内经济运用利率工具调整利率水平和利率结构,独立操作利率政策,对社会经济运行态势进行有效调控,能够平衡国内经济与物价变动。因此,利率政策独立性的研究必须与货币政策独立性理论相联系。货币政策的独立性意味着中央银行自主制定和执行货币政策,既不受政府干预,也不受外国影响,货币政策兼具外部独立性和内部独立性。已有文献的研究主要集中在货币政策的内部独立性,对货币政策外部独立性的研究很少,更是鲜有学者对利率政策的独立性进行研究。下文研究的外部独立性是指,即立足货币政策独立性的国际经济层面,在开放的经济环境下,中央银行可以根据国内经济发展制定和实施货币政策,不考虑相关的外部经济和政治变化的影响。基于凯恩斯的《就业、利息和货币通论》思想,希克斯(Hicks,1937)建立了IS-LM模型,在封闭经济条件下,为分析商品市场和货币市场之间的平衡,以及研究国民收入水平和利率水平如何决定问题等提供了基础。因此,IS-LM模型为各国政府通过财政和货币政策干预经济提供了理论基础。1960年诺贝尔经济学奖获得者罗伯特·蒙代尔(1963)和马科斯·弗莱明(1962)将IS-LM模型扩大到一个小型的开放经济中,适用于资本完全流动的情境。建立了开放经济条件下的M-F模型,即蒙代尔—弗莱明模型(Mundell-Fleming Model模型)。虽然这一模式是在国际经济实行浮动汇率制度之前提出的,但它成了一个经典的理论,在充分的资本流动的基础上,成为对小国的财政和货币政策的独立性和不同效应的经典理论。① 在固定汇率制和充足资本流动的条件下,一个国家没有独立的货币政策,独立货币政策的运作将没有收入效应。而在浮动汇率制度中,可以保持货币政策的独立性和有效性。1976年,学者多恩布什对M-F模型进行了完全预期的扩展变形,建立了蒙代尔—弗莱明—多恩布什模型(M-F-D),该模型最核心的观点就是黏性名义产出价格可能导致汇率超调现象。② 1999年,克鲁格曼提出著名的开放经济政策"三元悖论"对M-F模型的内涵进行了清晰的展示,所谓"三元悖论"即货币独立、

---

① Mundell R. Capital mobility and stabilization policy under fixed and under flexible exchange rates [J]. Canadian Journal of Economics and Political Science, 1963, 29: 475-485.
② 奥伯斯法尔德,罗戈夫. 国际宏观经济学基础 [M]. 北京:中国金融出版社,2010:545-551.

汇率稳定和资本流动三个目标无法同时实现，只有其中两个可以同时实现。他指出，如果用三角的三个顶点来表示货币政策的三个目标，任何国家都只能选择将三角形一条边上的两个顶点所表示的目标组合，以两个顶点代表的三角形，意味着放弃对角的制度特性。然而，在金融危机之后，克鲁格曼承认，"三元悖论"并不否认中间状态的存在，但自由资本流动与利率和汇率稳定的组合需要更多的外汇市场干预。[①] 因此，在盯住汇率制度下，一国的利率不会独立确定。在灵活的汇率制度下，国内利率在其他条件不变的情况下，应对国际利率的变化比较不敏感，介于使用盯住与弹性两种汇率之间的汇率制度的国家，国内利率对国际利率变动的敏感度应低于固定汇率制度的国家。

3. 国际利率联动性预测

利率的影响因素很多，其受风险、流动性和税收等因素的影响的同时，还受期限的影响。利率期限结构理论是对风险结构相同的零息债券的到期收益率与期限之间的关系的反映，也是市场对利率水平的未来与货币政策预期的反映。解释利率期限结构的理论有预期理论、分割市场理论和流动性理论三个理论，其中期限优先理论与流动性理论具备较强的解释力。根据这一理论，收益曲线上升表明短期利率将上升，而相对稳定的收益曲线预期短期利率将保持不变。如果收益曲线翻转，这意味着短期利率将在未来大幅下降。[②]

4. 利率政策调控机制

相关的国外研究侧重于中央银行公开操作对市场利率的流动性效应和公告效应的理论，以及经验研究方面。支持流动性效应的研究人员认为，中央银行可以通过管理市场流动性来实现货币政策目标。正如弗里德曼（1968）所指出的那样，货币市场流动性与市场利率变化之间存在流动性效应，即二者存在反向变动的关系，该效应为央行试行货币政策操作提供了理论基础。[③] 柯普查克（2011）对流动效应进行了验证，并指出流动性效应的影响比以前的研究更为显著，联邦基金利率偏离政治利率目标的原因是联邦基金需求的波动冲击。[④] 相反，许多经验研究表明，实证结果与理论之间存在不一致之处，从而使人对流动性效应的存在产生怀疑。

---

① Paul R. Krugman, Maurice Obstfeld, Marc J. Melitz. International economics: theory & policy (9th ed) [M]. London: Peason Education, 2010: 509-510.
② 米什金，郑艳文，荆国勇. 货币金融学 [M]. （第九版）. 北京: 中国人民大学出版社，2010: 125-134.
③ Milton F. The Role of Monetary Policy [J]. American Economic Review, 1968, 58 (1): 1-17.
④ Kopchak S J. The liquidity effect for open market operations [J]. Journal of Banking & Finance, 2011, 35 (12): 3292-3299.

20世纪90年代以来，以预期理论为依托，世界主要工业化国家的中央银行都增加了在政策意图方面的沟通，公告货币政策目标利率，对于货币政策透明度，对货币政策实效的增强作用也更加重视。公告效应的运用，有利于央行引导市场预期，对于提高政策操作的有效性发挥了重要作用。换言之，央行不需要实际实施公开市场操作，不需要直接干预市场利率，只需货币政策意图和政策目标利率的公布，以及进一步改变市场对短期市场的预期，就能够起到调控市场利率的作用。这是因为市场认为，市场流动性决定了货币市场利率的平衡，中央银行对流动性的调整，使市场利率接近政策目标利率的同时，并使市场利率保持在目标水平之上。然而，丹尼尔（2004）明确指出，无法证明公开市场操作的流动性，也不能证明公告效应的存在，他认为联邦基金利率之所以会产生变动，其原因是中央银行平滑操作的结果。[1]

5. 国际利率联动性经验实证

自20世纪70年代以来，基于利率平价理论和M-F模型，国外经济学者搭建了基础框架，对国际利率联动性进行了大量的实证研究。这些研究主要集中在国内外利率的联系、利率的国际传导以及国际利率联动影响的基础上。

第一，国内外利率联系与利率国际传导。在20世纪60年代，美国资本市场尚未开放，外国市场对美国利率的影响较小，意味着利率形成受到的影响程度与资本市场开放程度呈正相关。Hendershott（1967）、Kwack（1971）和Levin（1974）声称，美元利率对其离岸市场反应不敏感，其原因是美国市场规模较大，同时存在资本限制。Dufey和Min（1979）认为，得益于欧洲市场上资本限制较小，其对美国国内市场反应较为敏感。此后，国与国之间的经济往来越来越多，国际金融市场之间的联系也越来越密切，发达国家在货币政策与利率操作方面日益趋同，出现了联动性调整趋势，伴随而来的是国际利率联动性实证成果的大量涌现。学者们通过建立计量经济学协整模型、向量自回归模型检验国际利率传导的Granger因果关系。由于国际利率传导的周期性和国际金融市场的一体化进程进展得不相匹配，长时间传导导致研究结果受到学者们的质疑。Engle（1982）、Bollerslev（1986）在变量条件方差或变量波动的基础上开发的条件方差模型，成为经济学各领域，尤其是金融时间序列的重要分析工具。为了更好地衡量国际利率变化信息的国际的传导，并消除条件均值模型的同方差限制，Fung et al.（1997）采用广义自回归条件异方差模型（GARCH）与脉冲响应方程对美国货币市场与海外市场之间的利率转移机制进行了分析。他们发现，这两个市场之间的国际利率传递速度很快，离岸市场对国内的影响时期较长。

---

[1] Daniel L. Thornton. The fed and short term rates: is it open market operations, open mouth operations, or interest rate smoothing? [J]. Journal of Banking & Finance, 2004, 28 (3): 475-498.

第二，国际利率联动性影响因素。关于影响国际利率联动的因素的实证研究，其理论基础是以"三元悖论"搭建分析框架，对汇率制度和资本流动影响两方面展开分析研究。如 Frankel et al.（2004）根据对 1970—1999 年期间发达国家的大样本数据，分析了从完全弹性到完全固定利率不等的制度中，利率制度差异对国内外利率的敏感程度的影响。他们认为，任何国家都不能完全排除利率的国际传导，就算浮动汇率制度的国家也不例外，只有大型工业化国家才能选择国内的长期利率。但是，在短期内，不同国家实证结果存在差异，实行汇率浮动越完全的国家，其利率对国际利率变化的反应和调整速度越慢，从另一方面说明了汇率浮动国家具备一定程度的独立利率调整能力。Obstfeld et al.（2005）通过大量的样本数据进行实证分析，结果显示，在金本位固定汇率制度下，利率冲击的国际传递在速度上较快，且影响程度深；布雷顿森林体系国际利率传递不明显，相关国家表现出较强的独立性。在后布雷顿森林时代，固定汇率制度大大提高了国际利率的传导速度和完全性。这些实证结果证实了"三元悖论"的正确性。然而，一些研究人员的实证结果并不支持三元悖论的合理性。[①] Sofiane（2008）等。

（二）国内研究动态

中国继续开设贸易和资本项目，利率与汇率市场也向纵深方向发展，利率在宏观调控中的作用日益突出。近年来，利率政策的独立性和国际联动性越来越受到国内学者的重视。国内研究人员也从不同角度讨论了中国利率与国外利率之间的关系，并取得了一些有价值的研究成果。

1. 国际利率联系

自新世纪初以来，特别是自 2005 年中国汇率改革以来，对利率之间的关系进行了深入研究。中国经济学家还对利率平价理论和"三元悖论"进行了广泛的实证研究，中国人民银行在汇率决策实践中也参考了利率平价理论。

（1）以利率平价理论为基础的国际利率联系与政策实践

2006 年第二季度，中国人民银行指出，2005 年上半年人民币主要货币之间的联系十分明显。同年 6 月，按利率平价计算的远期贴水基本稳定。随着联邦储备系统及国际金融市场的利率上升影响，国内利率和外国直接投资利率水平继续增加。在经济全球化和金融市场日益一体化的背景下，中国人民银行继续稳步推进利率市场改革同时协调国内外利率的比例。中国人民银行行长周小川在 2012 年中国和世界金融峰会发言

---

① Arouri M, Jawadi F, Nguyen D K. What can we tell about monetary policy synchronization and interdependence over the 2007-2009 global financial crisis? [J]. Journal of Macroeconomics, 2013, 36: 175-187.

中阐述了中国货币政策在新世纪的特点，指出中国的开放程度日益提高，双顺差的现象短时间内无法得到根本扭转。在这方面，利率政策必须考虑到利率平衡问题，并确保国内外的协调。平衡好利率调整、利率差异水平与利率市场化的关系。可以看出，中央银行将利率平价理论应用于我国的汇率决策实践，以平衡我国汇率与国内外利率的关系。

(2) 利率平价理论与"三元悖论"的发展

在中国资本账户逐步开放和利率逐步上升的背景下，中国利率平价理论的运用被局限，相关学者通过对模型修改和完善以提高对中国的适用性。如薛宏立（2002）[①] 在该系统中采用了摩擦系数，制定了一个适合中国国情的利率均等模型，并对中国的利率、汇率和国际资本流动之间的不平衡进行了理论分析。他还指出，随着中国对外开放程度的提高，三方之间的平衡机制将逐步落实。金中夏，陈浩（2012）[②] 使用了利率平价理论来制定人民币升值压力指数。根据经验分析，他们发现压力指数不能解释人民币汇率的变化，但是却能合理地解释中国外汇储备的变化情况。因此，他认为，中国的利率平价反映的是外汇储备积累率，而不是汇率波动的形式。同时，他指出，中国与外国之间资金分配的变化将对外国的供应水平产生重大影响，中国的货币账户已经处于准开放状态。易纲，汤弦（2001）[③] 基于"三元悖论"提出扩展的三角中路理论，2008年金融危机和中国经济体系的综合实践证明他是正确的。自刘威、吴宏（2010）、李成（2010）以来，许多国际利率国内联系的经验研究都集中在汇率方面，但研究结果却大相径庭。

2. 国际利率联动性机制

在开放条件下，国家经济周期的同步或经济依赖以及国际货币政策的协调是国际利率相互关联的重要原因。彭兴韵（2009）认为，尽管人们在2008年金融危机前很长一段时间都在讨论国际货币政策监管的好处，但在国际经济惯例中却没有讨论过，2008年金融危机促进了国际货币政策的协调。这一政策协调的主要内容之一是各国中央银行同步实施货币宽松和统一调控降低利率。巴曙松（2010）指出，金融危机后，中国的汇率制度与美元挂钩。由于全球利率较低，中国的能够推出额利率政策有限，被迫实行和国际一样的低利率政策[④]。尹继志（2012）[⑤] 认为，利率同步联动调整是金融危机后国际货币政策协调的主要措施和形式。王胜（2015）在开放型经济和货币政

---

① 薛宏立. 浅析利率平价模型在中国的演变 [J]. 财经研究，2002（02）：14-19.
② 金中夏，陈浩. 利率平价理论在中国的实现形式 [J]. 金融研究，2012（7）：63-74.
③ 易纲，汤弦. 汇率制度的"角点解假设"的一个理论基础 [J]. 金融研究，2001（8）：5-17.
④ 巴曙松. 全球复苏分化下中国金融政策的基调 [J]. 财经问题研究，2010（8）：3-8.
⑤ 尹继志. 利率市场化改革的国际经验与我国的改革路径选择 [J]. 金融与经济，2012（5）：26-31.

策模式中引入了国际货币和不完全货币汇兑的假设，研究了国际货币的存在和不完全汇率的转移能为两国货币政策合作的改善提供更大的空间。① 陈桂军（2015）认为，利率联动政策既要从国内货币政策的角度出发，也要考虑到其他国家的利益，这样才能实现双赢和自身利益的最大化。② 张理安等（2015）利用贝叶斯方法通过估计 DSGE 模型来验证中美利率的短期联系，并指出两国的利率政策对经济的相互影响，且都对另一方产生溢出效应。③

3. 利率政策独立性

利率政策的独立性意味着中央银行独立于外部经济和货币政策的制定和执行。彭小泉（1997）④ 为确定一国利率的合理性提出了三项主要标准：利率是否反映需求方的需求，资金供应是否反映了一国的经济政策目标和是否促进了一国的经济增长。巴曙松（2001）认为，根据中国管理的浮动汇率制度，对外经济活动不可避免地影响到国内利率的独立性。中美的利率差别很大，有必要考虑重大国际货币变动的影响，特别是美元利率的变化。⑤ 范小云等（2015）⑥ 认为，货币政策的独立性通过提高汇率波动的程度而增强，但两者并非线性的，存在以货币政策独立为目标的最优汇率制度。

4. 国际利率联动性预测

国际利率之间是非常复杂的非线性联系，这些因素加上国际经济因素的不确定性，加上传统的统计分析和经验评估管理层无法有效预测，将采取前瞻性的政策措施来应对这些变化。国际利率监测主要侧重于国家金融风险和跨国资本管制预警系统的研究和做法。例如，研究货币政策响应函数和汇率预测。前者主要为货币政策的制定提供参考，根据泰勒规则构建一个合适的前瞻性货币政策反应函数，而后者主要利用经济模型来预测汇率。这样一来，线性系统的预测问题得到了更有效的解决，而非线性系统的参数模型，如国际利率联动性，在理论研究和实际应用中仍存在不足，这些研究对于建立国际监测系统和利率应对机制具有一定的重要性。

---

① 王胜. 国际货币、汇率传递与货币政策 [J]. 金融研究, 2015 (3): 18-35.
② 陈桂军. 国际货币政策动态合作和中国的选择——基于新开放宏观经济学理论 [J]. 现代管理科学, 2015 (3): 69-71.
③ 张理安, 周心怡, 胡昌生. 基于两国 DSGE 模型的中美间货币政策的传导机制 [J]. 亚太经济, 2015 (2): 21-27.
④ 彭小泉. 关于利率水平合理性的理论分析 [J]. 中国经济问题, 1997 (6): 49-53.
⑤ 巴曙松. 开放经济条件下中国金融调控的有效性问题 [J]. 中国金融, 2001 (2): 18-20.
⑥ 范小云, 陈雷, 祝哲. 三元悖论还是二元悖论——基于货币政策独立性的最优汇率制度选择 [J]. 经济学动态, 2015 (1): 55-65.

5. 利率政策操作机制

尽管我国实行了金融监管和放松管制，利率和汇率市场迅速增长，但货币政策利率的作用越来越重要。中央银行在公开市场控制市场利率方面也积累了相当丰富的经验。一些研究侧重于基准利率开放市场操作工具的选择和构建。近来，Shibor 在货币市场的基准地位受到越来越多的讨论。姚余栋与谭海鸣（2011）认为，鉴于央票发行利率与货币政策的最终目标密切相关，因此，它可以作为货币政策的综合指数。[①] 梁琪等（2010）、王晋忠等（2014）指出，中国的央行票据作为货币政策工具发挥了重要的作用。Shibor、银行间同业拆借利率、银行间质押式回购利率在不同程度上取得了货币市场基准利率的地位。梁琪（2010）在借鉴国外基准利率发展经验的基础上，结合我国的现实，通过经过定性分析，认为中国银行间贷款市场继续增长，更恰当的做法是将银行间同业拆借利率作为整个利率系统的基准利率。[②] 李宏瑾与项卫星（2010）[③]、叶永刚与陈勃特（2012）认为，公开市场交易对短期流动资金的影响较大。[④] 中国人民银行营业管理部研究组（2013）采用理论模型和实证分析相结合的方法，说明我国已经具备了实施利率指导的条件。[⑤]

总的来说，国内相关学者在研究利率调整的国际联动性与传导机制方面取得了一定的成果，但也有一些不足之处：一是理论研究滞后于实践。国内研究的重点是利率政策出台的释意和分析，仅仅分析国际利率联系调整的性质并评估国际利率联系的影响和风险是不够的，相关前瞻性和有效性指导的理论偏少。二是与汇率改革以来，特别是金融危机以来中国金融运作的新状况联系不够紧密。随着中国融入全球化进程步伐的不断加快以及"走出去"的进程提速，国际利率联动性趋势减弱了国内利率政策的有效性。在实践中，利率管理政策在选择方面也遇到困难。一些学者直接根据西方经济利息理论分析了中国利率与国际利率、汇率和资本流动的协调问题和操作问题，忽视了对中国金融交易的解释力和适用性，这导致了理论研究与实践之间脱节。

[①] 姚余栋，谭海鸣. 央票利率可以作为货币政策的综合性指标 [J]. 经济研究，2011（S2）：63-74.
[②] 梁琪，张孝岩，过新伟. 中国金融市场基准利率的培育——基于构建完整基准收益率曲线的实证分析 [J]. 金融研究，2010（09）：87-105.
[③] 李宏瑾，项卫星. 中央银行基准利率，公开市场操作与间接货币调控——对央票操作及其基准利率作用的实证分析 [J]. 财贸经济，2010（4）：13-19.
[④] 叶永刚，陈勃特. 中国政策利率调控对市场基准利率的影响研究 [J]. 管理世界，2012（04）：169-170.
[⑤] 中国人民银行营业管理部课题组，李宏瑾. 中央银行利率引导——理论、经验分析与中国的政策选择 [J]. 金融研究，2013（09）：44-55.

第三节 基准利率选择的理论基础

马克思的利率理论和西方利率理论是基准利率选择的理论基础。西方利率理论分为利率规则理论和其他利率相关理论。主要涉及各种货币政策法规的利率规则理论、市场利率决定理论、利率期限结构理论等市场利率选择和政策应用的理论。

一、马克思利息理论

马克思主要在《资本论》第三卷中研究了利息和资本利率，在《利润分为利息和企业主收入·生息资本》中集中阐述了他的利息理论。

（一）关于利息的来源和本质

马克思对利息的来源和本质做了深入的分析，其研究始于生息资本的概念。马克思认为，与商业资本一样，利息资本是一种长期资本，在历史的不同阶段有不同的形式。在资本主义社会中，生息资本是指借贷资本。[①] 从表面上看，借贷资本是一种非常特殊的流动形式，资本家将货币作为资本让渡，货币最终以 $G+\triangle G$ 的形式回归到资本家手中。货币离开资本主义的生产过程进行自我增殖，连本带息且有借有还似乎合情合理，利息便成了企业所有者和借贷资本家之间对于利润的量的分配。马克思指出，这种形式的生产过程和繁殖过程中的运动并没有反映出真正的利息本质，事实上，借贷资本仍然以职能资本流动为基础。马克思揭示了整个借贷资本流动的实际过程：G-G-W………W′-G′-G′（G-G过程是指货币资本家将自己的资金借给职能资本家，G′-G′则是指职能资本将获取的利息收益和本金一起还给货币资本家的过程）。马克思披露了资本主义掩人耳目的伎俩，表示货币仅是一种可能性资本，并不是绝对的，若想把这种可能性转变成现实，不仅需要通过提供足量的资金来满足各生产要素，而且要具备将生产要素转化为资本的条件，即雇佣劳动。资本投资者从贷记货币中获得的利息按 G-W-G′ 的预付资本周期计算。从放款人那里获得用于生产过程的资金，以便获得剩余价值，然后将获得的部分剩余价值还给借贷资本家，这就是真正的利息来源。职能资本家付给货币资本家的额外的货币（$\triangle G$）就是产生的利息，这个利息就是剩余价值的一部分。因此，生息资本的运动模式就是把货币贷出一定时期，在到期后将本金和利息（剩余价值）一起收回的过程。马克思在剖析这一过程后，总结到"利息不过

[①] 陈征：《资本论解说（第三卷）》，福建人民出版社，1997年版，第317页。

是平均利润的一部分",① 也就是说利息只是剩余价值的一种转化形式罢了。利润的本质是剩余价值，而利息是利润的一部分，这也就意味着利息是剩余价值的分割，这也直接反映出货币资本家和职能资本家共同剥削工人的剩余价值。

（二）关于利息率的水平与决定

利息率为一段时期内利息与本金的比率，利息是借款人向贷款人支付的报酬。因此，马克思将利息视为与资本相关的一类研究范畴，利息视为资本用于生产的收益。职能资本家将所借的货币资本投入到生产中，从而获得平均利润，但职能资本家只能获取平均利润中的部分利润，另一部分要作为利息支付给货币资本家。从这里可以明显看出，平均利润是由企业利润和利息共同组成的，对于各自组成的比例大小，则取决于产业资本家和货币资本家竞争剩余价值或利润的结果。马克思对此表述为"只有资本家分为货币资本家和产业资本家，才使一部分利润转化为利息，只有这两类资本家之间的竞争，才创造出利息率"。② 如此一来，利息的大小就取决于两个因素，一是利润率的大小，利润越大，自然分得的利息就多；二是取决于企业利润和利息的分割比例，若利息所占平均利润的比例较大，利息就会更多。由于借贷资本在利润分割中并没有明确的标准，当市场上货币供求处于大致平衡状态时，利息率一般会由传统习惯和相关法律因素来确定。

一方面，利率由利润率决定。考虑到利率的长期变化，马克思认为，供求关系并不是决定利率的最重要因素。相反，马克思认为，利率与资本主义生产的平均利润密切相关。如上所述，由于利息来源于资本家的利润，因此利率的确定与利润率是不可分割的。"利息是利润的一部分，利息率则取决于利润率。"③ 由于马克思的利率理论仅限于分析借款人和该行业现有的资本家之间的关系，所以利润率在计算利息时所确定的是平均利润率，而不是个别利润率。社会总利润和总资本之间的比率就是社会平均利润率，但这个平均利润率却不能简单依靠企业的会计报表等计算得出，马克思认为"平均利润不表现为直接既定的事实，而是表现为通过研究才能确定的各种相反变动的平均化的最后结果"。④ 虽然平均社会利润和个别利润不同，但社会平均利润还是能够反映各个部门和企业的个别利润。因此"利息是由利润调节的，……不管怎样，必须把平均利润率看成是利息的有最后决定作用的最高界限"。⑤ 在马克思一系列阐释之后，将社会平均利润作为了利润水平的主要参照，平均利润对于利息的调节他做了以下的

---

① 马克思：《资本论》，第三卷，北京：人民出版社，1975年版，第408页。
② 马克思：《资本论》，第三卷，北京，人民出版社，1975年版，第415页。
③ 马克思：《资本论》，第三卷，北京，人民出版社，1975年版，第409页
④ 马克思：《资本论》，第三卷，北京，人民出版社，1975年版，第412页。
⑤ 马克思：《资本论》，第三卷，北京，人民出版社，1975年版，第403页。

解释，一是，平均利润设定了利率上限。在利息等于平均利润的情况下，职能资本家不能从公司获得利润，因此就不会向货币资本家借贷资本；但若利息高于平均利润，则职能资本家不仅没有从公司得到利润，反而要贴钱偿还利息，所以，这两种现象都不会发生。但对于利率的下限，平均利润则无法对其产生影响，马克思指出"利息的最低界限则完全无法规定，它可以下降到任何程度。"① 他还认为这个下限不可能一直无休止地低下去，而是在低到一定程度后会出现反作用的情况，使之回归到一个更为合理的区间。因此，利率总是在一个合理的区间内反复地波动，主要是随着平均利润率的波动而同向波动。二是如果利息与平均利润的比例保持不变，则利息会随着平均利润率的变化而变化。三是利率以平均利润为限，但并不取决于平均利润。随着资本主义生产的发展，平均利润率呈现下降的趋势。一般利润率决定了利率波动的范围和趋势，但对于利率的具体数值却难以统一，这一般有一定的偶然性，大多由经验和传统习惯决定的，平均利润率虽然限定了利率的上限却不是利率水平的决定因素。在经济繁荣时期，企业平均回报率较高，但通常利息却较低；在经济处于衰退时期，企业平均回报率较低，但往往利息却比较高。从长远来看，平均利润率被用来调节和确定利率，不一定要受某一特定规则的约束。除了资本供应和需求之外，公共政策、社会习俗和法律传统等因素也可以发挥类似于竞争的作用。

另一方面，利率由市场的供给和需求决定。从长期来看，社会总体平均利润率大致是保持相对稳定的，因此，受其制约的利息也保持相对稳定。从短期来看，利息更多地会受到市场上借贷资本供求关系的影响，市场利率就表现为资金的价格，马克思将此表达为"利息率也可以完全不以利润率的变动为转移"。② 也就是说，货币在市场中就相当于一种普通的商品，而利率就是价格，"市场利息率决定于（借贷）资本的供求"。③ 市场上利率出现的上浮或是下降的趋势都是由货币市场的供求关系直接决定的，表现为，当货币市场出现供过于求时，利息就会下降；供小于求时，利息就会相应地上浮。因此，市场利率将随贷款资本的需求和供应而变化。因此，影响借贷需求和供应的所有因素都影响利率。

应当指出，借贷资本本身并没有确定利润分配百分比的标准。关于利率的确定，一般认为，在市场供需大致平衡的情况下，多由传统习惯或法律的相关规定得出的。马克思认为利息率作为产业资本和借贷资本的生息资本，"这两种所有权要求享有利润的人将怎样分割这种利润……从它们的质的区别中产生了所生产的价值的量的分割"。④ 因此，只有在产业投资者与借款投资者之间发生竞争的情况下，才能确定利率，利率

---

① 马克思：《资本论》第三卷，北京，人民出版社，1975年版，第401页。
② 马克思：《资本论》第三卷，北京，人民出版社，1975年版，第405页。
③ 马克思：《资本论》第三卷，北京，人民出版社，1975年版，第411页。
④ 马克思：《资本论》第三卷，北京，人民出版社，1975年版，第408页。

水平通常取决于双方的竞争力和谈判能力。在此基础上，马克思将利率分为市场利率和一般利率，并对利率的结构和决定程序进行了更详细的研究。市场利息率是任何时刻资金在货币市场上的价格，其随着市场条件的变化而变化。一般利息率也被称为平均息利率或中等利息率，是市场利息率平均之后的结果，反映了不同的市场利息率的总和，且在各国的长期时间内表现出不同的水平。这是因为，虽然各个不同的市场利息率在不断变化，但它们的变动趋势会因为相反变化而导致相互抵消。马克思接着指出，此两种利息率有着不同的决定过程。因此，马克思认为平均利息率与货币市场的关系并不是非常大。这就与主流的经济学家所认为的相反，利息率并非内生变量，而是内生于货币供求关系。

这样，马克思将利息率分为市场利率和一般利率。根据马克思的分析，两者之间关系如下：第一，一般利息率是指从长期出发，在平均利润率限制下形成的利率的平均值和变化趋势；而市场利息率是指借款人和贷款人在短期内参与竞争直接形成的实际利率，这是由借贷资本的需求和供应决定的。第二，一般利率只可能低于平均利润率，而市场利润率由于受到多方面的影响则可能存在高于平均利润率的情况。第三，在平均利率的限制下，市场利率会不断接近一般利率。

二、西方利率规则理论体系

利率规则指的是货币当局的政策制定者依据目标通胀水平和当下通胀水平之间缺口、目标产出水平与潜在产出水平缺口所制定的目标利率，这一目标利率需要基于一定的参数而定，这也就所谓的市场基准利率。在利率规则的理论和研究中，将利率规则系统归纳为：规则的起源——维克赛尔规则及其扩展而形成的新维克赛尔利率规则、经典规则——传统泰勒规则及拓展后的泰勒规则体系、临时性规则——伊文思规则以及最优规则——在考虑时间不一致性假设条件下在整个动态经济体内实现调节效率最优的最优利率规则。

（一）维克赛尔规则及其扩展

货币政策理论的研究核心是为经济的正常运行制定理想且有普遍性的政策规则。维克塞尔（Kunt Wicksell，1898年）首次提出了"利率"一词，并建议中央银行以利率规则形式实行货币政策。他认为，由中央银行控制的利率和自然利率是决定经济稳定程度的主要因素。因此，只有银行采取变更利率的形式调节货币政策，才能实现经济均衡发展。维克塞尔运用累积过程理论论证了经济均衡的实现，提出了以变更银行利率来调节经济发展的货币政策，主张利用利率规则调控价格水平。基于现代社会高度发达的经济信用，他对货币数量理论中关于货币流通速度不变的假设提出质疑。虽然维克塞尔对利率在经济监管中的作用的分析较为简略，但他对古典学派中货币流通速度不变假设的质疑及其对宏观利率调控的政策建议，为利率规则研究奠定了基础。

由 Wordfood 和 Giannoni 等为代表学者提出了新的维克塞尔利率规则，他们认为在不考虑货币供给数量的前提下，仅从价格水平来分析，资本的生产率、时间偏好等因素都会对均衡的真实利率产生影响。如果中央银行根据新的维克赛尔规则确定短期利率，市场均衡价格水平一般能维持在以长期平均价格为中心的范围内波动。这样，均衡通货膨胀是在不考虑货币供求关系和货币需求函数定义的情况下实现的。因此，新维克塞尔的主要代表认为短期利率调控对通胀及产出直接产生影响。另外，通过建立粘性价格模型，新维克塞尔理论论证了通货膨胀的变化是由自然利率变化引起的。由于电子虚拟货币的快速发展，维克塞尔理论以传统法币为主要研究对象显然已不符合现实。因此，新维克塞尔理论考虑到了电子货币在未来可能取代基础货币的情况。然而，新维克塞尔理论中的一些观点，例如控制利率进而控制通胀率，过分注重利率调整对经济稳定的影响，忽略了经济增长因素对利率的影响。利率规则理论中的泰勒规则考虑更加全面，引入了价格水平和经济增长因素对利率调整的影响。

新维克赛尔派普遍认为，实际利率水平是经济周期的一个指标。虽然不能直接观察得到，但可以通过建立宏观经济模型来预测。将实际利率水平设定为利率规则的主要目标，而泰勒规则是将实际产出与潜在均衡产出之间的缺口作为利率规则的主要参考目标。他们认为，长期来看，产出缺口不会过度扩大，但这是实际利率和自然利率之间的差异所造成的。

新维克赛尔派认为当真实利率几乎等于自然利率时，产出缺口自然也会消失，经济处于长期均衡状态，在这个时候，新维克赛尔规则也要对通货膨胀做出反应，而且名义利率对通货膨胀的反应越强烈，越容易实现利率的理性预期均衡。

通过构建一个简单的新 keynesian 模型，可以进一步分析新维克赛尔规则与泰勒规则之间的差别。这个模型的基本组成如下：

$$\tilde{x}_t = E_t \tilde{x}_{t+1} - \vartheta_r^{-1}(i_t - E_t \pi_{t+1} - r_t^e) \qquad (1-1)$$

式（1-1）表示实际经济活动，其中 $\tilde{x}_t \equiv (x_t^e - \eta_r x_{t-1}^e) - \beta \eta_r E_t(x_{t+1}^e - \eta_r x_t^e)$，$\eta_r$ 表示由私人部门的效用所决定的对消费的影响，$x_t^e = y_t - y_t^e$ 为当期产出缺口值，当期的实际经济活动取决于对下一期经济活动的预期值真实利率水平与自然利率水平之间的差额，其中 i_t 为名义利率，π_t 为当期通货膨胀值，r_t^e 为自然利率水平。

$$\tilde{\pi}_t = \xi(x_t^e + \varphi_r \tilde{x}_t) + \beta E_t \tilde{\pi}_{t+1} + \mu_t \qquad (1-2)$$

式（1-2）代表了公司决策价格所产生的菲利普斯曲线，其中，$\tilde{\pi}_t = \pi_t - \tau \pi_{t-1}$，$\tau$ 反映的是在供给层面价格随着过去的通货膨胀惯性所决定的价格水平的上升幅度，它并不是由企业主自由控制的。$\tilde{\pi}_t$ 由未来的通货膨胀预期和实际经济层面如产出缺口的大小和一个 AR（1）过程的随机冲击误差项决定。

$$r_t^e = E_t\gamma_{t+1} + E_t\delta_{t+1} - \omega E_t\Delta y_{t+1}^e \quad (1-3)$$

式（1-3）表示在给定潜在产出的情况下的实际经济活动水平下的自然利率决定因素。在潜在产出给定时，实际经济活动的自然利率水平取决于对下一阶段产出增长的预期 $E_t\gamma_{t+1}$、之后可能受到的经济冲击 δ_{t+1} 和对下一期潜在产出增长的悲观预期值 $\omega E_t\Delta y_{t+1}^e$ 影响。该式子反映了当期经济活动中有效实际产出和自然利率的密切关系。自然利率变量可以作为政府衡量真实有效产出的依据，而真实有效产出作为衡量经济发展潜力的指标具有重要意义。

$$i_t = \rho i_{t-1} + (1-\rho)(r_t^e + \varphi_\pi \pi_t) + \xi_t^i \quad (1-4)$$

$$i_t = \rho i_{t-1} + (1-\rho)(\varphi_x x_t^e + \varphi_\pi \pi_t) + \xi_t^i \quad (1-5)$$

式（1-4）是基本的新维克赛尔利率规则式，而式（1-5）则是经典的泰勒规则表达式。从两个式子之间的差异来看，新维克赛尔利率规则关注自然利率在经济中的作用，强调其对经济发展的指导作用，经典的泰勒规则侧重于通货膨胀的缺口与产出缺口对名义利率决定的影响。

式（1-5）在利率决定的规则式内引入了产出缺口的大小，这通常是有争议的。首先，产出缺口的规模本身就是通货膨胀的来源之一。随着产出缺口扩大，经济将供不应求，经济将持续扩张，价格急剧上涨，通货膨胀持续发展。此外，在新维克赛尔派看来，引入产出缺口变量作为利率决定变量存在着逻辑错误，本来是由于真实利率水平与自然利率水平之间的差额引起了经济的周期性波动从而引致产出缺口的问题，而不是产出缺口存在决定利率的水平。

此外，一些新的维克斯学者试图将维克斯规则与泰勒规则相结合，形成表达式如下：

$$i_t = \rho i_{t-1} + (1-\rho)(\varphi_x x_t^e + \varphi_\pi \pi_t + r_t^e) + \xi_t^i \quad (1-6)$$

在对式（1-4）（1-5）（1-6）的相关稳健性检验中，最后发现考察自然利率水平变动的新维克赛尔规则相比于采用产出缺口为考察对象的泰勒规则而言，稳健性要好很多。然而，新的综合规则将产出缺口与自然利益结合起来，并没有比维克赛尔规则表现得更好。

然而，由于过度相信自然利率的作用，新的赢家忽视了各种外部冲击对经济和经济体系不稳定的影响。将自然利率作为决定利率规则的一个因素，相对来说是片面的。特别是，由于自然利率不是可以直接观察到的经济变量，因此通过模拟宏观经济模型来计算所考虑的因素。由于不同的建模方法有不同的假设和技术差异，很难得到一致的规则。

(二) 泰勒规则体系

1. 传统的泰勒规则

泰勒规则，即通常称为利率规则，说明了短期利率如何适应通货膨胀率和产出变化调整的标准，对未来货币政策规则的研究产生了深远的影响。我们假定 N 为通货膨胀率，N^* 为通货膨胀的目标，i 为名义利率，i^* 名义目标利率。因此，从中期来看，i^* 和 N^* 是相互关联的，如果真实利率得到量化，则名义利率和通货膨胀是一一对应的关系。此外，我们假定失业率为 U，自然失业率为 Un。泰勒提出央行在制定相应计划时，应遵循如下规则：

$$i = i^* + a(N - N^*) - b(U - U^*) \tag{1-7}$$

a 和 b 系数应该为正。上述式子有三个含义，一是如果通货膨胀率与目标通货膨胀相等，即 $N=N^*$，失业率与自然失业率相等，即 $U=U^*$，则中央银行名义利率应该与它的目标值相等，即 $i=i^*$。如此一来，国内经济亦将保持稳定发展的态势；二是如果通胀高于目标（$N>N^*$），央行应将名义利率定在高于 i^* 的水平。过高的通货膨胀率必然伴随着失业率的提升，而其又反过来导致通货膨胀的下降。系数 a 表明央行关注失业与通胀之间的差异。一般而言，a 数值越高，面对通货膨胀，央行会提高利率，通货膨胀程度降低，即通货膨胀率下降与利率下降成反比，经济发展速度也会放慢。泰勒建议在任何情况下，a 都应该为正数，且 a>1。由于影响支出的是真实利率，不是名义利率。在通货膨胀上升的情况下，中央银行必须提高真实利率，才能达到减少消费的目标。换句话说，对于央行而言，名义利率的增加幅度应该大于同伙膨胀增加的幅度。三是如果自然失业率低于失业率，即 $U^*<U$ 的情况下，央行应该降低名义利率。名义利率的降低将导致失业率的相应下降。系数 b 的含义是央行关注失业与通货膨胀之间的差异。系数 b 数值越高，中央银行越偏离通胀目标，以确保失业率接近自然失业率。泰勒认为，没有必要严格遵守规则，尤其是当经济受到外部冲击时。同时，他指出，该规则为政府提供了制定货币政策的思路，在决定是否抑制通货膨胀时必须处理当前的通货膨胀和考虑失业问题。通过研究发现，美国和德国的中央银行在制定政策时没有考虑泰勒的规则。传统的泰勒规则（Taylor，1993）描述为

$$i_t = r^* + \pi_t + \alpha(\pi_t - \pi^*) + \beta y_t \tag{1-8}$$

其中，i_t 代表名义联邦基金利率，r^* 为实际联邦基金利率的均衡，π_t 代表前面四个季度的平均通货膨胀率，π^* 表示目标通货膨胀率，y_t 表示实际 GDP 偏离目标水平的百分比。如果实际通货膨胀率超过目标值 π^*，或者实际国内生产总值超过目标值时，联邦基金会的利率就会提高；如果实际通货膨胀率和国内生产总值与目标值相等时，名义联邦基金利率将等于均衡的实际联邦基金利率 r^* 和目标通胀率 π^* 之和。泰勒将 π^*

和 r^* 都确定为 1，并进一步假定 $\alpha=\beta=0.5$。同时，随着费雪方程式 $I=r+\pi$ 的结合，泰勒的规则可以转换 $i_t - i^* = 1.5(\pi_t - \pi^*) + 0.5(y_t - y^*)$，然后用进行对数处理。Hetzel（2000年）认为，泰勒规则作为货币政策规则，兼具规范性和描述性。泰勒的传统规则表明，货币当局应根据通货膨胀缺口和产出缺口调整短期利率，以创造一个可靠和稳定的利率环境，保持国内经济的稳定。

2. 平滑的泰勒规则

重大调整在传统的泰勒规则中是被允许的，但这明显对于经济的平稳运行不利。从可持续性发展的角度上来看，此举无疑会让社会公众对未来利率的期望受到影响，且不确定性难以估量。在实际的调整过程当中，负责调整利率的货币机构不是一次完成了利率调整，以实现目标。这就要求有一个调整过程，即利率平滑（Interest rate smoothing）运行的调整路径。

利率平滑是指各国央行都不约而同地采取逐步调整的利率政策，这意味着货币当局将实际利率作为货币政策的中间目标，与此同时，通过控制短期名义利率达到实际利率沿着同一方向实现小幅变动，只有当经济运行情况变化时，通过微调利率向市场发出明确的政策信号，促进市场自主地调整，该种对于利率调整的模式叫作"利率平滑"。"利率平滑"最开始主要用于描述过去十年左右外国基准利率的变化特征，即基准利率趋于持续并在同一方向略有波动，而反方向的变化相对较小且间隔时间较长。基准利率变化"平滑"的原因是，当货币当局面临的宏观经济环境变化时，各国央行倾向于以相对较小和持续的方式将基准利率调整到同一方向，基准利率的反向调整较少且间隔较长，影响了资金的使用成本，达到了调整经济运行状态、维持相对稳定的宏观经济环境、实现货币政策目标的目的。

最初的泰勒规则既没有考虑利率平滑，也没有给出货币当局利率调整的运行路径，只是对通货膨胀和货币政策投资缺口的反应。Rudebusch 和 Judd（1998）将美国联邦基金利率调整过程中的渐近性与平滑性纳入考量范围，旨在将之引入泰勒规则当中，使得泰勒规则的原式发生改变，进一步扩展为包括利率平滑因素的泰勒规则。其调整如下：

$$i_t = \rho i_{t-1} + (1-\rho) i_t^* + \xi \tag{1-9}$$

ρ 为利率平滑因子。完整的带有利率平滑的泰勒公式为

$$i_t = (1-\rho)[r^* + \pi_t + \alpha(\pi_t - \pi^*) + \beta y_t] + \rho i_{t-1} + v_t \tag{1-10}$$

在此之中，r^* 表示经济体中实际均衡利率水平，π_t 为当期通货膨胀水平，π^* 为目标通胀水平也即是说经济处于充分就业的潜在产出水平下的通货膨胀水平。y_t 为产出缺口，α、β 均为大于零的系数。这意味着利率调整与目前和过去的经济变量有关。Levin、William 和 Willand（1998年）通过利率平滑机制得出结论，利率具有滞后反应的特点。

Sack（1998年）根据泰勒的规则的反应系数预测了滞后利率项的反应性系数，并确定系数为0.63。orphanides（2001年）发现，无论是在实时数据选择还是在目前选择数据时，利率都会平滑明显。Clarida（1998）建立了与预期因素相适应的数学模型，以此在理论推导的层面上对利率的规则展开了研究，在多个国家进行的实证研究表明，泰勒规则具备利率平滑特点。泰勒的利率平滑规则一方面展示了利率规则的滞后性，这直接表明了"先前"利率对于"当前"利率的影响。因此当局在调整货币政策的过程当中，应尽量避免经常性地改变利率的运行方向，使得其能够长时间的保持其运行路径平滑化。

然而，对于平滑的泰勒规则也存在一些质疑的声音。目前，泰勒规则的检验对于政策惯性的存在并没有能够直接证明，利率平滑的原因究竟是中央银行的政策行为或模型缺陷设定尚不明确，有待进一步研究和探讨。对此，最初是 Rudebush（2002年）提出质疑，他在其一篇文章中指出，在现阶段，数学模型自相关扰动项对货币政策的利率规则方程式的估计存在影响，但在研究中该影响被忽视了。基于利率期限结构理论的框架，Rudebush 指出，泰勒规则引入利率平滑，其对于利率调整的预测能力远超出了实际数据的预测能力。因此，得出结论为，泰勒规则中关于利率滞后项的引入，不一定与中央银行进行利率平滑的操作存在关联。利率的滞后项可能只是由一系列外部冲击的惯性导致的，如信贷危机、证券市场崩溃、国际金融危机和生产率发生变化等实际生产力因素等外生性冲击。Gerlach-Kristen（2004）在他的研究当中进一步地阐明了这部分内容，换言之，在经验估计中，如果考虑到预期通货膨胀和金融市场的风险升水，泰勒规则引入的平滑利率滞后项参数会下降，货币政策应对外来的经济冲击时，将会加快调整速度。由此可见，利率平滑效应的影响因素很大程度上来自于可观测的变量且具有一定的可观察性。Rudebush（2005年）又从最优货币政策的角度进一步剖析了中央银行平滑利率的原因。他认为，在研究利率平滑效应的过程中，仅靠三个最优响应因子是不够的，即形成货币政策的预期机制、降低利率的波动性以及对数据和模型的不确定性做出最佳反应这三个因素都不足以证明利率平滑效应的存在。实际上，各国央行对于泰勒规则的平滑倾向并不仅是简单的利率调整，而是在适应的情势之下的快速及时调整。央行作为货币政策的制定者、监督者和实践者，其在考量、制定与决策的过程当中，应该考虑一切与之调整相关的可观察因素，而不是单单靠着简单的产出和通胀两组因素，故而在泰勒规则当中，在上一期的利率变量中加入过去的因素是一个值得探讨的问题。此外，Welz & Osterholm（2005年）认为，利率平滑可能是一个估计的政策方程式未被正确定义的结果。如若利率规则的制定只考虑通胀的响应函数和产出的缺口差值，那么就非常容易忽略可能对其他利率水平的形成产生影响的各类变量。如此一来，在平滑利率的整体检验过程当中，便很难从利率的平滑参数当中获取所需的信息，即无法确定是利率平滑趋势造成的影响还是序列自相关的影响。总之，利率平滑的质疑主要在于利率规则的政策平滑趋势或模型的自相关性，是否与相关因素相混淆，这是一个值得探讨的问题。

3. 前瞻性泰勒规则

泰勒规则的前瞻性在于基于原有的理论基础上引入预期因素。在过去期间，当局的确是可以根据现阶段的经济形势较为灵活地处理实际运作过程中所发生的经济问题，但由于商品价格粘性等刚性因素，货币政策的调整往往达不到预期的效果，即"相机抉择"的货币政策的出台伴随着更大的经济波动。因此，货币当局目前正在根据经济预期制定货币政策。Clarida、Galiand 和 Gertler（2000）加入通货膨胀预期因素，将修改泰勒规则如下：

$$i_t = r^* + \pi_t + \alpha E[(\pi_{t,q}|\Omega_t) - \pi^*] + \beta E[(x_{t,k}|\Omega_t) - x^*] \quad (1-11)$$

其中，i_t 为目标名义利率，π_t 即现时的通货膨胀率，r^* 为经济实际均衡利率，$x_{t,k}$ 是从 t 到 t+k 期的产出缺口的平均值，$\pi_{t,q}$ 为 t 到 t+q 期的通货膨胀率，Ω_t 为时间 t 的信息集，$E(.)$ 表示预期，$E[(\pi_{t,q}|\Omega_t) - \pi^*]$ 为附加预期的通货膨胀缺口值，$E[(x_{t,k}|\Omega_t) - x^*]$ 为附加预期的产出缺口值。在最初的泰勒规则中，货币当局根据最近产出和通货膨胀与各目标值的偏离程度，用以明确下期的利率水平。泰勒规则的前瞻性原则是货币当局根据预期因素会产生的后果对之做出反应。

在过去传统的泰勒规则当中，通常以当前的各类经济变量作为影响利率规则的核心成分，从而忽视了政策制定和实施过程中期望因素的重要性，因此在泰勒规则中引入预期因素是为了解决以上问题。简单来说就是现阶段央行的货币政策主要根据是关于未来的宏观经济水平的预测，但由于价格和工资存在刚性的特点，金融市场摩擦和传导渠道的不畅通等因素，中央银行采取措施距离相关经济变量的变动需要一定的时间，如工资和收入等经济变量变动的滞后性导致了货币政策具有时滞性，前瞻性货币政策的存在主要得益于货币本身存在的时滞性。

然而，前瞻性泰勒规则仅加入预期因素的前提假设比较强，就像假定名义利率快速调整目标利率，忽略了央行在利率调整过程中的平滑趋势。假设利率变化是内在因素导致的，那么容易忽略造成利率变化的其他因素，而仅考虑央行对通货膨胀和产出的系统性变化。与此同时，央行在考量如何调整货币政策的同一时间，还需要特别关注市场和经济的微弱变动。所以，绝不可能存在可以突然改变利率水平的潜在路径因素，而是选择逐步调整利率，以达到利率的平滑的目的。从而在前瞻性的泰勒法中增加了一个平稳化的实施方法。平滑的过程如下：

$$i_t = \rho i_{t-1} + (1-\rho)i_t^* + v_t \quad (1-12)$$

其中，系数 ρ 为平滑因子，表示中央银行提取的关于过去利率因素的信息因子。用前瞻性泰勒规则进行运行，便可以达到在封闭条件下获得一个完整的前瞻性泰勒公式的目的，同时可以对过去和未来的预期信息进行综合运用。公式如下：

$$i_t = C + (1-\rho)[\alpha E(\pi_{t,k}|\Omega_t) + \beta E(x_{t,q}|\Omega_t)] + \rho i_{t-1} + \xi_t \quad (1-13)$$

$$C = (1-\rho)(r^* - \alpha\pi^* + \pi_t) \quad (1-14)$$

其中，r^*它代表了整体经济中的实际利率水平。C是根据长时间的实际利率水平和通货膨胀率，所得出的基于经济的货币政策反应函数的截距，ξ_t 其本质上是无偏误差的线性组合，意在表示未观测因素和随机误差项对整体方程所造成的影响。

除此之外，伴随着市场经济水平的持续走高和全球经济一体化的大背景不断发展，仅观察并研究封闭条件下的泰勒规则形式，忽视汇率等国际影响因素的存在是非常不合理的。对此，部分学者试图根据中国的实际情况，继续把泰勒规则进行中国式推演，在开放条件下，囊括汇率因素的新形式前瞻性泰勒规则如下：

$$i_t = r^* + \pi_t + \alpha[E_t(\pi_{t,k}|\Omega_t) - \pi^*] + \beta[E_t(x_{t,q}|\Omega_t) - x^*] + \gamma[E(e_{t,r}|\Omega_t)]$$
$$(1-15)$$

其中，$E_t(\pi_{t,k}|\Omega_t) - \pi^*$ 表示在t期可以得到的从t到t+k期间的通胀缺口值，$E_t(x_{t,q}|\Omega_t) - x^*$ 表示从第t期可以得到的t到t+q期间的预期输出缺口值，$E(e_{t,r}|\Omega_t)$ 表示今后的T+R期汇率水平是根据第t期的现有信息确定的，然后考虑到利率的平滑并将其纳入以前的前瞻性公式。$i_t = \rho i_{t-1} + (1-\rho)i_t^* + \xi$ 将其带入前面前瞻性泰勒公式内，可以得出完整的开放条件下前瞻性泰勒规则

$$i_t = C + (1-\rho)[\alpha E(\pi_{t,k}|\Omega_t) + \beta E(x_{t,q}|\Omega_t) + \gamma E(e_{t,r}|\Omega_t)] + \rho i_{t-1} + \xi_t$$
$$(1-16)$$

$$C = (1-\rho)(r^* - \alpha\pi^* + \pi_t) \quad (1-17)$$

与封闭的经济条件类似，该公式仅包含与汇率相关的预期因素，并得到一个具完整的前瞻性，且兼具附加平滑趋势的泰勒规则。

在像 Clarida 这样的学者首次对泰勒的前瞻性规则进行研究之后，很多学者以此为基础对该理论进行了拓展和丰富。Svensson（1998，2004）Giannoni & woodfood（2002）Giannoni（2006）开发了一个新的货币政策规则模型，其中包括汇率因素，研究发现，相较于原式，在采用汇率之后，泰勒规则可以更有效地降低通货膨胀的不稳定性。而后，又有学者做了更为深入的研究，发现与传统的泰勒规则相较下，复杂的经济结构模型上附加的前瞻性泰勒规则效果并不好，且由于经济结构模型中存在各种不确定性，导致框架中的前瞻性泰勒规则显示出了强烈的不稳定性。Sevensson & Willianms（2005）凭借着马尔科夫线性模型这一工具，将各类的不确定因素合并，且控制在了一个因素之内，观察了带有前瞻性变量的政策反应的数学函数式，在繁杂且充满不确定性因素的情境下，为最优货币政策规则的制订提供了科学的借鉴方法。

赵金文和黄彦（2006年）对我国最优的非线性货币政策反馈规则进行了测定，基

于前瞻性经济结构模型和非二次福利函数方式设定的目标函数。张屹山等（2007年）对我国货币政策进行了实证分析，前瞻性利率反应函数的构造为实证分析奠定了基础，研究表明，利率反应函数（包括前瞻性预期）可以更好地描述银行同业拆借利率、存贷款利率以及两种利率之差的变化趋势。张代强等（2008年）[①] 用分位数回归法测试了前瞻性利率规则，对其系数进行变化，从结果来看，我国的产出缺口、通货膨胀系数和货币增长率系数均大于零。通过分位数回归法，可以突破泰勒定律检验的固定不变的常数系数的缺陷，适应市场经济转轨时期的各种政策变化。王少林（2015）强调货币政策的政策不对称以及央行对各种指标的反应不对称，通过双重时变泰勒规则的实证检验，使它更符合现实情况。郭万山等（2015）将产出缺口替换为GDP增长率缺口，重新估计泰勒规则。从结果上来看，利率反应函数的估计效果有了非常显著的提升。另从预测误差的层面上来说，后顾性的利率反应函数的预测准确性较前瞻性模型要好，前者的预测结果能够更趋向于真实的名义利率。这也从侧面非常明确地说明了我国对于货币政策调整的谨慎性，且在某种意义上更有可能准确的被公众所预期。此举也令货币政策实施的可预测性显著提升，一方面提升了大众对于央行货币政策预期的可靠性和准确度，对公众能够起到很好的预期引导作用，让货币政策更具透明性和具备公信力；另一方面对央行相机抉择能力起限制作用。

4. 引入汇率的泰勒规则

由于泰勒的传统规则只规定了两个实际变量：通货膨胀和产出，而在实际情况中，存在诸多因素会对货币政策作用的发挥产生影响，传统的泰勒规则由于考虑因素有限，只是对影响货币政策发挥作用的因素做了简单的经验判断，因此对一些影响货币政策的变量均有所忽视。除此之外，传统的泰勒规则仅仅适用于封闭性的经济，而经济文化较为发达的国家则不再适用，因此仅仅考量国内的各类因素来制定货币政策是很片面的。在开放的经济中，汇率渠道必须是货币政策传导机制的一个关键环节，汇率机制通过利率平价定律影响各国的利率水平，汇率变动将对通货膨胀产生短期影响。尝试忽视或削弱这种影响的结果必然是很容易导致国内产出出现大幅度的波动，由此可见，汇率因素必然是整个利率规则运作过程中的重要变量之一。

泰勒（1993）分析通过美国的货币政策进行分析，提出中央银行在调整实际利率的过程中应以本期的产出差距、当期的通货膨胀与目标值的偏差和均衡实际利率为衡量标准。他提出了非常精细化的货币政策制定规则，将央行的利率政策描述为一个为了最终目标所服务的反应函数，此外，实证分析确定了联邦储备利率政策与经济产出、

---

① 张代强，张屹山．前瞻性利率规则在我国的实证研究——基于分位数回归方法的变参数检验［J］．数量经济技术经济研究，2008，25（10）：119-129．

通货膨胀之间存在稳定的函数关系。他认为，一个国家如若实行固定的汇率政策，与之相伴的必定会使得产出和通货膨胀变得不稳定，这主要是因为在整个开放的经济体中，国内货币政策的作用受到国际市场平衡的限制，在固定汇率制度下，国内货币政策的完整性难以实现。因此，实行浮动汇率制度可以获得有效的利率规则。泰勒（2003）后来试图改进传统的泰勒规则，并试图在原来的公式中将汇率因素融入其中，但是研究发现，更改之后的泰勒规则所表现出的现象是，稳定的产出和通货膨胀没有因汇率而产生太大影响，甚至结果比泰勒的结果更糟糕，因为汇率对利率的影响反映在通货膨胀缺口和产出缺口上。与此同时，由于实际因素的影响，实际汇率可能偏离购买力平价要求所决定的均衡汇率，导致利率波动与汇率波动不一致。因此，没有必要将汇率因子设置为泰勒规则中的一个单变量。他研究发现，如若某个国家采用固定的汇率制度，那么其产出和通货膨胀的稳定性都会受到不小的影响。反之运用浮动的汇率制度，则能够产生更为有效的利率规则。

近年来国内关于传统泰勒规则的实证研究表明，伴随着近年来市场利率化和汇率改革的步伐加快，深化了国内货币政策和汇率二者之间的联动性，大多数学者认为，泰勒线性规则的传统机制不适用于中国的实际情况。此外，泰勒规则的重心在于解释变量之间的多重共线性，在这种情境下，会增强汇率因素对利率规则的影响。过去，美国的利率规则旨在解释变量之间的线性关系。由于美国市场化程度相对成熟，总体经济稳定，而中国经济变量之间的波动幅度较大，货币政策也很不稳定。在此基础上，学者提出了非线性泰勒规则的概念，并试图加入汇率因素，希望以此来反映经济全球化背景下各国货币政策间的影响程度。

显然，在开放的情况下，将汇率因素纳入泰勒规则更符合实际。然而，国内对资本管制未实现完全市场化，再加上国内汇率市场机制不完善，将对国内货币政策完整性产生影响。此外，随着汇率改革的进一步加速，最后的选择必将是管理的浮动汇率制度，将开放经济条件纳入传统泰勒规则之中，考虑国家间货币政策通过汇率机制实现相互传导是一个值得深入探讨的问题。

（三）伊文思规则

美联储过去15年的利率规则是伊文思规则。伊文思规则当中，对应的前瞻性指导方针是通过使用失业和通货膨胀的定量经济指标，作为未来提升超低利率的临界点，而不是作为未来高利率的起点，经济衰退之后的恢复阶段，保持低利率是长时间内最好的解决方案。在联邦储备基金货币政策的实践中，联邦开放市场委员会的会议提出了新的建议，即进一步修改泰勒定律，使得其能够更好地适应国情。这在一份新的前瞻性指南中明确了使用阶段性的经济指标以取代2015年初期的经济标准，并以此来衡量未来增长率的新规则。自2008年12月联邦储备体系成为货币政策工具以来，联邦储备基金的利率几乎为零。然而由于传统的公开市场交易，货币政策调整的信号并没有传递给金融市场，在这方面，联邦储备委员会已开始采取数量和前瞻性措施，这意味着将不断地刺激经济。在前瞻性指引方法中的零利率水平可继续维持的期间内，于 2012 年 12 月的 FOMC 会议上，联邦储备委员会决定在其未来的指导方针中使用"evans rules"作为利率决策的阈值。伊文思规则设置了一个阈值，跟踪一些经济指标，如果选定的经济指标超过了规定的门槛值，联邦储备基金可采取提高零利率的货币政策。但这并不意味着，当经济指数超过某一门槛值，联邦储备委员会就会立即采取措施进行修改货币政策，还应考虑到货币政策的时机和宏观经济操作的最大容忍度，并以渐进的方式实施利率规则，以稳定预期，从而减少对市场的影响，实现宏观经济稳定。Evans 规则可以表述如下：

$$i_t = 2 + \pi_{t+1} + 0.5(\pi_{t+1} - 2.5) + 2.0(5.5 - U) \qquad (1-18)$$

从以上公式可以看出，经修订的泰勒规则已将通货膨胀目标从 2% 的长期目标改为最近的 2.5% 上限，但尚未明确说明，伊文思规则却明确了这一点。另外，伊文思规则的响应函数是具有一定模糊性的分段函数。该特征反映出，当失业率和通胀指数未超过美联储设定的门槛时，美联储将维持零利率。传统的泰勒规则和修正的 Taylor 规则使用历史数据；Evans 规则使用了未来 1 到 2 年的通胀预期数据，并且是前瞻性的。此外，伊文思规则采用了经济门槛，突破了传统的泰勒规则对零利率下限的限制。

（四）最优利率规则

1. 最优利率规则理论溯源

最优利率规则是货币政策当局凭借短期利率作为货币政策的基本操作工具，在国内经济结构的制约下，通过看不见的手的作用操作货币政策利率，将政策目标向着最优状态演化路径引导。最优利率规则极大程度上发挥了利率规则理论的核心，为研究坚实有效的微观基础奠定了根本。最佳利率规则在很大程度上依赖于利率规则理论，并为研究健全和有效的利率奠定了基础。"利率规则"原指以短期利率为主的宏观经济变量的央行规则，例如产出缺口和通货膨胀率等的内生响应函数。然而，利率规则存在一个普遍的缺陷，即以规则形式出现的违约是无法克服的，导致研究结果不完全符合科学、稳定的基本要求，使得理论预估宏观经济操作效果的可信程度降低。换个角度来说，货币政策作为利率准则的制定者和执行者，只有货币政策目标变量的实际值等于其目标值，才可以保证预测相关的宏观经济操作的稳定性和可信度。可是当货币政策目标变量的实际值和政治目标相左的时候，利率的规则对货币政策的目标影响将变得微乎其微，双方的不一致性越大，则利率规则对于货币政策目标的稳定性影响亦会越来越弱。这两项规则之间的主要区别是，最佳利率规则是一个坚实的微观基础，前提是建立在个人的最佳行为上，从这一角度来看，这是因为没有利率市场化的基础。因此，这门"科学与艺术"的核心就是最优利率规则理论。

2. 最优利率规则的确定标准

最优利率规则的评价标准主要包括完全时间一致性的最优准则、确定性准则和稳健性准则。

时间一致性平衡是一种合理的期望平衡、一种稳定平衡及一种长期平衡。与短期均衡的相机选择相比，短期均衡是主导均衡，但与长期最优均衡解相比，长期最优均衡是次优均衡，但长期最优平衡是一种不一致的时间平衡，它随着时间的推移而变化，这种变化最终将成为自由选择的短期均衡。

确定性准则是指由理性期望算子组成的差分系统，具有预期算子的差分系统最终可以通过一系列等价变换转化为一般的差分系统，该系统最终消除了预期因素的影响。在最优控制规则和惯性泰勒规则之间，前者受研究者自身设计和前提设置的限制，因此模型的确定性问题反映了不同的模型设计差异，相对的惯性泰勒规则继承了经典泰勒规则的固定规则设计要求，因此具有独特的确定性优势。

稳健性准则是衡量利率规则是否为最优规则的主要指标之一。它主要是指外生随机扰动的统计特征独立于利率规则构成变量之前的系数。它通常与每个特定规则形式引起的标准差的变化进行比较。图 1-1 给出了一个线性泰勒规则和采用复杂的宏观动态均衡模型（DSGE）所取得的规则调控的稳健性比较。

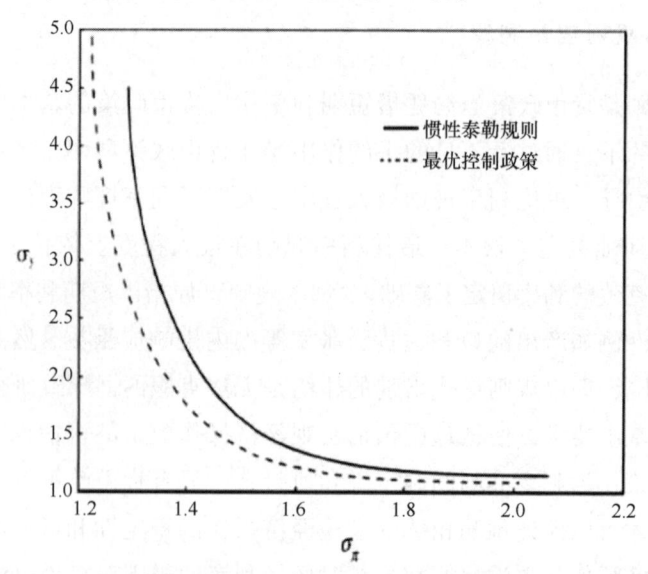

图 1-1　泰勒惯性规则与 FRB/US 最佳管理规则的比较

资料来源：John Williams（2003）

注：此图取自 FRB/US 模型中 Taylor 规则和最优控制规则的保守性比较，以及耶伦新的正常货币政策利率路径的选择。

John Williams（2003）发现，通过比较最优控制（最优利率规则）和泰勒规则，尽管最优控制规则构建了一个复杂的宏观经济模型，试图将一切都置于可控范围之下，同时将观测到的所有影响因素均放进模型中，但模型的稳健性对最优控制规则所带来的目标变量（通货膨胀率和输出）的稳定性影响不大，从政策边界图中能够看出这个结论。可以想象，在复杂模型中添加的各种类型的信息不能为最优利率规则提供太多有用的信息，并且许多信息与泰勒规则的几个经典目标变量有关，此外预期效应使得惯性泰勒规则的响应函数具有双向传递函数。这就弥补了预先设定固定系数的缺点。

三、其他经典利率理论

（一）利率决定理论

传统的利率决策理论是市场供求共同决定利率，包括经典利率理论、流动性偏好理论、可贷资本理论和 IS-LM 利率理论。

1. 古典利率理论

在这一理论中，利率是由投资和储蓄确定的。资本的边际生产力影响到投资，而储蓄由时间偏好影响。经典的利率理论是部分平衡理论，投资和储蓄都是利率的函数，利率可调节经济，促进投资和储蓄的平衡。因此，古典学派认为货币政策不影响利率。

2. 流动性偏好理论

凯恩斯提出了这个理论，他认为货币供应和需求决定了利率。利率可弥补现金高流动性带来的重大损失。对货币的需求取决于持有者的流动性偏好，并分为贸易动机、预防性动机和投机动机。交易的动机是在进行交易中保留资金的动机，预防动机是为紧急情况提供资金的动机，在这两种情况下，需求都与收入成正比。投机动机是对投机利润和外汇储备的需求，由于预测利率的变化，持有货币者能够从中得到获利的机会，一般投机动机的需求随着利率的升高而下降，因此两者的关系成反比。不过，现金数额由货币当局决定。在流动性优先理论中，只强调货币的作用，而不是其他因素，因此存在许多争议。

3. 可贷资金理论

根据理论，利率是由信贷供求关系决定的。无论是初级商品市场的平衡还是货币市场的平衡都不能确定利率。利率指借款过程中的资金成本，影响贷款供应和需求水平的因素也是影响利率变化的因素。因此，贷款的提供与利率成反比，需求与利率成正比。

4. IS-LM 利率理论

这一模式为确定货币市场和商品市场的利率提供了一个平衡的利率。从总体平衡的角度来看，IS-LM 利率理论将货币市场与商品市场的平衡结合起来，成为一种理论体系，对推进利率决策理论方面发挥着重要作用。IS 曲线是商品市场的平衡，LM 是货币市场的平衡。两条曲线的交点代表了两个市场平衡时的利息和收入水平。

(二) 利率期限结构理论

利率结构是指金融市场上不同资产或同一资产不同时期收益率之间的关系。利率结构理论可以分为两个方面：利率风险结构理论和利率期限结构理论。

1. 利率风险结构理论

利率风险结构描述了不同资产在同一期间的不同回报率之间的关系。不同类型的金融资产具有不同的风险类型和规模，购买金融资产的风险越高，投资者要求的回报越高，即风险越高，回报越高，风险补偿就是资产的风险溢价。非风险资产的回报率是无风险的市场利率，通常被视为国债的收益率。每项高风险资产的回报率均为无风险利率加上风险溢价，资产风险类型越多，风险越大，相应的风险溢价就越高。

2. 利率期限结构理论

利率期限结构理论是指不同时期资产收益率之间的关系。例如，国债的不同期限，其回报率也各不相同。横向定义为偿还国债的日期，纵向定义为利润率，可以从不同的期限中推断出利润率曲线。输出曲线有不同的形状，利率期限结构的不同理论旨在解释回报率曲线的形式。利率期限结构理论除此外还包括：

（1）纯粹预期理论

这是最早的利率期限结构理论，其假设不同时期的债券可以完全取代，并提出了一种短期预期利率的形式，以确定收益率曲线的形状，在短期利率预计提高的情况下，未来的回报率曲线将提高，而在短期利率预计下降的情况下，未来的回报率将提高。收入曲线下降。一种纯粹的预期理论解释说，长期利率的变化取决于短期利率的变化，但它并没有解释为什么收益率曲线总是向上倾斜。同时，期望值理论仍然过于苛刻，难以实现。

（2）流动性溢价理论

它提出了投资者在流动性偏好和流动性溢价，以此解释了利率曲线的形成。流动性理论认为，长短期的资产不能完全替代，同时市场上的投资者不愿意冒险，而倾向于短期资产，资产的使用寿命越长，所需的流动性就越高。投资者认为，短期资产比长期资产更具流动性,可以迅速收回。由于资产的成熟程度低,价格对利率变化的敏感度低,因此利率呈上升趋势。

(3) 市场分割理论

根据这一理论,短期资产和长期资产是无法完全替代的,同时投资者并不是完全理性的,市场并不是完全有效的。短期市场平衡决定短期资产的回报率,长期市场平衡决定长期资产的回报率。投资者的绝对暂时偏好、市场壁垒和公共制度将导致市场分割,而投资者将有不同的选择偏好,一般投资者倾向于购买短期且流动性较好的资产从而使得长期资产获得较高的收益率。

(4) 投资者优先偏好理论

根据这一理论,不同的投资者有优先偏好,并将投资于成熟市场,只有当其他成熟的市场受到巨大利润的诱惑时,他们才会放弃原有的优惠待遇,进入其他成熟的投资市场。在偏好理论、市场分割理论和流动性溢价理论中,虽然市场分割理论分为短期市场和长期市场,但不同于市场分割理论,投资者偏好并不局限于一个市场,不同的投资者有不同的投资偏好,投资者将会优先考虑投资市场,但当其他市场有足够高的回报时,投资者则会选择高收益的市场。

(三) 货币政策中间目标选择理论

1. 货币政策中介目标含义与作用

货币政策的中期目标是中央银行选择调整目标,以实现货币政策的最终目标。早在20世纪60年代,美国经济学家就提出了货币政策中介目标的概念,当时货币政策以利率为基础,中间目标的概念没有引起充分的关注。自1970年代以来,由于货币主义思潮的传播,与中介有关的货币政策目标的概念得到了广泛的发展,这些目标已成为国家货币政策的重要组成部分。

从西方货币理论的角度出发,货币政策中间目标发挥关键性作用主要有两方面的原因:一是央行需设定一个名义锚,以便于公众观察和判断央行实施货币政策的言行是否一致,从而避免机会主义的产生;二是公众认识到货币政策的作用机理从长期来看具有不确定性和滞后性,因此为了及时了解经济情况,需要设定一些金融或非金融的关键数据指标来观察货币政策的实施效果。

货币政策中介目标在货币政策监管体系中的地位如下图1-2所示。

2. 货币政策的传导机制相关理论

在市场经济条件下,中央银行的货币政策不能直接执行,以实现货币政策的最终目标,而是通过对货币政策中介目标间接调控。所谓的货币政策机制是一个过程,在

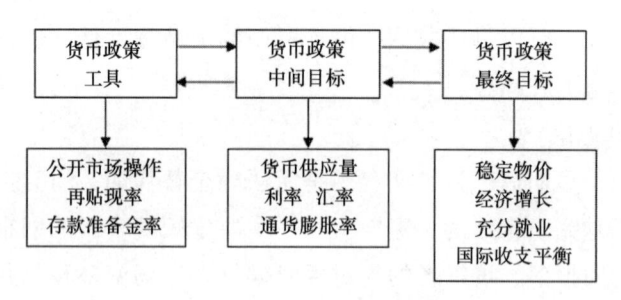

图 1-2　货币政策调控体制

这个过程中，国家货币政策对经济运行产生作用，这也是存款准备金率、利率、换算率、现金流量和兑换率等多种经济变量之间的互动过程，这些经济变量之间的相互作用影响到微观目标在经济活动中的行为选择，最终导致微观目标的改变，从而实现货币政策的最终目标。从某种意义上说，我们可以把货币政策的传导过程视为货币政策的一个实现进程。如图 1-3 所示，中间目标是货币政策的桥梁，中间目标不仅是中央银行在管理和监管方面的直接目标，又是传导至最终目标，实现经济增长、物价稳定等最终目标的关键指标。

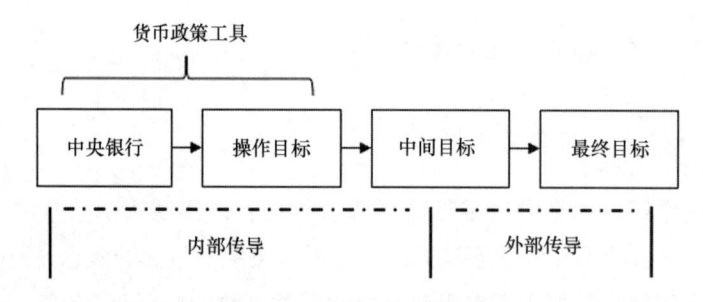

图 1-3　货币政策传导机制

货币政策的转移可分为内、外部两部分的转移机制。内部转移机制的过程是货币政策工具的选择、使用以实现中期目标；外部转移机制是中期目标对外部因素发挥作用时，并进而影响最终目标的过程。内部和外部传输机构的组成见图 1-4、图 1-5。

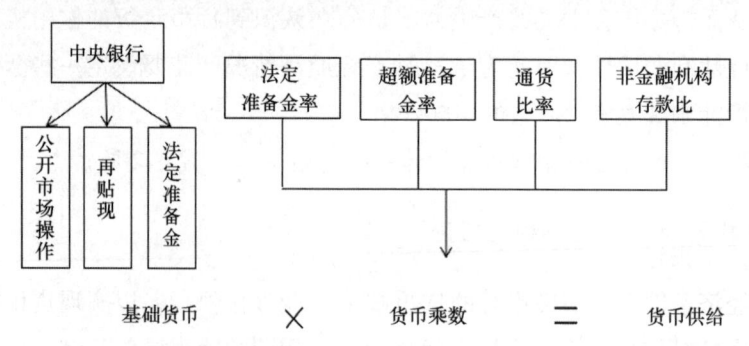

图 1-4　货币政策内部传导机制

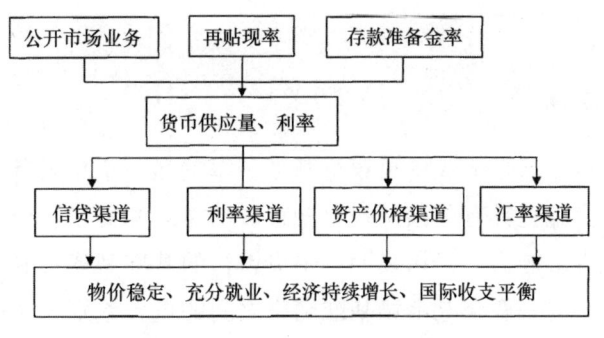

图 1-5 货币政策外部传导机制

第四节 央行基准利率形成与作用机理

一、央行基准利率的形成

（一）市场决定性

形成央行基准利率的基础是市场决定。市场决定必须通过价格、供求和市场条件下的竞争机制实现，表现为"源于市场"和"归于市场"。过去，存款准备金率等各种利率调整形式，如"中央银行基准利率"的再贷款和再贴现利率，商业银行存贷款利率及其他各种形式的利率，由中央银行直接指定，任何机构和个人都无法擅自进行变动。显然，行政决策是形成这些法定或官方基准利率的基础。这些所谓基准利率缺乏形成市场的基础，所以没有反映市场资金的供求关系，也没有形成"源于市场"的机制。中央银行的基准利率必须有良好的市场基础，以市场为基础，并从市场中分离出来，它是基于市场的交易机制的产物。传统的法定基准利率或官方基准利率并不具备本文说研究的以市场为基础的央行的基准利率，因此，这不是这里所要分析的央行基准利率。

中央银行基准利率的市场决定性的另一方面是"归于市场"。银行的基准利率是银行货币政策的中间工具和手段，这是货币政策的前端目标，联系着货币政策、货币市场基准利率和宏观经济调整有关的经济变量，反映出的信号传输将与广泛的市场和设施参与者联系在一起，从而引起普遍反映，并与货币政策最终目标的实现相联系。因此，中央银行的基准利率应回归到市场上，有助于央行基准利率迅速有效地结合市场经济，及时、有效地将中央银行的货币政策意图传递到金融市场和其他市场中去，充分发挥中央银行基准利率在货币政策中的积极作用，实现宏观经济与政策目标相一致。

(二) 政策调节性

中央银行的直接参与是形成中央银行基准利率的另一个重要条件，这反映了中央银行作为货币政策实施者具有间接调控金融市场的意志和需求，以及央行对央行基准利率市场的控制或者影响力。结果表明，中央银行的基准利率具有一定的可调性和指导性。央行基准利率与一般金融市场基准利率之间的重大差别在于中央银行直接参与货币市场交易，对中央银行基准利率形成强有力的市场控制，而一般金融市场的基准利率往往是在没有中央银行直接参与的情况下形成的，而关于中央银行基准利率市场的信息则是根据中央银行的基准数据提供的，这直接导致后者的变化和调整。因此，可以说，中央银行的基准利率使其能够加强对市场利率制度、金融市场和国民经济的控制，增强了央行进行间接宏观调控的能力。

中央银行的基准利率虽然是货币市场的基准利率，但却是一种特殊的市场基准利率，它是中央银行货币政策的最前沿，与货币市场的基准利率直接相关，这是所有货币政策的指导，是整个货币市场基准利率的"触发器"，这关系到宏观经济发展是否有助于实现国民经济的目标。在逐步完善利率管理和促进利率市场导向的过程中，中央银行应对金融和宏观经济实施间接利率管理，它应以中央银行的基准利率及其运动功能为基础，以加强在公开市场交易中对中央银行指标的控制或管理，改进利率的转移机制，加强中央银行基准利率与国民经济的联系，保持中央银行合理稳定的基准利率，促进金融体系和国民经济的稳定发展，提升货币政策的实施效果。

二、央行基准利率的作用机理

(一) 央行基准利率对投资者的作用机理

中央银行在为投资者确定基准利率方面的作用主要表现在财富的再分配和信贷途径方面。央行可以根据具体的宏观经济形势，适时的采取公开市场业务的操作方式从而达到调控央行基准利率的目的，中央银行使基准利率直接联动和影响市场基础利率体系，并通过各种市场机制调整中央银行的基准利率通道，以提高银行业务的效率。市场基准利率调整会随着央行基准利率的调整而变化，也会使得货币市场的供求发生变化，进而影响股票和债券等金融资产价格变化，使得家庭财富因此发生变化，形成了财富再分配的效应。这样，人们对经济增长以及通胀的预期随之发生变化，最终会影响居民储蓄和消费的决策。

另一方面，利率反映了资金成本，中央银行基准利率的调整和变化将影响企业或其他经济实体投资的预期收入，这将导致社会投资总额的变化。中央银行基准利率的变化，将直接改变货币市场资金的供求关系，并对信贷业务产生影响，使得商业银行存贷款利率发生一定程度的变化；影响企业或其他经济实体投资的成本和回报水平，改变企业对投资项目的偏好和需求，从而会影响社会投资的规模和结构。当央行的基准利率下降时，意味着投资机会成本将下降，投资将增加，而当央行的基准利率上升时，投资将下降。同时，中央银行基准利率的调整对政府支出和发行国债产生了一定的影响。因此，中央银行合理的基准利率有利于反映市场资金的真实供求情况，使得资金成本更趋于合理化，从而达到高效配置资金资源的目的，从而实现改善和优化社会总投资。

（二）央行基准利率对金融机构的作用机理

中央银行的基准利率一般来自银行间市场，其形成与商业银行和其他非银行金融机构的参与密不可分。中央银行基准利率直接影响金融机构在银行间市场的金融状况，直接影响金融市场的货币供应，影响企业贷款资金供应的机构间再融资费用，影响金融机构的外汇供应，从而影响到商业银行的贷款规模。同时，基准利率的稳定性和基准收益性，是衡量资金成本低重要参照，为各种金融产品和衍生产品的定价提供了基础。因此，央行基准利率变动和调整不可避免地会影响商业银行存贷款利率及各种理财产品的价格和收益水平。

央行基准利率在利率体系中处于基础性地位、起着统率的决定性作用，对货币市场基准利率体系具有很强的导向性。中央银行确定基准利率，为金融机构提供了指导，有助于金融机构定价方式的转变。根据中央银行与法定利率挂钩的基准利率和市场利率调整资产的偿还期，使得在解除利率差异及实现利率市场化后的金融机构的预测和研究基准利率的能力有所提高，加强金融机构自我定价能力，提高金融机构的国际化和市场化水平，提高金融机构的市场竞争力。

（三）央行基准利率对货币政策实施影响的作用机理

在取消利率管制和实现利率市场化之后，中央银行的货币政策的调控则转向间接型调控。传统货币供给受到电子货币普及和金融市场复杂多变的影响，当广义货币难以计量时，就不再适合作为货币政策的主要中介，货币政策调解变量通常被用作利率工具，确保利率在完全基于市场利率的条件下成为货币政策的主要渠道。中央银行的基准利率处于货币政策的前端，是货币政策与货币市场之间联系的纽带，也是有效货币政策的起点。因此，作为货币政策的参考工具或目标，中央银行的基准利率是货币政策的发动机，通过在公开市场上的操作进一步引导中央银行基准利率的变动，为实现央行对市场基准利率调整和对准备金头寸的调节，确保资本市场的信贷规模保持在合理水平，实现市场资金的平衡。

经过一系列市场转让，中央银行的基准利率改变了基准利率曲线的位置，直接影响了信贷价格。通过调整商业银行的可贷资本，影响贷款利率，影响企业利润和投资者收入，以影响贷款规模，从而改变人们的储蓄和消费行为。同时，中央银行基准利率的变化将影响实际利率，影响到固定资产投资和社会再生产的规模，改变经济产出和通货膨胀预期，影响外汇市场资金供应和供应的汇率波动进而改变进口和出口的情况，控制投资、消费、公共支出和进出口和宏观经济目标相一致。

中央银行的基准利率对货币政策的影响主要体现在货币政策的转移渠道。货币政策的转移渠道有以下几个主要渠道：以利率渠道为代表的价格型的传导渠道、以货币供应量为代表的数量型渠道、依赖于通货膨胀对预期影响的预期渠道。

1. 利率传导渠道

凯恩斯关于货币政策的理论是基于这样一种观点，即货币政策主要是以利率为基础的，利率可作为货币政策的中介目标。因此，大多数中央银行将货币政策传导模式简化成利率传导的过程。根据凯恩斯货币理论价格粘性，假定名义利率的变化将改变实际利率，实际利率的变化将改变消费和投资决策，从而改变社会总需求和总生产，可以用货币政策工具—利率—投资—总收入表示。希克斯和汉森共同提出的IS-LM模型是分析利率影响投资的经典理论，他们对政策转移机制的解释主要侧重于企业和人口的利率作用机制，被认为是分析货币政策传导性的最常用的理论框架。然而，在使用IS-LM模型深入分析政策信息通报的金融方面，仍然存在一些不足之处，主要集中在两个领域：第一，关于中央银行将使用基本货币作为操作目标的假设，将货币当局与银行系统间的互动联系过于简化；第二，对于银行和非银行部门间的内生性问题没有得到重视。

泰勒规则也确认了利率渠道的重要性，泰勒规则（Taylor Rule）描述了短期名义利率对宏观经济变化的反应，泰勒是利率渠道的倡导者和坚定支持者。弗雷德里克·S·米什金（1995）认为，利率转移机制是单方面的，以货币政策对产出的影响为重点。然而，由于利率也是经济的一个组成部分，还必须注意货币政策与实体经济在短期内的动态互动。传统的利率渠道理论必须满足两个条件。首先，中央银行不仅应当能够调整短期利率，而且还要能对长期利率产生足够影响。第二，各种需求因素应当对利率变动反应较为敏感。传统的利率渠道理论方面也存在一些问题，主要表现在以下方面：第一，资本积累过程中不考虑新的投资。第二，对短期利率和长期利率之间的差别没有明确界定和加以区别。第三，忽视金融中介机构在传导渠道中的作用。第四，对货币的具体形式未做明确的定义。第五，没有注意到短期利率的调整是临时性和随机性的，不一定能影响到公众消费的决策。此外，传统的利率理论不仅没有考虑利率的变化会影响汇率、其他金融资产的价格和实物资产的价格，而且也不包括预期。上述问题表明，除利率传导渠道外，其他传导机制也在一定程度上发挥了作用。

2. 货币传导渠道

以弗里德曼为代表的货币学派认为凯恩斯主义的宏观调控政策是无效的。他们基于实证分析，结果显示，货币乘数和货币流通速度趋于稳定，货币供应指数要更优于利率指标，因此，中央银行仅仅需要调节货币供应量，就可确保价格稳定和经济增长（杜云龙，2000）。货币学派认为货币供给在货币政策的转移方面发挥着重要作用，中央银行的货币政策将直接影响实际货币余额的变化，实际货币余额的变化将影响支出，从而影响总收入。表示为："货币政策工具→货币供应→支出→总收入"。根据货币流通渠道理论，中央银行名义货币供应的变化将导致实际货币变化，从而导致包括短期利率在内的各种国内外资产的实际价格的变化，导致资产价格预期的变化，从而对实体经济产生了影响（张成思，2011）[①]。然而，货币数量理论也存在一些缺陷。例如，无法分析宏观经济需求和供应冲击，只能在中期货币政策的制定中发挥作用；货币数量理论是基于货币中立的假设，不能描述高通货膨胀成本（彼得·博芬格，2013）。

然而，对货币政策的分析大体与利率渠道对利率的强调在本质上并无二致，货币政策涵盖了所有相关的价格变化，这些变化比利息渠道更为适用。在实践中，货币和信贷传导渠道都可以归入数量型传导渠道。货币主义观点成立需要两个先决条件：第一，预计市场将是完整的，信息将是充分的。另一方面，所有非货币金融资产都可以完全替换，即信用工具的类型不影响实体经济。由于市场在实践中往往是不完整的，而且信息往往是不充分的，所以国家债券、商业票据、股票和银行贷款等非货币金融资产的差别很大，不能相互间完全替代。各方对于货币主义所提的观点分歧很大。随着金融创新的发展，各级货币供应量间的区分越来越模糊，以货币供应量作为政策中介目标，只在某一特定的历史时期发挥作用，具有一定的阶段性，逐渐淡出政策调控是不可避免的。

3. 预期传导渠道

货币政策传导的预期通道是基于通胀，而预期渠道往往与菲利普斯曲线一起出现，以解释央行对通胀的良好控制。菲利普斯曲线是英国经济学家奥尔本·菲利普斯（1958）首次提出的，他得出的结论认为，从长期来看，名义工资增长率和失业率之间存在着稳定的负相关关系，关系如下：

$$\Delta W_t = f_1(U_{t-1}), \text{且} \frac{\partial f_1}{\partial U_{t-1}} < 0 \qquad (1-19)$$

[①] 张成思. 货币政策传导机制：理论发展与现实选择 [J]. 金融评论，2011，3（01）：20-43+123-124.

式（1-19）中，ΔW_t 表示名义工资变化率，U_{t-1} 指上一时期的失业率。由于菲利普斯的原始曲线不能解释通货膨胀，索洛（1960）对其进行了修正，认为名义工资变化是生产率的增长和通货膨胀率增长的总和。公式如下：

$$\Delta W_t = \lambda + \pi_t \tag{1-20}$$

式（1-20）中，λ 表示生产率增长率，π_t 意味着通货膨胀率。将式（1-20）代入式（1-19），可改为菲利普斯曲线的变式如下：

$$\pi_t = f_1(U_{t-1}) - \lambda \tag{1-21}$$

由于20世纪60年代以前，全球通胀率极低，因此该研究忽视了通货膨胀的预期影响。20世纪60年代全球通货膨胀率上升，通货膨胀预期开始在工资谈判中起主导作用，弗里德曼（1968）认为在工资谈判中，工人关心的不是名义工资的增长，而是实际工资的增长，得到附加菲利普斯的预期曲线，公式所示

$$\pi_t = f_2(U_{t-1}) - \lambda + \pi_t^e \tag{1-22}$$

式（1-22）中，$f_2(U_{t-1})$ 表示的实际工资变化率替代了 $f_1(U_{t-1})$ 表示的名义工资的增长率。π_t^e 表示预期的通货膨胀。

根据与菲利普斯曲线有关的预期通道将导致两种不同的货币政策实施方法。首先，央行可以尝试利用短期通胀与失业之间的关系，通过临时性通胀政策创造短期就业机会。其次为稳定和有针对性的央行提供保持低通货膨胀率的重要机制。以稳定价格为职责的央行据此将可以实现低水平和稳定的通货膨胀率，而且工资协议通常是以适应性的预期为基础的。一旦他们达到低通货膨胀率，将自动传导到未来预期。因此，中央银行对公众期望的承诺和指导是重要的，"公信力"已成为20世纪90年代货币政策讨论中的一个重要术语。"公信力"意味着公众认为央行能够并且愿意实现价格稳定，对于一个可靠的中央银行来说，货币政策的监管将变得相对简单，并有能力实现更好的政策控制效果。现在预期也被引入新的凯恩斯分析框架。

（四）基准利率传导体系

在央行对多期限基准利率的引导下，资金市场的定价行情也会相应发生变动，进而在各种资产价格中发挥指导作用。随着价格的变化，投资者将改变对风险的偏好，从而影响他们的投资和消费。金融市场基准利率的传导过程主要是：基准利率变化对基准收益率曲线的影响，导致基准收益率曲线的变化，投资者根据收益率曲线预测并采取相应行动，采取的经济行为最终影响了金融市场的利率体系，基准速率传输系统的传导过程如图1-6。

基准利率⇨收益率曲线⇨投资者预期⇨其他利率⇨生产投资消费

图1-6 基准利率传导体系的传导过程图

目前在进行宏观经济调控的同时，我们继续以货币供给作为政策的传导中介，指导我们的政策方向。为了影响市场的货币供应从而改变存款准备金率，从而改变市场的流动性水平。随着货币供应的变化，货币市场的利率取决于货币需求和供应的情况，也就是说取决于资金价格的变化，进而影响市场的总需求水平，最终实现国家宏观调控的目标。

作为中介目标的货币供应可以实现总需求的调控目标，基准利率也可在改变社会总需求和宏观经济调控方面发挥作用。中央银行实行货币政策达到改变国家基准利率的目的，使得与基准利率高度相关的其他利率随之改变；利率的变化导致市场融资和投资规模的变化，最终影响到市场的消费和投资水平，即通过基准利率也达到了影响社会总体需求的目的。

第二章 我国利率市场化历程

第一节 官定利率市场化改革历程回顾

一、改革开放以来利率市场化改革历程回顾

改革开放以来,中国的经济体制逐步从计划经济体制向社会主义市场经济体制转变。经济体制和调控方式的转变,使得利率市场化改革取得显著成效。对于目前中国经济发展而言,利率市场化逐渐取得比较重要的地位。中共十四届三中全会做了关于规范利率市场经济的相关规定,指导了利率市场化的发展方向,党中央明确提出:一定要建设具有中国特色社会主义利率形成与定价市场,不断规范市场行为。同时,需适当提高存款基准利率水平,在此基础上稳步推进利率市场化。

我国坚持在政策方面推进利率市场化的完善和改革创新。从 20 世纪末开始,中国人民银行不断探索和完善调控模式和调控机制,人民币市场、外汇市场、债券市场、贴现票据市场、理财产品等利率市场化基本实现,市场化改革取得长足发展。随着当前我国市场经济体制改革的逐步推进,利率的市场化制度改革也开始采取了稳步有序推进的工作方式。首先是要放开银行货币基金市场固定利率和放开债券市场固定利率,然后逐步推进存贷款市场利率直接市场化。存贷款发行利率还将按"先外币,后本币,先贷款,后存款,长期大额,短期小额"的执行顺序继续进行规范的利率市场化;通过规范和合理引导资本市场发行利率,发挥资本市场机制在银行资金资源配置管理中的市场主导作用。

(一)灵活调整利率水平,简化利率体系

无论是利率市场化形成的整体机制,还是利率市场化所包含的范围,都不会受到利率水平调整的影响。但是,在目前我国市场经济正在快速转型的前提之下,利率水平的调整能够极大程度上表现出当前社会市场的发展状态。改革开放以前,我国的利率水平一直出于较为低迷的状态,没有利率市场化可言,而且对于我国资金供求产生了极大的阻力。实际上利率的调整与银行没有本质上的联系,对于利率的调整应当由

市场和政府决定，所有银行包括社会资金都将向上级汇报。

自1978年实行改革开放以来，中国经济实现快速发展，商业银行逐渐脱离了中央银行的限制，不断发展创新自己的全新商业模式，而且随着我国经济的不断发展，商业银行的存款呈现爆炸式增长的现象，利息也成为公民收入的一部分。因此，由于金融抑制导致的低利率政策已经不能适应社会总体需求，利率的调整成为利率管制的重要手段。中国人民银行在1979—1989年内进行了七次存贷款利率上调，利率上调之后几年，出现了通货膨胀的现象，甚至影响到了中国整体经济的发展。

在20世纪80年代，由于通货膨胀风险预期上升带来的不利因素影响，中国人民银行正式决定对银行定期存款产品基准利率进行逐步下调。在1992年邓小平同志南方谈话之后，中国经济发展速度进一步加快，资本市场逐步与中国市场相融合，大量外国资本开始进入国内，这导致我国再次经历了较为严重的通货膨胀现象。20世纪90年代，中国政府再次决定对于市场存款利率做出上调决定，这次调整改变了之前传统的利率调整方式，采用更加科学、更加合理的方法。为有效抑制对货币信贷资金过度依赖，中国人民银行首先推出提高中小金融机构信用贷款基准利率，控制基本机构货币资金投资，不断探索提高中小企业信用贷款基准利率。

20世纪80年代和90年代的利率政策调整虽然仍然是具有浓厚的中央官方政策色彩，但在这两次调整后，逐渐体现了清晰的利率市场化的发展趋势。通货膨胀和国民经济快速增长已逐渐成为我国利率结构调整的主要任务目标，利率在助推经济快速发展过程中的作用也正在增强。除了各种银行利率类别政策变动调整外，还逐步调整简化了商业贷款基准利率各种类别政策变动，摒弃了八年期居民流动储蓄存款商业信用存款、居民储蓄商业存款、技术改造贷款等多种银行利率政策变动贷款类别。同时，对利率的计算方法进行了优化，没有分段计算利息。贷款利率每年也需要重新定价，中国的利率体系进一步简化。存款和贷款在很大程度上是按到期日定价的，不区分产业和优惠定价的方式，进一步提高了市场化程度。

(二) 初步发展货币市场

20世纪80年代和90年代，我国陆续建立和形成了银行间拆借市场、票据市场和政府债券回购市场。虽然上述市场的发展有待规范，但也反映了利率市场化的需求和运行规律。

一是银行间拆借市场的初步发展。20世纪80年代初，我国银行业务借助竞争优势不断发展壮大。1990年左右，贷款风险达到高峰，在房地产领域出现了大量资金涌入的情况，股票市场上大量出现投机行为。此后，我国政府开始大力整治资本市场违规行为，坚决杜绝大量投机行为的发生，并且逐步完善自己的贷款机制。在新的金融体系之下，我国的利率市场正在朝着更加规范、科学的方向发展。在1996年，我国在上海建立了全国银行间同业拆借中心，此举推动我国的利率市场化商业模式进一步向前进。然则，随着20世纪90年代房地产市场泡沫的破裂，大量资金出现逾期现象，大量企业资金短缺，市场风险加大，其对于企业发展的影响越来越明显。对此，央行开始不断收缩各地融资中心的权限，并从1998年开始逐步裁撤地方金融中心，这就直接导致同业拆借市场的规模的急剧萎缩。仅从1997到1998年间的同业拆借市场就萎缩了86%。[①]

二是票据市场的高速推进。在1982年，我国开始利用票据服务对商业行为进行管理和约束，有效解决了企业债务违约问题。在之后三年时间内，我国先后颁布关于商业汇票的规范办法，到了1987年，票据业务在全国各大银行开始全面普及。其后，票据服务在我国的地位越来越重要，逐渐形成了以票据、支票、信用卡以及其他工具作为企业和个人的贷款模式。在1996年初，我国开始完善和提高货币政策的有效性，对经济的健康发展起到积极作用。

三是积极探索其他利率市场化。1987年，我国商业银行第一次开展了大额定期存单业务，而且利率往往处于比较高的水平。在此期间我国出现通货膨胀的现象，为保障储蓄收益，最高峰时实际利率超过20%。随后，上海证券交易所开始探索国债回购交易，这一措施对我国金融市场产生了深远的影响，主要是在于国债回购利率能够反映我国当下货币市场的供求关系。

（三）1996年起利率市场化开始实质性推进

第一，同业拆借市场的利率市场化。从1996年开始，我国对同业拆借利率就取消了上限设置。不仅如此，而且资金借贷双方根据资金的需求和供应实时对市场利率进行调整，以此可以使我国金融交易达到动态平衡。我国银行同业拆借利率的市场化标志着中国正规金融领域的开始进入利率市场化时代。在银行同业拆借市场发展的早期阶段，利率由双方独立决定。自1990年开始，央行对银行同业拆借利率设置了上限，这样央行就和商业银行间的利率形成了直接联系。到了1996年，央行建立了统一的拆借利率市场。同年，我国全部放开资金拆借利率化管理，利率市场化得到了一定程度上的政策保证。

第二，债券市场的利率市场化。在债券发行初期时，中国人民银行审批其利率，随后金融债券，政府债券和公司债券的利率控制逐步放开。1996年，我国的国债系统中加入了招标拍卖方式，可通过价格、收益率等展开竞争，中标规则是荷兰式（单一价格）或美国式（多重价格）。通过利用不断改革发展的国债招标发行机制，以及在政府政策的影响下，国债发行利率市场化的建设工作正在不断加强。1997年年中，我国

---

① 樊卫东. 中国利率市场化研究［D］. 中国社会科学院研究生院，2002.

正式启动了银行间债券市场。此外，现货交易价格和债券回购利率也实现了自由化，市场化也在逐步加强。1998年，央行决定对于政策性金融债不再进行利率管制。同年，根据央行债券的发行系统，国开行和进出口银行两家政策性银行以市场化的形式发行金融债。到了2000年后，我国财政部在银行间债券市场上发行的国债已全部采用市场化招标方式发行。[1]

第三，票据利率市场化。在1998年之前，全国各地各大小银行都是实行票据贴现利率和金融机构信用贷款利率相挂钩的发展模式，而且一直采用最低利率限度管理。我国货币当局也明确指出，全国各地商业银行在制定贴现和转贴现利率时，应以中国人民银行设定的再贴现利率为基础，并且可以在这一基础上根据各自情况适当调整。此后，由于再贴现业务和票据市场的规模的不断缩小，为缓解这一趋势，自2005开始，各商业银行开始与人民银行的再贴现利率脱钩，资金来源也逐渐由完全依靠人民银行向主动自筹资金转变。2007年，上海银行间同业拆放利率（Shibor）推行以来，Shibor正在逐渐成为各商业银行开展各项金融交易的定价基础。

第四，外币存贷款利率市场化。在2000年之前，中国银行得到央行认可，可以公布关于外币的存贷款利率。2000年之后，央行对外放开了外币存贷款利率的管制，银行可以自主选择利率水平。从2003年开始，中国人民银行只公布国际上流动性较强的外币存款利率，而其他国家货币的存款利率则由我国各个银行自行调控。同年，我国决定对包括美元在内的流动性较高的国家货币采取利率上限管理。金融机构根据中国人民银行公布的小额外币存款利率独立确定挂牌利率。直到2004年，我国央行才开始放开2年期以上（含）的300万美元以下（不含）的外汇存款利率。由于央行公布的外币利率水平与国际市场利率水平的差距愈来愈大，在2008年，我国四大银行开始对小额存款利率自主定价。这也就意味着国内外汇存贷款利率全面实现了利率市场化。截止到2018年12月，我国本外币存款余额为182.52万亿元，其中外币存款规模达到7275亿美元，占比略低于3%。

第五，贷款利率逐渐放宽限制。早在20世纪80年代，为适应市场经济发展，我国就开始了一波逐渐放宽对贷款利率限制的操作。1983年，国务院赋予人民银行在贷款基准利率的基础上自行上下浮动20%的权利。[2] 但是，由于利率不断地提高，企业所需支付的利息同样会不断增加，成本压力增大。1986年，国务院颁布《中华人民共和国银行管理暂行条例》，该条例规定了各商业银行拥有变动利率的权利，但对于变动的幅度则需获得人民银行的许可。1987年，中国人民银行正式将商业浮动贷款利率调整转

---

[1] 易纲. 中国改革开放三十年的利率市场化进程[J]. 金融研究，2009（01）：1-14.
[2] 资料来源：《国务院批转中国人民银行关于国营企业流动资金改由人民银行统一管理的报告的通知》（国发[1983] 10号）。

移标准到各个金融专业银行，浮动商业贷款基准利率调整为20%。1988年9月1日，中国人民银行在继续调整贷款基准利率的基础同时，将基准浮动贷款利率从20%大幅扩大调整到30%，允许调整浮动贷款利率贷款业务项目从所有营运性的资本贷款项目扩展到几乎所有抵押贷款业务项目，包括固定资产贷款。

然而，到了1996年，我国的利率浮动有了一定程度的收窄，由20%调整为10%。之后一年时间内，亚洲各地爆发金融危机，在经济萧条的情况之下，利率调控的政策弊端逐渐暴露出来。银行不再向小型企业贷款，为了避免这种情况持续恶化，货币当局规定一定要维持银行对中小企业的资金支持，保证银行对于中小企业资金贷款的积极性。从1998年开始，我国各大银行开始纷纷出台相关政策，对于各商业银行，以及城市信用社银行对于小型企业的贷款利率幅度上调20%，这在极大程度上缓解了利率贷款对当时经济发展带来的负面影响，其中信用社的调整力度更加明显，直接将幅度上调50%。后来持续几年时间内，我国渡过亚洲经济危机，直到1999年，贷款利率浮动再次得到提升和扩大，县级（包括县级以下）的银行机构或者信用分社可以对企业的贷款上浮幅度达到30%，这极大地促进了中小企业的活力发展。到2003年，随着经济形势的好转，国内的通货膨胀问题也得到了根本扭转，这就为今后发挥利率对经济的调节作用奠定了良好的基础。从2004年开始，贷款利率不再根据所有制性质和规模等因素决定，给予商业银行和农村信用社更大的利率自主权，这一时期，商业银行的利率和农村信用社的利率波动分别可以达到基准利率的1.7倍和2倍。随着央行人民币商业贷款基准利率向市场自由化下放上限和资金管理性化下限的不断变化，市场化开放程度显著得到提高。之后的几年时间内，中小企业的银行借款利率开始呈现放缓的趋势，这样对于我国整体经济发展带来一定的积极作用。为了使得住房政策贷款利率能够处于相对较能控的水平，我国央行决定将贷款利率下限下调至基准利率的0.85倍。为了缓解金融危机对我国经济的冲击，2008年中国人民银行决定将个人住房贷款利率下限调整为基准利率的0.7倍。之后的几年时间内，我国对于利率市场化的建设逐渐加快。2012年，我国决定将金融机构将贷款利率下限进一步下调，直到2013年，我国将贷款基准利率的限制完全放开。

第六，在存款利率市场化方面进行积极尝试。存款利率市场化是当时我国经济对外发展最为核心的部分，而且得到政府部门的高度重视。存款是包括各大商业银行在内的主要资金来源，资金来源的控制需要利用票据贴现等第三方工具，而且需要考虑这些定价所可能带来的成本。

在1986以后和2000年以前，利率市场化的首先在大额可转让存单方面做了尝试。为了解决我国对外贸易存在的资金不足问题，中国人民银行将对外贸易大额贷款和存款利率上调10%。当然，一些业内人士表示这一举动将会使得存款利率化上调到一个新的水平，对我国利率市场化是不利的，可能会影响到我国金融市场的安全性和稳定性。之后我国央行开始对大额可转让存单进行控制，规定中国银行上浮利率存款需要以大额可转让存单的形式办理，其他银行也可以申请同样的业务。1989年，中国人民银行正式批准允许国内的所有商业银行定期发行大额可转让定期存款，可在央行规定的浮动波动范围内自行决定利率。定期存款利率比中国人民银行的最高利率高10%，则需要报请中国人民银行省级下设分支机构的部门批准，但8月份对这一限定大幅降至5%。1996年央行不再允许大额可转让存款的利率进行自主调整。1997年，由于发行大额可转让存单使得金融市场出现了一些不稳定的情况，非法集资和高息揽储等现象日益严重，使得存单市场发展停滞。自1999年后，大额可转让存单市场逐渐没落，渐渐淡出人们的视野。

为了使得我国利率市场化的建设进程加快，中国人民银行又开始了对利率市场化新的探索，这次将目光关注在金融机构间的批发市场，即批准商业银行和保险公司之间签订长期大额协议存款，利率水平不受央行限定，由签约双方自行协定。到2002年以后，这种协议存款模式逐渐扩展到国家邮政储汇局、全国社保基金、省级养老账户等，由于存款人对象的不同，在金额设置和时间期限上都有一定的选择范围。

在2004年，我国确定在确定取消人民币贷款利率浮动上限的前提下，开始实行人民币存款利率下浮限制的规定。金融机构独立设定人民币存款利率，以中国人民银行公布的基准利率为上限。在此基础上，形成了"贷款利率管下限、存款利率管上限"的中国特色利率管理体制。但就实际情况来看，贷款利率市场化发展较快，可以以市场机制来确定贷款利率，而存款利率市场化发展相对滞后，仍按照央行规定的上限执行。

2012年左右，我国央行开始上调金融机构存款利率浮动范围，上调为基准利率的1.1倍。由于此时正处于存款市场竞争较为激烈的时期，所以导致银行存款利率的定价在改革之初就发生了变化。工商银行、建设银行、邮政银行等银行的人民币存款利率基本相同。一些股份制银行如上海银行和浙江银行由于竞争力相对较弱，为提高揽储量，他们都选择了将存款利率上浮至央行规定的最高幅度。但是，每家银行的客户定价都有差异，这主要是由于一些客户讨价还价能力较强。2015年10月，在实施利率市场化改革的同时，央行终于公布了存款基准利率浮动的最低下限。

第七，理财产品利率市场化。从2004年开始，我国就在保持着较快的经济增长速度，银行理财产品都获得了较为客观的利益收入。自从金融理财产品诞生以来，不断得到社会上各个阶层人士的青睐，不管是业内专业金融人员还是企业老板，都对金融产品产生了较大的好感。出于安全性和盈利性考虑，银行金融产品已成为公众理财的重要选择。公众对于理财产品的购买会对原本的储蓄存款起到分流作用。随着通货膨胀预期的提升，人们出于避险和保值的考虑，会加大对金融理财产品的需求。从实际情况来看，金融理财产品的收益率确实要比普通的存款的收益要高出一到两个百分点，而且风险还极低。对于理财产品在我国金融市场发挥的作用可以参照20世纪70年代美国所流行的货币市场共同基金，即存款者所拥有的基金账户在货币市场上相当于享受高于市场平均利息的支票存款服务。

综上所述，在2007年我国推出上海银行间同业拆借利率，即Shibor利率，这就为我国金融市场的各类金融活动提供了利率参照依据。2013年，随着我国放宽贷款基准利率上限，人民币贷款实施利率以基准利率为基础的小范围浮动定价。此后，这一范围不断扩大。2015年进一步放宽最低存款利率，存款利率名义上由规定利率转为市场利率。从利率市场化初次在大额可转让定期存单市场初次尝试开始，再到近年来兴起的银行理财产品热，都是我国利率市场化的探索过程。如果我们看一下非正规金融部门，中国实际上已经走了很长一段路程，只留下最后一个堡垒——人民币存款利率，而这个问题还没有得到解决。目前的核心是解决存贷款利率与存贷款基准利率的关系。利率定价存在一个双轨制问题，在贷款利率与贷款基准利率之间存在实质性分离的情况下，人民币存款利率市场化还未解决，这也是接下来我国金融市场改革的重点。

只有实现存贷款利率完全市场化，最终利率定价才能消除基准利率的影响。因此，利率市场化的最终目标就是要实现存贷款利率完全由市场决定，即由当前的双轨制合并成一轨制，这是利率市场改革的最后一小步。如果存款利率市场化最终得不到解决，将会影响我国利率市场化的整体进程，甚至会导致利率市场化改革功亏一篑。从某种意义上来说，我们谈论存款利率市场化问题，要将其置于整个利率体系之中，与其他产品联系在一起研究，而不是孤立地仅对存款利率市场化进行研究。

二、改革开放以来中国利率政策操作的特征梳理

至2018年底，我国央行对金融机构的利率调整一直在进行着，至今对存款利率在内的利率调整超过40多次。2008年连续4次降低利率，2010—2011年连续5次提高利率，2012年开始，多次对利率进行降低调整。我国的利率市场化形成与定价体系正在不断地加快建设，而且取已经得了相当不错的成绩。我国利率在这一时期经历了上升——下降——上升——下降——平缓的过程，如图2-1表示自改革开放以来到2018年间我国利率波动的总体趋势图。

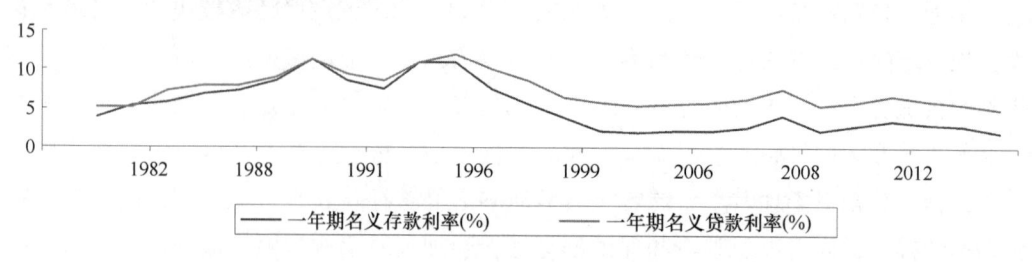

图2-1 1979—2018年中国金融机构一年期存贷款利率水平

受我国经济增长和经济周期的影响，历年来，我国利率调整可大致分为五个阶段。

第一段是在从1979年开始，到1992年结束，在这个时间段内我国需要完成的主要任务是转变利率发展过程中存在的各种不合理的状态，包括利率结构不合理，利率水平低下等。中国人民银行根据我国的实际经济发展水平，不断制定并且出台相关切实可行的管理方法，刺激我国各个行业发展，增加实际经济增长。20世纪80年代末，我国出现较为严重的通货膨胀问题，为了最大程度上减少通货膨胀对经济的冲击，我国央行明确表示需要尽快加强扭转由于利率调整错误或者由国家和银行政策变动带来的负面影响。在随后几年的时间，经过不断努力，我国开始摆脱了由于经济通货膨胀对经济增长的负面影响。但由于随之而来的商品市场的萎靡和物价指数的回落，央行于1990年到1991年间4次下调存贷款利率为市场注入流动性。

第二个阶段是在1993年到1997年，在这个时间段内，我国面临的主要问题是经济发展过热所引发的经济泡沫问题。面对过热的经济形势，央行加大对于利率提升的力度，有效地抑制住了经济过热和高通胀的经济形势，使得我国经济成功实现"软着陆"。在经济形势回归平稳和通胀压力降低的背景下，央行适时下调了存贷款利率。

第三个阶段是从1998年开始，一直到2002年，在这个时间段内，我国面临较为严重的通货紧缩问题，如何解决我国通货紧缩问题或者如何将通货紧缩带给中国的经济影响降到最低，成了我国当时的燃眉之急。为了解决这一问题，中国人民银行开始下调对于各大企业或者个人的贷款利率，贷款利率一路走低，同时央行还进一步扩大了存贷款利率的浮动范围，有力地推动了利率市场化的进程。再在此期间，经过1997年和2002年的两次降息后，一年期居民定期存款利率达到了1.98%的低点。

第四个阶段是从2003年开始到2008年底，在这个时间段内，我国由于整体的经济发展速度较快，出现了比较明显的通货膨胀，对此央行立即上调存贷款利率水平。从2004年开始，我国先后进行了8次的利率上调。一直到了2008年，全球出现了较为严重的金融危机，而我国的进口和出口仍然受到了较为严重的影响，对此中国人民银行做出利率调整，我国便进入对贷款利率的下调时期。一直到2008年年底，我国金融机构的存款利率水平为2.25%，贷款利率为5.31%。在此期间，央行适时推动了债券市场和汇率的市场化改革。

第五阶段是从2009年至今，这一时期国际金融危机的余威还未散去，中国经济正面临着许多新变化和新挑战。面对危机后经济复苏和经济结构调整的双重压力，中央银行利率调整变得更加谨慎。央行在2008年开始进入降息周期，经过多轮降息，经济开始企稳回升。由于多次降息后国内利息水平总体较低，因此，在2009年央行未采取进一步加息策略，而是紧盯经济形势。到了2010年，2008年前后实施的经济刺激政策开始出现释放效应，表现为房地产市场的火爆、通胀预期上升以及经济发展不平衡问题的加剧。为实现宏观经济目标，央行开始了新一轮的加息周期，到2011年7月，央行共推出了 5 次加息，使得金融机构一年期的贷款利率涨至 6.56%。至此，我国宏观经济形势发生了较大转变，我国从过去的需求侧改革逐渐转向"三去一降一补"的供给侧结构性改革。到 2015 年后，存款和贷款的基准利率的管制作用被取消，但央行仍保留着其作为存款和贷款利率定价基准的角色。然而，自 2015 年以来未进行任何调整，这么做的目的可能是为了进一步深化利率市场化改革，并通过其他形式来增强存贷款利率的市场化水平，同时也是避免基准利率的突然取消对金融市场的不利影响。我国利率市场化改革的进程一直在路上，特别是在改革完善贷款市场报价利率形成机制方面。2019 年 8 月，央行宣布改革完善贷款市场报价利率形成机制，推出了新的贷款市场报价利率（LPR），这将为实际贷款利率水平的降低起到重要的推动作用，也将进一步推动我国利率并轨进程的深化。

以上分析大致概括了我国利率调控的历程，以及我国在不同的时间段内面对不同的国际、国内形势所做出相应的应对措施。从中我们不难看出我国利率调控的一些特征，首先是政策具有显著的"相机抉择"特点。这主要是由于在改革开放之后，我国经济制度发生了较大转变，从以往的计划经济转向社会主义市场经济，这对我国宏观经济调控增加了不小的挑战，在一段时间内，实行的政策很难完全应付各种经济结构波动，也缺少一定的实践经验。此外，当时国际社会盛行的国家干预思想也对我国政策的制定者产生着深远的影响。其次，利率调控的主要目的在于实现国家的宏观经济目标，因此，更注重从宏观视角着眼。央行通过利率调控在微观层面可以起到影响国民收入、企业收支以及居民的消费和储蓄的作用，就本质而言，主要目的还是在于促进宏观经济增长。第三，利率调控的直接性。我国央行也就是人民银行一般直接规定商业银行的存贷款基准利率，且主要是官定利率模式，央行对利率实施严格的管控，各商业银行缺乏自主权。

三、我国利率市场化改革的思路及特点

从 1996 年起，中国人民银行开始探索利率市场化改革，首先是通过银行间拆借市场开始，遵循"先外币，后本币；先贷款，后存款；先长期、大额，后短期、小额"。利率市场改革整体体现了合理与审慎，始终确保利率的可控性，有效地维持了金融市场的整体稳定和繁荣，同时促进了经济的快速发展。这种稳健型的利率改革在以下方面得以体现：

首先，进行外币利率改革。这是因为监管机构不能完全控制外币利率的调整。例如，国内美元存款利率受到当局的限制。作为一种强势货币，美元可以在全球迅速升值。为了保持资本账户的基本平衡，我们应该避免商业银行的外汇业务损失。国内外存款利率需要及时跟踪国际金融市场的利率。2000 年 9 月，我国开始对外币利率进行改革，先是进一步放宽大额定期外币存款利率，仍然保留了小额存款的利

率管制。主要考虑因素是，如果中国与美国之间的经济周期不一致，将有助于控制国内外货币利差，从而保持人民币利率政策的独立性。对于小额外币而言，由于其转移成本相对较高，其流动性偏弱，易于管控；相反地，大量外币存款的转移成本就相对低很多，因而流动性相对较强，不易管控。我国选择先从外币利率改革还有一项重要原因就是，改革开放之后我国出现了一大批有雄厚资本实力的企业和个人，他们大多参与国际业务，对国外金融市场较为熟悉，比较容易接受利率市场化，同时由于自身实力雄厚，对利率市场化所带来的风险具有较强的承担能力。从这个角度来看，先推行外币利率市场化改革不仅所涉范围相对较小，且相关主体抗风险能力较强，所以我国最先从外币利率着手。为了便于控制，我国采取了先放开定期大额，后放开活期小额的分阶段推进模式，有效避免大量资金在短期内的频繁流动，有助于维护国内金融市场的稳定。

其次，实行先贷款、后存款。根据西方发达经济体利率市场化的经验以及我国的具体实践来看，利率市场化中最难操作的是存款利率市场化。从各国的成功经验来看，贷款利率市场化一般都比较早实现，但存款利率市场化的进程要慢得多。所以一般在谈及利率市场化改革的时候，一般是指还未完成的存款利率市场化改革。至于为何存款利率市场化比较难，主要原因就在于商业银行在存款市场的竞争中握有较大的主动权，各大银行在揽储的竞争中都会各显神通，因为他们都清楚，银行的收益主要来源于贷款利息，而想要有贷款利息收入就必须要吸纳足够多的存款。在缺少足够市场约束力的情况下，商业银行出于自身利益的考虑，容易出现恶意竞争，也会给银行自身发展带来诸多危害，最终将导致金融市场的混乱。因此，过早地放开存款，对金融市场来说弊大于利，所以我国选择了先贷款、后存款的改革顺序。

最后，坚持先长期，后短期的原则。坚持这一原则的根本目的在于控制流动性风险和金融市场稳定。先长期有利于企业和银行资金来源的长期化，发展预期相对更为稳定；但若选择先短期，则企业和银行的资金来源呈现短期化特点，那么资金的流动性就会增强，资金的稳定性减弱，不利于企业和银行的长远发展。在这方面，我们的邻国韩国曾获得深刻的教训，韩国在利率市场化进程中采取的是先短期、后长期的原则，率先放开了短期利率，韩国企业和企业选择大量借入短期外债，却用于自身发展的长期投资，这在经济繁荣时期，这种风险容易被忽略。但是随着20世纪末期亚洲金融危机的到来，外国债券人开始拒绝韩国债务的延期，IMF又设置较高的援助门槛，导致韩国企业和银行面临着支付危机，最终演变为韩国金融危机。因此，我国采取先长期，后短期原则，可以避免类似教训的发生，我国利率市场化应坚持整体可控和金融稳定为前提。

回顾我国利率市场化改革的历史，可以发现我国利率市场化改革有下列特点：

第一，改革由政府推动。从改革路径来看，我国实行的是由政府推动的自上而下的利率市场化改革,突出表现为外生性推动。首先,政府制定政策的目标具有多维性。政府除了重视经济增长,提升国家综合实力,还要考虑增加就业机会,因此,政府必须权衡好推进改革和维持经济稳定之间的关系。其次,政府推动型主要是基于宏观层面考量,这就容易造成对微观主体创新的抑制。国有控股银行和其他国企在产权制度改革滞后的情况下,其自身缺乏内生改革需求,创新动力自然会表现不足。这就导致了政府不推不动,政府推一下,银行才稍微动一点,这种被动模式会产生一定的负面效应。政府为推动产权制度改革,对国有商业银行实行股份制改造,引入战略投资者,改制上市,这一系列改革的目的都是为了激发银行的内生动力。一旦产权制度改革不彻底,就会导致央行对商业银行的软约束问题加重,则会导致商业银行陷入恶意竞争的境地,进而引发金融市场的动荡。央行为了规避这一风险,通过采取"终身责任制"等举措加强对商业银行的管控,但这样又会导致"惜贷"现象的发生。根本原因在于政府监管措施是非市场化的。

第二,改革具有渐进性。由于在改革的早期阶段,市场经济的概念、金融市场的基本条件、宏观调控的政策工具以及金融产品丰富度方面都比较薄弱和欠缺,这一局面就会造成我国利率市场化需要较长的适应时间。在过去的计划经济时代,金融制度高度集中,市场经济在这种环境下无任何存活可能。因此,在改革的最初阶段,必须首先要注重宣传推广市场经济这一理念,特别是对处于资金供求两端的商业银行和企业来说,如何融入市场经济显得尤为重要和迫切。之后出现的利率市场化改革试点等在一定程度上要归功于前期的对于市场经济的宣传和教育。完整的金融市场体系包含与金融交易相关的基础设施等,都需要一步一步摸索前进。金融市场一般分为有形和无形两个市场,两个市场的建立除了要依赖于信息技术的推动,也取决于人们对市场经济观念的认同,这些都需要花费较长的时间。1996年,我国成立了全国统一的同业拆借市场,次年,建立了银行间债券市场,但直到今天,这两个市场间还存在着严重割裂。当前,我国还缺乏一个金融衍生品的交易平台,但仅就建设交易平台而言并不是什么难事,关键在于在我国市场经济理念还未完全建立时,贸然过早地构建这一平台,将会出现一系列问题,诸如金融衍生品种类偏少、交易规模偏小以及风险管理不可控等。我国曾经有过这种教训,当年利率期货市场在开放一段时间后又被关了,正是验证了这一点。在改革开放初期,我国还未开展产权制度改革,银行无业绩压力,缺乏内生发展动力,从而导致存贷款利率倒挂现象的发生。若没有追求利润且自担风险的市场经济参与者,利率市场化就是一纸空谈。政府想实现从直接行政控制金融资源配置转变到以市场规律来间接影响资金配置效率,同样也是一个渐进过程。

第二节　民间借贷利率市场化改革

一、民间借贷利率的概念和特征

(一) 民间借贷市场利率的概念

民间信贷市场的利率是为私人融资而自发形成的资金交易的价格。民间借贷市场的存在，是利率市场化改革过程中，由于利率的过分扭曲破坏了资本市场的供求市场定律而带来的资本供需结构矛盾问题所引起的特殊时期的产物。在短期来看，民间借贷市场是随着民间市场主体（主要是民营的中小企业和个人）存在的过度资金需求并没有得到市场应有的供给保障，从而在各种限制因素作用下，民间市场主体试图寻找在正规金融市场以外获得所需资金的一种替代市场。在利率市场化改革完成后，利率的形成完全由资金市场的供需决定，也就解决了利率水平偏离资本市场均衡价格水平的问题，因而民间借贷市场也应逐渐转型或作为正规金融借贷市场的补充市场。民间利率的市场化问题的关键在于充分认识民间借贷市场内有关的市场化缺陷问题从而找出解决的办法，进而更好地实现民间利率对于民间非正规金融市场的资金配置的作用。

(二) 民间借贷市场利率的特征

由于民间借贷市场是在正规金融市场外自发形成的以供需均衡为标准的一个场外市场，因而民间借贷的市场利率体系具有相对的多维性和多变性。这也是受民间借贷市场不够统一且相对分散的影响。民间借贷市场的供求双方因为准入门槛低而出现异质性，各种因素造成了民间借贷市场利率体系的复杂性和多重性。其中，借贷双方的讨价还价能力、借贷的目的、借贷过程产生的风险因素、借贷期限和借贷的不同时间地点都会影响借贷市场利率的变化。民间借贷市场的主要特征有以下几个方面。

第一，利率的期限结构复杂，大体呈现出"中间小，两头大"的U形结构。所谓的"中间小，两头小"指的是利率的大小随着借贷期限的时间延长不断变化，短期（一般在3~6个月之间）的利率较高，期限越长的借贷利率越大，一般在12个月以上，而在中间期限（主要是6~12个月）不定期的相对利率较低。一般超短期的临时性借款周转月利率高达20‰，在经济形势趋紧的货币紧缩阶段（例如2008年），供不应求的民间借贷市场短期日利率甚至超过一角（120%）多，但是倘若有资产抵押和担保的前提下，双方协商可以酌情降低利率水平。由此可以看出民间利率水平也是随着行情变化而变化，并且有资产标的抵押和担保的利率明显要低于无任何资产抵押和担保的利率水平,这也说明民间借贷市场借贷双方着重关注借款的风险度把控,而不是针对流动性的敏感性。

第二,利率的大小区间范围大,区域差异性显著。首先,民间借贷市场的利率结构是多元性的,即存在象征性的低利率甚至是零利率的友情借贷,也有超过银行等正规金融机构法定利率水平四倍甚至更多的高利贷市场利率。就温州市场的利率波动幅度来看,2003—2009年区间正是该市场的繁荣期,月利率从最低的4.2‰到最高的50‰不等,差异明显。然而随着温州民间借贷市场的繁荣发展后,越来越多的市场力量进入市场参加自由竞争,资金借贷利率的高低值比例趋向于下降,民间金融市场也逐渐转向于同质性的市场发展。再次,不同地区的利率区间性差异显著。主要原因在于经济区域的相对产业结构差异和信息的闭塞性,不同区域相对信息流动性小,市场分割性和信息不完全性反映在不同区域内利率差异显著。利率的区域性差异也反映出不同区域内资金供求结构的不同,在经济发达的地区比如江浙地区,由于民间资金充裕,且正规金融服务相对完善,民间利率水平基本上趋向于与正规金融市场的法定利率体系结构相一致,变化范围大的时间段仅出现在经济低迷、货币紧缩阶段、市场流动性趋紧的大环境里。而在经济相对落后的地区,信息流动性弱,且民间资本并不充裕,这样供不应求的市场规律决定其利率水平要显著高于经济发达的区域。由此可见,民间利率出现的区域性差别的主要原因根于区域经济发展和区域内资金的可供供给的条件。

第三,利率变化波动不受借贷周期的影响。主要以温州地区为典型代表来分析民间借贷市场利率波动的复杂性。根据温州中央银行分行进行的一项调查,温州的借款高峰时间为每个季度末。在2006年3月,私人贷款达到8748万元,相对1月和2月有明显的增长,而3月利率却相对出现了下降。2009年3月末民间借贷总额为13 869万元,相比前两个月也同样出现了明显较大幅度增长,而利率与前两个月相比日趋低迷。据温州地区369个检查站的监控数据,2010年全年共借入16 754.5万元人民币,今年3月私人投资额达4.5亿元。从2010年起,民间借贷款利率急剧上升,年平均利率为11.85‰,这一数字比前一年多增长0.98个千分点。2011年,贷款利率继续上升,3月份,温州的月贷款率为达15.381‰,再次创历史新高。2013年4月,温州的民间借贷利率为14.369‰,除去年10月外,这一数字连续14个月下降。政府引导下的利率市场透明化也一定程度上推动了利率下行。在2011—2014年间,由于民间借贷市场高利贷投资活动出现了一系列的跑路事件后风险急剧走高,为避免过度地追求高收益带来的高风险的危险,投资主体大多有所收敛追求较低利率水平下的稳健投资。政府在民间高利贷盛行期间对民间市场也有所引导鼓励资本重新回归实业,这也降低了利率的平均值,但明显资本回收周期加长,在收益稳定的条件下,利率下调是正常现象。由此可以看出,在全国货币市场政策方向改变和地方独特的经济环境下,民间资本的投资方向无时无刻不在变化，利率大小也与期限结构不对等。

第四，从借款的用途看，不同用途的借款利率差异性显著。民间资本借贷市场的借方以民营企业和个人为主，其中，企业用于生产规模扩大的资本融资，由于有实体经济的经营利润为保障，且有厂房和资产担保，利率水平相对较低，而用于各种风险性投资的个人借贷利率由于投资活动本身具备的高风险性也相对走高。而用于个人的临时性资金短缺的消费借贷，则基本上以市场借贷利率标准为准加上借贷双方相互协商的谈判因素而适当变化。以温州为代表来看，在2008年金融危机之前，民营经济活动异常活跃且生产投资收益较大，因而资金大多投向民营经济的生产经营活动，借款利率相对平稳，在市场的正常均衡水平内变动。而在2008—2014年期间，温州地区民营经济增长乏力，且产业结构粗放发展潜力不大，在经济转型期间面临淘汰的风险，由于民间高风险性的投资活动异常活跃，特别是在银根紧缩时间段内为维持正常经营活动而不惜进行高利贷贷款的私有企业带动了高利贷市场的繁荣，房地产投资又在另一个方面助长了高利贷的盛行。在14年过后，由于过度追求高利率的高利贷市场给经济增长带来了巨大的风险和麻烦，政府又再一次引导民间资本进入实体经营活动，因而利率又回归至民间借贷市场的均衡区间内。

第五，从贷款发放方式来看，有资产担保和抵押的贷款利率正常且偏低，而完全依据个人信用的信贷则相对较高。两者之间的差距在1‰到1.5‰之间。此外，以资产为标的的贷款由于资产本身价值的不稳定性，因而贷款的利率波动区间变化大，而以个人信用为担保的利率，由于个人信用相对来说比较平稳，以个人信用为依据的贷款的利率变化区间也较小。

(三) 民间借贷市场利率的市场缺陷

1. 我国民间利率的高利率特征

正常来看，民间借贷活动一般是倚靠当地正规金融市场不够健全发达的条件下，加上当地地域偏僻、经济发展不足和正规金融信贷活动严格受限的因素，才缓慢发展起来。这些正规市场外的民间借贷活动发展壮大后，便形成了一个隐形的场外资金交易的民间借贷市场，一般来说，该市场的民间借贷资金来源有限且供给有限，资金的竞争压力小，容易形成资金供给的卖方垄断势力，使得该市场在自由竞争的基础上有一定的垄断因素，是一个非完全竞争市场，但垄断的因素也因为卖方势力过于分散不足以形成一个完整的寡头市场，从而市场的竞争性和效率性得到有效保证。此外，由于民间借贷市场的隐蔽性使得市场上的资金供给方容易规避政府的有效监管，利率也不完全受央行的基准利率法定规定要求限制，具有很强的自主性，同时民间资本的垄断供给方能够依据自己对企业资金需求的意愿和经济环境的判断，再加上对企业相关经营活动相关信息的了解自主定价,并对不同企业施行不同价格的价格歧视政策,这里主要是实行民间借贷市场的利率多元化体系,以期通过自身的垄断势力实现更大的资金投入收益。在这里我们用三级市场垄断的价格歧视原理来简单分析下民间借贷市场的部分垄断势力是如何造成民间利率高利率的特征。

相对于民间借贷市场等量的资金借贷需求,具备垄断实力的资金供给方能够依据自身所拥有的资金供给垄断能力和对资金需求方的不同企业资质和经营活动的获利能力等相关信息的把握程度,对不同的资金需求方给予不同的资金借贷价格即不同的借贷利率水平,从而实现自己的价格歧视目标。在这里假定民间资本垄断供给方贷给企业1和企业2相同数额的资金且实施不同的利率水平 r_1 和 r_2,从两个企业资金借贷中获得的边际收益分别为 MR_1,MR_2,垄断者信贷供给的边际成本为 MC;企业1和企业2对资金供给的利率弹性为 E_{d1},E_{d2};企业1投资意愿较企业2强烈。$MR_1 = r_1(1-1/E_{d1})$ 为贷款方给企业1放贷实现的边际收益,$MR_2 = r_2(1-1/E_{d2})$ 为给企业2放贷实现的边际收益,由收益最大化原则的公式 $MR_1 = MR_2 = MC$ 可得,$r_1(1-1/E_{d1}) = r_2(1-1/E_{d2})$,即 $r_1/r_2 = (1-1/E_{d2})/(1-1/E_{d1})$,由 $E_{d1}<E_{d2}$ 可以得出 $r_1>r_2$。由此可以看出,具备一定垄断势力的资金供给方在决定资金供给价格时,会依据资金需求方的实力和具体经营状况决定不同的价格,对资金需求意愿强烈的(需求的价格弹性小)企业给予加高的利率水平,而对需求弹性较大(资金需求不强烈,对价格较为敏感的)企业给予较低的利率水平。对于资金需求强烈的企业,一般来说,在当地正规金融市场融资困难时,为尽快实现融资以实现生产扩大后的规模报酬收益,不得不接受民间贷方的价格,而这些企业一般来说是民间借贷市场的资金需求主体,在这样的价格歧视下资金需求强烈的企业为实现更高的收益而对资金需求价格不敏感(成本只要不超出其经营活动实现正常收益的界限),这样就造成了整个民间借贷市场的高利率特征。而市场信息不流通和不完全性打破了资金供给方自由进入的机会,使得这些具有部分垄断实力的贷方有能力保持这样的价格歧视政策,而破坏了完全竞争市场的自由竞争的原则,这些部分存在的垄断因素就是造成民间借贷市场利率高的一个关键因素。同时,这种垄断势力造成的高价格具有稳定性,不容易实现竞争性均衡。

对于高利率的稳定性特征,可以从制度结构方面的因素进行分析。在这里假设民间利率的整体风险 R 分为无风险利率 R_1 和制度风险补偿利率 R_2 以及对资金借贷的需求方的个体风险补偿利率 R_3 三个部分组成。就无风险利率而言,由于民间借贷市场游离于正规金融市场外,受管制小,而且投资机会多且变现容易,投资的灵活性强,因而无风险利率相对正规金融市场来说微不足道,且这部分融资的市场规模小,对整个民间借贷市场的利率结构影响也甚微。其次,民间借贷市场上的资金借贷行为一直处于政策监管的漏洞区,对政策的监管规避较多,这样也造成了政府对该市场的谨慎态度,为了避免可能隐含的金融系统性风险,政府可能会加强对民间市场的监控各管制,使得现有的民间借贷市场面临较高的制度风险,因而在民间市场融资必须要考虑对该风险进行补偿的加价利率。最后,就借款人本身而言,由于企业资质和市场行情各不相同,信息不可能完全披露,贷款方也无法实现全面的考察,因而在面对不同资金需求主体的具体状况时会形成不同的资金供给价格,所以需要有各自借款人的风险补偿加价来实现风险规避。同时由于民间市场是隐性市场,只是具备市场的某些特征但由于灵活性和多边性,借贷双方都不愿在经济环境变化时由于市场的变化而遭受过多的损失,因而有互相协定稳定价格的意愿。双方谈判的结构类似于市场中的均衡价格形成机制,但没有市场均衡那种稳定的机制,只能依靠利率加价的风险分担机制来实现稳定互利。显然,民间借贷市场的高利率特征的原因在于其自身所包含的制度风险补偿加价和个人风险补偿加价成本。

2. 民间利率——游离于正规金融市场外的场外利率

一般而言,市场利率的概念指的是在市场上自发地由资金供需方按照供求定律自主定价的一种非管制利率,相对而言的是作为国家宏观调控的调控工具的法定基准利率,后者虽然也有市场因素的影响,但决定性因素还在于国家相关调控政策的管控调节。随着利率市场化改革的系统化推进,势必要减少国家对经济内的各种干预措施,除了必不可少的利率需要接受法定基准利率的管控外,大部分要随着市场化建设的完善而逐渐放开。就市场化的利率本身而言,具有市场的自发性和完全性等特征,在市场化改革过程中国家的利率体系中,市场化的利率是国家宏观调控的重要杠杆和中介工具。就其本身的特征而言,市场化的利率具有客观性、普遍性、灵敏性和权威性的特点。客观性指的是市场化的利率反映着市场资金供求本身的规律,能自发调节社会的资金活动进而传递至实体经济活动,进而实现资源的最优化配置。普遍性指的是市场利率就整个市场而言具有统一性和全面性,不以个别市场的特殊情况而改变,是一个全面有效的市场化的利率,它代表的是整个资金借贷市场资本的流动本身的规律,不以个别市场主体的意志而改变。灵敏性指的是市场利率是时刻多变的,紧紧追踪市场资金供求变化的方向,具有灵活性,因而具备引导资金合理流动实现社会经济结构优化的功能。最后,权威性指的是市场利率是整个市场利率体系的标杆,具有权威性,不能因特殊目的而随意改动,其他利率应该以该利率为参照指示来合理变动。

就我国民间借贷利率而言,因为其由民间借贷双方市场力量依据市场资金供求规律自由协商生成,比较客观地反映出市场的资金供求变化规律,而且具备随市场环境变化而变化的灵敏性和客观性,具有部分市场化利率的特性,然而,我国民间利率又由于民间借贷市场的灵活性和分散性以及市场的分割性带来了部分垄断因素的影响,造成民间利率的内部差异性明显,并不完全是一个完整的市场化的利率体系。此外,民间借贷市场存在着很多政策管制的灰色空间地带,具有一定的隐蔽性,因而也不能算是一种市场化的利率。总之由于民间借贷市场本身具有分散性和分割性、灵活性、部分垄断性和隐蔽性使得民间借贷市场利率并不完全具备市场化利率所要求的标准。它只能算作是一种具有部分市场利率特性的市场外的一种场外利率体系。

其次，从民间借贷市场来看，由于资金供给方并不是一个完整的系统，与资金需求方一样呈现出一种各自分散的状态，这样对于分散的资金需求就有了分散的资金供应相对应，从而很好地解决了民营经济分散化导致的难以实现有效融资的难题。另一方面，民间借贷市场很好地规避了货币当即对于资金借贷行为的管制，从监管制度的漏洞里寻找到很好的发展契机，从而使得政策管制方面的成本很小，但面临相当高的有效监管的制度风险，同时由于民间借贷市场的隐蔽性和区域性特性，整个市场缺乏有效的统一的约束标准，各资金供给方所要面临的个体借贷的风险性各不相同，从而使得交易成本中对风险分担的部分价格加成要高于市场均衡价格要求，这一成本加高了民间借贷市场资本的借贷价格。另外，分散化的分割市场里，要对各自的借贷对象进行所有有关信息的搜寻和处理，同时也要承担贷款发放后及时回收所耗费的监管成本，这些零碎的交易成本叠加在一起也加大了民间借贷市场提供资金的交易成本总量，因而分摊在具体交易中的交易成本也相对较高。但针对有效监管不足而各自自主定价的优势可以很好地解决这个问题，且加高的成本价格对于贷方而言还是有利可图的。

由以上分析可以看出，民间借贷市场利率的高利率特性是由其市场本身所具备的特征决定的。民间利率也因为高利率特征使其脱离了市场化均衡价格的市场利率特征，并不具备完全的市场化利率要求，因而是一种游离在均衡市场外的场外利率。正由于民间借贷市场利率的这些市场缺陷，我们需要与正规利率体系的市场化改革一起对其进行市场化的改革，尤其关注其高利率、高风险和隐蔽性的问题。

二、民间借贷市场利率决定

（一）理论基础

探讨我国民间借贷利率的市场规范化运用问题，首先需要借鉴麦金农-肖的"金融抑制"与"金融深化"相关理论，再从利率制度上的经济学内涵、有关利率制度结构设计和利率制度结构变迁发展过程、相关商品交易成本结构变化对实体经济经营绩效的直接影响角度来进行分析，并对有关利率制度设计缺陷对于阻碍民间企业借贷利率市场健康发育和民间借贷利率市场规范化的问题进行探讨。从而对我国民间借贷及民间贷款利率的形成运动机理进行深入分析，对推进民间借贷利率市场规范化管理发展进程有着重要的理论指导意义。

1. 麦金农-肖的"金融抑制"与"金融深化"论要

麦金农教授在他的首部重要著作《经济发展中的货币和资本》成功地深入分析了

金融抑制的巨大危害，在这本重要著作和之后的另一本重要著作中分别提出了金融抑制和金融深化的概念。金融抑制的这个概念其实指的也就是各国政府对本来治国的国际金融资本活动和国内金融市场发展进行过多新的干预，而这种新的干预又严重地阻碍了金融市场的健康稳定发展，不仅不利于本国的金融资本市场发展，而且也阻碍了本国经济的进一步健康发展，从而地方政府又进一步开始进行过多的政策干预，形成一个限制资本流入市场的恶性循环。这种干预的核心在于政府对于本国的利率和汇率进行管控，使得金融市场的主要金融产品价格可能发生严重变化扭曲或偏离金融市场产品均衡价格，金融货币政策作为调控金融工具基本失去主导作用。

麦金农教授在长期对发展中国家的金融市场的研究的基础上，从金融市场的体制本身出发寻找这些国家金融发展迟缓的原因。在他看来，发展中国家的经济发展不足并不简单只是资本积累的不足，而是不完全的金融市场和过度干预的非市场机制严重阻碍了金融市场资产自由流动和健康发展，这种人为的金融限制和干预成为各国资本深化不足的重要原因，而并不是各国本身储蓄率不足引起的资本形成不足的原因。他认为世界上的发展中国家的贫困原因不是在于资源的匮乏，而是由于金融市场的扭曲。而且他提出，在发展中国家，大部分的政府为了实现经济发展的既定目标，即扶持整个经济体内的重要支柱的经济增长，通过对名义利率的管制来实现实际低利率的目标，从而减少了相应国企和国有部门的融资负担。但值得一提的是，这种片面的政策目标本身存在着很大的负面作用，在实际利率极低甚至偏向负值的时候，金融资产的持有者不可能将资金用于存储，从而减少了资本市场内可贷资金，金融市场吸收的有效存储不足以应对市场对资金的贷款需求。为了解决资金供给不足的问题，政府又变相地实行信贷配给，将资金投入到国家需要优先发展的产业部门，而并没有照顾到市场的实际需求，这种政府的非市场选择的优先配置方法严重破坏了资本市场的供求定律，从而造成了资本市场发展的畸形。在政府的规划产业部门内有充足的资本供给，而这些资金由于管理上的欠缺并没有实现资金的最优化利用，而在非重点产业部门内，则由于信贷配给的限制，在正规金融市场内正常的融资需求不能得到满足，这严重破坏了市场内资金的有效配置从而阻碍经济的发展。

结合我国的实际情况来看，虽然我国市场化的改革随着时间的推移在不断深入，但这种政府管控金融市场的影响在利率市场化改革中依然存在。目前我国的金融市场内，金融机构发展较为单一，缺乏完整的体系，同时，金融机构的市场化经验欠缺，银行为主的金融机构仍然是以传统的存贷款利差赚钱利润，表外业务发展相对滞后，银行为避免遭受过高的信用风险和违约风险给经营带来的不利影响，惜贷行为非常严重，对亟须资金发展的中小企业的资金融通要求关注较少，也缺少比较重要的经济市场保护意识和危机意识。

为了有效应对发展中国家普遍存在的国际金融市场限制，麦金农和肖对应教授提出了"金融深化"战略理论。这一经济理论的基本指导思想主要是通过放宽地方公共部门对现有金融服务制度的严格管制，特别是在贷款利率控制方面；以及通过增加实际贷款利率，以充分反映公共资金的市场供求平衡情况。因此，投资者必须充分考虑到特定金融风险成本，充分综合考虑到特定投资者的成本和确定预期投资收益，从而大大提高投资效率和资源分配的有效性。此外，高利率刺激了储蓄，从而确保了不受阻碍地获得投资。

此外，他们还在研究中发现，长期的贷款利率管制，还将导致场外直接金融交易市场的发展。因此，金融市场将分成两个市场：一个是由政府管理的正规金融市场，资金主要是在效率低下的公共企业和公共部门，实际利率偏低，以减少融资成本。此外，另一个是不受政策约束的自由市场，利率往往高于前者，中小企业和家庭无法在前者获得资金，便在这个市场以较高的成本融资。这种严重的价格歧视和市场分割导致资源分配效率低下，削弱了市场配置资源的关键作用。在这方面，他们认为，实际利率低造成的资本分配效率低下是发展中国家不发达的根源，以及为了使这些国家摆脱贫困处境，必须消除"金融抑制"，大力发展金融深化政策，使得金融市场实现自由化。

爱德华·肖认为这种方法是解决金融抑制的关键，也是促进经济发展的重要方法，通过"金融深化"的各项措施，可以解除金融抑制对于储蓄增长的限制，从而增加生产投资所必需的资金供给，投资融资成本降低，增加了投资，创造了稳定的就业和生产增长，并优化了投资组合，改善资本市场资源的合理分配，从而促进经济稳定和发展。此外，仔细分析爱德华·肖关于"金融深化"的理论，其核心是利率自由化。在这方面，他所说的"金融深化"基本理论已发展成为"利率自由化"的基本理论。此外，爱德华·肖还明确指出，要彻底消除"金融抑制"和彻底实现"金融深化"，不仅需要放开利率管制，还要有配套改革。而麦金农则扩大了金融深化理论的新内容，研究了金融深化的宏观次序。他认为，只有在政府不用通过通货膨胀和价格稳定来弥补赤字的情况下，一个国家的整个金融体系才能市场化。

因此，银行系统的利率可以成为市场利率，有效地反映市场供求关系。同时，在整个市场化发展进程中，国家不应过快地对银行进行商业化，也不要随意削弱对国有银行的监管能力。而因为银行系统等金融机构尚未完全适应市场体制的经济交易，是非常脆弱和敏感的。因此，只有在明显控制通货膨胀并以均衡的利率提供国内贷款的情况下，资本自由化项目中的外国货币才可以作为市场化的最后阶段来实现。

正是由于大范围的金融抑制的做法限制了各发展中国家的资本市场功能的缺失，发展中国家若想要彻底改变这种贫穷落后的经济状况，就必须彻底放弃金融抑制的传统做法。也就是说这需要彻底改变过去的企业行政部门规划财务管理的传统思路，取消对利率的管制做法，逐步推动利率市场自由化的改革，优先考虑决定市场利率的资本市场供求模式,逐步提高实际利率,以便更好地反映资本市场的供求关系,并充分发挥其对市场资金的有效分配的作用,从而改变过低利率水平下储蓄不足的问题,提高资金的有效供给,促进整个金融市场和经济的合理稳定发展。

麦金农的"金融抑制"与"金融深化"基本理论体系是本著深入论述有关民间企业借贷及民间贷款利率的生成机理的重要依据,对研究制定有关民间借贷利率的规范化市场政策方案具有现实的理论指导意义。

2. 制度设计缺陷造成的交易成本变化对于民间借贷市场发育的影响

资本的成本或者说资本的价格(利率的形成),是由一个复杂的金融媒介结构所决定的。在这个结构内,存在着个人的信用与抵押市场债券市场等的关联,同时也受到政府的监管约束和管理机构的复杂结构的限制。这些管理机构上至中国人民银行,下到各个相应的子市场内的地方上各种功能分工明确的具体监管机构。资本价格(利率)的决定在于资本的供给与需求,此外也受到了像产权保险制度和信用评级制度等各种制度因素的制约。作为货币当局对整个经济形势的调控的有力工具与整个宏观经济发展的指示器,官定利率在规模上必须具有全国性乃至于全球性,在质量上又必须是始终保持在市场供求平衡要求的大致波动区间内,而且受到央行的货币当局的强有力的管理和约束。从制度层面上说,官定利率是否适当,反映出当局对整个经济的治理与调控能力的大小,必须具有权威性与全面性。个人与私有企业,由于其自身规模有限且对经济周期的规律把握能力不足,因而他们各自独立的需求不足以影响到当局的政策决策。当然,如果整个私有企业团体联合起来,组成整个经济体内最大的经济组织,因而获得了在资金市场的买方垄断市场,同时因为对整个经济的平稳发展作用明显,因而获得了与银行和背后的政府当局更多的讨价还价能力,因而足以改变现在制度设计下的利率决定的方式与方向。但由于自身的分散性和内在的独立性问题,这种情况得不到满足。

在一个制度设计得以确保实施之后,在其制度设计背后的强势集团因而收获到了既得利益。就目前的整个正规资本供求市场来看,国有大型企业和公共部门因为讨价还价能力强大,并且成为整个经济系统内的主要部门,因而有能力游说当局做出对其利益有保障作用的制度设计,从银行业的信贷配给的问题就可以看出这个问题。中小企业与个人,相比较而言,力量分散,难以取得在资本市场和利率形成制度的制度设计上的话语权,因而成为现有制度设计的受害者。如果要在现有制度设计框架内获取想要的资金需求,他们必须耗费大量的人力物力及时间成本用来贿赂银行业等金融机构的管理层,而现有制度内对于其生产经营活动监管和实现利润后还款的信用问题的监管都需要耗费大量的交易费用,从双方来讲,这种大额的非生产性的交易成本的存在,造成了民间借贷需求得不到满足的现实,因而也催生了民间资金借贷市场的发育。

民间资金借贷市场得以绕开现有的监管体制和制度约束,从而依靠交易双方的非正式性的约束和资金借贷者自我监管,来实现市场的正常交易活动。一般来讲,民间借贷市场的交易主体为中小企业和少数存在资金借贷限制的个人,他们在正规金融机构几乎无法完成生产规模扩大和个人投资及消费的融资需求,也没有足够的能力去寻租,得不到特权照顾,因而亟须在既有资金融资市场外的第二个隐蔽的融资市场来实现资金融通。当然,他们在这个第二市场(民间借贷市场)获得的融资基本上是基于个人诚信和人际交往关系下的一种友情支持,因而有更大的意愿去实现资本的投资升值后按期偿付的要求。与此同时,资金借出者也不会花费过多的时间与其他人力资本去考察贷方对象的按期付款能力与投资的正当用途。这样也就从非正式的约束(人情关系及个人信誉度)下节省了资金需求方为突破正规金融市场融资限制所耗费的额外的非生产性用途的交易费用,另一个方面,也节省了在该市场条件下资金盈余者贷出资本所需要耗费的更多的关于借贷者个人信息甄别、经营活动等行为的收益状况监督及按期还款能力判断等交易费用。因为既有正规资本借贷市场的制度约束下,民间借贷市场供需两方为节省所必须耗费的交易成本,实现了在现有的正规制度约束条件下本来无法实现的资金交易,并且达成了一种非明文规定的非正式约束条件来保证交易的实现,这成为了促进民间借贷市场的发展关键因素。

(二)民间利率的生成机理

针对民间借贷市场及民间利率的有关研究,由于研究的角度不同各自的说法和口径也不一致。在这里针对民间借贷市场的研究,主要从国家长期的利率管制形成的超低利率和信贷配给问题出发,结合麦金农教授的"金融抑制"理论,试图探讨解释民间借贷市场及市场利率的生成机理。从他的研究中可以得出结论:由政府的严格管控形成的偏离市场均衡地过低利率是"金融抑制"的核心内容,而由此产生的信贷配给则是结果。具体的供求分析如下:

在存在政府利率管制的时候,分两种情况来分析。

首先,如果政府的管制利率水平高于市场均衡的时候,如图 2-2 所示管制利率 r_1 高于均衡利率 r_0 时,如果政府的管制严格有效的话,在 r_1 水平下,由于高额的利率价格刺激了资金的供给,而相应资金的成本价格上升,需求会下降,市场出现供过于求的情况,正规金融市场的资金供给充足,不存在资金需求不足的问题。

其次,如果政府的管制利率水平低于市场均衡的时候,如图 2-3 所示,在管制水平下的实际利率 r_2 将低于均衡利率 r_0,在资本市场上资金的供给价格将下降,资本的边际收益上升,企业的融资成本下降,将进一步扩大资本的投入,继续追加投资,从而增加在资本市场上对资本的需求,而资本的供给在价格下降的条件下将减少,市场出现对资本的过度需求。$\Delta(Q_{S1}-Q_{d1})$ 为资本的过度需求缺口。在正规金融市场中,没办法实现的融资需求将促使部门投资者转向非正规的金融市场花费高额成本进行融资。

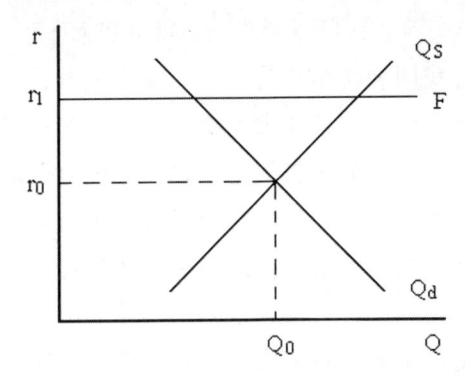

图 2-2 管制利率水平高于均衡利率时的资金供求模型

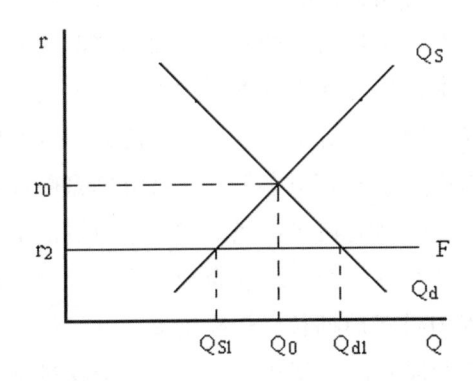

图 2-3 管制利率水平低于均衡利率时的资金供求模型

在相当长一段时间内，国家经济政策偏向于以极低的利率政策手段刺激投资和消费行为。一方面，极低的利率减少了民间资本拥有者将资金存入银行的可能性，降低了储蓄率的水平，从而使得资本流向非正规金融市场，以寻求更高的资本收益。另一方面，政府的刺激政策在短期内促进了投资规模的扩大和消费的增长，但长期来看，在资本的边际收益递减规律下，过度扩张的资本投资收益将下降，且持续的投资增长也激发了经济过热和通货膨胀的危险，同时也增加了经济体系的债务杠杆风险。为了避免经济过热带来的负面影响，在一方面采用极低利率政策的同时，央行又不断加息，实行适量偏紧的货币政策，这又使得在正规金融市场内资本的供给相对下降，出现资金的过度需求得不到满足的缺口，政府为解决这个问题又采取信贷配给的政策，将资金配置给国有企业和国有部门，民营经济因为在经济结构内的弱势地位，融资需求得不到正规金融市场的有效供给，进而转向非正规金融市场寻求资本。

这两个方面的因素造成的结果是民营经济在非正规金融市场的场外市场内寻求资金的有效供给。非正规金融市场的利率一般高于正规市场的利率数倍，在经济偏热投

85

资回报率较高的时期，民营企业为实现盈利，不得不花费巨额的融资成本以获得扩大再生产亟须的资金。这样一来，民间借贷市场也就顺势而生了。

值得注意的是，随着我国利率市场化改革的深入完善，利率管制将成为历史，利率的形成机制将要参考货币市场的具体供需要求和整个宏观经济政策调控的要求，央行将着重关注货币增发引起的通货膨胀问题，利率将成为央行货币政策调控的主要工具之一，利率的形成也不能简单的依靠政府当局对经济的主观判断而设定，而是要求在遵行市场供需要求下结合宏观政策调控的目标具体执行，基本上以市场为主，政策目标为辅。因而在利率市场化完成后，官定利率将成为历史，民间资本存在的大背景也将随之消失，金融深化将伴随金融结构调整和整个金融体系的改革一起加速，进一步引导民间借贷资本市场的正规化和合理化改革，从而充分发挥其对整个金融机构资金有效融通功能缺失的补充作用，并给予央行更多的具体经济运行的微观经济基础数据，从而更加准确及时地发现市场行情的变化。而信贷配给问题，是计划经济体制运行的一种遗留，也是在资本市场发展不完善条件下，为最大限度地减少交易成本的一种做法。由于金融机构在甄别各经济主体的经营风险和违约风险等风险时，大型国有企业和国家公共财政支出由于财务相对透明，并且有国家财政作为担保，相对来说违约风险和信用风险相对较低，因而在尽可能节省资金放贷的交易成本的背景下，正规金融机构更愿意放贷给这些企业，而不关注企业的盈利状况。而从规模来讲，大型国企和公共事业开支部门因为投资周期长，规模宏大，并且有可靠的担保，在放贷时需要甄别企业信用风险和违约风险的时间成本较小，在交易过程中所需要花费的讨价还价的时间较少，一般直接以国家宏观经济政策划定的利率价格为基础，因而在交易过程中，无论事前调查成本，还是事中讨价还价的商议成本，还是事后的追偿成本，相对来说都相对较小，交易成本较小从而使得信贷配给成为惯例做法。

信贷配给的问题，也从另一个侧面反映出中小企业和国有大中型企业之间在融资问题方面所面对的信息不对称问题，前者虽然数量众多但难以形成统一有效的组织体，分散性使得银行在处理资金放贷问题时，需要花费巨额的时间与分散的中小企业个体进行交易的讨价还价，较高的交易成本使得正规金融机构不愿意从事中小企业的放贷。同时，由于中小企业各自为营，自身掌握的知识有限，对经济形势的把握能力较差，生产上具有很大的滞后性，因而加大了经营风险，在经济环境变化中的表现出来的脆弱性也加剧了中小企业的违约风险和信用风险。而国有企业一般不会有这么明显的问题，即使存在经营风险，也有国家财政补贴的支持，因而违约风险较小。另外，在中小企业的盈利能力和可持续经营能力的判断上，由于数量巨大需要花费太多的额外成本加以仔细甄别，正规金融机构一般不愿意花费太多的时间和成本投入，从而使得中小企业在大型国有企业面前面临着非常严重的歧视待遇。抓大放小这也是我国金融机构存在的一种惯性做法。

然而，我国民间利率的市场形成机理与正规金融机构大不相同。在利率市场化改革的不断深入推进的阶段，我国正规金融机构的利率体系存在着政策性引导利率和市场化利率两种体系。前者主要关注整体经济宏观调控的政策引导，以存贷款利率为代表，后者则是完全放开管制的，由资本市场的供需方面自主决定的市场化利率体系，以各种银行间拆借市场交易的利率为代表。正规金融机构的政策性引导利率作为国家宏观调控的一个主要工具，是国家通过中央银行确定和调整的法定利率，对金融机构具有约束力。因此，由正规金融机构的政策性引导利率并非以市场竞争为基础，也没有要求根据市场需求和供应来确定，国家在确定和调整利率时，考虑的主要因素是存贷平衡、企业利润、银行部门的健康发展、国家税收、稳定的价格等。

然而，对于民间利率而言，它由民间借贷市场资金的供求双方共同作用形成。民间利率水平的决定主要受机会成本、风险成本、交易成本、资金供求状况以及市场中的贷方垄断地位和产权保护问题等制度因素的影响，具体分析如下：

第一，资金的机会成本。资金作为一种特殊商品在资本市场上流通，当其退出市场流通或者持有在手中时会产生机会成本。资金拥有方在决定对资金的供给时要充分考虑各种投资活动所包含的预期的风险和收益比，在股票、债券、储蓄和外汇以及房地产等各种用作投资用途时，需要做全面的考虑，选出最佳的投资用途，使得机会成本最小化。当经济遭遇过度低迷出现流动性陷阱的时候，自己持有资金以及转向消费是比较合适的配置方法。

第二，资金的风险成本。在资本的借贷市场，作为资本供给方的贷款人在进行可贷资金的定价时，必须加上对该贷款行为的风险评估。民间借贷的资金供给大多来自民间私有的个人和家庭所有的盈余资金，一般不具备风险准备金，对风险的意识也不够强，而且资金的供给大多通过民间借贷市场上的借贷公司和典当行等中介公司进行放贷，对借款人的信息掌握得不够充分，因而在这个市场的交易过程中，由于市场的相对隐蔽性和市场信息的非完全性，在委托人——代理人之间存在着道德风险的问题。这样加大了民间借贷市场资金的违约风险和信用风险。因而需要有足够高的利率价格作为风险的补偿收益。另一方面，由于市场相对分散隐蔽，相关监管部门不能做到很好的监管，过高的利率定价超出政府规定的法律保障范围，将使得市场间的存贷关系得不到法律的保障，而且有可能有面临惩处的危险。这种政策风险也会在贷款利率中进行补偿。综合来说，民间借贷市场的风险相对较高，刺激资金借贷市场价格的走高。

第三，交易成本的补偿。在民间借贷市场，由于市场较为分散狭隘，且信息透明度不高，因而在资金借贷的交易过程中产生了大量的交易费用。一方面资金需求方为实现在正规金融市场无法满足的融资需求，需要花费大量的时间寻找合适且风险合理定价适中的贷款方，而贷款方也需要花费大量的时间和精力在借款人的资格审查（诸如公司经营状况、经营产品的产业发展现状、公司财务制度审查、经营者个人消费因素等），在贷款投放后也需要花费大量的精力进行催收款。其中所耗费的管理费用、信息搜寻费用和评估费用都需要计算在具体协议的价格内。再加上民间借贷的数额规模小，资金借贷中不存在规模效，应因而分摊到具体的交易中交易成本要高于正规金融机构的交易成本。

第四，资金供求状况。我国民间借贷市场上的资金供求是随行就市的。在国家紧缩银根政策时，市场资金相对紧缺，民间借贷市场的市场规模扩张，利率在供不应求的情况下出现上扬，反之亦然。在大多数民营企业得不到正规金融市场融资的条件下，刺激民间借贷市场上的资金需求急剧增长，在可贷资金来源有限的条件下，资金的供求价格即利率水平上扬是正常现象。但值得关注的问题在于确立合适的价格上扬区间，避免过度膨胀的市场以及引起的高利贷等非市场行为的滋生横行。

第五，垄断因素。民间借贷市场虽然是有供求双方参照市场规律形成的一个自由竞争的市场，但由于该市场存在着资金分布的区域不均衡以及借贷双方市场地位的不对等等问题，引发了一定程度的局部市场垄断的行为。造成垄断的主要原因在于民间资本分布的不均衡性形成的地域垄断和民间资本相对稀缺，有限的资金供给对大量的资金需求方的市场地位不均衡形成了资金供给的卖方垄断市场。这种资金借贷交易双方的非对等性主要源于民间借贷的市场细分性和各资金借贷者的分散性，各自之间缺乏必要的信息沟通和交流，使得资金贷出方具有一定的控制资本借贷价格的垄断势力。[①] 因此，民间利率的决定渗入了垄断因素在内，也正是这一垄断因素在某种程度上致使民间利率水平较高。

第六，制度因素的影响。由于我国民间借贷市场是在民间资本需求得不到满足，正规金融机构有效贷款供给不足的情况下，民间资金拥有方（贷方）和民间企业资金需求方（买方）双方在遵循资金供需市场规律的前提下各自讨价还价形成的一个局部市场。然而由于国家相关保护和监管政策的缺失使得民间借贷市场地位十分尴尬，同时又存在着民间非法集资和高利贷的非法问题，从制度层面来分析，国家缺乏对相应民间借贷市场的制度和法律保障，同时也缺乏对相应资本产权的保护制度，因而，民间资本借贷市场的风险性远高于正规金融市场的借贷市场风险，这也促使民间借贷市场的价格（利率）包含着更高的风险因素，因而要高于正规资金市场的利率。这也是一种局部的均衡价格，但难以影响到整个宏观经济市场的价格水平。

三、民间利率与官定利率的联系与区别

在讨论民间利率的市场化改革的问题之前，需要对前文所述的我国两种平行的利率体系（官定利率体系和民间借贷利率体系）进行一个充分的比较，以更好地认识民

---

① 姜旭朝. 中国民间金融研究［M］. 山东人民出版社，1996：第225页.

间利率的市场化改革所需要面对的实际经济环境。

(一) 官定利率和民间借贷利率的联系

第一，利率作为资金交易的价格表现是共同的。资金本身是可以作为一种商品在市场上实现正常的交易的。当然商品本身的属性并没有发生很大的改变。当货币所有者将货币资金以一种特殊商品出让时，自然需要有货币商品的价格来衡量其价值，利率表现为这种商品的价格。民间借贷市场的资金主要来自资金盈余方提供给有需要的资金需求者，为获取预期的报酬和价值增值。当然，也可以从持有货币本身的机会成本的角度来评价，把利率作为资金的相对价值的衡量标准。货币作为一种资产，可以自己持有，也可以用以各种投资和消费的目的，当然资金自持在手中会消耗掉资金本身用以投资所产生的利息收入，但获取了资金的流动性。

其次，从市场出发，资金的供求关系直接影响了国家的信贷市场利率和民间借贷市场的利率确立。这里需要明确的是，资金供求关系本身就是反映出社会资金的运转情况和供求双方市场力量。从国家来看，资金的供求的范围和大小都表明了整个经济的产业发展的方向和经济结构的质量。从微观经济主体来看，资金的供给与需求由市场本身决定，资金价格低则供不应求，价格高则出现过剩供给的问题，资金的供给与需求双方力量的变化也是由整个经济的微观主体是否获利这个本质动机出发。

再从两种利率体系的市场地位这个角度来看，官定利率是占据市场的主导地位，民间利率的存在只是为了弥补由于制度调控因素引起的利率扭曲和部分市场主体的生产和消费阻滞问题，两个利率体系市场的互动关系是整个利率市场化建设的重要内容，两种市场两个利率体系构成的是完整的资金借贷市场。值得关注的是，由于过去的信贷配给制度与利率管制相辅相成，国有企业和大型企业都能够在银行等金融机构通过正常渠道获得生产所需的基本投资资金需求，而目前民间小额借贷市场的迅速形成主要原因归于目前民间中小企业的短期融资服务需求远远得不到正规金融市场的有效满足。民间借贷市场的快速发展主要是对我国官方金融市场体系中的利率产生扭曲效应的一种主动应对决策方法，它与金融机构的借贷市场共同成为构成整个市场经济体的借贷市场。

(二) 官定利率和民间借贷利率的区别

第一，两种利率产生的目的不同。从数量层面来讲，民间借贷市场的资金流动量要明显少于正规金融市场的资金流动量，民间借贷利率因为市场的分散性和非透明性特征，一般存在着诸多的阶梯性差异化的利率体系，而正规金融市场的官定利率一般有严格的浮动区间限制，变化幅度不会过于宽泛。

第二，两个利率体系的本质差别：其一，从各自的作用来看，正规金融机构的官定利率一般是央行等当局对国家宏观经济进行调控管理的工具，同时也是对经济运行状况的一种良好的监控指标，特别是商业银行的信贷利率高低，更是反映经济冷热状况的一个很好的晴雨表；其二，从央行等部门对待两者关系倚重度来看，国家的官定利率体系由于数量规模大，对经济的调节预测作用明显，因而成为制定相应经济政策抉择的重要考核指标，而民间借贷市场的利率，因为缺少统一性，不宜一刀切地实现管理调控。虽然对地方民营和私有经济的刺激作用明显，但在相当长一段时间内未得到应有的监控管理；其三，执行利率的手段各不相同。正规金融机构的利率变动是严格受相应的法律法规和货币当局调控管理的，要求严格，且变化的方向和幅度不宜过度，而民间借贷市场的利率由资金借贷双方协议和互相承诺来实现，且因时而变，基本上属于被动地从属于经济环境的变化，而不具有调控的作用。当然民间借贷利率的高低也反映出经济中具体各部门不同行业不同产业之间利润的变化，从资金的流动方向可辨别微观经济结构的稳健性问题。最后，国家管制利率问题虽然已经成为历史，但它的惯性作用还在，央行仍然是市场利率决策的主导者。银行股份制改造和市场化经营也逐渐完善，但一些体制惯性的思维方式和行政化的工作方式依然延续着，这也使得市场化的开展仍然需要一定的时间来适应。利率工具作为央行可调控的经济中介指标，在市场化的环境下依然要肩负国家宏观经济调控的政策工具任务。在货币政策目标的要求下，官定利率可能还是会存在着一部分的市场扭曲的问题，因而还是需要发展民间借贷市场来补充整个利率市场结构。然而，现实问题是，民间借贷市场由于经营形式上的灵活多变性，而很难做到有效的监管，同时由于民间借贷市场存在着严重的信息不对称和信息失灵的问题而引起的逆向选择和道德违约的问题，破坏了整个民间市场的完整性。为实现有效融资而花费的交易成本的显著下降，中小企业会为了追求短期内的逐利而疯狂借贷。但由于市场经济的周期性问题，在高收益的诱惑下发生的借贷融资很容易在经济形势发生变化后难以实现有效偿还。因而，加上了风险贴水因素的民间借贷利率必定要高于官定利率的水平，但小于在正轨金融市场融资所花费的整个交易成本，因而民间借贷市场依然发展蓬勃。简单来说，官定利率只是在兼顾市场需求的基础上的一种政策工具，不可能完全由市场供求因素决定，而民间借贷利率则是完全考虑市场供需并且兼顾违约高风险因素在内的市场利率，只是规模有限，不可能影响到整个经济主体的投资决策。

  第三，两种利率的敏感度不同。所谓利率对市场的敏感度，指的是利率对于市场上的资金供求状况的一种反应程度，敏感度高，对市场资金供需变化的反应速度越快，反之亦然。完善的市场化的利率调节机制，能够在经济环境发生变化时引导市场主体对经济形势作出判断，发挥利率合理引导市场资金流向并适时追踪经济形势变化的调节作用，使得利率变化与经济状态的变化相统一。正规金融市场的官定利率在原来管制和计划调控的基础上，随着市场化改革而不断推进改革。官定利率体系中，也出现了一批具有部分市场自主性的浮动利率。浮动利率的自主浮动权限和区间在不断扩大，但严格意义来说依旧是政府管理调控经济为主要目标的中介工具，对调节市场资金供求的作用收效甚微，因而缺乏应对市场资金供需变化的灵敏度，在一定程度上阻滞了利率作为市场资金配置的主要作用。相反，民间借贷市场的利率体系中的各种利率，完全由民间资金的供求市场自主定价，加上部分个人主观情感和人际关系，等等，非市场因素的影响，几乎不受政府政策目标的管制约束。从整个微观经济市场体系来看，民间借贷的市场利率，大致可以反映出整个经济基本层面的资金供求关系和市场供需结构的变化，其大小变化也与经济周期、产业间市场资金收益率差异变化和国家信贷供给变化有关。民间利率对诸多的市场因素变化作出反应，具有高度的灵敏性，是一个很好的信息指示器。

第四，这两种利率种类的弹性不同。首先，企业的生产活动的获利性目的引起企业主对于资金的需求的弹性较小，正规金融市场利率的变化对于其投资活动的影响不大。在经济高涨周期时，对资金过度需求和经济萎缩期间对资金的需求不足的问题都不能够通过央行的正规金融市场的利率体系的变化来解决，更多的是依靠市场主体对经济的判断和自身可实现的融资能力（大部分依靠民间借贷市场融资）。事实上，目前并没有完全实现整个利率市场资金供求方完全自主定价的基础，仅有银行间拆借利率在1993年以后渐渐放开现在逐步实现了按照市场供求自主定价。尽管在制度层面已经放开了存贷款的利率上限管制，但真正实现依据整个经济系统的具体资金供需关系来定价的市场定价机制依旧是困难重重。私人贷款由于其影响相对较弱，无法对整个资本市场产生重大影响，但其利率差距较大，为借款人和借款人提供了更大的灵活性。

第五，两者发展的规模和经济基础不同。正规金融市场的官定利率为我国利率体系的核心，也是主导资金流向和影响投资、消费行为的关键因素，而民间借贷市场的利率则是小范围内的基础市场利率，是对官定利率的一种有效补充，在局部有着资金配置和影响投资消费行为的作用，但存在着很多的灰色地带问题。从空间上来看，官定利率基本上是以银行等金融机构的资金融通和分配行为为基础的资金价格，而民间借贷利率由于具有分散性和灵活性，不能形成一个有效的组织系统，不具有经济意义上的传导机制作用，只是局部范围的一种资金再分配过程。而且就目前形势来看，东部发达地区由于经济产业结构和相关配套设施较为完善，同时经济较为活跃，中小企业多，企业经营中面临的资金缺口问题更多，因而民间借贷市场发展较为完善。而中西部欠发达地区发展滞后，仅有的也是在农业经济体内农村自主行会的发展，但那种机构的发展仅仅只是一种依靠人际关系为基础的熟人互帮互助模式，是一种短期资金的中转，而且受制于熟人关系圈，也不可能实现大范围的规范市场。

四、民间利率市场化改革回顾

在系统介绍了民间借贷市场利率的概念、特征及理论基础之后，我们再从国内的实际出发，通过对民间利率市场化改革的几个实际案例的回顾，可以进一步深化对民间利率市场化改革的现状认识。主要介绍温州民间借贷市场利率改革、鄂尔多斯金融综合改革、泉州金改区改革和互联网借贷发展下的新民间借贷市场利率市场化改革。

（一）温州民间借贷市场改革

改革开放以来，民营经济的快速发展，民间资金的频繁往来，使温州地区最早具备实行利率浮动试点的土壤条件，这也使其成为国内进行利率改革试验的排头兵和先锋队。从1980年改革试点开始，温州民间借贷市场的利率市场化改革可以归结为五个典型发展阶段，同时温州在此期间并取得了具有代表性的改革成效与经验。温州所经历的五个阶段概括如下：

第一阶段：1980—1990年存贷款利率联合浮动阶段。

1980年初期，温州苍南县的金乡农村信用合作社率先推出存贷款利率联合浮动制度，标志着温州市利率浮动改革试点序幕正式拉开；并以此为起点，利率浮动改革开始大面积在温州地区铺开。存贷款利率的联合浮动机制，不仅能够有效组织、分配与利用民间闲散资金，而且还能增强传统金融机构的资本实力，提高资产负债率等财务指标。由于央行利率浮动改革的成功试行，特别是储蓄存款利率和银行大额定期存单利率等特殊利率的稳定大幅上浮，有效地充分调动了城乡广大农村居民群众参与开展储蓄存款业务的热情，在一定很大程度上有力地有效促进了农村金融机构储蓄存款总额的稳定增长。正因如此，温州地区的利率制度改革逐步被官方予以广泛认可。特别值得一提的是1987年，中国人民银行正式将浙江温州确定为利率改革试点城市。

第二阶段：1990—1998年贷款利率"双轨制"阶段。

整个80年代，温州地区以民营经济为主的非国有经济发展迅猛，对货币资金需求与日俱增，同时非国有企业经营活动的灵活性与弹性，对利率制度提出了新的要求。在这一背景之下，从1990年开始，各个金融机构适时地推出了贷款利率"双轨制"，对国有企业和非国有企业分别实行不同的贷款利率浮动机制，以非国有企业的贷款利率浮动幅度大于国有和集体企业为特点，因此贷款利率"双轨制"本质上是一种倾斜性政策。温州实行贷款利率"双轨制"，激励了银行等金融机构将信贷向民营中小企业的倾斜，在一定程度上满足了非国有企业灵活的资金需求，对其经营活动和业务增长具有良好的促进作用。

第三阶段：1998—2002年贷款利率统一浮动阶段。

尽管倾斜性的贷款利率"双轨制"在一定程度上达到了非国有企业对资金需求灵

活性的要求,但是相对于日益扩张的民营经济,其作用显得仍为有限,也就为异常活跃的民间借贷活动提供温床。民间借贷,特别是高利贷的快速扩散,为非国有企业的发展埋下了风险隐患,如果不加以科学治理,还会带来严重的社会稳定问题。因此,贷款利率统一浮动政策应运而生。这一收紧性政策的有效实施:一方面,增强了各金融机构对资金的吸纳能力,提高了全社会储蓄存款总额,并从源头上减少了民间借贷资金的供给;另一方面,有效扩大了银行信贷的社会辐射面,加强了正规金融机构对宏观经济的渗透力,并有力抑制了民间高利贷活动。

第四阶段:2002年3月开始的新一轮利率市场化改革阶段。

在这一阶段,农村信用社与商业银行等金融机构逐渐能够抓住利率的控制权与决定权,这主要得益于利率浮动阈限持续扩展政策的实施和推广,同时触发了良好的社会影响,不仅使银行利率与民间利率逐步接近,而且还在一定程度上有效调动了民众对储蓄存款的积极性。此外,这一扩张性政策,刺激部分民间游资再次流入正规金融循环体系,促使银行的资金供给增加,以及民间利率与银行利率的差距也有所缩小。

在中国人民银行的主持下,温州地区新一轮的利率浮动试点改革序幕在2002年3月21日正式拉开,其中农村信用社被选择为改革试点工作中的首批银行业金融机构。农村信用社作为试点改革工作的"先遣部队",对温州地区的利率浮动的大面积推广,作用十分明显,不仅带来了积极有效的成果,而且民间借贷利率持续高涨的局面得到一定缓解,以及猖獗的民间高利贷活动也因此受到一定程度上的遏制和平息。根据有关统计资料,在实施利率浮动改革之前,温州民间借贷利率的日息平均水平大约在1个百分点,基本的浮动区间保持在千分之八到1.5个百分点,尤其是2002年初,温州民间借贷月利率为12.11‰;启动利率浮动改革后,民间借贷利率从1个百分点降到8‰左右,有的甚至降到千分之六,到2003年6月,民间借贷利率月息水平竟下滑至历史最低点8.9‰,跌幅近30%。

第五阶段:2012年3月28日以来温州建立全国首个金融综合改革试验区。

由于三十多年的高速发展和积累,温州利率市场已经出现"两多两难"的根本困境,即目前民间资本多、民营企业多、投资难、融资难。为应对和破解"两多两难"的不利局面,在距离上一轮利率改革十周年之际,国务院于2012年3月28日通过研究会议决定,首次正式批准将浙江温州地区设立为金融综合改革试验区。在中央国务院研究部署制定的多项金融改革重点任务以及浙江省政府研究批复的改革实施方案的正确指导下,温州地区的金改区把加快破解"两多两难"金融顽疾问题作为推进改革发展工作过程中的重点与战略目标,构筑融资产品和金融服务、资本市场、金融组织、地方政府金融监管机构四位一体的基本改革框架,并将加快落实改革重大项目作为改革突破口,推动金融服务实体经济的"三对接",即银行大资本供给与小微企业资金需求的有效对接、民间中小资本投入与大产业大项目产出的有效对接、各类社会资本与宏观经济转型升级的有效对接，同时以高标准、高起点、高水平的要求进行科学规划、合理建设与精准服务，促进"三升三降"，即明显提高小微企业融资渠道和满意度、民间金融资本转化为产业资本的效率和比例以及民间借贷风险管控和防范能力，显著降低各类企业融资成本、民间金融活跃程度、商业银行与农信社等金融机构的不良贷款额和不良率。

在不断的改革实践里，温州取得的改革成效显著，主要有以下几点：

第一，最早进行国内民营银行的改革试点。例如，作为中国浙江地区首家大型民营银行，温州民商银行于2014年7月1日获得国务院正式批准，开始进行投资筹建，到2015年3月28日领取央行正式颁发的金融许可证后正式挂牌开业，助力温州实体经济和小微实体企业的健康发展。

第二，首创了对具有明显地方经济特色的民间资本专业管理机构共12家。这一点是贯彻落实中央国务院明确部署的温州区域金融综合改革重点任务，即"发展专业资产管理机构。引导民间资金依法设立创业投资企业、股权投资企业及相关投资管理机构"的重要预防措施。

第三，为加快搭建民间融资借贷综合金融服务平台，首批建设7家民间借贷服务中心，此举多年来受社会外界广泛关注，对外界的影响力较大。由该中心负责登记借贷双方当事人的相关信息，通过一套标准化流程，并在入驻的第三方融资中介机构的协助下，提供合同规范文本撮合交易。同时，服务中心通过来自多重信息渠道的温州民间融资借贷信息统计数据的加权，每周定期统计发布温州民间融资借贷的平均贷款利率变化水平，最终计算形成了一个"温州指数"。

从当前来看，温州民间借贷登记中心明显呈现出两大可推广的实践价值：一是规范性，这使民间借贷行为予以法定认可，将往前脆弱波动的"关系型"借贷转变为如今稳固可靠的"交易型"借贷，进而加强社会对民间借贷的信任感，同时，借贷登记有利于利益相关方对资金去向和用途的跟踪，也是资金借贷阳光化的表现；二是登记中心通过创造民间借贷利率管理机制以及适时公开发布"温州指数"，对于民间借贷贷款利率的透明化管理具有正向推动作用，同时还会影响和主动干预当地民间企业借贷经营双方及其当事人的各种心理风险预期，有力地严厉打击一些月利率到达6个百分点的非法高利贷经营活动，使其民间借贷市场规模迅速出现萎缩，利率水平逐渐降低至合法的商业银行贷款基准利率4倍以内，这样会让正常的民间企业和个人的商业贷款风险承受能力不断增强，进而逐步形成更加完全符合当地市场经济预期的合理借贷利率政策水平，为当地民间实体企业经济快速发展转型提供更好的投融资政策环境。

第四，成立了目前全国首个地方金融管理局和首先成功创立了民间金融组织非现场监督管理系统，同时最早成功推进民间企业融资立法，并成功进行了国内首次实现地方金融监管类别执法，法制、行政等领域综合金融管理保障力量亦由此得到逐步有效强化。

第五，发行全国首单地市级城市保障房私募债，同时首先公开市场发行全国首家小额贷款公司优先股和定向股。

第六，全国首创发行民间资本融资市场综合利率定价指数——"温州指数"。2012年11月22日，《浙江省温州金融综合改革实施细则》最终正式发布，其中的一大重要亮点即是针对民间企业融资机构综合利率监测指数"温州指数"的着力打造；即《细则》中明确规定"建立健全民间融资监测体系，形成民间融资综合利率指数'温州指数'"。这不仅是进一步深入推进和大力支持我国利率市场化的重大政策举措，也被普遍视为我国利率市场化正式开启的明确有利信号。

第七，设立全国第一个地级市人民银行征信分中心，最早实行国内外商投资企业外汇资本金意愿结汇改革试点工作等。

总而言之，温州以及来自全省各地的有关方面都已经做了许多积极探索、大胆投入实践、稳步发展推进，积累了一些许多可以借鉴、可以复制的促进温州发展的经验。温州地区综合金融体制改革不仅有利于促进温州实体经济的健康稳定快速发展，且对加快其他地区的综合金融体制改革发展也具有重要的研究意义和借鉴价值。总体而言，凭借对温州民间利率市场发展的行业观察及改革的实际效果，我们可以获得以下重要的市场启示：

第一，"温州指数"仍高于全国平均水平，温州金改的期望值存在落差。

长期以来，温州市政府下辖的金融监管部门对各类社会资本入股正规金融机构，一直都是依法采取一视同仁的态度；而在诸多优惠政策中，择优开放吸纳和直接选择地方民间金融资本入股正规地方金融机构，是温州地方法人银行业正规金融机构中地方民间金融资本所占份额比重持续平稳走高的关键，这一政策办法对于依法有效解决温州民间投融资入股难题、优化地方银行业正规金融机构的民间股本融资结构、完善企业金融服务保障体系都具有十分积极的探索实践意义。尤其是优质民营资本的加入，使得银行业金融机构与民营中小企业直接匹配，资金交易更为有利，也使得金融服务效果得到较大改善。但是自温州金改正式实施以来，不少新的核心矛盾问题，比如融资贷款利率普遍偏高、民间借贷平台登记率较低、p2p等借贷平台资金链严重断裂，以及由此引起的跑路频发，严重困扰和影响着我国温州地区，乃至于我国海峡西岸部分地区的整体经济社会发展，在一定程度上和范围内一直没有真正得到根本性质的转变。也就是说，综合金改政策的实施，对温州大多数的中小微企业而言，还未能从实质上解决融资难和融资贵等问题，只是起到部分缓解的作用。

以温州金融办等多家权威机构公布的统计数据结果为例，在2014年度的第四季度，温州地区民间企业借贷融资综合利率平均指数基本保持为年化利率20.2%，显然远远高于全国民间企业借贷融资综合利率平均指数19.53%的平均水平，这充分表明直接反映温州地区民间借贷融资成本的"温州指数"偏高，使得整个温州银行利率体制改革各项试点工作成果都正在接受着各方面的检视。所以，温州新区是目前全国首个国家级金融领域改革开放试验区，承载了全国社会各界对金融改革发展成果是否能够"立竿见影"的殷切期望，这与金融改革循序渐进的基本逻辑方向存在矛盾。

第二，民间借贷利率平台存在潜在的金融市场监管缺陷，需要将其直接纳入正规市场金融监管服务范畴内。

对于民间借贷利率所呈现的潜在市场不足，须要积极打造切实可行的民间金融管理机制，正式把民间借贷活动归入到正规金融监管范围之中，以构造一个良好的融资市场环境。一般来讲，任何一项金融创新都天然伴随着不确定性结果，尤其是如今在"三期叠加"的深度调整期的宏观经济形势下，民间资本管理公司的纷纷设立，对金融风险的控制显得尤为重视。随着宏观经济去泡沫、去产能、去杠杆的背景下，部分机构与个人投资面临的信用风险加大，这可能会拖累民间借贷市场的发展，并会产生不必要的连锁反应。严峻的治理形势，需要各地政府审时度势，未雨绸缪，动用多种力量加大风险防范力度。但是与传统的正规金融相反，民间借贷利率本身所具备的发展态势，决定着相关部门只能采取间接手段对民间利率进行规范监管，而不能违反其本身的市场运行规律，所以相关部门只可对民间利率进行辅助性的监督引导。

此外，不仅要建立健全民间借贷监管法制体系，更要加强民间资本监管的顶层设计。不得不指出的是，现存不少法律法规及规章不合理地限制了民间借贷市场的自然发展。例如，应解绑《贷款通则》《中华人民共和国刑法》等中不合理条款对民间借贷市场发展的束缚，借此持续改善民间借贷的法律监管制度。还要通过立法、司法与执法等法律制度综合建设，将民间金融尽可能地纳入正规金融监管范畴。同时对于利率市场化改革、银行业对民间资本的逐步开放等重点领域，需要有实质性的进展，这样才能使民间金融促进实体经济完成转型升级。

第三，民间利率的市场化改革方向不可逆转。

在民间借贷利率与金融机构基准利率变动态势日益趋同与一致的背后，可以知道民间利率与官定利率之间是某种相关的关系。那么当务之急，则是各相关部门通过规范化管理与透明化引导民间借贷利率的发展，来不断推进利率市场化改革，最终实现官定利率市场化。在确保资金来源透明、资金去向合法、借贷利率合理的前提下，应该许可产生于温州金融综合改革趋势下的民间资本管理公司，逐步打破自有资金四倍的融资上限，同样许可优质小额贷款机构在改制为村镇银行时提高多样化融资来源比重，并放弃"让银行业金融机构控股五分之一"的刚性限制，进而盘活其资本存量以及最大程度调动起以各种形式沉淀的民间资本的投向积极性。应该尽快地梳理和细分相关监管部门的专业监管职能，并且在"统筹监管、专业分工"的刚性原则框架之下，建立健全职责明晰、分工准确的专业化联合监管机制。

虽然民间借贷利率之前的一路走高态势已得到相当程度的减缓,并在目前借贷市场中也正逐渐变得理性和合理,但市场由于不完善而存在潜在缺陷,尤其需要政府及时地予以恰当规范化引导和透明化管控,以实现民间借贷利率的率先"市场化"。

(二) 鄂尔多斯金融综合改革经验

鄂尔多斯市在 2009 年被批准为内蒙古金融改革综合试点区。鄂尔多斯趁着改革的契机在针对民间融资的各种问题的基础上,不断尝试探索推行新的相关政策制度,并规范指引民间资本的流动为其金改的"突破口"。民间借贷行为本身是一种以民间资本借贷为业务的市场化的行为,在正规金融市场发展不充分的鄂尔多斯,民间大量盈余的资金出现沉淀,进而引发了大规模的民间资本流动,民间金融市场得以存有在正规金融市场外的发展契机。对于民间借贷市场的管理问题,应该用市场化的思维去跟进,而不是一味地坚持传统的一刀切的严格限制的办法。关于鄂尔多斯的民间借贷市场的民间金融改革的经验,主要有以下几点:

1. 鄂尔多斯成立了民间资本投资服务中心

自 2010 年金融改革推行开来以后,为促进当地金融产业的健康稳定发展,鄂尔多斯当地政府及其相关部门就连续制定和出台了一篮子政策。2011 年 6 月 18 日,该地区成立了民间资本投资服务中心,该中心设立的初衷在于充分模仿温州地区的民间资本投资服务中心模式。该民间投资服务中心的核心理念是"为资本找项目,为项目找资本",主要功能是为当地的民间借贷活动提供一个合法合理的交易平台,以实现资本与项目的无缝对接和匹配,从而为当地中小企业投融资提供一个专业服务的中心。该中心很好地解决了部分企业没有融资平台的问题。中心的核心工作分为两个部分:一方面成立市场化运作的平台,为小额贷款公司的贷款活动等民间资本的借贷活动提供一个市场化操作的平台,另一方面需要提供社会服务性的工作内容。值得一提的是,该中心并不是一个监管部门,仅仅只是一个信息交流的中介平台和服务平台,具体的监管内容依然归属于鄂尔多斯市金融办。

2. 鄂尔多斯市政府规划建立民间借贷登记中心

与温州的民间借贷中心类似,由市政府牵头,鄂尔多斯市成立了由民间资本发起组建、服务于民间借贷本身的民间借贷登记服务中心。该中心是一个具备独立运行资质的企业法人,由其自主经营和自负盈亏,在鄂尔多斯市区各区县范围内主要为该市非金融类投资机构和自然人参与的民间借贷交易业务提供登记备案和其他相应的配套服务。中心也是集中为民间借贷市场参与的双方主体(借款人和有盈余资金的放款人)提供一个信息交流的平台,并撮合相关业务成交。除此之外,中心还发起成立了鄂尔多斯民间借贷协会,主要是解决有关民间借贷业务当中发生的纠纷和矛盾,加强行业内部自律。平台的建立和不断发展,可以很好地解决民间资本借贷活动的隐蔽性,给予民间借贷市场上交易双方的市场主体地位的同时,从市场配套服务上给予必要的支持,这样可以吸引更多的民间资本进入民间借贷市场,并投放到对资金需求旺盛的民间融资需求上。

3. 鄂尔多斯市出台政策,鼓励民间借贷向PE转型

鄂尔多斯在进行内蒙古自治区内的最早改革试点后,政府制定和出台了相应的政策和相关配套措施,以鼓励民间借贷转型为私募股权投资(Private Equity,PE),这样民间借贷资本可以摆脱仅仅依靠资金借贷市场本身进行投资业务的片面化,转向股权投资,可以很好地引导民间资本投资的多元性。2011年,鄂尔多斯市政府发布了两份关于PE的专业文件,文件明确指出,"对注册在鄂尔多斯的PE税收地方留存进行前五年100%返还,后五年50%的返还政策;对上市企业补税全部退还、奖励1000万元"。就目前鄂尔多斯本地的产业结构和经济发展的形势来看,传统的依靠煤炭资源的能源发展模式和依靠过热的房地产市场几乎不能支撑经济的长远发展,因而鼓励民间金融市场的发展成为政策的侧重点是理所当然的事情。不过在吸引民间资本进入当地民间金融市场的时候,需要政府切实履行主体引导的责任。

4. 鄂尔多斯发布多项地方性法规,规范民间借贷

鄂尔多斯关于规范民间借贷的相应的政策法规的出台为民间借贷市场的规范发展提供了政策保障。在金融改革的过程开始后,鄂尔多斯市相继出台了《关于鼓励股权投资类企业发展的若干意见》《关于加强中小企业信用担保体系建设的意见》《信用体系建设实施方案》等相关政策条文,其用意在于通过对民间借贷市场的充分肯定和规范指引的前提下,不断发展当地的民间借贷等民间金融市场,从而拓展民间盈余资本的投资渠道,引导民间资本参与当地民间金融市场内进行投资活动。

(三)泉州金改区民间利率改革成果和经验

2012年,在温州金融综合改革试验区、珠三角金融改革创新综合试验区相继之后,中国人民银行等12部委经国务院批准,联合出台了《福建省泉州市金融服务实体经济综合改革试验区总体方案》,这标志着泉州成为国内第三个国家级金融改革试验区。泉州金改区关于民间借贷市场的改革主要内容如下:

第一,完善金融机构的宏观布局,以打造金融对接实体经济的服务体系。在积极设立总行直属的地方分行和引进外资银行的基础上,泉州市新设社区银行、金融便利店、37个银行机构网点等,并开展民间资本设立中小银行试点、设立泉州合资证券公

司和融资租赁公司。通过完善整个金融机构的结构，来保证整个金融市场和非金融市场得到平衡的发展，从而引导社会资本更好地进入实体经济。

第二，金融服务产业模式有所创新。推进商业圈金融合作、综合授信和银村联姻等金融服务模式创新，为不同阶段企业提供个性化金融服务。县设立高新科技金融服务中心、海洋产业金融中心等双向对接平台等措施。

第三，小微企业融资服务得到进一步提升。银行业金融机构推出数十项具有地方特色的专门服务小微企业的金融创新产品，例如"无间贷""流水贷""网贷通"等。同时，致力于服务整合化，打造泉州金融信息综合服务平台。通过这个平台的建设使得资金借贷双方降低获取信息和进行交易的交易成本，从而为小微企业更好地实现融资需求。

第四，构建民间资本对接正规金融的有效通道，以逐步拓宽和扩大延伸民间投资金融产业发展服务领域。不仅投资建立起了具有当地特点的泉州晋江市融资租赁特区，并且投资成立小微企业贷款服务公司、民间企业借贷登记管理服务公司、民间资本管理服务公司和中小企业贷款票据管理服务公司等机构，累计42家，这些都显示体现出泉州市积极探索发展金融机构的重大改革决心。

第五，区域资本市场的发展为企业融资构建更多渠道。主动对接"新三板"扩容试点，积极设立海峡股权泉州交易中心，并探索建立有效的合作通道与机制，扩大资本市场的交易范围，从而解决民间企业融资方式单纯依赖银行等正规金融机构的弊端。

第六，构建泉台多层次金融合作体系。为充分挖掘并改善小微实体企业融资市场环境与方式，主动探索提升企业信贷金融服务创新理念水平和开展小微企业风险融资政策辅导服务咨询，并充分借鉴多年来台湾服务中小企业的经验，成功打造"三位一体"的企业信用融资政策体系。

第七，发挥地方政府的引导作用。地方政府不仅制定金融业发展规划，此外，还推出了一系列文件，采取措施扩大金融协调管理服务网，成立金融工作局等。在此基础上，为形成政府引导、金融服务、企业发展的多层次推进体系，泉州市积极打造金融综合服务系统平台和发展项目数据库，并支持设立中小企业直接债务融资发展基金和企业信贷风险补偿共担资金等。

第八，打造地方金融监管的升级版，预防和治理金融潜在风险。为此，不仅建立金融风险防范、评估、监测和预警的综合指标体系，而且制定和出台泉州市金融应急处置预案管理规定。

泉州金改区在以下三个方面取得了一定的进展：

第一，针对金融风险防范问题，相比以往，变得更加谨慎安全。

泉州金融风险应急处置工作领导小组的正式成立，完善了当地企业金融风险防范和综合治理的顶层规划设计。同时，为有效地预防和化解中小企业金融资金链风险，不仅积极推进部分所辖区县市陆续设立一批行业性转贷续贷周转基金（周转基金项目规模投资总额不得低于5亿元）和数亿元的中小企业应急保障资金，而且需要完善重点企业民间借贷维稳制度。到2014年年底，全市银行整体不良贷款率低于当年全省银行平均水平1个百分点。

第二，地区金融市场融资能力进一步拓展，民间资本得以规范引导入市。

在民间资本进入金融市场方面，通过一系列的指引政策的出台，把民间资本视为资本市场的一个主要市场力量，通过恰当的方式（适当引入证券行业、典当行业和期货交易市场等）引导其进入正规金融行业以补充正规金融市场内的资金不足和资金信贷配给问题。另外，在民间金融市场的定位上，承认民间资本的市场地位，并在其对实体经济的资本供给方面的贡献给予高度好评，在不违反国家金融行业监管的大方向下，结合实际情况，在对经营风险和内部风险进行充分控制的情况下，给予民间资本交易市场合法地位，努力建设本地民间资本市场交易的市场（包含如民间行会和借贷所等企业的一个民间金融交易市场），作为正规金融市场的一个补充市场。

具体而言，在加大民间资本投向引导方面，为有效解决中小企业发展资金不足问题，泉州市将采取多种政策方式积极撬动广大民间企业资本，引导其资金投向泉州实体工业经济，以不断壮大整个泉州市的民营企业，繁荣整个泉州市的实体工业经济，例如，积极开展"民间资本管理服务公司"试点工作等，丰富了各级政府部门引导渠道，鼓励支持民间资本企业设立资本管理机构，通过自身探索建立阳光化和市场化、规范化经营管理的新路径，积极融资投向新兴实体经济。在小微企业金融改革方面，金融改革的着力重点主要在于帮扶小微企业有效解决融资难、融资贵而不得不长期依靠地下金融机构融资的突出难题与重大弊端，以及逐步基本实现为小微企业提供金融服务的增户扩面。为此，泉州市将组织和开展小额贷款融资保证保险服务试点，建立由市县两级人民政府联合主导的小额融资担保公司，建设重点小微企业融资服务项目库，并继续加强对小微企业小额融资的辅导服务。上述问题的解决与否标志着金改的任务能否顺利完成，以及能否继续在全国推广开来。

第三，信用体系的构建，正在努力建设泉州本地的金融行业完整的信用档案。

企业的授信问题一直是影响企业融资的关键，以银行业为代表的正规金融行业对于企业的征信要求高，且分配的贷款指标和贷款额度有限，不能很好地满足实体经济内中小企业的发展融资需求。所以，建立一个完善的信用档案，可以节省资本借贷过程中互相了解和接洽的谈判成本，更好地提高融资的效率，节省融资成本。截至2015年年底，泉州已有数万户的小微企业通过各种渠道建立起属于自身的信用档案，同时，农村信用体系建设也取得一定成效，全市已有数百万户农户建立了信用档案，其中过半农户评定了信用等级，完成了数百个信用村、数十个信用乡（镇）的创建工作。

最后，我们分析泉州金改区关于民间借贷市场利率改革存在的瓶颈。

第一，地区实体经济发展结构粗糙，缺乏有竞争力的产业。

泉州整个经济结构中客观存在着专业化程度不高、创新能力不足和同构化等问题，例如以服装制造业为代表的轻工业为重心产业，在供给侧结构性改革的大背景下面临着严重的产能过剩和劳动力成本激增的问题。在金改的背景下要结合当地的具体实际，突出区域特色，把资本和劳动力等生产要素从传统的低端产业内解放出来，并且不断增加对相关科研创新产业的扶持，大力发展以现代服务业为龙头的第三产业及其相关产业，延长服务业产业链，不断提高服务业在国民经济体系内占比，以改变以往过度对工业产业的依赖，实现产业结构的优化。经过长期积累的富余民间资本需要通过适当的引导，进入到新兴的具有竞争力的创新型产业内，而避免过度追求高收益，而进入到高风险的资本投资中。只有与实体经济的现实相结合，资本的投入才能在长期内保持稳定有效的收益增长。

第二，金融行业隐性风险上升。

金融行业隐性风险上升，对民间资本的合理引导需要有足够的经验和判断能力，稍有不慎，可能引起地区的金融混乱。要继续加强民间借贷市场的规范化管理，尤其要注重民间借贷市场的利率市场化改革，建立一套科学合理的民间借贷市场的利率体系。

就全国来看，由于各地民间借贷市场的区域差异性和特殊性，目前关于民间借贷市场的规范指引缺乏统一的能够普遍适用的引导标准，因而各地有各地的特色。泉州地处闽南经济发达地带，民间实体经济发展基础好，民间资本有充足的积累，但缺乏有效的资本市场将资本引入更好的投资场所和市场，而在实体经济增长放缓，市场化改革步调趋于平缓的背景下，将资本投向实业也不能取得令人满意的收益率，银行业等正规金融部门由于泉州本地金融市场规模有限也不能充分吸收民间资本。在这样的现实环境下，很容易催生高利贷借贷等灰色借贷市场的发展，在原本就缺乏有效监管的泉州民间借贷市场，过分逐利的资本刺激了高利贷信贷市场的发育。尽管有高收益的保障，但相对加大了整个民间借贷市场的市场结构性风险，同时在经济形势继续下滑的背景下，隐藏的金融风险可能会被充分放大，从而扰乱金融市场的有序运行。累加的风险不光对泉州整个金融业的健康有序发展有害，更有甚者，会破坏整个经济的正常运行，造成局部地区的经济危机。因而对民间资本的有效引导是否成功，成为泉州金改的一个关键问题。

之所以会出现高利贷盛行的灰色信贷市场，主要是民间借贷市场本身并不能充分发挥出市场运行机制的效用，民间借贷利率错综复杂缺乏一个有效的市场化的利率体系作为标准。尽管央行相关政策大致上有不超过银行法定基准利率4倍上限的规定，但从事实来看，部分市场盲目性的作用会在经济下滑的环境下扩大化。大多数民间资本会因为比较效应和市场传递效应，增加对高风险高收益项目的投入，这种为了逐利直接无视内部经营风险和市场风险的做法值得当局关注。在监管方面要加强对民间信贷市场的规范化建设，尽量减少对高风险项目的追求，避免风险累积，而应该确立一个明确的和银行法定基准利率大致相同走向的民间借贷市场的市场化利率，从而引导民间资本合理有序地进入各个投资场所和市场，减少金融市场的运行风险，并完善当地的金融市场结构，使得正规金融市场和非正规金融市场在央行的政策调控影响下，更好地服务于本地的经济和市场化改革。

（四）网络借贷市场的利率市场化改革问题

互联网金融作为2013年后才出现的一个名词，目前国内学术界没有统一的学术定义或者标准。一般来说，互联网金融广泛上是指利用互联网信息技术、移动通信信息技术等多种业务方式提供流动资金的新的一种金融服务模式，与其他商业性或银行的间接融资方式不同，也不同于直接性的融资形式。互联网金融融有几个主要的形式：互联网小贷公司、金融中介机构（P2P公司等）、第三方支付公司、创新性的金融机构互联网平台。于2015年底出台的《促进互联网金融健康发展的指导意见》中，对互联网金融融的定义更具权威性：互联网金融是传统金融机构和互联网企业利用互联网技术和信息通信技术实现资金融通、支付、投资和信息中介服务的新型金融业务模式。

1. 网络信贷市场的现状：以P2P为例

（1）规模由小变大，数量逐渐增加。2007年6月，我国在上海成立了第一家网络信贷公司，标志着我国P2P开始发迹。2012年之后，相关的国家政策开始大幅度松动。P2P信贷公司的数量开始大幅增长，2013年我国P2P贷款公司数量约为700家，年营业额增至1100亿美元。截至2014年年底，我国P2P公司达到1575家，总成交额超过2528亿元。截至2015年10月底，全国共有3568个P2P平台，每天有360 000人参与运作，P2P余额为5190亿元。从这些数量结构中可以得出，我国网络信贷市场具有线上发展速度缓慢的特点。P2P的数据表明，其在10年内有了迅速的增长。这是因为在正式金融市场上，民间信贷市场对贷款的巨大需求无法满足。在互联网信贷方面，传统的私人信贷市场正在通过互联网扩大，从而更好地与互联网信息大的优点结合起来。通过对P2P平台的信息的具体甄别，我们发现，这些平台的贷款基本上为小额贷款，期限较短（一般为一年以内，甚至是一个月）且利率高（一般维持在年利率20%~30%之间），主要用于消费信贷与小微企业暂时的融资需求。在风险应对方面，根据公司的财务能力，该行业存在显著差异。在这种情况下，如果平台刚开始信贷业务，仅仅提供信息服务，在传播有关信息的同时，还要对信贷操作进行风险评估。事实上，这就是一个典型的信贷中介。最后，对于具有丰富经验和强大财务实力的平台公司，需为金融信贷提供保险服务，对信用评级和个人信用评级评定从而调整贷款金额，并提供一定的风险赔偿额。

随着在2015年，P2P信贷平台风险急剧上升，监管机构将不再对P2P部门持开放态度，而是对平台的抗风险能力和第三方资金管理进行严格的规范性控制，使得投资者逐渐返回到理性的轨道上来。目前，平台过多，竞争不断加剧，平台的交易成本（包括营销成本，宣传成本，服务成本等）保持高位，一些经济实力较弱的平台公司面临着倒闭的风险。

（2）行业监管逐渐严格，原有的监管漏洞缝补，市场饱和后，市场竞争加剧，导致了网络借贷市场结构的变化。P2P行业一直是一个增长的行业，尤其是在整体规模方面。截止到2015年上半年，这种井喷式的发展已经导致其在数量上增长了数倍。然而，问题也接踵而至。这一接近野蛮的扩张，也带来和暴露出了各种问题，尤其是问题平台和平台违约方面的问题。截止到2015年上半年，问题平台增加了419家，同比之前增长了8倍之多。在总结分析过去两年中平台问题的原因时，有两个问题值得注意：

首先，在整体监管水平薄弱的情况下，大多数的问题平台不符合资本要求，存在严重的问题。如果一家公司因借款人违约，就会出现信贷风险，那么，投资者由于对风险加剧的厌恶，将坚持要求获得贷出的资金。如果平台不具备偿还的能力，将极大地增加了平台倒闭的风险。此外，已有规定清楚表明平台不可以对其筹集到的资金进行另外的风险投资，这项规定极大程度地降低了平台的风险。

第二，网络信贷平台本身存在严重的内部结构问题。在不断变化的市场环境中，只要利润足够庞大，就会吸引部分非专业人员进入。对于新兴的网络信贷市场，监管部门强调内部结构的管理，不主张用一刀切的方式，以免阻碍其发展。基于对问题平台的简单分析，追溯源头可以发现，许多没有技术优势或专门知识和经验的互联网公司觊觎该市场上的资金，进入这一市场。由于缺乏行业间的信息交流，投资者往往忽视平台问题，而对高收益率格外关注。这也反映了私人没有足够的经验和知识来进行合理的投资，从而在一定程度上促使了问题平台的发生。此外，针对问题平台，还没有足够完善的立法和监管框架。

截至7月中旬，P2P平台总数的50%以上是问题平台。无论P2P平台的规模大小，都会出现转型问题。一些P2P公司已开始放弃在互联网上的贷款业务，转而从事小额贷款的科学和技术公司。对于"金融科技"来讲，关键词在于"科技"即通过新的科技技术提高原有的金融机构的效率。

转型金融平台主要分为两个大类，一类平台是在传统网络借贷市场中开始拓展细分业务领域，如美利信贷金融平台关闭了在线上的理财端，不再面向线上广大客户进行小额资金筹集，而是将业务重心完全转移到在线上寻找优质个人信贷资产；另一类是P2P金融平台彻底结束了传统网络借贷业务，转行做电商或众筹，选择这种转型方式的平台的用户体量较小。随着市场饱和，监管的加强和竞争的加强，P2P公司在很大程度上需要优化其行业内部结构。在网贷平台公司内部结构升级优化过程中，质量低下的公司退出市场，占据优势地位的公司可以进一步发展，减轻小型微型企业和个体企业面临的信贷困难，以便更好地引导民间资本的投资。

2. 网络借贷市场的利率市场化改革的一些思考

相对于正规金融机构的基准贷款利率而言，网络信贷的贷款利率更加符合市场交易双方的预期。尽管依然维持着较高的利率水平，但却大致上实现了市场化的均衡，这是金融市场上较为合理的价格。与此同时，互联网信贷市场的流动资金只能用来贷出，不能存入。因此，该市场利率化只能为贷款利率市场化提供思考和经验。实际上，网络信贷市场的利率大体上是均衡价格的结果。其水平在一定程度上反映了市场供应和需求的关系。然而，网络信贷市场毕竟是一个新兴市场，在实际交易中，对下限和上限的控制是存在的。因此，急需推出改革突破限制，以便更好地发挥互联网科技下，民间金融体系对金融市场不足的补充，更好地服务实体经济。

首先，从市场本身的角度来看，由于交易当事人之间的信息不对称和隐匿私密的道德风险，极易造成市场失灵的现象。交易当事方为保障其自身利益，要求建立一个适当和完善的制度，以确保交易的所有当事方都能从中受益。许多研究报告都强调了这一问题，目前正在努力建立一个激励制度，并与市场模式相兼容。逆向选择可能导致市场功能的瘫痪，在这种情况下，缺乏良好的治理可能会导致比较严重的问题出现。在市场信息不对称的情况下，一方面，借款人不披露其私人信息；另一方面，投资者也不可能获得足够的信息。只有根据所有借款人的信息加权平均，取中位数作为利率。这样的利率水平，会比市场中那些具备良好偿还能力的借款人的预期要高，因此，他们推出市场。随着市场上借款人人数减少，网络借贷市场贷款利率进一步升高。如此循环，市场上最终只剩下资质非常差的借款人，而贷款人并不愿意贷款给他们，市场最终会萎缩。因此，如何在市场上成功地解决信息不对称和逆向选择的问题，使得网络借贷市场能够更好地反映出借贷市场本身的资金供需要求，得出一个科学合理的市场化的利率选择体系，这也是我国急需解决的关键所在。

其次，从互联网借贷市场中介平台的角度来看，平台公司本身拥有足够的信息，占据着极佳的优势地位。然而，缺乏政府对平台监督管理的相关制度和措施。基于自定定价的模式下，平台能否充分发挥其作用，根据交易信息确定合理价格，这是有争议的。一方面，平台应尽可能避免非法筹集资金；另一方面，应该避免在交易过程中出现高风险和经济纠纷。我国目前的网络借贷平台大多都采用了平台直接定价的交易价格模式，而平台本身的定价是否符合市场的供需规律，是否能够顺应市场化的定价规律，这些都有待观察。

最后，在监管方面，我国的网络信贷市场正在发展。尽管自2015年以来，随着监管的加强，一些低质量的平台公司出现破产，但是总体上来说，我国互联网信贷市场仍然具有巨大的潜力。监管能力一旦加强并且得到完善，那么就能够充分发挥民间借贷市场的潜力，便可以弥补正规金融市场的缺陷。此外，可以通过利用民间借贷市场的利率市场化，为全面深入的利率市场化改革提供经验。

五、民间利率市场化改革评价

民间借贷市场利率市场化的改革问题，是在我国民间借贷市场的不断蓬勃发展且问题频出的现实情况下，与中央坚持利率市场化改革的步调相一致的重要议题。一方面，我国民间利率体系的市场化运行需要市场内部各种力量的充分发挥；另一方面，民间利率的市场化与利率市场化目标是相一致的：在市场自由竞争的条件下，充分发挥市场本身对于资本市场资金自由流动配置的决定性作用，政府要加强对资本市场的规范引导，防止市场机制本身存在的缺陷对我国脆弱的金融市场和资本市场造成过大的冲击，进而影响实体经济的健康有序发展。

一方面，从我国民间借贷资本市场的发展历史来看，民间借贷市场的地位随着政府对其的态度好转，而渐渐由地下市场转变为地上合法的民间市场，从而成为我国资本市场和金融市场体系的重要组成部分。政府对于民间资本借贷市场的态度是逐渐变化的，由最初的取缔一切非正规金融机构的非法金融活动，到后来的慢慢转向鼓励民间资本市场的健康发展。这样一来，可以充分发挥民间金融市场的潜力，从而对解决民间融资难的问题有着积极意义。2010年5月，国务院出台《国务院关于鼓励和引导民间投资健康发展若干意见》，便是从政策法令上承认民间资本市场的合法合理地位，并积极鼓励其健康发展。我国的金融市场发展较为缓慢，并没有形成一个完善成熟的金融市场，不能充分吸收我国民间资本的投资，也不能给予小微企业很好的正规金融市场的融资渠道。因而鼓励民间借贷资本市场的积极发展，并不断完善其市场化的程度以发挥其市场效率，这一举措可以很好地解决这一棘手的问题。而民间借贷市场利率的市场化问题更是民间借贷市场化改革的关键。只有积极稳步地推进民间利率的市场化改革，才有可能弥补我国正规金融市场存在的问题，例如信贷配给带来的相对民间资本供给不足弊端，才能充分挖掘出民间资本市场资金的潜力，使得民间富余资本可以更好地投向民间实体经济，从而满足民间中小企业和个人对于资金的融资需求要求，进一步助力民间实体经济的发展。

另一方面，从民间借贷市场的利率市场化改革进程来看，我国民间利率市场化的改革与金融体系的利率市场化改革一样是需要循序渐进的、逐步推进的。从利率市场化的进程看，我国已经基本上放开了之前对于银行业等金融机构的存款最低限和贷款最高限的限制，采用充分发挥资本市场和金融市场的市场价格决定机制来决定利率的水平，取消之前的利率管制的做法。但出于传统的行政化管理和经营模式以及我国经济以大中型国企为支柱核心的现实，就算利率市场化的改革初步完成，民间的资本融资需求短期内并不能在正规金融市场得到满足，因而政府亟须利用民间存在的民间资本借贷市场来解决这个问题。早期的民间资本市场的灰色地带位置一直束缚着民间资本市场在局部地区内的资金融通功能的发挥，因而需要进行制度改革，将民间金融市场纳入正规金融市场的补充市场内，建立一个完善的金融市场体系。然而随着民间借贷市场地位的转变，其蓬勃发展后，爆发了一系列诸如民间高利贷盛行、民间资本投机性强的问题，因而需要进行民间借贷市场的市场化改革，打破原有的局部市场局限性，打击民间资本盲目逐利的投机性，使得市场化的利率能够真实有效地反映市场本身的资金供求现状和实际经济发展的需要。由于利率是市场资金交易价格，对其市场化的改革越成功，其对于资金的合理流通配置和实体经济发展的作用越大，因而借贷市场的利率的市场化改革成为借贷市场改革的关键一环，民间借贷市场的利率市场化改革越发重要。此外，随着最近几年互联网技术的不断发展及其应用到金融市场领域内，网络借贷市场成为民间借贷市场的新形式。一方面网络借贷市场借助于网络，使得民间借贷市场突破了原来的地区局限性，形成了统一的全国市场。另一方面，互联网的虚拟性和信息扩散的飞速发达，给网络借贷市场的监管带来了严重考验，对于网络借贷市场的利率能否显现该市场内市场机制本身的资源配置效率，需要在接下来的时间内进一步探讨。民间利率市场化改革的进度和效果应与我国正规金融市场的利率市场化改革相辅相成，在充分承认该市场的效率优势前提下，着重加强对市场盲目性等弊端问题的监管，从而最大限度地发挥市场在配置资源的决定作用，推进我国金融市场体系的系统化建设，使得民间资本市场和民间金融市场也成为我国资本市场和金融市场的一个重要组成部分，并不断弥补正规金融市场和资本市场的不足。

第三章 我国基准利率现状和存在问题

第一节 我国基准利率现状:"利率双轨制"

一、利率双轨制特征

利率双轨制是现行经济中利率形成机制存在两种途径,一种是由市场决定的货币市场利率,另一种是在存贷款基准利率引导下形成的信贷市场利率制度。这样一来就形成了部分利率(主要是受管制的存贷款基准利率,其管制的目标在于有效引导信贷市场的资金投放和整个市场的流动性管理)在计划轨、部分利率(主要是已经市场化的货币市场利率)在市场轨的双轨制。需要区别的是"利率双轨制"与早期计划经济时代的价格管理的"价格双轨制"及金融市场存在的"金融双轨制"之间的不同。"价格双轨制"着重于在早期计划经济时期商品的分配之外,存在着部分计划外盈余采用市场方法来分配的做法。而"金融双轨制"则侧重于在融资市场和信贷市场等金融市场间存在的正规金融(以商业银行体系为主)和非正规金融(各种资金借贷的民间组织及金融创新公司以及部分"影子银行")两个体系,也包含数量和价格的双重管制的扭曲问题。值得注意的是,"利率双轨制"与"金融双轨制"之间存在密切的联系。

"利率双轨制"并未涉及非正规金融市场,而是将正规金融市场的各种利率进行进一步划分。在正规金融市场,不同属性的两个利率体系分别属于两个不同的运行机制和不同的价格形成机制,因而存在着双轨并行的现象。正规市场的一些市场化程度较高的利率(如银行间隔夜拆借利率)处于"市场轨",但此类市场化的市场利率并不能完全由市场的供需关系决定,而是受存贷款基准利率等在"计划轨"运行的利率水平调整的影响,特别是商业银行的贷款利率水平被存贷款基准利率的上下限管制所限制,存贷款基准利率的管制要求限制了存、贷款利率的水平,从而使得"计划轨"内的存贷款利率间接影响了市场化利率,如银行间同业拆借利率,从而在一定程度上影响了"市场轨"的利率。"计划轨"利率管制降低了"市场轨"利率能够反映市场资金价格的有效性,所以政策会间接影响到"市场轨"利率。

"利率双轨制"主要有利率定价机制的双轨性、市场化程度的双轨性以及利率调整的双轨性这几个方面的特征。

第一,利率定价机制的双轨性。中国双轨制利率体系最重要的特征是正规金融市场有两种完全不同的定价机制。一方面,中国人民银行宣布的存贷款利率基本上决定了信贷市场的利率。虽然目前存款利率的上下限已经完全自由化,但银行存款利率并没有迅速推出依据市场资金供求关系实现市场化的定价,在相当长一段时间内其定价依然围绕基准存贷款利率的标准浮动。从另一方面来看,市场资金供求情况影响着货币市场和债券市场的利率,也决定了货币市场金融产品和债券市场金融产品基本上可以按照市场资金供求关系自主定价,即货币市场和债券市场的金融产品基本上可以根据市场化原则来确定价格。上述特征决定了在资金市场存在着计划轨利率和市场轨利率并存的双重定价机制。

第二,市场化程度的双轨性。在正规金融市场中,"利率双轨制"的一个重要特点是货币市场和债券市场的利率市场化程度极其优于存款利率的市场化程度。而在非正规的金融市场,存贷款基准利率的影响几乎覆盖不到,由于国企的预算软约束和银行经营的风险厌恶偏好,即政策偏好造成的信贷配给,将规模较小、资金不足、风险抵抗力差的小微企业挤出了正规的金融市场融资渠道,进而转向相应的理财产品、互联网金融产品和民间金融产品等"影子"银行经营渠道,其获取资金的利率市场化程度极高。显而易见,以存贷款基准利率为基准的商业银行存贷款的利率市场化程度较弱,且远远低于前者。今后要实现利率双轨变一轨,也要着重解决两个分割子市场内的利率市场化的差异性问题。

第三,利率调整的双轨特性。存贷款基准利率为央行货币政策传导的一个主要的政策性基准利率,其调整直接受央行的政策意图的影响,而市场化后的货币市场和债券市场的利率体系的调整变化,基本上以市场的资金供求关系变动为基准,受政策调整的影响幅度较小。需要注意的是,央行先后在2013年和2015年放开了存贷款基准利率的上下限管制,在名义上实现了对存贷款基准利率的市场化改革,但商业银行的贷款定价能力弱,且对存贷款基准利率存在依赖惯性。在行业自律的规定下以及中央银行的政策窗口指导下,虽然基准利率的上下限被取消,但商业银行的存贷款利率水平依旧是以存贷款基准利率的参照水平而设定,市场化的进程缓慢而又复杂。这也与商业银行在改革中的问题有关,例如表外业务被监管收紧,存贷利差收缩,自身资产负债表管理要求提高,利率风险经营风险等风险管理水平的要求也不断提高。而商业银行对存贷款基准利率的市场化改革态度也是喜忧参半。一方面,存款利率极低下限被打破,更高的利率可以吸引更多的居民储蓄,增加银行的储蓄收入,为足额的可贷资金打下基础;另一方面提高利率存款利率,增加了商业银行的经营成本,为了争取更多利润空间,商业银行必然会提高信贷成本的利率,使得中小企业融资问题将进一步恶化，这也是存贷款基准利率改革放开管制、实现市场化之后的一个必须面对的问题。

二、现阶段"隐性利率双轨制"表现

隐性利率双轨制指的是，在当前深化利率市场化改革的背景下，虽然在政策制度方面存贷款利率实现自由化，但是商业银行尚且无法也无能力自主定价；基于货币政策的需要，央行只能继续保留存款基准利率，而商业银行的存贷款利率在很大程度上取决于这种基准利率。特别是从央行政策和商业银行定价要求的角度来看，我国在现阶段，尽管对存贷款利率调节的下限和上限已经自由化，但由于行业自律定价约束，以及中央银行的窗口指导和信贷管理的要求，商业银行存贷款利率仍基于基准利率的水平而波动，没有形成真正的市场化。从而，我国现行的利率体系依旧是一个"隐性"利率双轨制。

从图3-1可以明显看出利率双轨制的特征，尤其是2016年后存贷款基准利率几乎没有再调整，而代表市场利率的Shibor 3M波动频繁。在存贷款基准利率影响下的存贷款利率对市场利率的波动变化并不敏感，表现为波动较小。

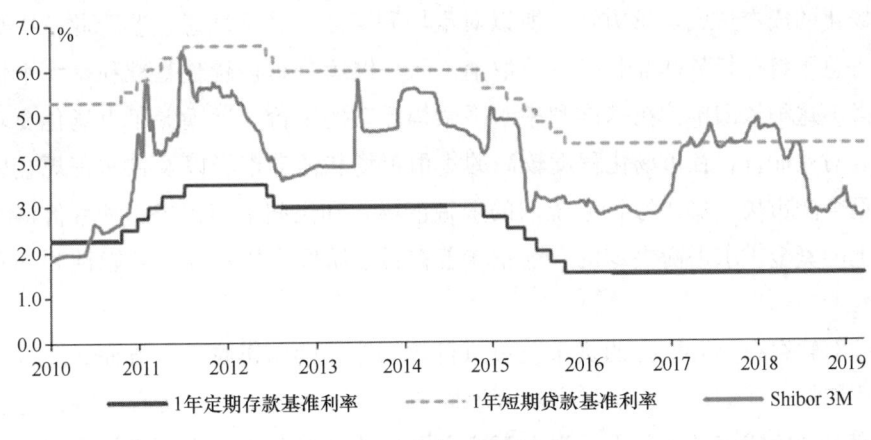

图 3-1 利率双轨制表现

一方面，出于对市场流动性管理等货币调控需要，央行放开存贷款利率上下限，但并没有立即将存贷款基准利率工具弃用，而是照旧保留了这个政策工具，而且央行并没有在同期间内公布新的短端政策目标利率，商业银行的存贷款利率继续保持围绕基准利率波动，离市场化定价的价格水平相差甚大（存款利率过低，贷款利率过高）。就商业银行的贷款来看，在贷款基准利率下限全面放开后，目前人民币贷款新的定价基准暂时还没有一个合适的市场化利率能够迅速取代存贷款的基准利率。

另一方面，在短期内，商业银行存贷款利率在很大程度上取决于存贷款的基准利率，没有独立定价的能力。尤其是，在存贷款定价方面，商业银行基本完全倾向于与存贷款基准利率保持一致，而仅仅在同业拆借等资金业务领域实现了按照资本市场自身的资金供求关系市场化定价。在资金定价方面，银行广泛采用两种不同的银行间内部资金转移定价（FTP），区分信贷市场的存贷款利率和货币市场利率从而分开进行定价。这将引致银行资金配置的非市场化，进而人为地扭曲不同利率间的走势。商业银行的存贷款利率定价一直是央行宏观审慎政策评估的重要内容，而银行的定价与存贷款基准利率的偏离程度是 MTP 评价的一个重要指标，因而商业银行在短期内也不可能视央行的政策管理要求不顾，去实现自由的市场化定价。此外，商业银行也面临存贷款的期限结构差异问题，吸收存款一般以中短期的存款为主，利率较低。放开存款下限规定之后，商业银行一方面通过提高存款利率吸收更多的存款，可贷资金增加，但贷款端的产品一般以长期住房贷款等中长期贷款为主，对市场利率变化的敏感性差，存贷款期限错配可能会给商业银行带来一定的风险。考虑这个因素，短期内商业银行也不能实现完全市场化的利率定价。

综合来看，因为市场利率定价行业自律规定的限制，中央银行的定向窗口指导以及信贷投放总量和价格的管理双重限制，短期内无法实现真正意义的存贷款利率的市场化定价。金融机构长期形成的定价方法是围绕存款和贷款的基准利率波动，这不是基于市场化的成本加成定价方法，所以对市场利率波动并不敏感。鉴于此，中央银行也并没有急于将存贷款基准利率迅速取消，而是继续公布存贷款基准利率水平供商业银行参考。这种依旧维持在基准利率水平微幅浮动的定价，远远低于市场化要求的价格水平。对比而言，在市场化程度较高的货币市场和债券市场以及在非正规金融市场内的新型金融市场（影子银行系统内的金融市场）和民间借贷市场，利率价格主要是由市场上的资金供求平衡决定的。这意味着在目前阶段，依然存在的隐性利率双轨制特征。

利率双轨存在，对央行的货币政策执行效果造成削弱影响。一方面，政策利率很难在货币市场、债券市场、信贷市场等不同的金融分市场上有效传导，特别是在与商业银行有关的信贷市场上严重受阻。而这会影响政策意图进一步传递给实体经济，降低了货币政策的效率，影响了货币政策目标的最终实现。另一方面，正规金融市场的金融产品价格（特别是存款和贷款利率）基本上难以体现出市场的利率水平，从而进一步限制了资金从金融机构向实体经济的传导，削弱了政策调控影响下的资金配置效率，不利于实现中央银行货币政策的政策效果。

三、"利率并轨"改革面临诸多限制

利率双轨制的存在，使得存贷款利率与金融市场利率之间并不协调的问题凸显。存贷款市场的利率在一定程度上受到条件的限制，而不是完全基于市场的利率，这对存贷款资金配置的效率存在着一定缺陷。市场化改革要求打破利率运行的双轨制，最终实现利率并轨。而目前进行利率并轨改革还存在着诸多市场和政策的限制。

第一，中国人民银行短期政策基准利率和政策操作目标并不明确。中国中央银行的政策手段种类丰富，货币政策的操作是市场化和非市场化调节并用、价格型与数量型兼并使用，并在"多重目标制"指引下要求政策操作具备灵活调整的效果。在价格型货币政策工具运用条件并未完全实现的利率双轨制背景下，中央银行继续更多地依赖数量型工具，以应对市场流动性管理的政策目标；同时也通过价格型的利率走廊上下限调节，引导政策利率向市场利率靠拢，以期望政策调节目标能很好地在货币市场、债券市场和信贷市场间传递，从而引导金融市场回归到本质，满足实体经济融资的需求，刺激产出和消费增长。这样的多重目标制，央行很难在短期内确立一个明确的政策基准利率，也不可能在短期内确立明确的政策操作目标。短期政策基准利率和政策操作目标的不明确，一定程度上给市场和公众造成政策预期管理困难的问题，也不利于利率转轨改革的实现。

第二，目前对存贷款定价基准的选择并不清晰。利率并轨改革，着重需要解决的问题之一是转换商业银行的存贷款定价方式，即由存贷款基准利率标准浮动改成取消对基准利率的依赖性，商业银行结合资金市场的均衡变动自主定价。理想的存款定价基准与贷款定价基准，最好都能与货币市场的市场利率相关联，多位一体。

①存款定价基准选择不清晰

学者普遍认为，在利率并轨改革后，应将存款利率与货币市场利率挂钩。然而，具体选用哪个利率品种作为挂钩利率，并没有一致结论。如前所述，在利率并轨改革过程中，存贷款基准利率基本上要慢慢退出，但在货币市场利率体系中央行并没有一个明确的政策操作基准利率，因而也很难找到一个明确的能够代表政策意图的货币市场利率。一些学者认为，DR007更有利于确定存款利率水平，但具体施行的效果仍有待观察。商业银行经营的行业自律和资管新规等严格的风险管理都对商业银行的存款有一定的限制要求。在利率并轨的条件下，一方面存款利率在竞争压力下不断提升，另一方面，存款利率与银行理财、货币市场基金价格的利差将逐步缩小。如何既能保证商业银行的存款负债需求，又能与市场利率完美接轨，增加存款利率对市场利率变动的敏感性，这将在未来相当长的时间内都是银行存款的定价基准的重要评价因素，这有待于进一步的深入研究探索。

②贷款利率定价基准不明晰

如前文所述，在利率双轨制限制下，商业银行的贷款定价方式也需要及时作出调整。目前就利率并轨贷款基准利率退出后贷款的定价基准选择而言，存在两种不同的观点。一种观点认为，增加的贷款利率与货币市场的利率挂钩。这种联系反映实际的融资成本，但是受挂钩的货币市场利率的波动性影响较大，信贷市场利率波动性也可能随之加大，对维持金融市场的稳定性是个考验。另一种观点则认为，通过贷款基础利率（LPR）来定价，即商业银行发放贷款时的利率，可以根据实际情况，在其最优质客户的贷款利率（LPR）基础上加点生成，就国际经验来看，有三种不同的 LPR 形成机制：商业银行成本加成法、政策利率挂钩法和商业银行自主选择法。成本加成法是商业银行内部采用平均成本加成或边际加成的方法来定价，缺乏操作的透明性并且对市场利率的变化不敏感，政策的传导效应低。与政策利率挂钩的方法因为是在政策操作利率的基础上固定加成的算法，几乎完整地传达了政策利率的操作意图，政策利率的变动能通过该方法下的 LPR 利率完整传导至贷款利率，政策传导性最好。但这一定价方法要求货币政策执行当局有一个明确的政策基准利率可供选择。最后商业银行自主选择的方法，是考虑到存款利率与市场性利率的关联性强，政策利率与贴合市场利率的存款利率间利差较小，对银行的经营带来困难，如果继续沿用与政策利率挂钩的 LPR 定价，这一贷款定价基准会引起银行存贷款利差继续缩窄，引致商业银行经营困难。因而在这一背景下，要求 LPR 定价与存款利率一样，与短期货币市场利率挂钩，实现存贷款利率都与市场利率挂钩，商业银行经营变得更加灵活。但这一定价基准，要求商业银行的市场化程度高，对市场反映敏感性强，这对于目前的我国来说，显然是不太切合实际的。

综合来看，无论是与货币市场利率相挂钩，还是以 LPR 为贷款利率定价基准，都在贷款定价时将市场利率波动的情况考虑进去，有利于信贷市场利率的稳定。与存款利率定价一样，若是采用与短期货币市场利率相挂钩的利率定价基准，这就需要有一个明确的货币市场可操作的政策基准利率。目前来看，我们还没办法满足这个条件。我国以 LPR 为贷款定价基准的条件并不成熟，无论是商业银行成本加成法、与政策利率挂钩和商业银行自主选择这三种定价模式的前提条件都没有得到满足。我国自 2013 年启动 LPR 报价以来，其与贷款基准利率的变动几乎同步，作为市场化的贷款定价基准效果不明显，因而短期内作为利率并轨条件下的贷款定价基准也有待于进一步提升。

第三，政策利率传导渠道严重受阻。货币市场利率以短期期限为主，变化波动性强。而信贷市场的存款利率因为银行对存款的特殊偏好，刚性兑付难以打破，存款利率维持在较低水平，对市场利率波动不敏感，贷款利率则主要以中长期期限为主，其对频繁波动的短期市场化的货币市场利率的敏感性不强，并不能以短期的货币市场利率为定价参考。

这里以实际贷款利率与货币市场的 Shibor 3M 的波动变化为例说明货币市场利率向信贷市场利率传导受阻的问题。从图 3-2 可以明显看出，代表市场利率的 Shibor 3M 与代表贷款利率的一般贷款加权平均利率之间，始终没能很好地贴合。尤其注意到 2018 年 3 月以来，Shibor 3M 出现了明显的下滑，而贷款利率不降反升的趋势。这也就说明了货币市场的市场利率变化并没有充分传递到信贷市场的贷款利率。

第四，商业银行的风险不断增加。在改革过程中，商业银行对市场竞争的认识不够，而且没有足够的能力自主定价，甚至存在"逆向选择"引致银行业恶性竞争风险。

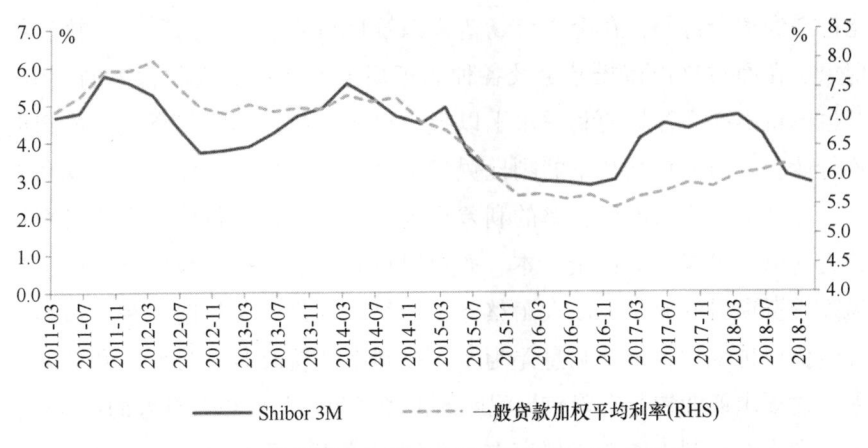

图 3-2 贷款利率与货币市场利率差异性波动关系

受制于商业银行自身经营观念、风险厌恶和行业自律考核以及央行的强制性信贷政策指引的影响，商业银行目前短期内很难做到按照市场均衡变动对存贷款实现自主定价。关于存贷款自主定价的基准问题，也有许多不同的意见，但都普遍存在着一些缺陷性，尤其是存贷款定价的市场化顺序、存贷款利率期限结构不合理、商业银行竞争意识薄弱等问题。在这方面，大多数学者主张继续按利率市场化改革顺序"先贷款，后存款，先长期后短期，先固定后活期"。这里从商业银行的角度出发，考虑几个可能潜在的风险问题：第一，考虑存款与贷款利率市场化进程不一致可能带来的风险。由于中国存款保险机制和商业银行破产清算机制尚不完善，存款利率的市场化进程更有可能是逐步进行的，即使在存款利率换锚之后，某些类型的存款仍将可能面临隐含的上限限制。但是假使先实现贷款利率市场化，存款利率维持在基准利率左右浮动的话，会引致商业银行利息差急剧缩窄，经营困难的问题。贷款利率市场化后，商业银行贷款的利率在市场化竞争条件下，较之贷款基准利率指引下的定价会随着市场利率变动被动下行，而存款利率依旧维持在极低的基准利率浮动范围内，商业银行可吸收存款下降和可贷资金减少，货币市场基金产品等竞争压力下，对存款的刚性需求会迫使商业银行提高成本去吸收存款以维持经营，最终负债端成本和压力都剧增。第二，考虑存贷款产品的期限错配引起的风险问题。商业银行存款以短期的活期存款等一般性存款为主，期限较短而且利率变动对市场利率变化较为敏感。而贷款端商业银行贷款以住房和企业生产长期贷款为主，期限较长而且约定利率浮动变化小，对市场利率尤其是短期波动性较大的市场利率的敏感性弱，在利率并轨改革完成后，存贷款定价的期限问题，也是一个需要综合考虑的现实因素。第三，考虑商业银行在利差缩窄市场化竞争激烈的情况下，可能产生的"逆向选择"问题。在利率并轨过程中，商业银行传统的存贷款利息差的优势不复存在。为维持经营，个别商业银行不得不设法绕过所有的监管，高息揽储又高息放贷，以期实现稳定的经营收益，造成商业银行业风险急剧增加，并且很有可能扩展到整个行业，在金融市场造成系统性风险。美国的利率并轨改革曾出现过此类现象。在面对货币市场基金及各种非正规金融市场的高收益率的竞争挑战时，商业银行也不得不提高存款的利率水平以吸收更多存款，同时将贷款投放到更多的高风险投资行业，之前低存款利率的刚性兑付条件不再适用，整体上存贷款利率的风险溢价提高，存贷款利率与市场利率的利差也逐步缩小。在央行信贷供给量严格控制的条件下，为获取尽可能多的可贷资本，商业银行有可能加大对风险资金的追逐，同时加大对风险投资项目的放贷，放大了整体银行系统的经营性风险和利率风险。如果商业银行经营仍以传统的存贷款利息差为主，在利率并轨改革中将面临利差缩小经营困难的问题，这要求商业银行有着较高程度的市场竞争参与度以及良好的抗风险能力。

第五，利率双轨制下的改革还存在一些制度障碍。我国债券市场融资等直接融资市场发展不充分，实体经济高度依赖传统信贷市场，非正规金融市场的存在阻碍货币政策意图的有效传递，对冲交易等金融衍生品交易市场发展欠缺。

我国企业投资的资金来源大部分依赖于银行系统提供的信贷资本，而在股票市场、债券市场以及票据贴现市场等直接融资市场的融资规模相对较小。究其原因，在于我国金融市场发展缓慢，股票市场、债券市场等有待进一步完善。表3-1给出了2018年我国社会融资规模结构具体的数据表。可以看出，信贷市场融资仅人民币贷款在社会融资总规模比达到了67.5%以上，并且同比增长速度要超过了社会融资总量的同比增速。而股票市场和债券市场的融资加起来占比不足13.5%，这一差距有待于在利率并轨后逐步改善。

表3-1 2018年社会融资规模

社会融资规模	存量（万亿）	同比增长（%）
总量	200.75	9.8
人民币贷款	134.69	13.2
外币贷款（人民币计）	2.21	-10.7
委托贷款	12.36	-11.5
信托贷款	7.85	-8
未贴现银行承兑汇票	3.81	-14.3
企业债券	20.13	9.2
地方政府专项债券	7.27	32.6
非金融企业境内股票融资	7.01	5.4
其他	5.25	43.3

注：表中的数据来自中国人民银行2018年货币政策执行情况报告。

对于中小企业的融资贵、融资难问题，中央银行多次采取有针对性的措施，例如，降低利率，创建定向中期借贷便利工具（TMLF）等，然而，这些措施并没有产生预期的效果。究其原因，在于信贷市场长期存在的"所有制歧视"和商业银行风险厌恶引起的"信贷配给"问题，也导致了金融市场分化成正规金融市场和非正规金融市场金融双轨制的特征。在正规金融体系中，商业银行更倾向于贷款给国企，而中小企业被排斥。于是，"影子银行"出现了。"影子银行"的存在解决了大部分中小企业的融资问题，缓解过度扭曲的极低的"存款利率"造成的可贷资金不足问题，是对正规金融市场的一个有益补充。另一方面，"影子银行"体系的存在，使得信贷总规模管控和流动性监管将变得越加困难，并且加剧了市场利率的波动性。即使利率并轨后，只要金融体系双轨制特征存在，通过对货币市场基准利率的调控影响信贷市场存贷款利率的政策传导效果就会被大大削弱，因而如何破解"影子银行"体系对整个信贷市场的不利影响，是金融市场的内部结构问题，在进行改革时必须加以考虑。最后，中长期贷款在中国商业银行贷款中占有相对较高的比重，中长期利率的市场化值得关注和重视。一般来说，商业银行可以使用利率互换、远期利率等工具来确定中长期利率水平，但由于我国利率衍生品市场才刚起步，所以无法有效确定。2018年，银行间利率衍生品交易总额为21.4万亿元，同比增长48.6%。其中，利率互换名义本金比上一年增长了48.0%，总额达到21.3万亿美元；2018年，债券市场现券成交156.7万亿元，同比增长44.6%。其中，银行间债券市场现券交易量为150.7万亿元，日均成交6029亿元，同比增长47.2%；交易所债券市场现券交易量5.9万亿元，日均成交244亿元，同比增长7.1%。① 通过以上数据，可以分析出我国利率衍生品市场发育还很不健全，规模较小。商业银行在市场化竞争条件下可选择的利率风险对冲工具匮乏，有待进一步完善。

第二节 我国基准利率存在的问题

一、利率未完全市场化，利率调控未充分重视

虽然利率市场改革在中国取得了很大的进步，但金融投资方面仍然有许多限制，目前金融机构还没有自主定价的能力，在面对国际金融集团时，国内金融机构的市场竞争力还有待提高，利率市场化改革还有很长的路要走。由于利率市场化涉及的问题范围很广，必须方方面面共同推进。虽然人民银行越来越重视将利率作为货币政策的

---

① 数据资料：源自中国人民银行发布的《2018年中国金融市场运行报告》。

工具，但中央银行的政策仍以货币供应量调控为主，因此必须改变货币政策模式，实现由直接调控向间接调控的转变。

二、金融市场不发达，基准利率传导机制不健全

目前，中国正处于全面深化改革的时期，并且许多经济和金融体系仍然发展不够完善。金融市场仍存在很多行政控制，金融机构的独立定价能力薄弱，金融衍生工具的开发和套期保值工具的使用有待进一步发展，金融市场中的中介服务组织尚未建立。因此，中国金融机构没有竞争优势，金融市场也没有竞争优势，金融系统不够稳定。同时，一旦实现了利率市场化，利率无疑将成为货币政策的主要目标。利率传导机制和货币政策的作用将越来越明显。我国现行基准利率制度在市场上存在人为分割，此外缺乏利率—价格形成机制也限制了中国基准利率的作用效应，阻碍了部分基准利率发展完善并在利率体系中发展成为核心基准利率。因此，我国利率传导机制方面并不完善，不仅导致利率传导机制的效率不高，还进一步影响了央行对货币政策的管控。

三、基准利率种类多，缺乏核心基准利率

我国金融市场有一系列名义基准利率，其特点是相对混乱和缺乏一个完全主导的中心利率。在利率体系中，既有中央银行确定的基准利率，也有基于市场的基准利率；有些利率可以在多个市场中发挥基准作用，有些利率只能在特定市场中发挥作用；既有一般的普遍性作用市场基准利率，也有央行政策调节的央行基准利率。因而在市场上存在着各种各样的基准利率，其名称类似，可能导致混乱和滥用，并造成市场主体的行为混乱。同时，中国利率体系中没有能够在货币市场中充当基础性利率的核心基准利率。换言之，目前我国各种基准利率发挥的作用非常有限。在庞大复杂的利率体系中，很难找到一个或多个可作为一般性的基准利率，又能作为货币当局政策中介目标的利率指标。

四、隐性利率双轨制依然存在，价格型货币政策传导效率低下

中国目前在利率市场改革方面取得了重大进展，但双轨制仍然客观存在，且差距有所扩大。一方面，存贷款利率在名义上已经实现自由化，但仍然严重依赖基准存贷款利率，未能实现真正的市场化定价机制。另一方面，货币市场利率是以市场化为基础的。目前，存贷款利率仍设定为围绕基准存贷款利率在一定范围内波动。设定存贷款基准利率是为了维持金融稳定、控制金融体系的风险、保证商业银行健全的经营。然而，面对经济的快速发展和转型，利率双轨制度和利率有限波动范围将阻碍市场资金的来源和资本自由流动。关于2018年第一季度货币政策执行情况的报告指出，目前存贷款基准利率和市场利率"两轨"并存，并提出要继续稳步推进利率市场化改革，

推动利率"两轨"逐步合"一轨"。中国人民银行于 2019 年在北京举办会议,提出将稳妥推进利率"两轨并一轨",并将完善市场化的利率形成、调控和传导机制列入工作重点。这也意味着双轨制下的两种利率形成机制最终将会变成一致,而中国的利率市场化将进入"最后一公里"。从目前的环境来看,中国正逐步向世界开放金融市场。利率市场化将进一步鼓励中国股票、债券、金融衍生品和其他资产与海外资产竞争。基于此,我国市场很可能面临未知的经济冲击,国内金融机构准备是否充分,人民币资产是否具有强大的竞争优势,都是我们担心的问题。

第四章 我国基准利率的比较与选择

第一节 基准利率比较与选择基础:可供选择的利率考察

发达国家和发展中国家的基准利率选择标准都有一定的规律性,即便如此,实际上每个国家的情况也不尽相同。在利率市场条件下,许多国家倾向于采用银行间同业拆借利率作为基本利率,如英国、美国以及日本。我国的利率种类非常多,有政策性利率:法定准备金率、再贴现率、再贷款利率、存贷款基准利率等。也有市场基准利率:银行间拆借利率、银行间贷款利率、国债利率和债券回购利率。但是,由于中国尚未完成利率市场化改革,利率的市场导向性不足,中央银行仍可以在一定程度上直接控制金融机构的存款利率。目前还没有一个统一的利率可以用作基准利率,因此基准利率的选择变成一个关键问题。我们接下来将从基准利率的选择标准出发,对几种最有可能成为央行基准利率的利率进行深入的比较分析。

一、央行存贷款基准利率

自 1984 年中央银行系统建立以来,存款利率(主要是年存款利率)一直在利率系统中发挥着基准利率的重要作用。其他类别的利率的变动受存贷款的基准利率变化影响明显(见表 4-1、表 4-2)。首先,商业银行存贷款利率是最接近市场的利率,商业银行存贷款利率以影响公司、消费者等微观经济行为为目标,中央银行通过对商业银行存贷款利率进行最直接和最迅速的管理来实现对实体经济的调控。第二,基于中央银行对利率控制的角度来看,存款利率经常调整。通常中央银行会以同一时期利率水平的变化为参考,先确定商业银行的年利率,检查存款的实际利率是否为正,然后确定商业银行的其他利率水平。第三,商业银行一年期存贷款基准利率为公共投资提供了可靠的回报,对许多金融工具和衍生品的价格产生极大的市场影响。商业银行的存贷款利率虽然在整体利率体系中发挥着重要作用,但它实际上是在中国的计划经济体制下,中央银行对利率体系的严格控制的结果,由于缺乏市场运作的重要机制,因此并不算完整的基准利率。商业银行贷款利率是中国利率调整期间、还未完全实现利率市场化之前的基准利率，其发展背景是在单一的社会投资渠道，金融机构的定价能力不高，金融市场和产品发展不完善的条件下形成的。若选择未市场化的存贷款利率作为基准利率，那么基准利率形成机制的市场特性要求得不到满足，这将使央行在计划经济体制下规定的管制利率与基于市场化的中央银行的基本利率或市场利率两种不同性质的利率体系并不协调。总之，存贷款利率在利率调节期间被视为基准利率，但没有市场化的形成基础，无法反映出市场上资金的供求关系，因此并不适合作为中国货币市场的基准利率。中央银行的政策性利率虽然在对市场利率体系的调整影响方面扮演着重要的角色，但其作为基准利率仍存在明显缺陷。

表 4-1 金融机构人民币贷款基准利率调整表

调整时间	对金融机构贷款			
	一年	六个月	三个月	二十天
1996.05.01	10.98	10.17	10.08	9
1996.08.23	10.62	10.17	9.72	9
1997.10.23	9.36	9.09	8.82	8.55
1998.03.21	7.92	7.02	6.84	6.39
1998.07.01	5.67	5.58	5.49	5.22
1998.12.07	5.13	5.04	4.86	4.59
1999.06.10	3.78	3.69	3.51	3.24
2001.09.11				
2002.02.21	3.24	3.15	2.97	2.7
2003.12.21				
2004.03.25	3.87	3.78	3.6	3.33
2005.03.17				
2008.01.01	4.68	4.59	4.41	4.14
2008.11.27	3.6	3.51	3.33	3.06
2008.12.23	3.33	3.24	3.06	2.79
2010.12.26	3.85	3.75	3.55	3.25
2015.10.24 至今	3.5	3.4	3.2	2.9

资料来源：中国人民银行。

表 4-2 金融机构人民币存款基准利率调整表

调整时间	活期存款	定期存款					
		三个月	半年	一年	二年	三年	五年
1990.08.21	2.16	4.32	6.48	8.64	9.36	10.08	11.52
1991.04.21	1.8	3.24	5.4	7.56	7.92	8.28	9
1993.05.15	2.16	4.86	7.2	9.18	9.9	10.8	12.06
1993.07.11	3.15	6.66	9	10.98	11.7	12.24	13.86
1996.05.01	2.97	4.86	7.2	9.18	9.9	10.8	12.06
1996.08.23	1.98	3.33	5.4	7.47	7.92	8.28	9
1997.10.23	1.71	2.88	4.14	5.67	5.94	6.21	6.66
1998.03.25	1.71	2.88	4.14	5.22	5.58	6.21	6.66
1998.07.01	1.44	2.79	3.96	4.77	4.86	4.95	5.22
1998.12.07	1.44	2.79	3.33	3.78	3.96	4.14	4.5
1999.06.10	0.99	1.98	2.16	2.25	2.43	2.7	2.88
2002.02.21	0.72	1.71	1.89	1.98	2.25	2.52	2.79
2004.10.29	0.72	1.71	2.07	2.25	2.7	3.24	3.6
2006.08.19	0.72	1.8	2.25	2.52	3.06	3.69	4.14
2007.03.18	0.72	1.98	2.43	2.79	3.33	3.96	4.41
2007.05.19	0.72	2.07	2.61	3.06	3.69	4.41	4.95
2007.07.21	0.81	2.34	2.88	3.33	3.96	4.68	5.22
2007.08.22	0.81	2.61	3.15	3.6	4.23	4.95	5.49
2007.09.15	0.81	2.88	3.42	3.87	4.5	5.22	5.76
2007.12.21	0.72	3.33	3.78	4.14	4.68	5.4	5.85
2008.10.09	0.72	3.15	3.51	3.87	4.41	5.13	5.58
2008.10.30	0.72	2.88	3.24	3.6	4.14	4.77	5.13
2008.11.27	0.36	1.98	2.25	2.52	3.06	3.6	3.87
2008.12.23	0.36	1.71	1.98	2.25	2.79	3.33	3.6
2010.10.20	0.36	1.91	2.2	2.5	3.25	3.85	4.2
2010.12.26	0.36	2.25	2.5	2.75	3.55	4.15	4.55
2011.02.09	0.4	2.6	2.8	3	3.9	4.5	5

续表

调整时间	活期存款	定期存款					
		三个月	半年	一年	二年	三年	五年
2011.04.06	0.5	2.85	3.05	3.25	4.15	4.75	5.25
2011.07.07	0.5	3.1	3.3	3.5	4.4	5	5.5
2012.06.08	0.4	2.85	3.05	3.25	4.1	4.65	5.1
2012.07.06	0.35	2.6	2.8	3	3.75	4.25	4.75
2014.12.22	0.35	2.35	2.55	2.75	3.35	4	4.75
2015.03.01	0.35	2.10	2.30	2.50	3.10	3.75	—
2015.05.11	0.35	1.85	2.05	2.25	2.85	3.50	—
2015.06.28	0.35	1.60	1.80	2.00	2.60	3.25	—
2015.08.26	0.35	1.35	1.55	1.75	2.5	3.00	—
2015.10.24至今	0.35	1.10	1.3	1.50	2.10	2.75	—

资料来源：中国人民银行。

二、再贴现利率

再贴现率是指商业银行在财务状况不佳时，以未到期票据向中央银行再贴现时所支付的利率。中央银行通过调整影响中央银行对商业银行的贴现率，影响商业银行融资的成本和规模，来实现调节商业银行对市场资金借贷的投放的目标。再贴现率是商业银行从中央银行获得贷款的成本，中央银行可以通过调整再贴现率来影响商业银行的再贴现业务。理论上，再贴现率的特点是显而易见的。再贴现利率作为基准利率，具有以下优势：第一，利率的变化是派生的。其利率的变化将影响商业银行向中央银行提供信贷的成本，从而影响信贷的规模和深度。这将影响金融市场的流动性规模。再贴现率上升的情况下，商业银行将减少再贴现业务由于这是额外的储备，一旦储备减少，商业银行只能减少对客户的贷款和投资，从而减少供应。货币升值，市场利率提高，从而社会将减少对货币的需求。第二，在一定程度上具有示范性。作为整个利率体系的基本利率之一，再贴现利率的变化可能预示着货币政策和市场信贷规模的变化。它的上升意味着中央银行紧缩货币政策；反之，它表明央行的货币政策更加宽松。这样的告示不仅影响到商业银行对未来货币政策的周期性判断，从而间接引导商业银行的业务调整，还可以引导公众对央行政策变动的心理预期，改变公众的消费和投资决策。然而实际情况下，将再贴现率作为我国的基准仍存在很大缺陷。

第一，再贴现率并没有真正反映市场实体的意愿。从基准利率的基本特点来看，同再贴现利率一样，中央银行有权通过行政手段来规定再贴现利率的水平，使再贴现利率缺乏市场性，从而不能体现出市场参与主体的意愿和要求。

第二，中央银行对再贴现利率的调整产生的影响不易控制。中央银行可通过调整再贴现利率或在某种程度上调整贷款供给量和信贷规模，从而能够反映出央行的政策意图。然而，中央银行通过改变再贴现率所能提供的再贴现贷款量不受控制。由于商业银行是实施再贴现业务的主动方，当商业银行拥有足够的资金储备，或者他们认为经济萧条不愿意贷款，即使再贴现率足够低，也不愿意主动进行再贴现。此外，一方面，再贴现率的频繁变化可能导致公众对央行政策的不信任；另一方面，如果央行将再贴现率控制在一定水平，市场利率与再贴现率的差异会导致贴现贷款的规模受市场波动的影响，这又会导致货币供应急剧波动，然而这样的波动并不能反映中央银行真实的政策意图。

第三，再贴现利率的交易主体单一，市场敏感性差。只有具备一定条件的金融机构，例如在中央银行设有账户的商业银行，才能成为再贴现业务的对象。同时由于该利率是政策性的，因此它们的交易规模不同于市场利率影响下的市场资金交易规模。市场利率是由资金供给和需求变化的规律决定的，而再贴现率的资本投资条件和成本水平主要由央行的货币政策决定。因此，金融市场对再贴现率的变化并不敏感。此外，我国票据市场是货币市场中最不成熟的市场之一。中央银行的再贴现业务提供的贷款一般是短期贷款，期限为3~6个月，最多为一年。由于再贴现市场规模小，结构不完善，缺乏灵活性，无法在整个利率体系中发挥主导和中心作用。从中央银行对再贴现利率的调整来看（见表4-1），一般情况下再贴现利率在同级别再贷款利率下浮5%至10%形成。自1996年5月以来，央行调整再贴现率14次，且间隔时间较长，这反映了在某种程度上，中央银行不再重视再贴现率的调控作用。虽然我国金融市场在利率市场化改革的背景下不断发展，但我国的再贴现市场依旧发展不成熟，机构建设不发达，相对而言，我国银行间市场和回购市场发展较为完善。因此，再贴现利率作为货币政策工具的作用正在逐渐弱化，不再适合作为央行基准利率和市场基准利率的工具，而适合充当一种贷款工具。

由此可见，再贴现利率交易的规模较小，交易主体单一，对其他市场利率影响不明显。因此，还不能充分发挥基准利率的作用。尤其是在调整市场流动性方面，再贴现市场变动缓慢限制了其成为基准利率的可能性。下文对基准利率的比较选择也不再对其进行分析。

三、央票利率

中央银行票据是中央银行发行的票据，它是中央银行自主独立的债务，也是央行的重要货币政策工具。目前，央行票据的期限主要有3个月、6个月和1年。与中央银行在金融市场发行的债券不同，中央银行票据利率的变化对整个金融市场意义非凡。中央银行可利用发行票据来调节货币供应量的数量，央行票据的利率水平直接反映了中央银行的政策意图。然而，央票市场存在着严重的不足：首先，中央银行票据的年度发行量并不总是统一的，每月发行量也不相同。在某些情况下，中央银行甚至没有签发票据（见表4-3）。第二，发行票据的目的是收回市场货币，调整货币市场的流动性规模。第三，央票的期限结构不完整，主要是在三个月和一年内，没有短期的品种。近年来，中国人民银行仅仅只有在2018年和2019年分别签发了一期3个月和一期1年的央票。总的来说，中国人民银行的央行票据是在国家债券市场等金融市场发展不充分不发达的基础上形成的，弥补了我国金融市场的不足，但它还不足以反映市场资金的供需情况，难以形成完整稳定的收益率曲线，只是作为央行公开市场操作的补充政策工具，因此不适合作为基准利率。鉴于此，以下基准利率比较和选择将不再对央行票据进行分析。

表4-3 央票发行量统计表（单位：亿元）

年份	2011	2012	2013	2014—2017	2018	2019
发行量	14 140	0	5362	0	200	200

资料来源：中国人民银行。

四、银行间同业拆借利率

银行间同业拆借市场是商业银行等金融机构之间实行短期和临时资金调剂的市场。1996年1月，中国在上海设立了全国银行间同业拆借中心，中国人民银行领导了12家商业银行和15家金融中心开展人民币网络拆借业务。1998年10月和1999年8月，保险公司和证券公司分别获准进入银行间市场，目的是：进一步加强银行间市场的活跃性。截至2015年4月1日，共有1163个金融机构参与，但其中11个短期期限种类不到一年。在银行间同业拆借市场上，银行间拆借的利率作为金融机构之间资金互相拆借的价格，其大小由金融机构之间的市场交易确定。它反映了债权人根据金融市场的供需定律确定的金融市场实体获得资本的成本，具备较强的市场特性。它能反映出公众对经济发展和通胀的预期、经济和金融运作、资本供求以及货币紧缩的情况，该利率调整产生的市场影响非常强烈。同业拆借市场交易规模大，参与主体多，利率结构合理，对市场资金供求反应敏感，更符合基准利率的市场性、定价基准性、经济相关性等。在西方主要发达国家，银行间同业拆借市场利率被认为是衡量金融机构资金充足性的主要基准，也是央行政策利率调整的基准利率和导向利率。世界上最有名的基准利率如伦敦银行间拆借利率、联邦基准利率和欧元区的银行间同业拆借利率等，这些都是以银行间同业拆借利率作为基准利率。

然而，中国银行间拆借利率（Chibor）的不足也很多。首先，Chibor 基于实际交易，涵盖信用风险溢价，实际上却不能真正反映无风险利率；其次，Chibor 品种根据实际交易规模和成交利率进行加权，当很少或根本没有银行活动时，Chibor 未能在同一天反映利率的真实波动，可能中断了数据收集工作；第三，Chibor 没有考虑到交易主体的不同信贷能力，只考虑了在拆借市场中实际进行交易的利率的简单加权平均数，因此该指标的形成机制存在缺陷；第四，银行间拆借资金集中在北京、上海和深圳等地区，四家国有商业银行已形成相对封闭的贷款体系，资金自由流动的障碍依然存在。相比之下，2007 年 1 月，Shibor 正式运营，它比 Chibor 晚了近 20 年，但发展迅速，各大金融巨头均参与基于 Shibor 的交易，因为 Shibor 的组建机制与 Libor 的组建机制相同，且是结合所有银行报价的一个平均值，市场认可度高。

2007 年 1 月 4 日，上海银行同业拆放利率正式启动，是利率市场化改革的重大突破，这意味着中央银行意图将取消对存款和贷款利率的直接管理，并将重点转移到通过对市场利率的培育实现"利率导向"。Shibor 报价团均由信誉良好、资产规模大、交易量多的金融机构组成，一年期以下的短期期限种类有 8 种。经过八年多的工作和发展，Shibor 在定价机制方面逐步完善，使它能够更好地反映出金融市场的结构变化，以 Shibor 为定价基准的金融产品在金融市场上的比例大幅提升，其对金融市场的影响也越来越重要。与其他利率相比，Shibor 作为金融市场的基准利率具有以下优势：

首先，Shibor 的形成机制具有更强大的市场特点。从报价形成机制看，Shibor 是根据参与报价团的 16 家银行提供的报价为基础并适当加权来确定基本利率，类似于西方金融市场形成的基准利率。当前，Shibor 品种分为隔夜、一周、两周、一个月、三个月、六个月、九个月和一年。换言之，Shibor 是由银行同业拆借利率构成的，它在中国货币市场上相对活跃且信息相对公开。这种利率形成机制在很大程度上依赖于金融市场上资金供求的变动，具有较好的市场性。

其次，Shibor 易于被央行管理。在金融市场上，中央银行是金融储备体系中唯一的最终资金提供者，央行的任何举动经过金融市场的传递作用，影响到准备金和银行间利率的波动。在中国，受传统的存贷款管制因素的影响，商业银行高度依赖中央银行，吸收存款是商业银行的主要的资金来源外，商业银行还可以获得中央银行对商业银行发放的贷款。因此，中央银行可以通过发行中央票据或通过正向和逆向的回购直接影响到商业银行，而这些银行又会根据自身的资金情况提出自己的资金交易报价，影响 Shibor 的大小。

最后，Shibor 具有较好的传导特性。由于缺乏稳定的市场基准利率，货币市场产品之间的价格关系变得更加复杂。自 2006 年 10 月 8 日成立 Shibor 以来，由于 Shibor 报价行数量的增加，对金融市场资金交易的市场相关信息数据收集也逐步扩大。Shibor在确定金融市场上的资金交易价格方面发挥了重要作用。2007年中国外汇交易中心发布了《关于开展以Shibor为基准的票据业务、利率互换报价的通知》，指出在"货币市场基准利率网"上开发了以Shibor为基准的票据转贴现、票据回购和利率互换报价信息发布界面。自那时以来，Shibor的利率基准作用逐步上升。2014年，中央银行发布了《同业存单管理暂行办法》，建议采用统一的基础利率，即上海银行间拆借利率。在某种程度上，这些表明随着时间的推移，Shibor将不断改善，对于货币市场的影响能力将持续扩大。Shibor的变化将导致货币市场利率、商业银行存款利率、资本市场利率和股票收益率变化，这些变化反过来通过金融市场的利率传导效应，最终对市场上公司的成本和利润以及投资者的收入产生影响，并对其经济行为也产生影响，这都将有助于实现货币政策的目标。

事实上，就Shibor的业务而言，它有一些基本的利率特征：Shibor具有相对合理的市场主体结构，其市场有大量、更广泛和更活跃的经营活动的市场主体；有一个相对好的利率期限结构；与其他市场利率的关联性较高。

但Shibor也有明显的缺点：第一，Shibor报价集团参与者数量少于Chibor和银行间债券回购市场，结构单一，大多数商业银行和非银行金融机构没有参与到Shibor报价，因此很难反映出市场的真正需求。第二，虽然Shibor工作小组对Shibor的报价有具体的限制和控制机制，但Shibor没有实际交易的限制，导致了Shibor的参考价值下降。第三，以Shibor为基准的中国货币市场的交易基本上是短期的，中长期利率交易很少，甚至在某些月份没有交易，因此期限在3个月以上的Shibor缺乏实际交易支持，报价银行的报价与实际市场利率的相关性较弱，很难准确反映中长期资金的市场需求情况。第四，Shibor在金融产品定价方面的基准作用仍然较弱，仍有很大的上升空间。第五，Shibor作为重点发展的市场利率，其市场传导性不足，应进一步加强其对实体经济的利率传导效应。第六，Shibor具有不稳定性。很大程度上是受货币市场的资金短缺和新股的发行的影响。第七，Shibor的报价流程里没有中央银行的直接参与、监督和政策管理。这些都是Shibor成为基准利率的限制因素。

五、银行间债券回购利率

中国债券赎回市场可以分为银行间债券市场和交易所债券赎回市场。银行间回购债券市场成立于1997年，是中国债券回购市场的一个重要组成部分。2000年，非银行金融机构开始进入该市场，进行银行间债券交易。银行间债券回购利率决定了银行进行债券回购交易中收取的利息。银行间债券回购市场为金融机构提供了更安全的短期融资。银行间债券回购市场是中央银行开展进行公开市场操作交易业务的主要领域。英国的基准利率是政府债券回购利率，因为在市场化程度非常发达的国家，短期政府债券回购利率最能反映短期金融市场的资金供求变化，对金融机构的各种利率有很大的影响。

按市场规律，债券回购利率会从三个方面影响到金融市场利率体系的变动，从而有效地发挥基准利率的作用。首先，债券回购利率将影响短期市场利率的变动。在债券市场回购交易规模非常大的情况下，债券回购利率可以代表短期市场利率，为人们的各种投资决策提供参考。其次，债券回购利率影响市场资金的充足性。当央行进行正回购操作时，央行作为资金的借款人，从而减少了银行的超额储备和市场流动性；当中央银行进行逆回购操作时，扮演资金的贷方，向市场注入充足的流动性，增加市场资金供应。第三，债券回购利率将影响投资者的心理预期。债券市场交易，特别是央行正逆回购可提供有力信息，其示范效果自然会对市场心理预期产生影响，并进一步影响公司和个人对市场利率变动的预期。然而，从我国目前的情况来看，银行间债券回购利率仍存在一些缺陷，若选择其作为基准利率还需进一步改进，可从以下两点进行探讨：

第一，债券利率的市场波动性仍然很高，市场风险性高。虽然债券回购交易是以信用评级高的资产为担保的金融交易，但由于难以进行备案制度，债券回购交易市场上的交易市场主体结构复杂，信用等级差异较大。如果信用评级较低的证券公司和小型银行在债券下跌的情况下，采用股票抵押贷款，就会放大金融市场的交易风险和信用风险。目前，影响债券回购率的因素包括债券信用等级差异、市场供求关系变化、市场利率预期变动等，这使得债券回购变动频繁，债券回购利率缺乏对未来市场利率趋势的准确评估，债券回购的交易风险测算缺乏准确性和实用性。这与基准利率的基准性、可测性要求相差甚远。

第二，债券回购交易市场规模小且交易种类较为单一，市场性差。银行间债券市场在利率市场化改革开启后，债券交易规模不断扩大，市场得到不断发展。商业银行、证券公司和保险公司成为市场交易主体后，交易数量及规模明显增加。然而，现阶段，中国债券市场的整体规模体量小，且交易主体较为单一，交易资金数量有限。同时，银行间债券市场的分割限制了国债回购利率的市场统一性，也限制了债券市场利率作为市场基准利率作用的发挥。此外，类似于国债利率，中国的债券回购利率也存在期限品种不足的缺陷。虽然我国现行债券回购期限结构已达11个，但银行间回购债券市场的期限结构主要集中在隔夜和7天，二者占总交易额的90%以上（见图4-1）。市场规模小，交易主体单一和期限品种匮乏使得银行间回购债券市场缺乏市场竞争性，债券回购率难以充分反映货币市场资金供需的变化。此外，银行间债券市场容易受到货币市场的影响，使得债券回购利率极不稳定，不大符合作为基准利率的稳定性要求。

六、短期国债收益率

国债是一种得到政府信用担保的债券种类，其流动性很高，风险较低，期限结构

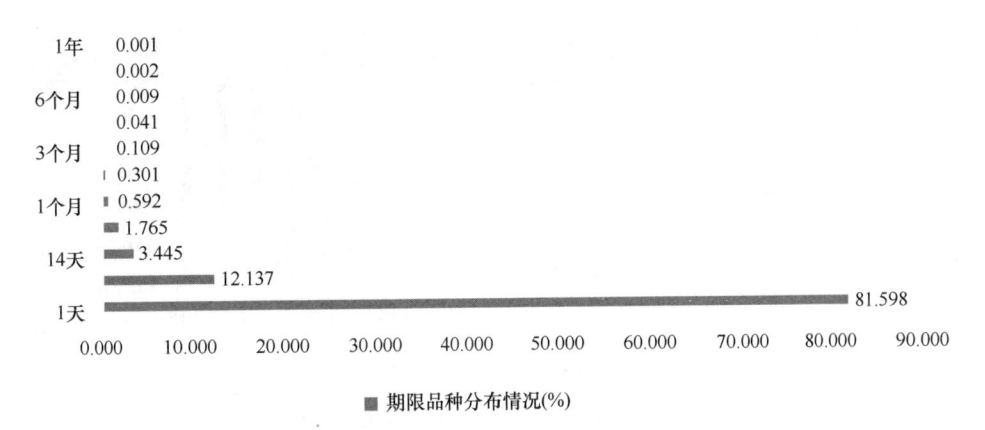

期限	分布情况(%)
1年	0.001
	0.002
6个月	0.009
	0.041
3个月	0.109
	0.301
1个月	0.592
	1.765
14天	3.445
	12.137
1天	81.598

图 4-1 2018 年银行间债券质押回购期限品种分布情况

合理，并且具有较为完整的收益率曲线。国债收益率在我国金融市场利率体系中起着极其重要的作用，它是政府发行债券到期时所付出的成本，主要受金融市场利率、银行存款利率、政府信誉、社会资金供应等因素影响。在我国，政府债券的发行主体为国家，几乎零风险。债券回报率为零风险也意味着其他金融产品可以在国债定价的基础上进行一定的加权风险定价，这也说明国债利率可以作为基准利率的基准特性。同时，通过国债市场的国债交易，中央银行可以通过国债收益率曲线预期的变动影响金融市场其他市场利率。因此，在成熟的市场经济中，国债收益率是一个非常重要的基准利率，特别是短期国家债券利率通常被视为短期资金融通的成本代表，在金融市场上具有重要地位，是央行政策操作的一个重要工具。然而，从基准利率的其他特征来看，国债收益率作为基准利率仍存在种种限制：发行规模小，期限结构单一，市场分割严重。

第一，国债交易数额不大，难以满足基准利率要求的市场交易数量规模。国债的发行方以国家为主体，采用国际公认的收益率投票方式发行。在我国，国债发行制度采用的是二级市场发行制度，一级市场交易为主，二级市场容量不足，而且国债存量每年都大幅度波动（见图 4-2）。虽然近些年来，中国国债发行规模正在逐步扩大，但与发达国家相比，政府国债发行规模仍然较小，尤其是短期国债发行规模过小。根据国际经验，国债与中央银行在公开市场上的业务密切相关。但是，鉴于目前国债规模不足，无法满足公开市场操作的需要，国债对金融市场的资金供求的敏感度较低，货币政策的传导效应不强，不能够很好地引导其他市场利率的相应变动，因此它不能作为基准利率。

第二，期限品种结构单一，很难满足基准利率对利率期限结构的要求。根据期限，国债的期限可以分为长期、中期和短期国债。其中，债务期限超过 10 年的为长期国债，短期国债的偿还期限不到一年，中期债券介于两者之间。从理论上讲，国债的偿

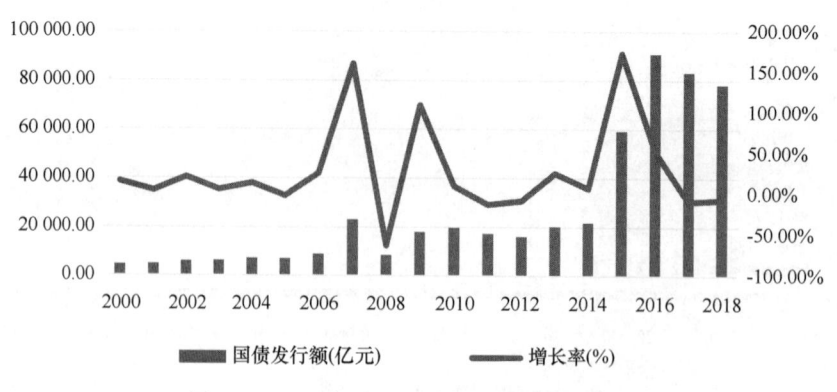

图 4-2 2000 年至 2018 年我国国债发行情况

还期限与国债的市场规模直接相关。其中,中长期国债相对安全,但由于利率风险压力很大,流动性也很低,因此不太适合作为中央银行公开市场交易的工具。短期债券具备较高流动性、相对灵活、易出售,适合作为公开市场操作的操作工具。目前,我国国债的期限主要是中期,集中在 3 至 10 年,短期比例明显不够,由此可见,国债的整体期限结构不甚合理(见表 4-4),甚至在一些月份里缺乏某些期限品种,短期和长期品种都很少,品种匮乏和结构单一使得国债收益率曲线不能真实反映市场供求,国债发行不够规范合理。

表 4-4 2019 年上半年各月份分期限国债发行额统计表

月份	1 年以下	1 至 3 年	3 至 5 年	5 至 7 年	7 至 10 年	10 年以上	合计
1 月	700.00	200.00	200.00	200.00	400.00	0.00	1700.00
2 月	500.00	532.30	791.51	484.24	259.47	0.00	2567.52
3 月	700.00	1565.51	2632.64	2661.25	1827.33	0.00	9386.73
4 月	869.60	2185.69	3905.51	3463.74	2821.62	282.00	13 528.16
5 月	806.00	1523.81	2437.54	1771.89	1259.79	284.10	8083.13
6 月	719.30	2859.36	3780.59	3432.88	2482.26	292.70	13 567.09
7 月	1020.10	1419.72	1822.10	1471.29	1118.24	325.90	7177.35
8 月	950.00	2533.91	2955.67	3059.85	2344.15	374.10	12 217.68
9 月	777.90	1248.73	1404.96	1007.24	988.73	373.00	5800.56
10 月	684.00	1363.93	2120.21	1363.58	1456.36	229.60	7217.68
11 月	802.10	1118.86	1348.67	1169.59	1273.31	242.00	5954.53
12 月	788.60	445.51	542.80	374.50	564.30	0.00	2715.71

资料来源:中国债券信息网。

第三，国债市场人为分割，国债利率作为基准利率的市场性要求不足。在中国，债券市场被划分为银行间债券市场和交易所债券市场，目前两个市场之间的债券交易互相独立，不能够联动，资本在两个市场内不能自由流动，降低了债券市场的流动性。一方面，市场的相对分割阻碍了银行间债券交易市场和交易所间债券交易市场的发展，降低了市场参与主体的集中度，不利于市场的整体运作；另一方面，这两个市场之间分割造成资本的自由流动受阻。分割的市场反应不出资金的实际需求，债券市场利率不能够完全反映金融市场资金的实际价格。

基于以上分析，虽然中国人民银行频繁提及进一步扩大政府债券发行规模和完善收益率曲线。但是，由于发行规模小、国债品种较少、市场人为分割等问题，国债具有不规律性、不稳定性和较弱的市场性。由此，国债难以通过公开市场操作间接发挥宏观调控作用，难以承担基准利率的作用。

第二节 我国基准利率的比较

基准利率的比较是选择基准利率的前提。只有通过比较每个利率的相关特征，我们才能选择最佳的利率作为可能适用的基准利率。根据学者们的研究成果，在研究市场基准利率时，应特别注意待选利率的市场代表性、基准性、稳定性、风险性和期限结构等特征。

市场代表性指的是，基准利率必须是由金融市场上供需关系所决定的某种利率，并与货币市场的主要市场利率之间存在较强的相关关系（彭红枫等，2010；何梦泽，2013）。

基准性是指基准利率作为金融工具定价的基础，金融市场交易主体在进行交易时必须遵循这一标准（杜金岷等，2008），它反映了相对来说无风险资金交易的定价水平，并通过金融市场传导效应，影响其他风险资产的利率市场化的波动调整（戎梅等，2014）。

稳定性意味着在市场对短期波动因素相对敏感的情况下，中央银行可以通过有效地影响基准利率来影响其他市场利率，通过对基准利率的稳定性操作来维持市场利率的波动稳定性（王志栋，2012；何梦泽，2013）。

无风险意味着基本利率从理论上讲应当是无风险的利率，因为金融产品的价格实际上是考虑到各种不确定的因素下，对未来现金流量的贴现值，而不确定性就是风险的主要来源之一，基准利率应该是能够将未来不确定性因素对利率的影响降到最低的一种几乎无风险利率（戎梅等，2014）。

期限结构的完整性是指基准利率通常是完整的利率期限结构，无论短期、中期和长期的收益率曲线都相对明显，因此其满足各种期限金融产品定价的基本标准的条件

(冯宗宪等，2009）。

与实际经济的相关性，通常是基准利率要能够通过金融市场的一系列传导渠道，最终影响到市场主体的经营决策，从而将货币政策的真实意图有效传递至实体经济，从而实现货币政策的最终目标（戎梅等，2014）。

大多数学者并不反对上述基准利率的特征，但有一些学者也发表了不同的意见。例如，戴国海和李伟（2013）在研究中指出，他们忽视了"市场基准利率"和"央行基准利率"之间的区别，将二者混为一谈。他们认为，市场基准利率和央行基准利率具备不同的生成机制和功能。前者是由市场自愿形成的一组利率，且其性质基本相同，只要求对整个金融市场的利率体系的变化具有基准参考作用；而后者是货币当局宣布或批准的某一项具体利率，必须由中央银行监管，存在部分行政干预的影响因素。因而，在基准利率选择上首先要将两种性质不同的基准利率进行准确地区分。

综上所述，本文研究各种利率作为基准利率的可能性，在以政策的可控性为评价基础的同时，结合各种利率的定价基准性、市场代表性、经济相关性、合理稳定性进行综合考察。依据上一节中的相关分析，这里对基本利率的比较主要以银行间市场拆借利率（中国银行间同业拆借利率或者上海银行间同业拆借利率）、Repo 和 Pdr 三种利率为主，并使用不同期限利率进行比较。

一、市场代表性比较

本文中的市场代表性主要是指与基准利率有关的价格连续性、期限结构以及交易规模等对市场利率的形成具有引导的代表性作用。表 4-5 概述了六个基本利率的期限结构、集中程度、价格连续性以及形成机制，其中除了中央银行直接控制的存贷款利率以外，其余六种利率几乎都是市场化运作的金融市场利率，而且利率定价取决于金融市场主体的自主报价和市场交易所反映的资金的实际供需关系。在过去几年里，上海银行间同业拆借利率（Shibor）具有市场利率"晴雨表"的指示作用，能够很好地反映金融市场的实际。从期限结构和交易集中度来看，中国银行间同业拆借利率、回购利率和上海银行间同业拆借利率都是短期的利率品种，是一条平滑性较强的曲线，且它们之间具有极其相似的期限结构。绝大部分的回购利率和中国银行间同业拆借利率在市场中的成交期限都是一天以及七天这两种短期交易期限。同时，央票发行利率的期限并不完整，中长期期限品种短缺，大部分都是三个月和一年期限的利率品种。对比银行间国债利率和存贷款利率，后者则具有短期、中期和长期的比较完整的分布期限。从价格的连续性方面来看，银行间债券收益率、存贷款利率以及上海银行间同业拆借利率（Shibor）的价格也是更加连续的；相比较而言，国债期限品种不完整，债券市场的利率也缺乏连续性，而回购利率和中国银行间同业拆借利率则是介于前两者之间，它们在 3 个月以下期限的利率品种市场中是比较连续的，但如果出现了交易量为 0 的情况,将会使其连续性出现中断(见图 4-3)。

表 4-5 我国利率体系中的代表性利率

利率种类	形成机制	期限分布	期限集中程度	连续性
银行间同业拆借利率	市场交易形成	1 天、7 天、14 天、21 天、1 个月、2 个月、3 个月、4 个月、6 个月、9 个月、1 年	1 天和 7 天回购交易占债券回购总额的 90%左右	3 个月以下报价连续,3 个月以上由于交易清淡交易
银行间债券回购利率	市场交易形成	1 天、7 天、14 天、21 天、1 个月、2 个月、3 个月、4 个月、6 个月、9 个月、1 年	1 天和 7 天回购交易占债券回购总额的 90%左右	同上
上海银行间同业拆借利率	市场报价形成	1 天、7 天、14 天、1 个月、3 个月、6 个月、9 个月、1 年	不适用	连续
央行票据发行利率	市场交易形成	3 个月、6 个月、1 年、3 年	3 个月和 1 年占发行总额的 90%左右	不连续
存贷款基准利率	中央银行行政规定	活期、3 个月、6 个月、1 年、2 年、3 年、5 年	不适用	连续
银行间国债收益率	市场交易形成	1 天、1 个月、2 个月、3 个月、6 个月、9 个月、1 至 10 年、15 年、20 年、30 年、40 年、50 年	不适用	连续

数据来源:根据可获得各种利率数据整理而得。

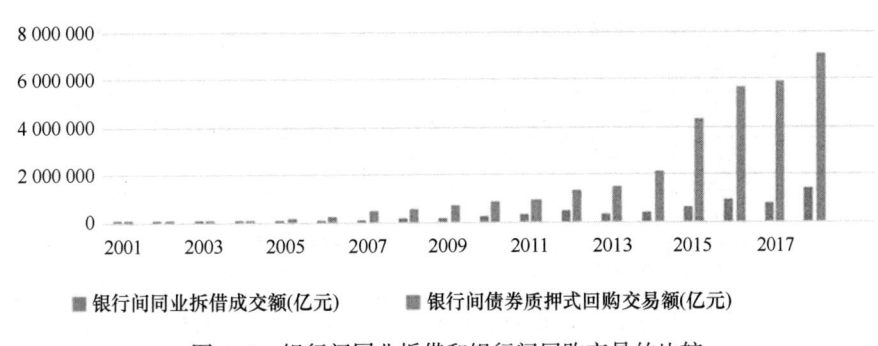

图 4-3 银行间同业拆借和银行间回购交易的比较

图 4-3 揭示了中国银行间债券拆借市场和回购市场的交易规模。与银行间回购市场相比较,银行间拆借市场的交易量明显不足。同时,在许多市场经济发达的国家,短期国债的收益率是浮息债券和其他金融衍生品产品定价的一个主要参考基准。我国短期国债收益率的市场影响力虽然在不断扩大,但就我国国债市场而言,目前我国国

债的交易规模和国债的期限结构仍然不能达到基准利率的要求标准。据相关数据显示，到2011年，中央银行票据发行有14 140亿元的人民币，2013年这一数字为5362亿元，在这之后就停止发售。直到2018年和2019年，中国人民银行为推进人民币国际化，分别通过招标发行一期期限为一年和一期期限为三个月的定向中央银行票据，数额为每次各200亿元人民币。央行票据发行的不确定性和不稳定性，决定了央票利率不足以作为基准利率。

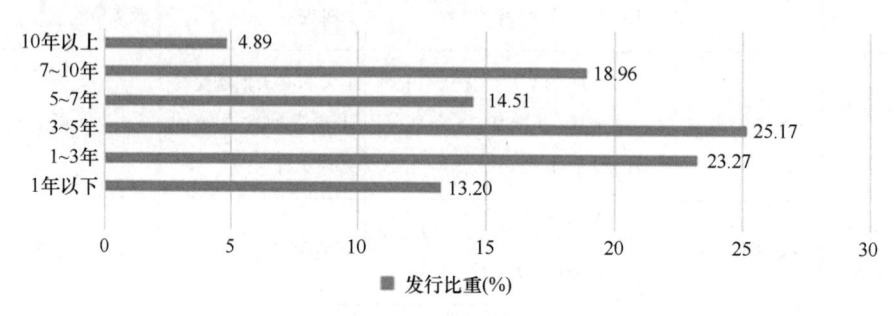

图4-4　2018年各期限国债发行比重

资料来源：中国债券信息网。

表4-6　Chibor市场、Repo市场和Shibor市场不同期限利率相关系数比较

	期限	隔夜	7天	2周	1月	2月	3月	1年
Repo市场	隔夜	1.000	0.943	0.892	0.905	0.880	0.845	0.726
	7天	0.943	1.000	0.939	0.934	0.913	0.886	0.770
	2周	0.892	0.939	1.000	0.944	0.931	0.885	0.816
	1月	0.905	0.934	0.944	1.000	0.982	0.957	0.791
	2月	0.880	0.913	0.931	0.982	1.000	0.960	0.797
	3月	0.845	0.886	0.885	0.957	0.960	1.000	0.816
	1年	0.726	0.770	0.816	0.791	0.797	0.816	1.000
	期限	隔夜	7天	2周	1月	2月	3月	1年
Chibor市场	隔夜	1.000	0.935	0.891	0.885	0.806	0.811	0.318
	7天	0.935	1.000	0.958	0.920	0.867	0.859	0.340
	2周	0.891	0.958	1.000	0.920	0.885	0.824	0.659
	1月	0.885	0.920	0.920	1.000	0.953	0.915	0.463
	2月	0.806	0.867	0.885	0.953	1.000	0.902	0.411
	3月	0.811	0.859	0.824	0.915	0.902	1.000	0.659
	1年	0.318	0.340	0.659	0.463	0.411	0.659	1.000

续表

	期限	隔夜	7天	2周	1月	2月	3月	1年
Shibor 市场	隔夜	1.000	0.961	0.929	0.891	0.703	0.579	0.567
	7天	0.961	1.000	0.983	0.947	0.785	0.648	0.637
	2周	0.929	0.983	1.000	0.974	0.826	0.688	0.991
	1月	0.891	0.947	0.974	1.000	0.872	0.734	0.705
	2月	0.703	0.785	0.826	0.872	1.000	0.942	0.912
	3月	0.579	0.648	0.688	0.734	0.942	1.000	0.991
	1年	0.567	0.637	0.991	0.705	0.912	0.991	1.000

资料来源：中国人民银行，2010年1月至2018年12月月度数据。

表4-6总结了回购利率市场、上海银行间同业拆借利率市场和中国银行间同业拆借利率市场的七种主要期限品种之间的关系。我们从表中可以看出，上海银行间同业拆借利率和中国银行间同业拆借利率各期限品种的相关系数均小于回购利率各期限的相关系数，这说明回购利率（Repo）各期限利率品种之间的联动性和相关性更具有优势，因此，回购利率（Repo）的期限品种更加具有市场导向性。同时，我国银行间同业拆借市场各期限品种的联动性和相关性相对较差，长期和短期的利率关联性不足，这也是上海银行间同业拆借利率（Shibor）的稳定性和可靠性受到质疑的原因之一；同业拆借利率市场表现出的市场导向性不强，表明我国同业拆借市场的发展仍需继续加强。

二、定价基准性比较

定价基准主要是指基准利率可以用来作为金融市场其他市场利率定价的一个标准。表4-7所示，通过格兰杰因果关系检验，我们可以得出结论，Rpr07是影响Rpr01和Shr01的原因，即Rpr07的变动将会引起Rpr01和Shr01的变动，对Rpr01和Shr01造成一定影响。表4-8同样通过格兰杰因果关系检验，检测了Pdr与相关利率的格兰杰（Granger）因果关系，从分析中我们发现Pdr的变动会引起其他六种相关短期利率品种的变动，能够对其他六种相关短期利率品种的价格造成一定的影响；同样我们还可以通过六种假设认定程度得出Chr01是Rpr01变动的原因，Rpr01是Chr01变动的原因，Shr01是Rpr01变动的原因，Chr07是Shr01变动的原因。综上所述，我们可以得出结论：Pdr、Rpr07和Shr07都具有满足定价基准性的条件，而其中以Pdr的定价基准性测定为最优。

表 4-7 Rpr07 与其他主要相关利率的格兰杰因果关系检验

原假设	观察值	F 统计量	P 值	结论
RPR01 does not Granger Cause RPR07	92	0.983 23	0.324 1	接受原假设
RPR07 does not Granger Cause RPR01		4.708 25	0.032 7	拒绝原假设
RPR01 does not Granger Cause RPR07	92	0.060 23	0.806 7	接受原假设
RPR07 does not Granger Cause RPR01		1.947 80	0.166 3	接受原假设
CHR07 does not Granger Cause RPR07	92	1.673 99	0.199 1	接受原假设
RPR07 does not Granger Cause CHR07		0.137 76	0.711 4	接受原假设
SHR01 does not Granger Cause RPR07	92	0.309 78	0.579 2	接受原假设
RPR07 does not Granger Cause SHR01		3.414 67	0.067 9	拒绝原假设
SHR07 does not Granger Cause RPR07	92	0.648 19	0.422 9	接受原假设
RPR07 does not Granger Cause SHR07		0.293 38	0.589 4	接受原假设
PDR does not Granger Cause RPR07	92	12.344 2	0.000 7	拒绝原假设
RPR07 does not Granger Cause PDR		1.483 39	0.226 5	接受原假设

表 4-8 Pdr 与其他主要相关利率的格兰杰因果关系检验

原假设	观察值	F 统计量	P 值	结论
CHR01 does not Granger Cause PDR	92	1.354 31	0.247 6	接受原假设
PDR does not Granger Cause CHR01		10.265 8	0.001 9	拒绝原假设
CHR07 does not Granger Cause PDR	92	2.267 05	0.135 7	接受原假设
PDR does not Granger Cause CHR07		13.919 2	0.000 3	拒绝原假设
RPR01 does not Granger Cause PDR	92	1.594 22	0.210 0	接受原假设
PDR does not Granger Cause RPR01		10.987 6	0.001 3	拒绝原假设
RPR07 does not Granger Cause RDR	92	1.483 39	0.226 5	接受原假设
PDR does not Granger Cause RPR07		12.344 2	0.000 7	拒绝原假设
SHR01 does not Granger Cause PDR	92	1.394 65	0.240 8	接受原假设
PDR does not Granger Cause SHR01		10.184 8	0.002 0	拒绝原假设
SHR07 does not Granger Cause PDR	92	1.371 39	0.244 7	接受原假设
PDR does not Granger Cause SHR07		12.189 9	0.000 8	拒绝原假设

表4-9是基于我们之前的格兰杰因果关系的判断，将几种主要的基准利率与存贷款利率相关的系数再次进行比较，分析它们之间的相关性。我们从一天（隔夜）和七天两个不同的期限品种来看，Pdr所反映出来的银行间债券收益率的相关性系数是较为稳定的，并且与其他品种利率保持一致。就中国目前的利率衍生品价格的基准定价而言，在人民币互换交易中的基准利率定价中，期限品种为七天的回购利率是占有绝对优势，而其次是Shibor，存款基准利率所占的比重呈现明显的弱势趋势，这说明Rpr07和Shibor已经逐渐成为我国金融产品定价基准的主流方向（见图4-5）。

表4-9 存贷款利率与七种主要基准利率的相关系数比较

类别	Chr01	Chr07	Shr01	Shr07	Rpr01	Rpr07	Pdr
ydr	0.489 1	0.399 0	0.468 1	0.373 3	0.380 9	0.278 6	0.767 9
ylr	0.544 3	0.457 2	0.537 6	0.435 6	0.557 6	0.466 3	0.686 9
Chr01	1	0.948 6	0.994 7	0.963 2	0.811 9	0.943 4	0.742 3
Chr07	0.948 6	1	0.952 3	0.992 5	0.809 1	0.992 0	0.820 7
Shr01	0.994 7	0.952 3	1	0.968 4	0.802 9	0.945 3	0.725 0
Shr07	0.963 2	0.992 5	0.968 4	1	0.826 8	0.989 7	0.811 2
Rpr01	0.811 9	0.809 1	0.802 9	0.826 8	1	0.802 6	0.703 7
Rpr07	0.943 4	0.992 0	0.945 3	0.989 7	0.802 6	1	0.816 0
Rdr	0.742 3	0.820 7	0.725 0	0.811 2	0.703 7	0.816 0	1

资料来源：中国人民银行、中经网。

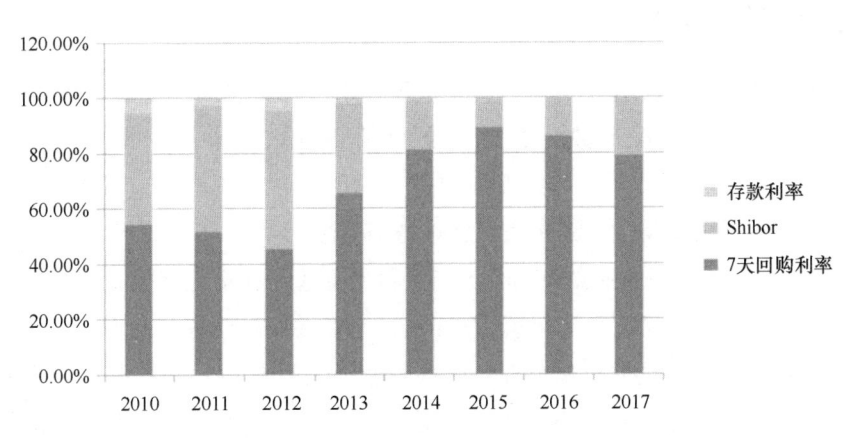

图4-5 2010—2018年三种人民币利率基准的比重对比

资料来源：中国人民银行。

三、合理稳定性比较

稳定性主要是指基准利率不会轻易受市场因素干扰而频繁波动，并且能够保持稳定运行。表 4-10 汇总了 2006 年第四季度至 2018 年底期间，七种利率的基本统计特征。同样作为七天利率品种的市场化的利率，上海银行间七天拆借利率和七天回购利率偏低，标准差也相对较小，上海银行间同业拆借利率是金融机构进行其他资产交易和定价的一个重要指标，而上海银行间拆借市场又是我国一直在积极培育的一个市场。

我国商业银行在银行同业拆借市场拆出资金的价格和拆入资金的成本较高，全国银行间拆借市场 7 天拆借利率比同期债券回购利率和 Shibor 报价要高，这表明我国银行间拆借市场存在着较高的交易风险，银行间拆借市场仍需要进一步改革和发展；此外，上海银行间同业拆借利率和中国银行间同业拆借利率的平均数很低，与回购利率平均值相比波动也不大，这表明银行间拆借市场比债券回购市场更为稳定。通过对这几种利率相关系数的比较分析，一年期银行间国债收益率具有最小的标准差和最低的平均值，因此该利率收益最小，但稳定性是最好的。

表 4-10　各类利率稳定性比较

利率	Chr01	Chr07	Shr01	Shr07	Rpr01	Rpr07	Pdr
均值	2.354 9	3.081 7	2.386 1	2.988 3	2.550 9	3.054 2	2.634 0
标准差	0.936 5	1.164 3	0.982 5	1.162 1	1.216 7	1.194 3	0.817 2

资料来源：全国银行业拆借中心、中经网统计数据库和和讯网，时间跨度为 2006 年 10 月至 2018 年 6 月。

四、经济相关性比较

经济相关性主要考察基准利率与重要宏观经济变量的关联性，确定宏观经济变量和基准利率之间的关联系数。本文主要分析 Shr01、Chr01、Shr07、Chr07、Pdr、Rpr01、Rpr07 这七种收益利率与月度国内生产总值、广义货币供应量 M2、CPI 变化、新增固定资产投资额以及社会零售消费总额的相关性。

表 4-11 表示上述五个主要宏观经济变量和主要基准利率之间的相关系数关系。从整体比较来看看，五个宏观经济变量与 Shr07 的系数关联性最强，它们与宏观经济变量的系数也十分接近，这说明宏观经济与回购利率、上海银行间同业拆借利率和中国银行间同业拆借利率具有很大的相关性。而剩下的 Pdr 收益率系数与宏观经济的相关系数最小，而且两者之间的相关性十分不一致，可能是因为 Pdr 本身就具有很强的稳定，难以适应经济情况的各种变化。从具体各宏观经济变量指标的考察来看，总产出与各主要利率的相关系数最大，其次是社会消费、物价水平，最低的是新增固定资产投资

额，表明这些利率品种与总产出的关联度最强，其次是通货膨胀和消费，而货币供应量和固定资产投资的关联度较弱，这说明这些利率品种能够较好地反映经济增长的情势。从总体情况上来看，上海银行间同业拆借利率（Shibor）与宏观经济的系数相关性最大，其次是回购利率和中国银行间同业拆借利率。

表 4-11 主要利率类型和宏观经济变量之间的关联系数

利率	Chr01	Chr07	Shr01	Shr07	Rpr01	Rpr07	Pdr
M2	0.473	0.479	0.481	0.506	0.463	0.465	0.381
gdp	0.517	0.496	0.511	0.524	0.503	0.489	0.423
cpi	0.501	0.481	0.502	0.514	0.490	0.470	0.38
消费品零售总额	0.411	0.475	0.401	0.461	0.405	0.483	0.673
新增固定资产投资额	0.393	0.374	0.375	0.387	0.383	0.359	0.318
平均相关系数	0.459	0.461	0.454	0.478	0.449	0.453	0.436

资料来源：全国银行业拆借中心、中经网统计数据库和和讯网，时间跨度为 2006 年 10 至 2018 年 6 月。

五、政策可控性比较

对 Shr01、Chr01、Rpr07 分别进行 Granger 因果检验，检验结如表 4-12、4-13、4-14 所示。

用月度数据分别考察 Shr01、Shr07、Chr01、Chr07、Rpr01、Rpr07、Pdr 与基础货币对数（M2）、存款准备金率（ddr）和再贴现利率（rdr）这三个主要货币政策工具的关系。将 Chr01、Shr01、Rpr07 序列分别对进行基础货币对数（M2）、存款准备金率（ddr）和再贴现利率（rdr）这三个主要货币政策工具进行 Granger 因果检验分析，检验结果见表 4-12、表 4-13 和表 4-14。

表 4-12 Chr01 与主要政策工具的格兰杰（Granger）因果检验

原假设	观察值	F 统计量	P 值	结论
M2 does not Granger Cause Chr01	140	2.01415	0.1397	接受原假设
Chr01 does not Granger Cause M2		4.71022	0.0115**	拒绝原假设
ddr does not Granger Cause Chr01	140	4.21838	0.0179**	拒绝原假设
Chr01 does not Granger Cause ddr		1.48707	0.2318	接受原假设
rdr does not Granger Cause Chr01	140	6.24462	0.0029***	拒绝原假设
Chr01 does not Granger Cause rdr		16.7255	7.E-07***	拒绝原假设

表 4-13 Shr01 与主要政策工具格兰杰（Granger）因果检验

原假设	观察值	F 统计量	P 值	结论
Shr01 does not Granger Cause m2	140	4.528 22	0.013 5**	拒绝原假设
m2 does not Granger Cause Shr01		2.389 29	0.097 8*	拒绝原假设
Shr01 does not Granger Cause drr	140	1.440 02	0.242 6	接受原假设
drr does not Granger Cause Shr01		5.024 56	0.008 6***	拒绝原假设
Shr01 does not Granger Cause rdr	140	15.233 5	2.E-06***	拒绝原假设
rdr does not Granger Cause Shr01		6.739 93	0.001 9***	拒绝原假设

表 4-14 Rpr07 与主要政策工具的格兰杰（Granger）因果检验

原假设	观察值	F 统计量	P 值	结论
M2 does not Granger Cause RPR07	140	2.061 41	0.133 5	接受原假设
RPR07 does not Granger Cause M2		3.792 28	0.026 4**	拒绝原假设
DDR does not Granger Cause RPR07	140	4.838 41	0.010 2**	拒绝原假设
RPR07 does not Granger Cause DDR		1.341 06	0.267 0	接受原假设
RDR does not Granger Cause RPR07	140	6.852 46	0.001 7***	拒绝原假设
RPR07 does not Granger Cause RDR		24.523 8	4.E-09***	拒绝原假设

表 4-12 汇总了 Chr01 与主要政策工具的 Granger 因果检验结果。从中可以看出，存款准备金率、再贴现利率是 Chr01 的 Granger 原因，这说明存款准备金率、再贴现利率这两种货币政策工具对银行间隔夜拆借利率（Chr01）有很强的调控指导性。表 4-13 汇总了 Shr01 与主要政策工具的 Granger 因果检验结果。从中可以看出，广义货币量 M2、存款准备金率和再贴现利率三大工具都是 Shr01 的 Granger 原因，这说明三大货币政策工具都对上海隔夜拆借利率（Shr01）有很强的调控指导性。表 4-14 汇总了 Rpr07 与主要政策工具的 Granger 因果检验结果。从中可以看出，存款准备金率、再贴现利率是 Rpr07 的 Granger 原因，这说明存款准备金率、再贴现利率这两种货币政策工具对 7 天银行间债券回购利率（Rpr07）有很强的调控指导性。

同样可以得到 Chr07、Shr07 和 Rpr01 与三大政策工具的 granger 因果检验。结果表明，存款准备金率、再贴现利率是 7 天银行间拆借利率（Chr07）和 7 天上海银行间拆借利率（Shr07）的 Granger 原因，存款准备金率是隔夜银行间债券回购利率（Rpr01）的 Granger 原因，这说明存款准备金率货币政策工具对隔夜银行间债券回购利率

（Rpr01）具有很强的调控指导性，存款准备金率、再贴现利率货币政策工具对7天上海银行间拆借利率（Shr07）具有很强的调控指导性。综合而言，隔夜上海银行间拆借利率（Shr01）、7天银行间债券回购利率（Rpr07）最易受基础货币供应、存款准备金率、再贴现利率货币政策工具的影响和调节，因而从政策层面看具有非常强的政策调控性。

第三节　我国基准利率的选择

当前，利率市场化改革基本完成，基准利率作为利率市场化机制形成的核心，还未完全确定下来。我国许多学者尝试从不同角度运用各种研究方法来选择基准利率。关于具体选择哪一个利率作为基准利率的问题，到目前为止学术界都没有一个确定的答案。其中国债利率、银行同业拆借利率、中央银行票据利率、银行间债券回购利率和上海银行间同业拆借利率为主要备选利率，但无论选择哪种，都似乎无法完全服众。这一节基于本著的研究视角，为基准利率的选择提供一定的理论参考。

一、央行基准利率选择的实证检验

（一）主要代表性利率

根据央行基准利率今后可能侧重的市场代表性，即主要考察基准利率衍生的交易规模、期限结构、价格连续性等。本文汇总了六种主要基准利率的形成机制、期限结构及集中度和价格连续性等信息。从表4-15中可以看出，除存贷款利率受中央银行政策要求限制外，其余六种利率几乎是市场化运作，均由市场自主交易或报价形成的。

表4-15　我国利率体系中有代表性的利率

利率种类	形成机制	期限分布	期限集中程度	连续性
银行间同业拆借利率	市场交易形成	1天、7天、14天、21天、1个月、2个月、3个月、4个月、6个月、9个月、1年	1天和7天回购交易占债券回购总额的90%左右	3个月以下报价连续，3个月以上连续性差
银行间债券回购利率	市场交易形成	1天、7天、14天、21天、1个月、2个月、3个月、4个月、6个月、9个月、1年	1天和7天回购交易占债券回购总额的90%左右	同上

续表

利率种类	形成机制	期限分布	期限集中程度	连续性
上海银行间同业拆借利率	商场报价形成	1天、7天、14天、1个月、3个月、6个月、9个月、1年	不适用	连续
央行票据发行利率	市场交易形成	3个月、6个月、1年、3年	3个月和1年占发行总额的90%左右	不连续
存贷款基准利率	中央银行行政规定	活期、3个月、6个月、1年、2年、3年、5年	不适用	连续
银行间国债收益率	市场交易形成	1天、1个月、2个月、3个月、6个月、9个月、1至10年、15年、20年、30年、40年、50年	不适用	连续

数据来源：根据各种利率整理而得。

(二) 模型设定

利率是货币政策实施的一个十分重要的调控变量，在货币政策的利率调控操作下，利率的变化对国民经济各部门产生直接的影响。许多学者和专家从不同的角度模拟了市场利率的变化和关键经济指标的变化之间的关系。关于利率调控的理论原则，泰勒在1993年提出的利率规则，也被称作泰勒政策反应模型。泰勒的政策反应模型将中央银行的基准利率界定成产出缺口和通货膨胀缺口的线性代数，其一般形式为

$$i_t = \bar{r} + \pi_t + \beta(\pi_t - \pi^*) + \gamma(y_t - y^*) \tag{4-1}$$

π_t代表基期至t时期的通货膨胀率，$\bar{r}$代表长期均衡利率，π^*代表基期至t时期中央银行目标通胀率，y_t代表基期至t时期的名义产出，y^*代表基期至t时期的潜在名义产出。y_t-y^*表示产出缺口，反映了基期至t时期的经济增长率对潜在经济增长率的一定偏离；$\pi_t-\pi^*$代表通胀率的缺口，反映了基期至t时期的通胀率对目标通胀率的一定偏离。β代表通货膨胀的缺口系数，γ代表产出的缺口系数。泰勒规则模型良好地反映了美联储在Bernanke和Greenspan时期的利率政策。

自泰勒规则反应模型被泰勒提出以来，就被学者们不断研究推广，同时也被世界上许多国家（地区）吸收和采纳到具体的货币政策应用中，得到了不断发展和完善。许多学者通过将预期因素和前瞻性因素纳入模型，来模拟利率政策的变化，进一步拓展了原始的泰勒政策反应模型。对预期因素的政策反应模型可以表达为

$$i_t^* = \bar{i} + \beta(E[\pi_{t,k} | \Omega_t] - \pi^*) + \gamma(E[y_{t,l} | \Omega_t] - y_{t,l}^*) \qquad (4-2)$$

其中，$\bar{i}$ 是指长期均衡的名义利率，i_t^* 是指 t 时期央行政策设定的名义利率，$y_{t,l}$ 是指 t 时期到 $t+l$ 的总产出增长率，$\pi_{t,k}$ 是指 t 时期到 $t+k$ 期的通胀率，$y_{t,l}^*$ 是指 t 时期到 $t+l$ 期的潜在总产出增长率。Ω_t 表示在 t 时期能够获得的与物价变化或经济增长有关的各种信息，E 则用来表示预期因子。

调整利率平滑的过程可以表示为

$$i_t = \rho i_{t-1} + (1-\rho)i_t^* + v_t \qquad (4-3)$$

参数 ρ 作为因变量的系数也是反映利率平滑程度的一个重要因素，ρ 值域为 $(0, 1)$，v_t 代表着调整利率变化的随机干扰因素。把公式（4-2）反映的前瞻性因素和公式（4-3）反映的调整利率平滑等要素加入公式的考量范围，我们可以调整得到利率政策的反应式的扩展形式

$$i_t = (1-\rho)\alpha + (1-\rho)\beta\pi_{t,k} + (1-\rho)r(y_{t,k} - y_{t,l}^*) + \rho i_{t-1} + \varepsilon_t \qquad (4-4)$$

其中 $\alpha = \bar{i} - \beta\pi^*$，$\varepsilon_t$ 为随机干扰因子。

Cuche（2000）对公式（4-4）做了进一步拓展和修改，得到公式（4-5）和（4-6）

$$w_t^* = \bar{w} + \beta(E[\pi_{t,k} | \Omega_t] - \pi_{t,k}^*) + \gamma(E[y_{t,k} | \Omega_t] - y_{t,k}^*)$$
$$+ \eta(E[z_{t,n} | \Omega_t] - z_{t,n}^*) \qquad (4-5)$$

$$w_t = (1-\rho)w_t^* + \rho w_{t-1} + \sigma_t \qquad (4-6)$$

w_t^* 表示政策货币工具的目标变量，它可以是一种货币供应量，也可以是某种利率，甚至可能是其他任何能够作为进行调控的目标变量；$\bar{w}$ 为常数值，代表政策工具的固定变量；而 σ_t 为随机的误差项；$z_{t,n}$ 代表央行的经济目标；从理论上来说，该模型可以允许央行设定多个参数作为政策目标。

根据我国货币制定的相关政策以及本文研究基准利率选择的主要目的，在开放的经济环境条件下，引入汇率因素和货币因素，可以使我们的模型更加具有可靠性，因此我们构建出下面两个政策反应的函数模型

$$w_t^* = \bar{w} + \beta(E[\pi_{t,k} | \Omega_t] - \pi_{t,k}^*) + \gamma(E[y_{t,k} | \Omega_t] - y_{t,l}^*) + \lambda(E[e_{t,n} | \Omega_t] - e_{t,n}^*)$$
$$+ \eta(E[m2r_{t,i} | \Omega_t] - m2r_{t,i}^*) \qquad (4-7)$$

$$w_t = (1-\rho)w_t^* + \rho w_{t-1} + v_t \qquad (4-8)$$

因此，我们可以得出两种类型利率反应函数的模型见表4-16。

表 4-16 政策反应模型设定①

政策操作变量 w	通胀目标形式	政策反应模型
7 天回购利率 （Rpr07）	常数	$\text{Rpr07} = c_1 + \beta'_1 \pi_{t,k} + \gamma'_1 x_{t,l} + \lambda'_1 s_{t,n} + \eta'_1 m_{t,i} + \rho \text{Rpr07}_{t-1} + \varepsilon_t$
	时变	$\text{Rpr07} = c_2 + \beta'_2 \pi_{t,k} + \gamma'_2 x_{t,l} + \lambda'_2 s_{t,n} + \eta'_2 m_{t,i} + \rho \text{Rpr07}_{t-1} + \varepsilon_t$

同时，在常数下的通胀目标的政策反应模型中，我们可以得到模型中所隐含的通胀目标值，公式表达为

$$\pi^* = \frac{(1-\rho)\bar{w} - c_1}{\beta'_1} \quad (4-9)$$

（三）变量选择和数据处理

本文选择每月的数据为基准，2007 年 1 月至 2018 年 12 月为跨度期，主要是以上海银行间拆借市场运行以来的上海银行间同业拆借利率（Shibor）数据为基础的。这有助于将利率作为货币政策工具的效果进行分析，总共采集了 144 个样本。为有效分析中央银行货币政策执行的效果，这里的实证检验模型选取四个解释变量和六个货币政策工具变量。

（1）上海银行间同业拆借利率。可分为 7 天同业拆借利率（Shr07）和隔夜同业拆借利率（Shr01），选取这两个短期品种的利率作为政策代理变量，数据均来自全国银行间同业拆借中心。（2）全国银行间同业拆借利率。可分为 7 天同业拆借利率（Chr07）和隔夜同业拆借利率（Chr01），选取这两个短期品种的利率作为政策代理变量，数据均来中经网统计数据库。（3）银行间债券回购利率。可分为 7 天银行间债券回购利率（Rpr07）和隔夜银行间债券回购利率（Rpr01），选取这两个品种的利率作为政策代理变量，数据均来中经网统计数据库。（4）由于没有月度 GDP 数据，经济产出原始值为各季度 GDP，数据来自中经网数据库。因而本文把 2006 年第 4 季度至 2018 年第 4 季度 GDP 用 Eviews 软件先进行季节化处理，然后转频为月度数据，得到月度 GDP 增长率，再把月度 GDP 增长率乘以 12 转化为年度 GDP 增长率。本文将政府工作报告的经济增长目标和年度 CPI 调控目标结合起来获得名义目标 GDP，年度名义 GDP 目标增长率见表 4-17。（5）采用 CPI 的变化率来衡量通货膨胀，然后用通货膨胀值与年度通货膨胀控制目标获得通胀缺口，CPI 数据来自中经网统计数据库，年度通货膨胀目标值见表 4-17。（6）广义货币供应量 M2 的增长率原始数据来自中经网，M2 增长率的目

---

① 因政策反应函数形式相同，表中只给出了 7 天回购利率政策反应模型，其他利率品种的政策反应模型只需其中的政策变量进行相应替换即可。

标值见表4-17。(7) 汇率采用直接标价法,数据来自中经网统计数据库,汇率的目标值采用H-P滤波法来获得。

表4-17 2007—2018年主要的宏观经济目标

年份	2007	2008	2009	2010	2011	2012	2013	2014	2015	2016	2017	2018
目标通货膨胀率	3	4.8	4	4	4	4	3.5	3.5	2.5	2.5	2.4	2.5
实际GDP目标增长率	8	8	8	8	8	8	8	7.5	6.9	6.7	6.9	6.6
名义GDP目标增长率	11	12.8	12	12	12	12	11.5	11	7	7	6.8	6.5
M2目标增长率	16	16	17	17	16	14	13	13	12	12	12	9

资料来源：历年政府工作报告和中国人民银行。

(四) 实证模型基准形式的测试和结果分析

传统回归分析方法因为存在假设严谨、苛刻,这里换用GMM估计方法。首先采用GMM方法对公式(4-7)进行基准估计,然后再通过其他方法对其进行稳健性检验,以检验得到的政策反应模型的估计结果的可靠性和稳定性。在GMM估计中,本文采用各变量的1阶、6阶、9阶、12阶滞后项来作为工具变量(CGG,1998)。在估计之前,应当对各变量进行单位根检验,结果表明产出缺口变量和M2增长率缺口变量是一阶单整的,其余的变量都是平稳序列,但现代协整检验理论并不严格要求各变量都是同阶单整的序列,而要求模型估计的回归残差是平稳的。

表4-18 Chr01、Chr07、Shr01的基准估计系数(2007—2018年)

政策工具	Chr01	Chr07	Shr01
常数值	-0.075 526	1.479 240***	0.036 050
通胀	0.198 320***	0.240 085***	0.225 595***
产出	0.589 856***	1.165 416***	0.701 834***
汇率	-0.021 609***	-0.049 040***	-0.025 992***
货币供应	0.040 025***	-0.025 348	0.033 242*
平滑	0.671 673***	0.155 400*	0.583 657***
隐含通货膨胀	4.401	4.845	4.301
调整的 R^2	0.671 52	0.683 54	0.593 56
残差单位根	-7.639 122***	-6.997 870***	-6.503 349***

表 4-19　Shr07、Rpr01、Rpr07 的基准估计结果（2007—2018 年）

政策工具	Chr01	Chr07	Shr01
常数值	0.561 912**	-0.031 642	1.669 855***
通胀	0.281 718***	0.173 852***	0.240 619***
产出	1.081 817***	1.018 254***	1.123 172***
汇率	-0.031 388***	-0.016 977***	-0.052 968***
货币供应	0.015 507	0.039 878**	-0.028 103*
平滑	0.368 447***	0.632 561***	0.090 029
隐含通货膨胀	4.801	5.630	4.781
调整的 R^2	0.691 428	0.732 652	0.632 746
残差单位根	-7.144 952***	-7.627 115***	-6.328 971***

表 4-18 和表 4-19 分别汇总了 2007—2018 年 Chr01、Chr07、Shr01 的基准估计系数和 2007—2018 年 Shr07、Rpr01、Rpr07 的基准估计结果。从中我们可以得出以下结论分析：

（1）总的来说，这几种利率品种的汇率缺口系数都是偏小的，这就说明六个短期利率品种就系数大小来看，都很难很好地反映外汇市场的资金供求状况，无法很好地体现国外市场汇率的变动。一旦国外汇率变动，国内的基准利率无法直接作出变动调整反应。

就汇率系数而言，汇率系数的绝对值最小的两个分别是 Chr01 的 0.022 和 Rpr01 的 0.017，绝对值最大的前两个分别是 Rpr07 的 0.053 和 Chr07 的 0.049。这就说明中国银行间同业拆借利率和回购利率的两种利率品种对汇率缺口的变化反应并不一致。六个短期利率品种的汇率的系数在 1% 统计水平上都是显著的，符号与预期一致都为负，这说明六个短期利率品种的变化将外汇汇率的波动纳入了考虑的范围。

（2）按照稳定性目标的要求，我们着重考察利率调控的平滑操作。作为平滑系数，其中 Rpr07 的平滑系数最小为 0.09，Chr01 的平滑系数最大为 0.67。这说明 7 天回购利率的调整平滑操作较小，而隔夜（一天）中国银行间同业拆借利率调整的平滑操作较大，但相对来说，各种利率品种的平滑系数都相差不大。除了最小的 Rpr07 以外，Chr07 在 10% 统计水平上具有显著性，其余的短期利率品种在 1% 统计水平上具有显著性。从各种利率品种的期限来看，隔夜（一天）利率品种的平滑操作优势明显。这表明不论是哪一种利率品种，在长期利率平滑操作要少于短期利率平滑操作。但从整体来看，模型应用的六种短期利率品种的平滑操作幅度都很小。

(3) 从表 4-20 中我们不难看到，六个协整方程的残差单位根在 1%水平上都是显著的，这就表明六个政策反应函数模型是稳定的，而且各变量之间具有协整关系，这说明短期期限利率与产出缺口、货币供应量缺口、通货膨胀率和汇率缺口存在着稳定的协整关系。就我们所得到的政策反应模型数据来看，六种利率品种所对应的六个协整方程的调整值都在 0.6 到 0.7 之间浮动，说明六个协整方程的总体回归结果是比较显著的，从政策模型中的数据结果来看是具有较强的说服力的。

(4) 模型的实证检验结果显示，各短期市场的通胀率都大于我国官方通货膨胀率目标值的均值（3.85），这说明我国这六个短期品种的利率与央行设定的通胀目标水平下的利率要求仍然存在差距。如果从这几种利率中选择基准利率，从目标通胀率的实现情况这个角度上来看是不满足条件的。目标通货膨胀率的实现一直是基准利率选择的一个重要政策目标，因此从通胀率的角度来看，Shr01 的通胀值是最小的为 4.301，Rep01 的通胀值是最大的为 5.630；如果单单从这六种中做比较，7 天回购利率、隔夜（一天）中国银行间同业拆借利率和隔夜（一天）上海银行间同业拆借利率的通胀率与央行设定的通胀目标均值 3.85 的差异最小的，这说明相比较其他几种基准利率而言，7 天回购利率短期、隔夜（一天）中国银行间同业拆借利率和利率隔夜（一天）上海银行间同业拆借利率品种作为政策调控基准利率更具优势。

(5) 通过实证检验，我们不难看出，就利率调整与货币供应量变化的关系而言，只有两个系数的符号是负的，这就表明只有两个短期利率品种的变化与货币供应量成反比，而其余四个短期利率品种的符号是正的，这与经济理论和预期的相佐，说明这四个短期利率对货币供应量 M2 的变化的反应数据异常，根本无法对货币供应量 M2 增长率的变化做出正常的反应。就货币供应量系数而言，Rpr01 在 5%系统水平上是显著的，Chr01 在 1%系统水平上是显著的，其余四种利率品种都是不显著的，而且其他四种利率品种的各系数绝对值都非常小，说明它们对货币供应量 M2 增长率的变化并不敏感性。

(6) 从两个不同期限的产出缺口系数的差异来看，中国银行间同业拆借利率的系数差异最大为 0.576，其次是上海银行间同业拆借利率的系数为 0.380，隔夜（一天）回购利率品种的产出缺口系数最小为 0.105。而从三种利率的隔夜（一天）与七天利率品种来看，隔夜（一天）利率的产出缺口系数皆小于七天利率品种的产出缺口系数。这说明 7 天回购利率和隔夜（一天）回购利率的两个品种利率对经济增长变化所产生的反应较为一致，而隔夜（一天）中国银行间同业拆借利率和 7 天中国银行间同业拆借利率、隔夜（一天）上海银行间同业拆借利率和 7 天上海银行间同业拆借利率与经济增长变化所产生的反应表现完全不同。就产出系数而言，Chr01 的产出系数最小为 0.590，Rpr07 的产出系数为 1.123，Chr07 的产出系数为 1.165，相较于其他几种利率品种都较大，六种短期利率品种的产出系数在 1%统计水平上都是显著的，符号与预期相一致。总的来说，六种利率品种的产出系数值都比较大，但几种利率品种之间相互的差异变化不大，这说明回购利率、上海银行间同业拆借利率和中国银行间同业拆借利率等六个短期利率品种对产出变化都反应敏感，能够很好地反映经济发展的状况。

（7）六个短期利率品种的通胀率系数在1%统计水平上表示为显著的，系数符号和预期保持一致，总的来说，六个利率品种的通胀率系数差异变化不大。在这种情况下当通胀率上升时，利率的调整幅度小于通胀率上升的幅度，会引起实际利率的下降，这会导致总需求进一步地上升，连带通货膨胀的上升，从而加剧通货膨胀，形成恶性循环；相反，则会导致通货紧缩的恶性循环。这说明若以这六个短期利率品种作为基准利率，则政策反应函数是一种不稳定的货币政策，不符合泰勒规则为实现经济稳定所设定的泰勒条件。

就各品种利率对通货膨胀的反应系数来说，Repo01的通货膨胀系数最小为0.146，Repo07的通货膨胀系数最大为0.27，可见回购利率中，一天和七天的利率品种的通胀率系数差异较上海银行间同业拆借利率和中国银行间同业拆借利率更大，这就说明七天回购利率和一天回购利率两种利率品种对价格水平变动产生的反应存在较大的差异性。而Shr07和Shr01两种利率品种的通胀率系数最小，这说明Shr07和Shr01对价格水平变动所产生的反应的差异性较小，对物价水平的变动具有显著的相关性，都能够较为一致地衡量通胀率的变化。

（五）模型稳健性的检验与结果分析

为了更加客观地评价六个短期利率品种的政策反应模型，使基于常数通货膨胀目标的政策反应模型的基准GMM估计结果更加具有说服力，本部分主要通过OLS、对子样本的基准估计及OLS估计和采用变化的通货膨胀目标等四个方面，来评测基准政策反应模型的可靠性和稳定性。

在表4-21和表4-22中获得的模型稳健型检验结果中，检验结果基本与基准政策反应模型相吻合，表明基准政策反应模型稳定可靠。估计的解释变量在符号和大小上都基本符合。从一定程度上来看，调整的值与基准政策反应模型的估计值非常接近，并且都处于合理范围内，说明这六种利率品种所对应的六种政策反应模型从整体上来看都是具有显著性的。同样地，在1%的系统水平上，各协整方程的残差ADF检验都具有显著性，这说明我们所估计出来的协整方程是具有稳定性的，而各变量之间都存在一定的协整关系。表4-22和表4-23总结了OLS和GMM分别对整个样本和子样本获得的隐式通货膨胀值的均值和标准差。从整个样本中获得的最佳的四种利率品种分别是一天中国银行间同业拆借利率、一天上海银行间同业拆借利率、7天回购利率和7天上海银行间同业拆借利率，从子样品中获得的最好的四种利率品种是一天中国银行间同业拆借利率、一天上海银行间同业拆借利率、7天回购利率和7天中国银行间同业拆借利率。

表 4-20 稳健性检验结果 Shr01、Chr01、Rpr07（1）

检验维度	政策工具			
不同的估计方法：OLS 估计	常数值	1.054 378***	1.058 182***	1.269 891***
	通胀	0.074 182**	0.074 713**	0.117 523***
	产出	0.506 244***	0.490 657***	0.662 538***
	汇率	-0.024 834**	-0.023 419**	-0.022 778**
	货币供应	-0.042 948*	-0.043 808	-0.049 009
	平滑	0.399 665***	0.408 885***	0.406 066***
	隐含通货膨胀	5.117	4.965	4.857
	调整的 R^2	0.596 287	0.567 850	0.622 486
	残差 ADF	-9.205 527***	-9.143 530***	-9.365 852***
不同的变量测度：时变通胀目标	常数值	0.716 930***	0.919 838***	2.693 963***
	通胀	0.173 459***	0.199 509***	0.303 428***
	产出	0.435 880***	0.533 735***	0.988 845***
	汇率	-0.018 861***	-0.023 132***	-0.051 501***
	货币供应	0.026 563*	0.022 971	-0.041 444**
	平滑	0.679 290***	0.602 899***	0.110 551
	调整的 R^2	0.599 901	0.579 283	0.640 917
	残差 ADF	-8.134 087**	-7.032 323***	-6.115 822***

表 4-21 稳健性检验结果 Shr01、Chr01、Rpr07（2）

检验维度	政策工具	Chr01	Shr01	Rpr07
子样本估计：2008 年至 2013 年 GMM 估计	常数值	-0.019 328	0.041 691	0.569 551***
	通胀	0.140 954***	0.175 531***	0.182 206***
	产出	0.408 890***	0.554 473***	0.843 291***
	汇率	-0.015 290***	-0.020 430***	-0.016 505**
	货币供应	0.025 382**	0.026 518**	-0.009 575
	平滑	0.742 597***	0.653 018***	0.501 608***
	隐含通货膨胀	4.471	4.537	5.132
	调整的 R^2	0.582 174	0.574 790	0.693 990
	残差 ADF	-7.125 659***	-6.702 237***	-7.333 881***

续表

检验维度	政策工具	Chr01	Shr01	Rpr07
子样本估计：2014年至2018年 OLS方法	常数值	1.012 820***	1.046 067***	1.096 818***
	通胀	0.158 222***	0.167 473***	0.185 794***
	产出	0.917 583***	0.955 907***	0.979 667***
	汇率	-0.026 598**	-0.025 919**	-0.022 127**
	货币供应	-0.033 322	-0.035 488	-0.033 169
	平滑	0.277 676**	0.262 711**	0.372 257***
	隐含通货膨胀	4.438	4.417	4.296
	调整的 R^2	0.669 640	0.641 071	0.707 897
	残差ADF	-7.988 053***	-7.838 869***	-7.132 444***

表4-22 预计通货膨胀率与目标①（2007—2018年）的比较

利率品种	Chr01	Chr07	Shr01	Shr07	Rpr01	Rpr07
GMM方法	4.401	4.845	4.301	4.801	5.630	4.781
OLS方法	5.117	4.913	4.965	4.814	5.886	4.857
均值	4.759	4.879	4.633	4.807	5.758	4.819
标准差	0.506	0.048	0.469	0.009	0.180	0.054

表4-23 通货膨胀预测与目标（2008—2018年）的比较

利率品种	Chr01	Chr07	Shr01	Shr07	Rpr01	Rpr07
GMM方法	4.471	4.956	4.537	5.529	5.678	5.132
OLS方法	4.438	4.312	4.417	4.295	5.018	4.296
均值	4.455	4.634	4.477	4.912	5.348	4.714
标准差	0.023	0.455	0.085	0.873	0.467	0.591

（六）模型的基本结论

在中央银行的政策反应模型中，本文在提前设定的通货膨胀目标制基础之上，认

---

① 全样本通货膨胀目标均值是3.850。

为一天中国银行间同业拆借利率和一天上海银行间同业拆借利率是最佳的选择，紧随其后的是 7 天回购利率。就整体政策反应模型而言，可以得出以下基本结论：

这六个短期利率的产出和通货膨胀率具有统计上的显著性，表明中国的短期利率能够基本反映整体经济的增长，并对市场经济的变化具有敏感性，能够及时作出正确调整，促进经济增长和价格稳定。然而，在这两者系数值的比较中，通货膨胀缺口的系数显著小于产品缺口的系数，这表明短期利率变化对经济增长或产出变化的敏感性远远大于价格波动的敏感性。由于它的政策反应模型所检测的通货膨胀系数小于 1，说明使政策反应模型在抑制通货膨胀方面缺乏稳定性，使通货膨胀目标制的政策反应模型缺乏持久的稳定机制。

对 6 个短期利率的汇率和货币供应量的预测进行比较后发现，在 6 个短期利率中，大部分对于货币汇率变动在 1% 的水平上都是显著的，但对于货币供应量，即便在 5% 的系统水平以上，也是很难具有显著性的。这就说明回购利率、上海银行间同业拆借利率和中国银行间同业拆借利率这三种基本上随着市场化变动而变动的利率，能够良好地在外汇市场上反映出资金的供求信息，并且为了应对国际外汇市场上的不确定因素的波动带来的冲击，形成了良好的调整和反馈机制。在这六个短期利率波动中，货币供需 M2 的增长率并不大，这表明中国的供需 M2 很难真正反映货币市场中资本供需的关系，货币供应量 M2 与市场利率之间的关系越来越模糊。这可能是由于金融市场和金融产品的创新，货币资金供应量 M2 的可衡量性下降，货币供需 M2 与实体经济的关系脱轨。这也说明了货币供应量越来越不具备作为货币政策中介工具发挥调控的作用，从而让位于以利率作为货币政策中介工具，实现货币政策目标。

从基准政策反应模型及其稳健模型检验结果来看，现阶段六种短期利率品种作为货币政策中介工具变量仍然存在不足，难以合理控制通货膨胀，熨平经济周期性波动。一方面，六种短期利率品种难以实现经济增长的平稳性，容易造成过国民经济的大起大落。另一方面，六种短期利率品种难以实现中央银行或中央政府设定的通货膨胀目标，达到维持中央银行或中央政府的公信力和权威性，稳定社会预期。在这个阶段，六个短期利率品种不足以作为货币政策的中介变量，但就央行的政策调控目标而言，上海银行间同业拆借利率（Shibor）在与其他短期利率品种相比较，是效果最佳的，其次是中国银行间同业拆借利率和七天回购。

通过对我国主要基准利率作为央行基准利率的备选目标的可能性而进行的实证检验分析，可以发现隔夜（一天）上海银行间同业拆借利率，7 天回购和隔夜（一天）中国银行间同业拆借利率是相对合适的。再从中央银行制定和实施货币政策的视角，根据中央银行承担的职责和任务，通过构造了一个基于通货膨胀目标制的政策反应模型，来模拟中央银行的货币政策利率，利用 2007 至 2018 年的数据，依据政策反应模型测算出来的通货膨胀率与中央银行或中央政府设定的通货膨胀率的比较，探讨和分析了主要短期利率品种作为货币政策中介工具的央行基准利率的适宜性。结果发现,隔夜 Shibor、隔夜 Chibor 和 7 天 Repo 是相对适宜的。综合本文的对比分析和实证检验的结论,可以认为,相对其他利率品种而言,隔夜 Shibor 和 7 天 Repo 最有可能作为利率市场化后我国中央银行基准利率的最优选项。

二、新型货币政策工具应用下基准利率选择的实证检验

（一）新型货币政策工具介绍

自 2013 年伊始,为了更好地管理流动性,稳定市场利率波动,我国先后创设了多种新型货币政策工具,主要包括公开市场短期流动性调节工具（SLO）、常设借贷便利（SLF）、中期借贷便利（MLF）、抵押补充贷款（PSL）等,这些工具的主要功能特点如表 4-24 所示。

表 4-24　几种主要新型货币政策工具的功能特点

工具名称	公开市场短期流动性调节工具（SLO）	常设借贷便利（SLF）	中期借贷便利（MLF）	抵押补充贷款（PSL）
主要功能	在公开市场常规操作的间歇期使用,以调节市场短期流动性供求状况	满足金融机构较长期限的大额流动性需求	提供中期基础货币、稳定市场的预期	投放基础货币,引导中期政策利率
操作对象	公开市场业务一级交易商中具有系统重要性、资产状况良好、政策传导能力强的部分金融机构	主要为政策性银行和全国性商业银行	符合宏观审慎管理要求的商业银行、政策性银行	政策性银行
操作模式	人民银行根据货币调控需要,综合考虑银行体系流动性供求状况、货币市场利率水平等多种因素,灵活决定该工具的操作时机、操作规模及期限品种等	由金融机构发起,中央银行以抵押的方式向提出申请的金融机构发放贷款,必要时采取信用借款方式发放	金融机构可以通过质押利率债和信用债获取借贷便利工具进行投放	由中央银行主动发起,以抵押的方式向政策性银行发放贷款
操作期限	7 天期以内短期回购为主,遇节假日可适当延长	通常为 1 个月至 3 个月	3 个月,临近到期可重新约定利率并展期	3 个月以上,最长可能至 5 年

续表

工具名称	公开市场短期流动性调节工具（SLO）	常设借贷便利（SLF）	中期借贷便利（MLF）	抵押补充贷款（PSL）
抵押/质押品	无	合格抵押品包括国债、中央银行票据、政策性金融债、高评级公司金融债等四类债券资产和优质信贷资产	国债、央行票据、政策性金融债、高等级信用债等优质债券	高信用评级的债券类资产及优质信贷资产等
利率决定方式	市场化利率招标方式	中央银行根据货币政策调控、引导市场利率的需要等综合确定	市场化利率招标方式	中央银行制定

资料来源：马理和刘艺（2014）、安宇宏（2014）、胡岳峰（2015）、姜汝楠和程逸飞（2014）等人的研究文献。

新型货币政策工具作为市场化的操作工具，主要通过市场主体的交易来起作用，这与基准利率作为市场化利率的本质是相同的。鉴于中央银行创设新型货币政策工具的用意在于更加灵活精准地向金融市场提供流动性，金融市场流动性的充足率与供求平衡状况会直接影响同业、债券等市场资金需求状况，进而影响这些市场提供资金的价格和收益率水平。事实上，在近年来的具体实践中，新型货币政策工具也表现出可以引导无风险利率的下降。[①] 考虑到本文研究的是新型货币政策工具对基准利率的影响，因此，我们将这种基准利率类比为无风险利率，具体分析新型货币政策工具对其价格和波动性的影响。从已有文献研究来看，新型货币政策工具对基准利率的影响主要是通过资产负债表渠道和作为信贷最后承诺人来起作用，其中，资产负债表渠道主要会对基准利率的价格产生影响，作为信贷最后承诺人会对基准利率的波动产生影响。

（二）新型货币政策工具影响下基准利率选择的实证检验

1. 模型设定

从基准利率的理论内涵来看，基准利率应该具有两个重要属性，分别是基准性和传导性。其中，基准性是指基准利率是金融市场上其他利率调整和变动的依据，这是因为基准利率在理论上应该是一种无风险利率，其他利率都是以基准利率为基础，加上一定的风险溢价水平得以确定；传导性是指央行对基准利率的调整意图能有效地传

[①] 刘振冬. 创新货币政策工具难以替代降准效用 [N]. 经济参考报，2015-08-21（001）.

递到金融市场，并引起金融市场上其他利率的变动，也即基准利率与其他利率的变动之间，存在直接或者间接的相关性。对此，在早期以传统货币政策工具为主的情况下，对基准利率进行比较和选择，我们主要就是这两个属性出发，重点考察基准利率的基准性和相关性。然而，考虑到自 2013 年我国开始采用新型货币政策工具来调控基准利率，从新型货币政策工具对基准利率的作用机理出发，在对基准利率进行比较和选择时，我们就应该不仅考察基准利率的基准性和相关性，同时也考察基准利率的稳定性。为此，我们利用向量自回归（VAR）模型对所选择的变量分别进行格兰杰因果关系、相关性系数和脉冲响应函数分析，以确定适合作为我国货币政策新环境下基准利率的最终变量。

VAR 模型是用于解释由多个经济指标构成的时间序列系统之间相互关系的主要模型之一，它的二元 P 阶形式为

$$y_t = \gamma + \sum_{m=1}^{p} \alpha_m y_{t-m} + \sum_{m=1}^{p} \beta_m x_{t-m} + \varepsilon_t \quad (4-10)$$

$$x_t = \gamma + \sum_{m=1}^{p} \gamma_m y_{t-m} + \sum_{m=1}^{p} \varphi_m x_{t-m} + \mu_t \quad (4-11)$$

其中，y_t 和 x_t 是两个相互影响的时间序列变量，m＝1、2⋯p，p 是滞后阶数，ε_t、μ_t 是随机扰项。根据计量经济学分析方法，一个二元 P 阶的 VAR 模型可以进行格兰杰因果关系检验、相关性系数和脉冲响应函数分析。

2. 变量选取与数据处理

从各国的具体实践来看，基准利率的比较与选择通常在基础性和相关性程度都比较高的利率指标中进行中，我国也不能例外。从中国目前的市场情况来看，银行间市场债券质押回购利率、存款类机构间利率债质押回购利率、银行间同业拆借利率和上海银行间同业拆借利率是市场化程度相对较高的利率指标。考虑到上述利率都有丰富的期限品种，对此，我们参考王志栋（2012）、杨敏（2017）等人的研究成果，根据交易量[①]和市场关注度对每种利率的期限品种进行了选择，最终确定适合进行实证检验的利率变量，分别为银行间市场债券质押隔夜回购利率（R001）、存款类机构间利率债质押隔夜回购利率（DR001）、银行间隔夜拆借利率（IBO001）、上海银行间隔夜拆借利率（Shibor0/N）（这样的选择也保持了检验对象期限标准的一致性）。[②]

鉴于我国推出新型货币政策工具的时间分别为 2013 年和 2014 年，因此对上述变量选取的时间限定为 2015 年 1 月 1 日至 2019 年 5 月 21 日的日数据，数据来源均为东方

---

① 交易量可以反映市场资金的变化情况与流动性的大小，大规模的交易量更是市场资金走向的重要标志，理性的市场参与者都会高度关注具有大规模交易量的利率，并参照该利率的变化进行相应的行为调整。

② 杨敏．新型货币政策工具运用与基准利率选择［J］．金融发展评论，2017（07）：132-140．

财富 Choice 数据库。采取 Stata14.0 进行数据处理和实证分析，为了确保指标数据的可信度，我们首先对这些指标进行描述性统计分析（Descriptive Analysis），结果如表4-25所示。从变量特征统计表可以发现，各个变量的标准差均较小，说明变量比较平稳，可以进行下一步分析。

表 4-25 变量特征统计

Variable	Obs	Mean	Std. Dev.	Min	Max
shiboron	1 093	2.287 276	0.467 736 1	1.027	3.64
ibo001	1 077	2.335 854	0.474 498	1.066 5	3.63
r001	1 093	2.335 729	0.502 674 8	1.024 1	4.054 9
dr001	1 076	2.272 643	0.476 555 6	1.004 2	3.534 5

3. 实证检验与结果分析

（1）基准性检验

关于利率指标的基准性检验，可以通过格兰杰因果检验得以实现，VAR 模型的一个重要应用就是分析经济时间序列变量之间的因果关系，确定一个指标变量是否具有基准性，也即检验其是否是其他变量变动的原因。格兰杰因果检验主要解决了 x 是否引起 y 的问题，它的检验原理为：如果 x 是 y 的因，但 y 不是 x 的因，则 x 的过去值可以帮助预测 y 的未来值，但 y 的过去值却不能帮助预测 x 的未来值。其中，滞后除数 p 可根据"信息准则"或"由大到小的序贯 t 规则"来确定。检验原假设"$H_0: \beta_1 = \cdots = \beta_p = 0$"，即 x 的过去值对预测 y 的未来值没有帮助。如果拒绝 H_0，则称 x 是 y 的"格兰杰因"（Granger Cause）。将以上回归模型中 x 与 y 的位置互换，则可以检验 y 是否为 x 的格兰杰因。由于格兰杰因果检验仅适用于平稳序列，为此首先对时间序列数据进行单位根检验，确保变量数据为平稳数据，再进行下一步的格兰杰因果检验。

表 4-26 DF 单位根检验结果

		Test Statistic	1% Critical Value	5% Critical Value	10% Critical Value
shiboron	Z (t)	-6.127	-3.430	-2.860	-2.570
ibo001	Z (t)	-6.171	-3.430	-2.860	-2.570
r001	Z (t)	-6.886	-3.430	-2.860	-2.570
dr001	Z (t)	-6.411	-3.430	-2.860	-2.570

MacKinnon approximate p-value for Z (t) = 0.0000

本文采取 Dickey-Fullers 检验（DF 检验）做单位根检验，结果显示见表 4-26，在水平条件下，shiboron、ibo001、r001、dr001 的 DF 统计量都分别小于 1%、5%、10% 显著水平的临界值，所有变量都是平稳的时间序列，符合做格兰杰因果检验的条件。因此，进一步对 shiboron、ibo001、r001、dr001 进行格兰杰因果检验（见表 4-27）。

表 4-27 格兰杰因果检验结果

Equation	Excluded	chi2	df	Prob>chi2
shiboron	ibo001	3.8282	2	0.147
shiboron	r001	0.61876	2	0.734
shiboron	dr001	6.2295	2	0.044
shiboron	ALL	12.477	6	0.052
ibo001	shiboron	0.02738	2	0.986
ibo001	r001	0.45446	2	0.797
ibo001	dr001	6.3196	2	0.042
ibo001	ALL	12.613	6	0.05
r001	shiboron	0.26757	2	0.875
r001	ibo001	2.9317	2	0.231
r001	dr001	4.2723	2	0.118
r001	ALL	16.251	6	0.012
dr001	shiboron	0.22376	2	0.894
dr001	ibo001	3.7163	2	0.156
dr001	r001	0.28349	2	0.868
dr001	ALL	7.8775	6	0.247

检验结果显示，存款类机构间利率债质押隔夜回购利率（DR001）的基准性较强，它不仅是上海银行间隔夜拆借利率（Shibor01）的格兰杰原因，也是银行间隔夜拆借利率（IBO001）的格兰杰原因。比较而言，其他利率都不是存款类机构间利率债质押隔夜回购利率（DR001）的格兰杰原因。在此，格兰杰因果关系给出了存款类机构间利率债质押隔夜回购利率（DR001）作为基准利率最优性的解释，这与我国央行近年来努力培育存款类机构间利率债质押隔夜回购利率（DR001）作为货币市场基准利率的政策意图相一致。

（2）相关性检验

为了更好地说明几种利率之间的相关性，我们首先根据几种利率的日数据做出基本走势图。如图 4-7 所示，几种利率的走势大体相同，但 R001 和 DR001 的波动幅度相对其他利率而言要更显著，这说明 R001 和 DR001 对其他利率有一定的带动性和影响力。接下来，我们利用 Stata 软件对这几种利率的相关系数进行分析。

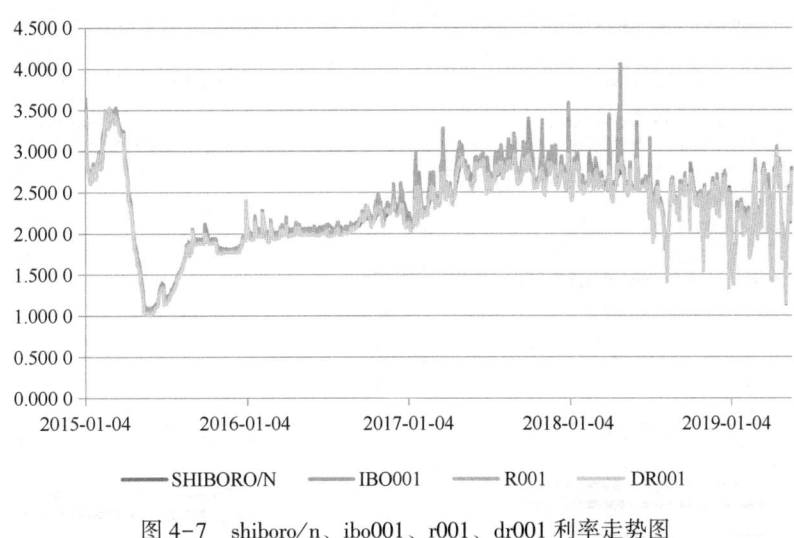

图 4-7 shiboro/n、ibo001、r001、dr001 利率走势图

由表 4-28 可以看出，相对于 R001、IBO001、SHIBORON 而言，存款类机构间利率债质押隔夜回购利率（DR001）与其他利率之间的相关系数更高，且这些系数的显著性水平均超过 0.05，这说明在相关性方面 DR001 也更符合作为基准利率的要求。

表 4-28 shiboro/n、ibo001、r001、dr001 利率之间的相关系数

pwcorr 检验（显著性水平 0.05）				
	DR001	Shibor0/N	R001	IBO001
DR001	1			
Shibor0/N	0.9966	1		
R001	0.9899	0.9818	1	
IBO001	0.9969	0.9982	0.9864	1

（3）稳定性检验

基准利率的稳定性检验主要检验当受到外部冲击时基准利率的波动性。根据之前分析的新型货币政策工具对基准利率稳定性的影响，一个合适的基准利率应该在受到流动性冲击时具有较好的稳定性。为此，这部分主要利用脉冲响应函数来检验存款类

机构间利率债质押隔夜回购利率（DR001）受到流动性冲击时的稳定性水平，并采用货币净投放量指标来反映货币市场的流动性冲击，具体选取2015年1月至2019年5月的周数据进行分析。在脉冲响应函数分析中，X代表货币净投放量，Y代表DR001，Z代表R001，L代表IBO001，M代表SHIBORON。结果如图4-8所示，短期内四种利率对流动性冲击的反应都较大，长期看这种波动反应均会趋于减弱并恢复稳定。比较而言，DR001受到流动性冲击后的反应比其他利率小，且恢复平稳的基数也要比其他利率更早。这说明，在稳定性方面，DR001也更加符合作为基准利率的要求。

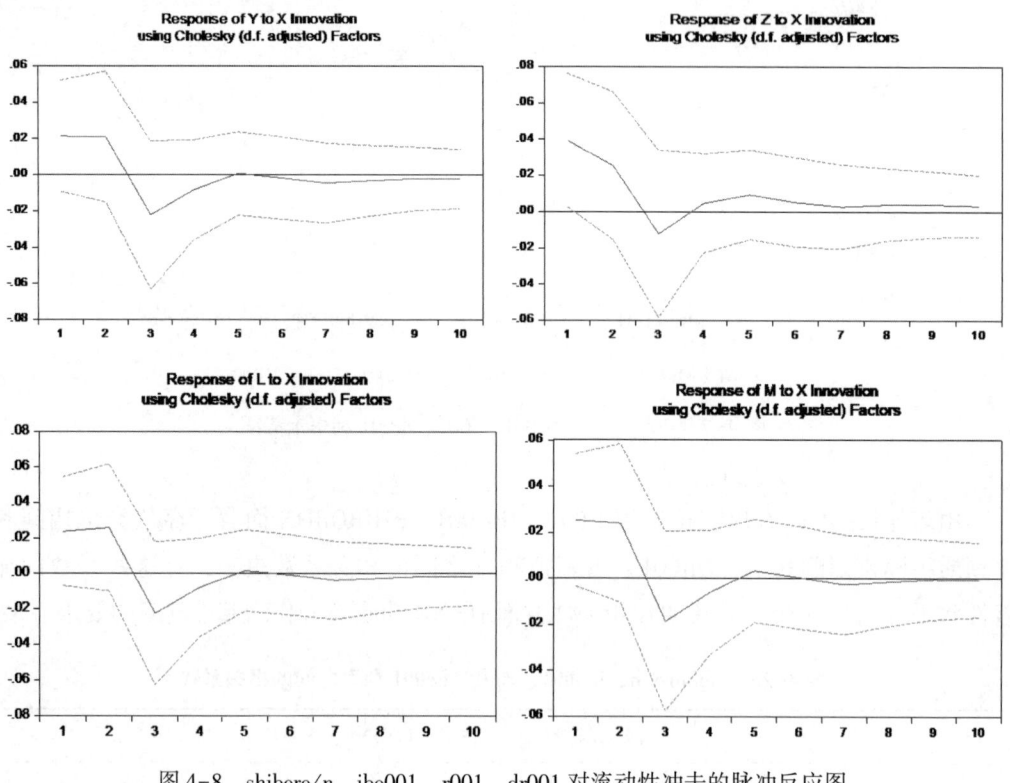

图4-8 shiboro/n、ibo001、r001、dr001对流动性冲击的脉冲反应图

（三）主要结论

根据此前对新型货币政策工具及其对基准利率主要影响的梳理，新型货币政策工具不仅会通过降低风险溢价水平，以提升基准利率的基准性，还会通过最后信贷人承诺以缓解基准利率的波动性。为此，本文通过构建VAR模型，并从基准利率的基准性、相关性和稳定性等三个方面，来实证检验我国现行利率体系下，究竟何种利率更为适合作为货币市场基准利率。研究结果表明，在新型货币政策工具影响的背景下，存款类机构间利率债质押隔夜回购利率（DR001）的基准性、相关性和稳定性相较于银行间市场债券质押隔夜回购利率（R001）、上海银行间隔夜拆借利率（Shibor01）、

银行间隔夜拆借利率（IBO001）等都更强。比较而言，DR001更适合作为我国货币市场基准利率的首选，这与我国央行近年来努力培育存款类机构间利率债质押隔夜回购利率（DR001）作为货币市场基准利率的政策意图相一致。当然，在目前的市场环境下，由于利率并轨尚未实现，以基准利率为中介目标的货币政策框架还不健全。接下来，还要加快推进利率市场化改革的完成，并提高新型货币政策工具对基准利率的传导效率，使DR001在新型货币政策工具的影响下真正发挥基准利率的作用。

新型货币政策工具的创设和使用，标志着央行货币政策正从数量型向价格型转变。理论上，这种转变使得央行能够更加灵活有效地参与商业银行流动性的管理，引起市场利率向央行预设目标靠拢。但是由于我国目前利率还存在双轨制，市场利率与存贷款基准利率同步并行，央行货币政策的调控信号无法快速传递到市场终端，新型货币政策工具的实际作用没有完全发挥。新近，央行有关人员多次提及利率并轨问题，这说明利率市场化的最后环节已提上议事日程。在此过程中及完成后，价格型货币政策工具的影响会有所增强，利率走廊机制的作用会日益凸显，DR001等利率的基准利率地位也将更加明确。为此，要想通过利率走廊机制来引导基准利率，就不仅要强化SLF作为利率走廊上限的功能，合理确定利率走廊宽度，充分利用MLF、PSL对中期政策利率的引导，将基准利率真正稳定在利率走廊区间内浮动；还要向市场明确传递对DR001的关注度，提升央行将DR001培育为基准利率的可信度。2016年三季度货币政策执行报告中，央行首次强调DR007的重要性，此后市场对DR007关注度明显提高，甚至将DR007确认为货币市场的基准利率。鉴于此前分析，如若未来要将DR001培育为货币市场基准利率，央行就需要向市场释放这一意图的明确信号，以提升DR001在货币市场的影响力。

第五章　我国基准利率的变动与管理：利率微调

第一节　利率微调的概念及理论

一、概念

当利率微调（interest rate fine-tuning）这个关键术语出现的时候，最初是用来描述中央银行在过去十多年，国外如何根据宏观经济条件调整利率水平，使得利率水平波动幅度微小。在某种程度上来说，"利率平滑"一词的含义与此非常相似。近年来，国内外学者经常提到这一点，并且利率微调和利率平滑都反映基准利率的特征，即往往是在同向，连续，小幅度地变动，而相反的方向变化相对不多，且时间间隔长。

利率微调是一种更加积极有效的调控手段，其政策目标是保持适合的经济增长率，使其不会出现飙升或骤降的变动，这样一来，经济发展将会处于长期稳定且持续增长的状态，此时的增长率便趋近于潜在的经济增长率。① 执行规则是，中央银行在经济开始过热时，应即刻作出科学合理的判断，同时通过逆风多次微调加息，以抑制投资和消费，从而抑制经济过热的现象；而一旦经济开始出现收缩征兆，但还没有完全进入衰退阶段时，中央银行同样立即采取了逆风措施，频繁小幅下调利率水平，刺激经济增长，预防衰退。这一模式的主要价值在于充分利用利率政策的监管作用，强调自我管理，基于理论，这一行动更加协调合理，结果也可以使经济更接近自然条件，使得经济更加稳定发展。

由于利率自身存在的特点，对于市场经济的影响渠道主要是利率机制。在利率机制中，不同的利率要素之间的关系是辩证统一的，其机制特点鲜明，对社会经济具有重要意义。利率传导机制的过程是为了改变市场上的资本价格，央行适当调节货币供应量，从而影响到投资者的贷款资本使用，控制公司的信贷额度和商业银行贷款的规模，冷却过热的经济同时刺激经济复苏。但是由于利率调控存在时滞性和见效慢的缺点，为保持经济增长，必须改变传统利率调控的控制模式。因而，我们必须注意对利

---

① 刘树成．多次性微调：使经济增长率不"冒顶"[J]．中国党政干部论坛，2007（02）：23-24+28.

率调控幅度的控制，决不能太大，同时我们也要注重基于利率调控效果及时更新政策，以便巩固已经取得的成果。具体做法如下，当经济过热时，为了抑制过热现象愈演愈烈，可以对利率水平进行频繁小幅度提高；如果经济增长率低甚至出现负数，中央银行可以采取相反的措施来刺激投资和消费，以促进经济增长。只有这样，才能在经济活动中充分利用市场机制，发挥经济机制和市场机制自身的功能，以推动经济朝着对于人类发展产生积极影响的方向前进。

如图5-1所示，横坐标表示时间，纵坐标表示经济增长率，曲线表示经济围绕ΔY_0波动。将时间分为t_0至t_1，t_1至t_2，t_2至t_3，t_3至t_4，表示四个阶段。根据传统的凯恩斯主义，如果经济下行，为了使经济繁荣起来，可以推出实施扩张性的政策，以减少长期的经济萧条所带来的损失；而当经济进入高涨，为了抑制经济的过快过热发展，央行实施紧缩性的政策。因为政策发挥的效果往往并不如预期一样，实际中的经济运行情况其实是图中的实曲线，其波动幅度比虚线曲线大。

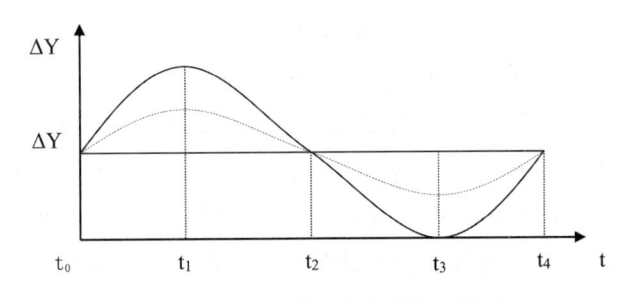

图 5-1 宏观经济运行的周期性波动

利率微调逐渐成为货币政策的新趋势，其更加注重经济的稳定性，避免了起伏不定。从理论上讲，经济接近于潜在的增长水平，如图中的虚曲线所示。换言之，当经济接近运行至高涨时，我们可以基于预测对利率进行微小的调整，以消除可能引致的通胀；当经济出现萎缩征兆，同样利用预测性降低利率，以防止经济进一步下滑。政策制定者的目标是为了使经济增长率不会出现飙升和骤降的现象，以使得经济水平能够在长期内逐渐向潜在的经济增长水平发展。

二、国外两种利率"微调"理论

货币政策规则，从其内涵的角度来看，并不属于规范利率的理论框架，但从逻辑上讲，利率微调是以发达国家（英国、美国等）的操作经验为基础而形成的一种规律。由近年来的货币政策文献可以发现，货币政策规则的主要内容可分为泰勒规则和通货膨胀定标规则两个方面，且被广泛运用于利率政策监管的具体操作。

(一) 泰勒规则下的利率"微调"

泰勒规则主要是说明央行的短期利率工具如何通过通胀和产出等经济指标对经济进行调整。基于泰勒规则，如果通货膨胀和产出变化是持续和逐步的，那么一个国家的基准利率就会相应地发生变化，这些变动是持续且小幅度的。泰勒认为，货币政策必须在明确界定的框架内实施。根据该框架，社会的实际产出水平在短期内影响货币政策，长期内则与通货膨胀或者紧缩有关。当经济运行与潜在产出水平不符时，且实际通货膨胀率与目标通货膨胀率相偏离，这对于社会的发展以及经济的增长都是不利的，因而需要适时调整利率。泰勒规则的具体形式如下：

$$i_t = r^* + \pi_t + h(\pi_t - \pi^*) + g[(y_t - y^*)/y^*] \qquad (5-1)$$

式中 i_t 是指本期的短期名义利率；r^* 代表均衡的实际利率水平；π_t 代表本期的通货膨胀率，π^* 代表中央银行的目标通货膨胀率；y_t 代表目前的国内生产总值，y^* 代表潜在的国内生产总值，$[(y_t-y^*)/y^*]$ 表示国内生产总值缺口；g，h 分别表示产出水平的偏离、通货膨胀的偏离对名义利率的影响系数。

泰勒规则规定了"中性"的货币政策。它的目标是稳定经济本身的增长水平，而不是通过其他方式人为地刺激经济增长，从而具备将规则和相机抉择结合的优势。根据泰勒规则的原理，央行进行微调时既可以实现政策目标还可以大大减少经济体系的突发性影响，这是由于其规则性保证了政策的连续性，同时相机抉择还增加了政策的灵活性和适应性。但是应当指出，虽然泰勒规则在实际操作上有一定的适用性，却并不能将泰勒规则自身的缺点所隐藏起来。实际上，在实践中泰勒规则也存在一些局限性。例如，衡量相关变量和参数的方法不确定，在政策规则发挥作用时增加了其风险。此外，泰勒规则的范围也是有限的。例如，该规则只有在市场化程度高且利率机制发展完善的国家才能很好地发挥其应有的功能；而且泰勒规则是一国央行在具有使用货币政策工具独立性的基础上形成的，这对于一些国家在实际操作中很难做到。也有学者指出，一国实行固定汇率制，则央行在银行同业拆借利率方面的自由会被固定汇率的需要所削弱。

(二) 通货膨胀定标规则下利率"微调"

通货膨胀定标 (inflation targeting，IT) 属于新古典综合学派理论的研究内容。在全球，新西兰是首个使用通货膨胀目标制的国家，接着这种方法被许多其他国家效仿。泰勒规则是基于双变量目标，而通货膨胀定标规则与此不同，它是指央行在最优控制理论的基础上直接针对通胀，并公开其目标，制定最优名义利率反应函数。在这种规则下，当央行为实现长期通货膨胀目标而调整利率时，银行一般会选择使通胀的短期目标趋近于其长期目标，以使得在目标出现偏离状况时市场仍能够保持足够的活力。

在此基础上，通货膨胀目标规则可按下列模式表示：

$$i_t^* = \bar{i} f_\pi(\pi_{t+1,t} - \pi) f_{y_t} \quad (5-2)$$

$$i_t = p_{t-1}^i + (1-p) i_t^* \quad (5-3)$$

其中，i_t^* 代表名义利率，$\bar{i}$ 代表自然失业率水平下的长期名义利率，$\pi_{t+1,t}$ 代表当期对未来通胀率的预期，π^* 是通货膨胀率的目标，y 代表产出缺口。

虽然通货膨胀定标规则在实践中有许多优点，但中央银行的货币政策是否能在通货膨胀定标规则的指导下，尽量减少社会福利损失是值得怀疑的，特别是其忽视了失业等一系列问题。而且，在实践过程中，该规则的灵活性和可靠性之间是相关替代的。因此，合理的通货膨胀定标规则不应过于僵硬，还必须确保一定程度的灵活性，并使产出获得一个稳定的正权重，使预期更接近于目标。它是一种相机抉择性的规则，既具备货币政策规则的优良特点，也继承了相机抉择的优势。但是，要在一定的先决条件和情况下使用通货膨胀定标规则，它才会发挥作用，这些条件包括：将利率政策的主要目的确定为稳定价格，而且还需要稳健的金融体系和健全的银行体系等。

三、利率微调的操作原则

调整利率是作为宏观经济管理的一个重要工具。然而，由于利率政策本身的缺陷，传统利率调控下的宏观经济通常围绕潜在的经济增长率波动，且波幅较大。因此，利率调整以避免经济运行出现大幅度的波动为指导原则，强调稳定的宏观经济运行。这种基于当前经济条件和预测经济条件的控制方法是一种更加主动和有效的控制方法，这类方法虽然反映了一定规则的分析思想和框架，但在本质上仍属于凯恩斯经济学，且融入了一定规则的相机抉择。因此，利率调整是指中央银行应及时、适度和灵活调整利率，以抑制经济活动的短期波动，同时维持经济稳定和可持续的长期经济增长。因此，利率调整应遵循下列原则：

第一，前瞻性。基于过去的经验，利率政策发挥效应存在时滞（半年至一年半），为了充分发挥利率政策的作用，就必须考虑利率政策的滞后性，在具体操作上需要提前规划，提高利率政策的科学合理性，使其对经济产生良好的影响。[1] 国外经济学家格哈德·伊宁（1997）认为，由于过去的利率调整政策不能恰当地发挥其作用甚至可能产生副作用，所以利率政策应该具备前瞻性。[2] 可以看出，中央银行应根据预期的价格指标和经济增长指标，针对市场经济的发展现状及时调整利率水平，以平抑经济波动。

---

[1] 钱小安. 货币政策规则 [M]. 北京：商务印书馆，2002：362-369.
[2] 格哈德·伊宁. 货币政策理论——博弈论方法导论 [M]. 北京：社会科学文献出版社，2002：187.

第二，高频率。利率微调并非一次性的超大幅度的调整，而是多次小幅的形式，且调整速度是恰当的，不应太快。这是因为利率调控模式本身存在一些缺略：时滞性和较大惯性，过高的频率会使得这些负面影响更加严重。因此，在利率微调模型中，虽然中央银行的调整率高于传统的监管模型，但为了政策效果的更好发挥，应注意在每项调整之间确定适当的时间间隔，这样可以更好地监测利率政策的有效性，正确地判断国家投资计划的合理性，并为下一阶段的利率管理做好准备。

第三，小幅度。基于各国利率政策的实际做法来看，决策者是在固定政策模型的基础上，且以能够准确衡量主要经济变量为前提条件的同时得出利率调整的决定。然而，由于一些宏观经济变量无法直接衡量，对于利率政策依赖的宏观经济状况，央行并未充分理解，在这种情况下，执行利率政策必须谨慎、逐步地进行调整监测，以确保利率传导渠道的合理性。但是，利率的微小变化有利于政策机构针对不利的经济调控后果及时应对。此外，一次到位的大幅度的利率调整改为多次小幅调整，可以使中央银行的利率政策更加持续，能够更好地发挥起作用。

第四，逆风而行。虽然利率政策必须符合某些规则，但它必须反映出市场的相对灵活性。利用"逆风"微调利率意味着中央银行在调整利率的过程中不受任何外部因素的影响，同时为了实现货币政策制定者的经济目标，应当根据经济的实时具体情况进行特定的措施，逆风而行。[①] 为了保证利率政策的高度灵活性，货币当局首先必须确保准确了解经济实时情况，不然，利率政策不但达不到预期效应，而且还会产生负面影响。一旦央行无法准确把握经济的实时情况，甚至作出错误的评估，很大概率会引致选择不当的调整时机，这样一来，不仅大大降低其政策效应，也会增加经济的波动性。

结合以上分析，我国利率的微调必须遵循以下原则：

第一，利率微调的可预期性原则。

归根结底，利率微调是相机抉择式的调控方式。在一定程度上，发挥着准确预测和培养市场参与者理性预期的作用。在这方面，利率微调的关键是准确理解政策的方向，这可以大大降低利率政策出台所产生的影响，从而保持经济的相对稳定。在市场经济中，某些政策手段的信号传递通常比政策本身更为重要。可预测的利率调整是根据中央银行的规则进行。根据这些规则，市场参与者和中央银行都有权对利率进行调整，提高利率的可预测性，并减少市场波动。因此为了降低市场信息的成本，提高利率微调的有效性，必须尽快制定透明和公平的利率管理规则。在这个基础上，中国应该尽快转向开放、透明、规范的利率微调的操作方式，以达到能够准确传递中央调控信号的目标，同时增强群体的预期能力，充分发挥其作用。

---

① 范方志，赵明勋. 当代货币政策：理论与实践 [M]. 上海：上海三联书店，2005：162.

第二，利率微调的前瞻性原则。

利率政策发挥其效应有一定的时滞。因此，调整利率的政策必须是前瞻性的（考虑到政策决策中的政策延迟），并要能够及时应对未来的宏观经济变化。在此基础上，当央行决定微调利率时，应当在科学理论的基础上采取预防性策略，提高利率微调的作用，使得微调理论的效果更加明显和可靠。正是由于滞后性的存在，使得利率政策在发挥作用时，其依据的已是过去的客观环境，因此容易产生与利率政策目标相反的结果。而相对应的前瞻性利率微调意味着利率政策是根据我们制定的中长期目标设计和实施的，在经济波动之前，采取适当措施，确保经济的稳定运行，以尽可能地减少经济波动带来的损失。因此，央行应在遵守经济运行的客观规律基础上，制定调整利率的政策，同时也必须充分考虑到长期经济发展和短期变化，提前制订计划，防止发生危机。

第三，利率微调的配套性原则。

不论是理论还是实践方面，与数量机制相比，价格机制的作用和灵活性更适合市场经济的运作。当前中国的经济仍处于转型期，在转型过程中，总量问题与结构问题并存，但数量型工具主要是在总量性调控方面起作用，而价格型工具则主要针对结构调控。因此，在货币政策的实施过程中政策工具需要配套使用，不仅要有利率和汇率这样的价格型工具，也要有数量型工具。通过强化不同工具的合作使用，货币政策控制才可以有更广阔的运作空间，二者共同努力，相互补充，从而达到预期的政策效果。这就是为什么在中国进行利率调整时，有必要结合其他货币政策措施来解决经济问题。

一些学者认为，1996年5月至2002年2月期间，利率是管理货币政策的最重要工具。2002年3月以来，中央银行更加重视开放市场和存款准备金等数量型工具。但是事实上，近年来，中央银行定期调整存款准备金率，特别是自2008年以来，存款准备金率已经被多次调整。这样的目的并不是要取代利率政策的主导作用，而是为了要适应当时宏观经济的具体情况。事实上，存款准备金率和利率是中国人民银行采用的两种主要货币政策手段，根据具体情况决定运用哪一种工具。例如，如果市场流动性过高，资产价格上涨，则主要采用存款准备金政策；而当通货膨胀压力上升时则采取利率政策。总结了近年来中国货币政策的实践发现，利率调整往往出现在存款准备金率变动之后不久，这意味着银行的政策操作手段日益完善。在这一进程中，数量型和价格型工具方面的协调与合作，将有助于为经济创造有利的环境，以及对经济稳定的保护。

第四，利率微调的市场取向性原则。

利率市场化是国际金融体系改革的趋势和方向，也是将利率决定权逐步转向由市场决定的进程。美国利率的高度市场化，是美国在格林斯潘时代的利率调整政策中取得重大成功的先决条件之一。美国于1986年实现利率市场化后，其信贷货币市场的供需情况和市场参与主体的意愿都能得到良好的反映。而且除了贴现利率和基准利率是由美国政府直接控制，其他利率则可以在此基础上，根据市场的供需自主决定。美国政府选择联邦基金利率作为基准利率，在利率市场化的基础上，市场可根据基准利率进行自主调整，从而进一步优化市场配置和促进经济发展，以确保利率政策实施的有效性。

基于世界各地的实践，关于中央银行间接管理市场利率的优势已有足够的研究表明，这种利率政策调控方式既保证了市场意愿被准确传达，也保障了货币当局的监管能力，中央银行仍然可以利用对基准利率的调整来管理和影响市场利率。正是在这种市场条件下，利率转换机制才是稳定的，市场参与者才会正确理解央行政策的意图，并确保利率的有效调整。因此，就我国而言，央行之后将面临两个挑战：第一，如何有效地使用基准利率。这需要在完善利率体系的基础上，精简利率结构，充分发挥基准利率在利率机制中的作用，从而确保基准利率能够在利率体系中占有重要的地位。第二，如何进一步完善市场利率。这需要将利率决策权转移到市场，以及形成市场化的利率，即在市场机制的影响下，由资本市场的供求关系等因素确定利率。

第二节　利率微调模式的内外条件

我国央行调整基准利率后，根据现代宏观调控理论，短期借贷市场和长期借贷市场的供应均会受到影响，进而在市场机制的作用下以调控宏观经济的运行情况。以两部门的经济为例，利率与宏观经济之间的关系：$y=(a+e-dr)/(1-\beta)$，其中 y 为国民收入，表示宏观经济指标；r 是指实际利率；$1/(1-\beta)$ 为投资乘数。一方面，降低利率会降低公司的投资成本，增加公司的投资回报，从而刺激经济；另一方面，加息会提高公司成本，从而降低公司投资利润，抑制投资规模，减轻通货膨胀压力和制约经济的迅速增长。因此，利率政策机制主要反映在其传导路径上，为了实现目标，央行适当地调整基准利率，以此影响货币市场利率以及拉动经济的三大马车，最终实现货币稳定、经济增长。但为了克服传统利率政策调控的滞后性和缓慢影响，利率政策必须在调控监管模式上发生变化，以保持稳定适当的经济增长率。这就需要我们根据观察到的效果来跟踪和协调政策，多次微幅度调整利率，维持经济稳定。[①] 利率微调的基础是短期利率的微小变化，在形成利率边界的基础上实现对长期利率的控制，进而控制生产和通货膨胀，最终减轻经济冲击。这是因为利率微调强调逐步和持续的政治作用过程，因此，监管结果可以使经济更接近平衡状态，并使之更加稳定。然而，为

---

① 刘义圣．关于现时期我国利率微调问题的思考［J］．经济问题，2007（12）：101-104+125.

了充分利用利率调整的作用,还需要建立一系列内部条件和外部条件。

一、利率微调模式的市场条件

(一)宏观经济形势比较稳定

宏观经济环境的稳定是实施利率政策的基础,但宏观经济环境也会对利率政策产生不利影响,并限制其发挥作用。当经济过热,传导速度急剧攀升;当经济进入萎靡,传导速度也下降。[①] 作为一种新的利率政策调控模式,首先,利率微调是一种"相对稳定"的控制。这在很大程度上意味着,各国央行的利率政策决定都要遵循以预先制定的规则为指导,也就对一国经济环境的稳定性提出了较高的要求,否则,如果经济和金融条件发生重大变化,预先制定的规则就是无效的。其次,利率微调的调控幅度应尽量保持在 0.25%~0.5% 之间浮动。这就需要为了利率政策的有效实施提供稳定的宏观经济环境,也就是说宏观经济应围绕潜在的增长率水平运行。因为,当经济危机等突然性事件发生,利率微调将会由于自身的局限性从而产生对经济发展不利的影响。

根据凯恩斯理论,在危机或大萧条期间,货币政策的作用会大大降低。在这个时候,若继续使用利率微调模式很可能没有效果,甚至可能产生副作用,使经济情况更加糟糕。因此,通常只有在宏观经济形势相对稳定的情况下才采用利率调整模式。一旦宏观经济环境变得不稳定,就很难评估利率微调模式的作用情况,导致不确定性大大提升。在这样的情况下如果仍坚持进行多次微幅度的利率调控,不仅可能错过拯救经济的最好时间,其作用效果可能还会与政策意图相反。根据由美国引起的经济危机和各国因此采取的应对措施可知,大多数国家均选择进行大幅度降低利率的政策来刺激经济,从而摒弃了利率微调模式。就具体影响而言,大规模降息很难在突发性事件(像经济危机)中发挥作用;财政政策相对来说会发挥更大作用。因而,从中可以看出,宏观经济环境的稳定在利率调控作用过程中占有重要地位。

(二)市场经济主体的行为符合市场规律

利率是通过影响市场经济主体而产生作用的,表现在面对利率微调时投资者、存款人和金融机构的反应。利率的灵活性程度主要表现为这三方对利率微调的反应是否迅速,也是发挥宏观利率管理职能的先决条件。提高利率有三个重要意义:第一,提高投资者对利率变化的敏感度。从利率调整机制的角度来看,利率的变化确实对投资者的决策方向起到主导作用。一般情况下,利率的变动会刺激或抑制公司投资,进而影响信贷成本。然而,如果投资者不具备利益约束机制和动力机制,就无法对利率调

---

① 范方志,赵明勋.当代货币政策:理论与实践[M].上海:上海三联书店,2005:209.

整的信号作出反应，由于缺乏这些基础，利率调整将是无效的。第二，储蓄主体对利率变化的反应将加强。利息是当前消费的机会成本，这也来自未来的储蓄，且利率变动也会影响储蓄行为。根据研究分析显示，在利率高度市场化的国家，几乎都存在着储蓄对利率有弹性和完全正相关的现象。如果储蓄在利率上不具有弹性或者是不稳定的相关关系，基本都是那些市场发展落后的国家。第三，提高金融机构在利率变动方面的传导弹性。中央银行在商业银行中扮演重要角色，通过影响商业银行，进而影响人民群众的行为，最终影响国家收入和价格等经济变量。为了巩固完善商业银行在市场利率中的引领地位，必须发展其企业化、商业化机制。在市场利率的作用过程中，商业银行也会受到中央银行的间接调控和金融监督，在根据市场资金的供求及其运作情况的同时按照独立经营、自负盈亏等要求，自主决定存贷款利率。[①] 在这方面，利率微调的影响在很大程度上取决于经济实体利率对银行信贷的灵活性，如果利率是灵活的，中央银行可以通过对利率进行小幅度的调整来达到预期的目标。

利率微调要求经济实体以实现最大利润为目标。"所谓以利润最大化为目标，就是经济主体追求最大化的，这就决定了经营者会为最后一定的有限利润，而尽最大努力"。[②] 只有商业银行在利用利率调整基本市场利率时，力求最大限度地提高利润，才能使实际利率处于目标利率水平；如果商业银行不努力实现最大化的最终目标，商业银行可能会超过目标利率范围的上限和下限，导致市场利率偏离，从而削弱了利率微调的效果。

如果经济主体不是以实现最大利润为最终目标，且对利率的变化不敏感，那么利率的小幅度变化就不会发生任何效应，经济活动几乎不会受到影响；而当需要多次利率微调经济实体才产生反应，则利率微调的实际影响与传统利率调控模式的一次大幅调整影响已没有多大差别。因此，利率微调中市场参与主体以追求利润最大化这一目标对于货币政策的有效性具有极其重要的作用。

（三）金融市场体系的完备程度较高

利率微调需要畅通的利率传导机制（横向和纵向传导）。横向传导意味着中央银行采用利率微调调整基准利率，这影响到市场其他利率的变化，因此需要有一个合理的利率期限结构和利率档次。高效畅通的传导机制可以让基准利率的微小变化产生对整个经济体的重大影响。纵向传导指利率变动在经济体系中的传导。由于利率微调的幅度很小，利率传导机制一旦受阻，那么利率微调的效果无法及时传导到市场，市场没有及时反映出微调，政策意图就无法体现，货币政策效果也大打折扣。因此，畅通无

---

① 闫素仙. 利息理论与利率政策研究 [M]. 北京：中国经济出版社, 2002：167-170.
② 胡海鸥, 贾德奎. "利率走廊" 调控的理论与实践 [M]. 第一版, 上海：上海人民出版社, 2006：166.

阻的利率传导机制是实现利率微调的一个重要条件。

金融市场上各种金融工具的发行与交易，实质上是通过市场利率的变动实现资金的自发重组与配置，资金的优化配置又促进着经济资源配置效率的改善。因此，金融市场也是中央银行实施利率政策的重要途径。因此，高度发达的金融市场体系是发挥利率微调效果的重要前提之一。在金融市场高度发达的情况下，中央银行的利率政策一经制定和执行，立刻通过金融市场体系传导至各个子市场，进而改变公众的经济行为和实现政策目的。因此，国家利率政策传导的有效性在很大程度上取决于国家是否有一个健全完整的金融市场，若没有有效的金融市场制度的情况下，利率政策的效果将会大大降低。

二、利率微调模式的政策条件

（一）利率政策的高度独立性

从一般情况来看，所有政策的决定和执行的有效性在很大程度上取决于决策者和执行者的权威。中央银行是政府管理财政的专门金融机构，承担着制定并实施货币政策、监管金融部门等责任。只有中央银行与政府分离，负责总体经济发展，并且在没有政府行政干预的情况下，才会使得货币政策的作用效果更佳。独立性是指中央银行在确定货币政策和金融控制方面的自主程度。如果一国的货币当局的独立性不强，对通货膨胀控制具有随意性，加之许多客观因素会影响央行的决策，这会导致制定政策的有效性大大降低。[1] 基于不同国家的央行研究结果发现，中央银行的独立性越大，通货膨胀就会越低。其中，通胀率的高低与经济发展的速度无关。因此，中央银行的独立性与经济增长之间没有特殊的关系，但与稳定物价具备明显的相关关系。所以，央行的独立性对于政策的有效性有重要意义。[2]

一般而言，央行的独立性有两个方面的优点：一方面，它将有助于中央银行监控利率。在目前的经济形势下，中央银行对利率的控制不仅是相对于名义利率，也是控制实际利率的有效途径。尽管利率政策工具必须反映在名义利率的变化中，然而，中央银行官员会预计通货膨胀，因此，在设定名义利率时，制定者必须了解实际利率的意义。若要实现央行的政策目标，其必要的前提条件就是利率政策必须保持自身的独立性。另一方面，它有助于加强对中央银行实现其政策目标的信誉度。中央银行的独立性越大，其可信度就越高。中央银行可以通过消除不必要的政府和利益集团在决策过程中的干预，来确保政策目标的清晰、稳定和连续性。在此框架下，政府赋予最独

---

[1] 钱小安. 通货紧缩论 [M]. 北京：商务印书馆，2000：176-177.
[2] 范志明，赵明勋. 当代货币政策：理论与实践 [M]. 上海：上海三联书店，2005：194.

立的中央银行制定政策的权利，积极创造条件，优化中央银行的政策。由于动态不一致的政策会大大降低政府的公信力，因此，央行独立性是一个关键条件。

(二) 利率政策的可靠性与透明度

央行只有在市场中准确表达出其实施利率政策的意图，市场经济才可能相应地做出准确预测。如果政府传达的信息不明确，商业银行等金融机构就无法了解其政策意图，从而做出与市场需求相反的措施，导致市场利率出现变动无常的现象。在这方面，随着利率政策规定的成熟，如果央行想要发挥其更多的引导作用，这无疑需要将提高其政策的可靠性和透明度，从而使公众产生合理的期望。

利率政策的可靠性意味着中央银行在实施利率政策过程中体现的可信度，也就是说，利率政策与经济变量之间存在一种稳定的函数关系，可以使得政策的实施效果不偏离预期。在自然利率的情况下，在市场机制运行状况良好的同时货币政策机构还具有信息优势，从而利率政策和经济变量会影响到整体波动，若对私人部门预期的控制不足将会导致政策出现不利影响。因此，央行必须及时对私营部门的预期做出反应，保持利率政策的可信度。中央银行利率政策的可靠性是确保利率政策有效性的基础，同时也有助于发挥利率微调的政策效应。

利率政策的透明度意味着利率政策的披露程度，特别是关于利率政策的情况和原因的披露程度。[1] 当透明度很高时，央行的政策意图可以畅通地向公众传递，这有利于公众及时恰当地作出反映，进而大幅度提升政策的有效性，提高我国经济的稳定性。近年来，中央银行利率政策的透明度日益引起公众的注意。决策者还认识到，在全球化的背景下，利率决策的披露已成为一个影响政策效应的重要因素。因此，为了提高政策透明度，越来越多的中央银行开始利用有效手段宣传其政策和活动的信息。为了让公众更加理解政策，引导和培育公众的理性预期，实现政策目标，中央银行必须确保利率政策的可靠性和透明度。

(三) 利率政策的市场化手段

中央银行可采取行政或市场措施来管理利率。从历史上看，行政措施在短期内可能更为有效，但从长远来看会扭曲利率，所以市场化措施可能更为有效。因此，中央银行最终必须实行市场化手段管制利率。市场化手段就是利率由市场决定。在这方面，政府已经采取了一些措施调控利率，但政府没有对利率进行直接的行政干预，而是通过货币市场自身的运行机制，向金融机构传达央行的政策目标，从而间接影响金融市场的利率水平。

---

[1] 谢平，程均丽．货币政策透明度的基础理论分析 [J]．金融研究，2005 (01)：24-31．

发达国家和一些发展中国家的经验表明，商品经济的发展已经达到了一定的发展水平，这时只有放开利率管理机制保证利率的灵活性，才可以提高经济效益。这就要求国家应通过经济手段间接影响利率，而不是采取强制和行政措施。① 市场利率的间接调节制度有以下特点：（1）中央银行只建立和控制基准利率，放开其他利率；（2）市场供求关系决定利率；（3）主要通过经济手段对资本市场的供求进行调整而间接影响利率。从这一角度来看，放松对利率的管制一般会导致利率和价格的波动，且与货币市场的资金供给和需求的变化相同。然而，应当指出，利率自由化不代表政府对市场利率的变动毫不关心。在放开利率管制的同时，货币当局还必须通过官方利率制度和法定准备金制度等来指导和影响市场利率。因此，在市场交易中，市场利率的变动为央行利率的变动提供了市场信号和参考指标，同时央行利率的变动也为市场利率的变动提供了导向作用。

此外，利率的微调是基于央行基准利率的变化，进而影响市场其他利率的变化。如果一个国家的基准利率制度不完善，市场上有若干个基准利率，则货币当局将不知道选择哪一种利率作为基准利率。在市场基准利率体系不成熟的情况下，利率之间的联系薄弱，相关性不高。而完善的基准利率体系一方面有助于政策在金融市场体系内的传导，另一方面促进利率微调的实施。所以，完善的基准利率是利率微调发挥作用的前提。

三、中国利率微调操作欠缺条件

（一）货币市场传导机制尚不健全

如果一个国家货币市场的传导机制不完善，那么基准利率的变化就不能影响到市场上的其他利率，这样利率的微调就会变成没有意义的。目前，我国中央银行的利率体系庞大且复杂。然而，当前我国利率体系面临的最大问题就是利率双轨制，在其制度下，利率结构不合理，因而限制了不同利率之间的相互作用。此外，利率双轨制度使一些利率工具存在软约束，同时央行与微观主体之间缺乏利率沟通和互动，这限制了市场参与者调整其经济行为，以适应宏观经济变化的能力。虽然在不久的将来，利率双轨必然得到适当的解决，但短期内很难实现。此外，中国是一个经济发展不平衡的大国，各区域和各行业的发展情况差别很大，对货币政策的敏感性也是如此，从而阻碍了国家货币政策的高效执行。

（二）央行政策操作的独立性不强

实际上，中央银行在制定和实施政策过程中相对独立，并不是完全独立。首先，

---

① 闫素仙. 利息理论与利率政策研究 [M]. 北京：中国经济出版社，2002：166.

中国现行货币政策的主要目标是保持货币稳定,推动经济增长。但在实践中,中央银行的货币政策目标却涵盖更多的内容,还包括增加就业等等。事实上这种多重目标与法律中设定的货币政策目标背道而驰,因而这不仅大大降低了中央银行货币政策的实现程度,而且也降低了利率政策的效力。其次,利率政策的决策通常是多方协商的结果,并不是单纯由中央银行独立决定。

(三) 中国的汇率制度不完善

由于经济全球化,国家的货币政策也依赖于国际资本流动,国际资本则主要通过汇率来影响国内的货币市场。由于我国实行的是强制外汇结算制度,大额的国外资金进入国内市场后,央行迫不得已增加大量货币供应量,此时若出现国内流动性过剩,将会对货币政策的执行产生不利影响。同时,预计人民币升值将导致大量外国资金通过不同渠道流入中国,这会对资本市场和外汇市场产生影响,从而使情况变得更加难以控制。虽然央行有很多工具来"吸收"资金,如发行央行票据,提高准备金率等,但国际资本仍持续进入中国,这是因为在稳定的升值预期下,投资人民币是风险最小的,从而导致央行实施货币政策的难度越来越大。

(四) 利润最大化尚未成为银行的追求目标

实现利润最大化的目标是提高宏观经济框架效率的先决条件,这就要求市场参与者以追求利润最大化作为公司的主要目标。由于金融部门的稳定与国民经济的运行情况相联系,因此中国在改革进程中采取了更加稳定的渐进式改革政策。尽管我国四大银行基本上完成了股份制转型,但他们的活动往往偏离利润最大化的目标。同时由于利率的变化对商业银行的影响有限,因此商业银行不会改变其经营业务的做法。目前,虽然在城市和农村地区,有许多城镇商业银行开始发展,还有一些股份制商业银行,但就运行机制而言,利润最大化对这些银行的约束力较强。因此,实现利润最大化并没有成为各个银行的经营目标,利率微调的效力也因此大大降低。

(五) 利率市场化程度还有待提高

从宏观经济市场机制的角度来看,有效执行利率政策与利率制度改革密切相关。经过近20年的稳步发展,我国利率市场化已基本落实。特别是2015年,作为利率市场化的"最后一次飞跃",存款利率管制全面自由化。然而,从微观和实践的角度来看,我国利率市场化水平仍然不高。一方面,存贷款利率放开不久,商业银行仍然缺乏确定风险价格和管理风险的能力;另一方面,对市场利率的改革必然需要从直接监管转向间接监管。因此,未来中国还应加强间接利率调控机制的建设,完善货币政策运行机制。

(六) 金融市场发育不完善

在市场经济中,金融市场制度的完善是实施有效利率政策的基础。发达国家的成功经验表明,金融市场对于发挥利率机制意义重大。然而,在目前的情况下,货币市场、资本市场或信贷市场都存在一定的缺陷,因而缺乏适当的支撑,以有效执行利率政策。首先,自1996年1月银行间同业拆借市场建立以来,中国货币市场快速发展,但由于金融体系的原因,导致它的发展极不平衡,主要有:市场交易主体发展不平衡,各子市场之间发展不平衡,以及市场交易主体对利率政策信号的反应不敏感。其次,资本市场还不是以宏观经济形势和公司业绩为主导的有效的资本市场,市场投机行为仍然存在,导致大量的储蓄转移到商业银行,然后转移到股票市场,未能进入实体经济,这将不可避免地降低整个金融系统的资金使用效率,使得货币政策信息传导受阻。最后,由于信息不对称等原因,大部分贷款优先流入政府支持的项目和企业,未能流入具有真正需求的企业,限制了信贷市场规模的发展。这些因素最终都将影响市场对利率政策信号的反应。

第三节 美联储成熟的利率"微调"操作经验

在发达国家,自1990年代以来,利率微调作为一种新的模式发展起来,产生了一些积极的结果。主要表现为实施利率微调的国家均能在长期内将经济增长率控制在一定范围内,从而平抑经济波动。然而,随后的2008年美国次贷危机所造成的全球金融危机,引起人们对利率微调有效性的怀疑和争议。到2017年底,美联储开始强化市场复苏的信号。它还试图通过调整预期来进一步促进经济复苏。因此,需采取谨小慎微幅调整利率,以避免大幅调整打击市场信心。因此,以美国为例,分析利率微调的可行性和有效性(见表5-1、表5-2)。

表5-1 美联储对联邦基金利率的调整

调整时间	调整幅度 向上	调整幅度 向下	调整次数	利率水平	观点
1994	2.25		6	3.25%-5.5%	防止通胀
1995	0.5		1	6.00%	防止通胀
1997		0.5	1	5.50%	避免东南亚经济危机影响
1998		0.75	3	4.75%	刺激经济增长

续表

调整时间	调整幅度 向上	调整幅度 向下	调整次数	利率水平	观点
1999	0.75		3	5.50%	防止通胀
2000	1		3	6.50%	防止通胀
2001		4.75	11	1.75%	刺激经济增长、防止通缩
2002		0.5	1	1.25%	加快经济复苏
2003		0.25	1	1.00%	加快经济复苏
2004	1.25		5	2.25%	加息防止通货膨胀
2005	2		8	4.25%	加息调控宏观经济
2006	1		4	5.25%	美国公众期盼停止加息
2007		1	3	4.25%	为救市而增加金融市场流动性
2008		4.0-4.25	8	0-0.25%	应对经济成长向下的风险
2009	极低利率维持不变		0	0%~0.25%	
2010			0	0%~0.25%	
2011			0	0%~0.25%	
2012			0	0%~0.25%	
2013			0	0%~0.25%	
2014			0	0%~0.25%	
2015	加息0.25%		1	0.25%~0.5%	失业率数下降，预期经济形势好转
2016	维持不变		0	0.25%~0.5%	考虑经济的脆弱性和平稳性，尽量减少利率浮动。

注：数据根据美联储系统网站利率调整信息整理。

表5-2 美国宣布退出量化宽松的非常规政策后的利率调控

2016/1/1	0.50-0.75	0	9次不变
2016/12/1	0.75-1.00	25↑	加息
2017/2/1	0.75-1.00	0	不变
2017/3/1	1.00-1.25	25↑	加息
2017/5/1	1.00-1.25	0	不变

续表

2017/6/1	1.25-1.50	25↑	加息
2017/7/1	1.25-1.50	0	三次不变
2017/12/1	1.50-1.75	25↑	加息
2018/2/1	1.50-1.75	0	不变
2018/3/1	1.75-2.00	25↑	加息
2018/4/1	1.75-2.00	0	两次不变
2018/6/1	2.00-2.25	25↑	加息
2018/8/1	2.00-2.25	0	不变
2018/9/1	2.25-2.50	25↑	加息
2018/10/1	2.25-2.50	0	三次不变
2019/1/1	2.50-2.75	25↑	加息

资料来源：美联储公布的信息整理而成。

根据以上情况，利率微调具有频率高、幅度小、联动性和均衡性等特点。从具体效果来看，与之前的调控模式相比，利率微调政策带来了美国经济近10年的高增长。但是，进入21世纪后，由于金融全球化和跨境资本的自由流动等因素，在很大程度上，全球市场的经济情况决定国内中长期利率，而不是由国内市场决定。于是，这就导致了调整短期利率不能及时准确地反应在长期利率上。因此，美国的短期利率与长期利率之间的传导被割裂开了，美联储以短期利率为操作工具的利率微调模式难以生效。而2007年美国次贷危机的爆发，不仅弱化了利率政策的效果，还产生了利率政策的负面效应和金融危机。在2008年金融危机过后，美联储为摆脱市场的极端低迷，与日本和欧洲央行几乎都推行了极低的接近零利率下限的基准利率水平，在长达7年的时间内一直保持不变。可以看出，美联储对基准利率的微幅调整操作在遭受经济危机等极端不平稳的经济条件下几乎无任何可施展空间。为摆脱衰退危机，美联储将短期利率调整的零下限维持长达7年之久，在此期间都只是通过市场公开操作及美联储的资产负债表扩张，大规模购买市场债券和国债，以期望通过美联储的资产负债表扩张，直接向市场注入流动性，同时加以对市场预期进行合理的引导，强化美联储的窗口指导和市场预期管理的能力，并比以往任何时候都重视与市场的直接沟通，加强其货币政策和利率操作的公开性和透明度，借以此来给市场重新注入信心，所有搭配使用的非常规政策，都将是一种新的政策尝试，并将为下次危机时重新启用积累了经验。从表5-2可以看出，自2017年开始，美联储宣布逐渐退出非常规的量化宽松政策，开始回归到正常的市场利率调节为主的常规政策操作轨道上来。采用利率微调的方式进行了多次加息操作，这也表明利率微幅度多次调整将再次发挥利率微调模式操作灵活的优势。

美国的市场经济高度发达，其中以泰勒规则为基础的利率调整模式在确保稳定的长期经济增长方面发挥了重要作用，这有助于我们理解在市场经济中，实施健全的利率政策是需要一些前提条件的。因此，我们可以借鉴美国调整利率的经验。通过研究，美联储利率微调的特点有：

第一，当联邦储备委员会最终确定利率时，它在考虑短期因素的同时，更侧重于长期因素的影响，并以长期预测数据为基础。因此美国的利率调整模式通常是对深层次因素的判断来进行的，并不取决于偶然事件。由此可知，利率调整幅度都相对准确，能够及时有效地消除影响经济运行的潜在不利因素，并避免经济运行中的波动出现大起大落。[1] 例如，美国联邦储备基金利率的上升和下降，通常是以联邦储备委员会对市场经济通胀情况的预测为基础的，并不代表美国经济的现状，这种操作往往能够起到预防经济发生大幅度波动的作用。因此我国央行需要学习借鉴这种具有高度前瞻性的利率调控意识，并不断加以强化。

第二，美联储在实施利率微调政策时，是以对经济变化的根本原因的准确评估为基础的。利率调整政策的有效实施取决于能否查明经济波动的根本原因。因此，美联储在每次调整利率前，都认真分析并准确判断国内外的宏观经济形势，之后，根据自上次降息以来发生的事件，又会对未来预先判断下一个利率调整策略（同方向调息或反方向调息）。正是基于这种持续性的准确判断，美国经济长期处于高位。

第三，虽然联邦储备委员会以 FFR 为操作目标，但它也非常重视政策工具的搭配结合。联邦基金利率是美国银行利率体系的核心，在指导和管理社会经济发展方面发挥重要作用。美国充分利用了将联邦基金利率与三种传统的货币政策手段相结合，其中由于公开市场操作更具优势，联邦储备委员会则主要通过公开市场操作，来影响联邦基金利率，进一步调节投资和消费，并最终实现稳定物价和经济增长的政意图策。

第四，有效执行利率微调政策与国内市场条件密切相关。美国的利率政策以其强劲的市场取向而闻名，在市场利率体系中，市场利率是一个均衡信号，即充分反映了市场资本供求和经济活动。因此，联邦储备系统不会直接干预市场利率，而是运用政策工具调整和指导。所以美国利率微调政策具备很强的内生性，利率操作更具灵活性，因此利率微调整政策更加有效。

通过美联储的利率微调操作的分析，对目前我国而言可获得的经验启示有：

首先，虽然理论上联邦储备委员会采取了以泰勒规则为基础的中性利率政策。然

---

[1] 闫素仙. 利息理论与利率政策研究 [M]. 北京：中国经济出版社，2002：203.

而，在实践中，联邦储备不仅考虑简单的经济增长指标，而且还考虑实际的经济情况。因此，在利率微调中，中国人民银行不仅要有明确的政策目标，而且要充分考虑到经济因素。第二，利率的市场化程度直接影响着利率传导机制的有效性，最终影响到政策效果。美国利率政策的有效实施以美国高度发达的金融市场和利率市场化为前提。为此，我国必须全面推进利率市场化改革。第三，市场经济是一个大而复杂的体系，在这个体系中，单一的政策工具往往达不到预期的效果。根据美国的实际经验，在中国逐步实施利率调整过程中，不仅要注重公开市场交易的重要性，也需要诸多政策工具的配套使用。第四，美国利率微调政策的高效和准确在于有一个相对明确且合宜的基准利率。此外，美国关于调整利率的技术工具和前瞻性思维也是重要因素。鉴于此，中国还要求中央银行确立明确的基准利率，提高对未来监管政策的预期认识。最后，美国的利率政策和相关信息非常公开和透明，特别是在美联储会议和随后的各种会议公告和文件公告中，提前向市场注入了足够的利率调整信号，这是市场可衡量预期的良好指导，同时也是有效实施利率政策的先决条件。因此，中央银行必须及时采取公开透明的利率政策，以提高公众的合理期望和强化利率微调政策的实施效果。

第四节　市场主导下中国利率的微调模式选择

　　市场起决定作用对我国利率调控的理念、方式、机制等都有影响，这种影响实际上就是市场起决定作用对我国利率调控模式的影响，并对今后我国利率调控模式选择提出了新要求。基于对市场起决定作用下的利率调控理念、方式、机制等的具体理解，可以把这种选择归纳为一种新近常被专家学者以及政策决策者提及的"利率微调"模式。

一、宏观经济调控"粗调"与"微调"之辨析

　　在宏观经济领域，"粗调"（coarse-tuning）则是指国家干预经济运行的一种模式，该模式以粗放型干预为主。该调控模式可以有效应对未知的突发性波动，从而抑制经济周期性波动，以减轻影响。因此，"粗调"属于一种事中、事后的调整模式，目的是应对危机和扭转形势。20世纪70年代中期，凯恩斯理论无法解释当时出现"滞胀"的现实问题，也无法基于此提出解决措施，因此凯恩斯理论开始在经济中失去话语权。同时，理性预期代表人物卢卡斯强调合理预期的重要地位，并对过去宏观经济政策的有效性提出疑问，认为具有理性预期的"经济人"在预料到政府政策所带来后果的同时，采取相对应的预防措施会导致政府政策的无效。虽然，1970年之后的经济停滞导致传统的凯恩斯失去其主流经济学的地位，但是国家对经济毫不干预是不科学的。政

府对市场经济不闻不问并不能通过维持经济的自由运作来避免经济的剧烈波动，相反，它只会使经济失控。在这种背景下，在西方经济中，一种新的经济思想——新凯恩斯主义经济学开始发展，主张国家干预主义经济。这使得国家经济恢复，也使凯恩斯主义摆脱了困境，重新回到了重要的位置。在这方面，新的凯恩斯主义创新地采用了基于最初凯恩斯理论的合理期望的新的宏观控制模式。这一模型是有着前瞻性和灵活性的"微调"模型。接下来，需要对"微调"的含义简要解释。

在宏观经济政策方面，"微观调控"（fine-tuning）意味着政府通过政策工具对经济运行中出现的微小变动进行调整，从而发挥宏观调控的最佳功效。[①] 由于这是一项经常性的活动，为了应对细小波动，需要不时对经济活动进行修改，从而导致整个监管过程更加复杂。宏观调控采用"微调"的方式，充分发挥市场机制在经济运行中的作用，充分发挥市场经济在自我调控中的作用，因此，经济更接近稳定发展的自然状态，从而保持经济发展的协调和平衡。[②] 然而，近年来，由于全球金融危机的影响，学术界对西方发达国家的宏观经济管理提出了质疑，这是一个不容忽视的问题。更为重要的是，讨论的重心是关于宏观控制必须遵守固定规则还是相机抉择。货币主义者主张采用"固定规则"，认为最有效的货币政策是不论何时维持货币供给以固定的速率增长。因此，一些学者认为，全球金融危机的根本原因是过于放任市场。在这方面，萨缪尔森在《经济学》提到，"原则上，货币主义者也许会建议利用货币政策对经济进行微调。但在事实上，他们采取的方针却完全不同，他们认为私人经济部门是稳定的……"[③] 本文中的"微调"所依托的理论基础应该是一种将固定规则与相机抉择统一起来的理论，以便形成一种更具前瞻性和更灵活的调控模式。这种做法能够产生极大的好处，有助于消除因相机抉择而产生的动态不一致性（指宏观经济政策在制定时是满足最优规则的，然而在政策的实施过程中，随着时间的推移，政策的操作结果往往是次优的）[④]。当然，这种宏观经济模式的"微调"模式主要是针对一般经济活动中的小规模干扰，事实上，任何国家在面临重大经济危机的时候都会选择执行大幅度一步到位的金融和货币政策。

在以上分析的基础上，我们更清楚地意识到"粗调"和"细调"模式的优点和缺点：在粗调模式下，以相机抉择为指导会导致动态非一致。因此，在正常经济条件下，这种宏观调控模式并不是最好的选择，但面对经济运行受到重大影响时，这是一种非

---

① 王春丽，刘义圣. 货币政策的利率微调问题试探 [J]. 福建论坛（人文社会科学版），2009（11）：26-29.
② 梁小民. 高级宏观经济学教程 [M]. 北京：北京大学出版社，2001：417.
③ 保罗·萨缪尔森，威廉·诺德豪斯. 经济学 [M]. 第十七版，北京：人民邮电出版社，2004：575.
④ Rogoff, K., the Optional Degree of Commitment to an Intermediate Monetary Target [J], Quarterly Journal of Economics, Vol. 100, pp, 1985, 1169-1190.

常有效的对策。"微调"模式具有合理性，前瞻性和灵活性，是正常经济条件下宏观调控的最佳选择。

二、中国宏观经济调控的理性过渡：从"粗调"到"微调"

（一）打造"和谐经济"的使然：从"粗调"到"微调"

我国的经济活力在实施改革开放后，在激烈的竞争机制中被释放，从而成为推动经济向前发展的强大动力，但同时也存在着不平衡、混乱和其他现象。这表明，要构建社会主义和谐经济既需要不断完善市场竞争机制，还要建设一个经济主体责任规范、多方利益相互协调以及均衡各方发展的和谐机制。[①] 2007年，中国政府将经济"又快又好发展"改为"又好又快发展"，同时以发展为导向，以建设和谐经济为重点，建立和改善和谐经济，以确保经济健康、可持续的稳定发展，严防经济大起大落的"过山车效应"。[②] 因为在"大起"中资源消耗、环境污染、经济正常运行被打破，于是导致"大落"。宏观调控的目的是防止经济起伏幅度过大，追求经济的健康、可持续和稳定发展，防止因经济增长过热而损害资源和环境，进而不利于经济的发展。[③]

由于没有把握这些规律，中国的改革史才频繁经历了经济的"大起大落"，使得我国经济一度陷入困境之中。在经过多年的宏观调控之后，情况才有所改善，但主要挑战依然存在，完善宏观调控机制是解决这一问题的根本对策。

近年来，我国宏观经济调控水平不断提高，特别是在具体模式运用的背景下，被动和盲目的干预行为逐渐被抛弃，转向在出现苗头时就实施相应对策。此外，在整个宏观调控期间，开始集中力量，努力进行及时、适当的调控，不搞全面扩张或收紧政策，而是根据不同的情况以不同的方式对待，这样不仅避免了强劲的经济冲击，而且保持了经济平稳较快增长。我国的宏观调控已成功进入第二阶段——主动的积极干预阶段。然而，与精确的科学干预相比，中国的宏观调控仍集中在粗放型的干预上。由于这种宏观经济管理模式无法避免经济运行惯性的影响，因此将经济稳定在适度的增长区间是不可能的。所以，中国的宏观经济调控要符合和谐经济发展的理念，必须要进行经济转型。当前，虽然我国在宏观调控改革的背景下，经济仍保持较快增长水平以及能够防范"滑坡效应"，但改革策略仍需进一步改善，即由粗放干预向精确干预转变。[④] 近年来，中国的宏观调控政策逐渐从"双防"转向"一保一控"和"保增长"，这样保证了在国民经济健康快速发展的同时，还可以提高人民生活水平，当前宏观调

---

① 欧巧云. 社会主义市场经济应是和谐经济 [J]. 改革与战略, 2009, 25 (06): 5-6.
② 刘义圣. 关于现时期我国利率微调问题的思考 [J]. 经济问题, 2007 (12): 101-104+125.
③ 刘树成. 多次性微调：使经济增长率不"冒顶" [J]. 中国党政干部论坛, 2007 (02): 23-24+28.
④ 刘义圣. 关于现时期我国利率微调问题的思考 [J]. 经济问题, 2007 (12): 101-104+125.

控正在转变为一种新的模式,既具有前瞻性远见的同时也具备及时性和灵活性的特征。

(二) 中国宏观经济"微调"的渐进化表现

由于全球金融危机,经济增长率有所放缓,但是基于具体数据分析,经济放缓的速度不是瞬间的,而是一个渐进过程。从这个角度可以看出,我国的宏观经济已发展到相对稳定的阶段,从而有能力逐渐得到改善,从而朝着更好的方向发展。此外,宏观经济的发展也逐渐不受经济危机的影响,因而我国的宏观经济指标将能够回到持续快速发展的轨道上来,同时我国的宏观经济发展也会面临更加严峻的挑战。[1] 面对未来可能出现的困难局面,我国宏观经济管理的主要方向必须根据经济形势的新变化和新问题,采取必要的措施来应对。

关于政策文件,2009年8月央行指出,在下一阶段,根据国内外的经济趋势和价格变化,中国人民银行将继续坚持实行宽松的货币政策,并注意利用市场工具进行动态调整。[2] 这是中央银行第一次公开提议通过市场手段进行动态微调。从那时起,微调已成为中央银行货币政策的主题。2010年初,央行工作会议最新确定,2010年将保持货币信贷适度增长。具体来说,既要支持经济平稳较快发展,又要稳定价格水平,有效管理通胀预期,同时密切跟踪监测国内市场的流动性、国际金融危机的形势和国内外经济运行的整体情况,以适时适度进行调节。[3] 由此可见,适度微调依然是央行2010年货币政策调控的主基调。2011年11月,央行称将继续实施稳健的货币政策。[4] 2012年8月,中国人民银行分支行行长座谈会提出,下半年要继续加强货币政策预调微调,发挥货币政策的逆周期调节作用。[5] 2013年11月,央行宣布货币政策要坚持总量稳定、结构优化的要求,坚持政策的稳定性和连续性,继续实施稳健的货币政策,增强调控的针对性、协调性,保持定力,精准发力,适时适度预调微调。[6] 2014年11月,央行提出继续实施稳健的货币政策,保持政策的连续性和稳定性,并根据经济基本面变化

---

[1] 国务院发展研究中心副主任侯云春在2009年12月19日举行的2010年中国经济形势解析高层报告会上表示:2010年经济形势不确定因素很多,不排除发生新危机的可能。
[2] 《央行:2009年第二季度中国货币政策执行报告》,2009年08月05日,新浪财经,http://finance.sina.com.cn/china/hgjj/20090805/17006575593.shtml。
[3] 《央行定调2010年货币信贷政策 适度微调成主基调》,2010年01月07日,人民网,http://finance.people.com.cn/GB/10724819.html。
[4] 《2011年第三季度中国货币政策执行报告》,2011年11月17日,新华网,http://news.xinhuanet.com/fortune/2011-11/17/c_122292789.htm。
[5] 《央行:下半年继续加强货币政策预调微调》,2012年08月06日,网易财经,http://money.163.com/12/0806/01/886I810700253B0H.html?from=money。
[6] 《央行发布2013年第三季度中国货币政策执行报告》,2013年11月05日,人民网,http://finance.people.com.cn/bank/n/2013/1105/c202331-23441652.html。

适时适度预调微调,增强调控的灵活性、针对性和有效性。① 直至现在,这种货币政策微调的旋律依然没有改变。2015 年 7 月,中国央行发布区域金融运行报告称,2015 年各地区金融业将继续贯彻落实稳健的货币政策,更加注重松紧适度和预调微调。②

利率作为我国货币政策的主要调控工具,自然开始转变进行微调,并在具体的目标和相关概念、原则上都表现出微调的特点。总之,在经济形势相对稳定时,需要注意维持宏观调控的基本政策的稳定性,在具体操作过程中,可通过市场化手段,同时选择恰当时机,灵活把握调控的节奏和强度来解决问题。

三、中国宏观经济调控的利率微调前瞻

(一) 中国宏观经济"微调"工具的选择:基准利率的胜出

近期,央行建议中国应维持适度且宽松的货币政策,利用市场化为我国的货币政策注入新内容,进而推动我国的货币政策更加灵活、科学、全面、有效,以应对我国复杂的宏观经济状况。该课题目前受到外界的广泛关注。伴随多样的科学经济机制孕育而生,利率市场化机理开始蓬勃发展,利率微调成为宏观调控领域的新亮点以及我国货币政策的新主题。但当下面临一项巨大挑战为我国应通过何种市场措施来进行货币政策强度的调整?

我国央行对于货币政策的选择经历了从直接到间接,从数量到价格,从计划到市场的演变。直到上个世纪末,中央银行的货币政策工具仍然以货币和货币的可得性等直接指标为基础,而利率等间接指标在货币政策的实施中未能占据较大权重。在确定货币担保金额的前提下,随着现代经济、市场经济、货币化和金融全球化的发展,AOC 的货币政策仍在不断演变。但央行无法做到对货币总量的完全控制,因为作为一个经济变量,总量只能在事后才能计算。近年来,由于发达国家不断重视利率在货币政策中发挥的作用,央行也开始改变一贯使用的货币政策,利率在中国宏观调控者的眼中,逐渐取代货币供给量与信贷规模的主导地位。自 1996 年以来,央行不断调整利率水平来适应我国的宏观经济,由此可以看出中国未来将把利率调整作为一项重要手段与工具。

首先,利率是间接调控价格的一种手段,反映了对资本的供求情况。央行调整利率,从供求两方面改变资本市场的状况,有利于宏观经济和微观经济利益共赢。在宏观经济方面,中央银行可以调整利率,以反映货币政策的总体目标,结合宏观经济政

---

① 《2014 年第三季度中国货币政策执行报告》,2014 年 11 月 06 日,新浪财经,http://finance.sina.com.cn/china/hgjj/20141106/174420751386.shtml。

② 《中国央行金融运行报告:货币政策更重松紧适度和预调微调》,2015 年 07 月 03 日,凤凰财经,http://finance.ifeng.com/a/20150703/13817510_0.shtml。

策进行投资和消费，并协调和促进合理的储蓄和消费。在微观经济行为的背景下，利率的变化将直接影响信贷成本和企业回报率，中央银行可以通过调整利率水平，优化经济活动，进而对企业的经济利益产生影响，这些影响有利于促进微观经济的有序和健康发展。

第二，利率不仅相对稳定，而且"容易预测、管理和及时"。由于资本价格随着资本需求的变化而发生变化，利率能够及时反映出来，而且中央银行会在进行公开市场交易时影响市场利率。此外，利率的变化可能会大大反映经济的动态，在市场经济条件下，利率可以作为衡量社会资本稀缺性的指标，因为不同金融资产市场的利率变化是一致的。在此基础上，政府能够掌握社会中的货币流动量，从而选择收紧或扩大货币政策。

此外，作为一种资本价格，利率有其自身的特点，可以频繁调整。中央银行可根据经济和财政状况持续调整短期利率：根据价值规律的客观要求，利率应以价值波动为准。这使中央银行能够定期调整利率，以适应资本市场的需求和供应的变化，从而能够在未来几年内提高利率。换言之，利率可能随经济变化而变化，并能够及时和适当地确定利率，以达到中央银行的货币政策目标。中央银行可以及时通过适当调整基准利率来引导和规范各种社会利率。

与利率相比，信贷规模是一个直接的量化指标，其市场性较弱，不利于资金的优化配置，也容易导致货币政策目标的落空。一方面，对信贷规模的控制会直接限制资本流动模式的增长，同时也导致资金成本和资本分配的主观任意性，而且要求银行在配额范围内分配贷款是一个非市场因素，不鼓励市场竞争，还可能导致资金分配效率低下；另一方面，在金融市场发展水平较高的条件下，企业也可以通过各种渠道筹集资金，使信贷规模的控制相对于最终目标影响十分薄弱，经济主体也会尽量避免信贷规模的直接调整，从而阻碍信贷监管和信贷额度的作用，进而导致货币政策目标的失败。

事实上，货币供给量既不容易控制也不适用于微调。一方面，就控制货币供给量而言，它是基本货币和货币乘数的乘积。虽然中央银行控制的是基本货币，但其他因素还会影响到货币的乘数，而这些因素也不直接取决于中央银行。因此，提供资金既有外部影响因素，也有内部影响因素。在当前金融创新和发展的背景下，传统的货币政策机制将会因为资金的跨国流动、金融监管的放松和金融创新的深度发展面临挑战。另一方面，从货币供应、利率、投资、总需求、国民收入的角度来看，货币管理局提供货币对投资和生产的影响小于直接利率。此外，货币供应也间接地影响到经济的利率，也就是说，影响到国内生产总值的增长率。政策的有效性首先取决于货币需求利率的灵活性，因此，政策不适合于经常性的小规模调整，从而作为微调工具则不在考虑范围内。Stiglitz 和 Greenwald（2005）在其"货币经济新模式"中指出，"货币政策已成为一项重要的政策手段以用来调控宏观经济。过去政府被允许控制资本供应，影响利率，从而影响投资。在新模式下，经济活动水平将受到私营部门信贷和信贷额度的影响，而不是货币本身的数量"。①

（二）近年来中国利率政策调控的"适轻量"表现

在我国，特别是在1998年货币管理改革之后，以货币为基础的货币量化政策在保持价格稳定和经济增长方面起着重要作用。然而近年来，随着金融部门创新速度的加快和宏观经济环境的变化，资金供应量的可预测性有所提高。根据国外的惯例，中国也开始改变具体的货币中介办法，利率已成为货币政策的主要工具，发达国家也出现了类似的调整迹象。自2004年以来，这一趋势更加明显。

如表5-3所示，自2004年10月28日以来，我国利率调整的特点有：一是利率调控幅度变小，直至2002年为止，中国央行管理的利率超过0.5%，主要是1%以上，而中央银行2004年10月28日以来，央行对此使用27、25或18个基点调整金融机构的一年期贷款利率，其中一次的利率下降是每次下调0.27%的四倍，这意味着调整数等于过去4次的总调整数，这是1997年亚洲金融危机以来最大的一次。然而，如果我们继续对大幅降低利率的意图进行分析，我们就会发现，利率调整并不意味着中央银行在调整利率方面发生了变化，是由于经济危机的影响加剧，出现了特殊的紧急情况。事实上，在利率急剧下降之后，我国的中央银行又重新走上了微调的道路，这体现在：2008年12月23日的央行又一次下调利率0.27个百分点。二是利率调节的频率增加：从1996年到2002年，中国中央银行累计六年降低利率八次。其中，调整最多的是1998年，全年三次，2004年至2008年四年间，中国中央银行调整总数为14次。随后，利率在之后的一段时间内进行了调整（加息9次，降息5次），2007年加息6次，2008年降息5次。在2010年至2015年的五年间，中国中央银行调整了11次利率，其中上升5次，下调6次。三是缩短利率调整间隔：截至2004年中国中央银行两次调整利率的最短时间间隔为3个月22天；自2004年以来，中国中央银行两次调整利率，主要为3个月，此外，有五次利率调整中有两次的时间间隔不到1个月，而最短的仅为21天。这些特点反映了中国中央银行在利率管理方面的政策变化。

迄今为止，我国的利率调控实现了"容易量化"的特点。这表明，中国正努力稳定宏观经济波动，不断调整利率，以使经济运行良好，这也从侧面反映了我国央行对于利率调控手段运用的逐渐成熟。

---

① 斯蒂格利茨，格林沃尔德. 通往货币经济学的新范式[M]. 北京：中信出版社，2005：106.

表 5-3 1996—2015 年我国央行对金融机构一年期贷款利率的调整

调整时间	调整幅度 向上	调整幅度 向下	调整后利率水平
1996-5-1		1.08	10.98
1996-8-23		0.9	10.08
1997-10-23		1.44	8.64
1998-3-25		0.72	7.92
1998-7-1		0.99	6.93
1998-12-7		0.54	6.39
1999-6-1		0.54	5.85
2002-2-21		0.54	5.31
2004-10-29	0.27		5.58
2006-4-28	0.27		5.85
2006-8-19	0.27		6.12
2007-3-18	0.27		6.39
2007-5-19	0.18		6.57
2007-7-20	0.27		6.84
2007-8-22	0.18		7.02
2007-9-15	0.27		7.29
2007-12-21	0.18		7.47
2008-9-16		0.27	7.2
2008-10-9		0.27	6.93
2008-10-30		0.27	6.66
2008-11-27		1.08	5.58
2008-12-23		0.27	5.31
2010-10-20	0.25		5.56
2010-12-26	0.25		5.81
2011-2-9	0.25		6.06
2011-4-6	0.25		6.31
2011-7-7	0.25		6.56
2012-6-8		0.25	6.31
2012-7-6		0.31	6
2014-11-22		0.4	5.6
2015-3-1		0.25	5.35
2015-5-11		0.25	5.1
2015-6-28		0.25	4.85

数据来源：中国人民银行官方网站。

第五节　中国利率微调模式的操作工具选择

　　传统的利率政策调控工具是指央行根据经济形势调整的运作工具，对金融市场流动性的直接影响使基本市场利率达到中央银行的目标。由于利率本身的微调性质，它确定其对政策工具的要求更为具体，最好能满足灵活性、控制、效率和市场的相关特点。长期以来，无论是国际还是国内，利率微调相关业务，主要是利用公开市场业务。例如，当美联储调整利率时，虽然是以联邦基金利率为操作目标，但它也非常重视政策工具的组合。联邦基金利率是美国银行系统的基础，在指导和管理社会经济发展方面发挥重要作用。因此，美国充分利用了三种传统的货币政策手段：法定存款准备金率、再贴现政策和公开市场业务。特别是，公开市场交易由于其市场导向、灵活性和管理能力而得到广泛利用。联邦储备委员会对联邦基金的利率产生影响主要是由于在公开市场上的交易，从而影响投资和消费，并最终实现货币基金组织的目标，即稳定的物价和经济增长。近年来，尽管传统的货币政策工具仍在发挥作用，但央行也针对利率微观调控总体结构的变化（即从传统的"稳定调控"模式向"利率走廊"模式）引入了一种新的利率调整工具。比如，我国近期就连续推出了SLO、SLF和PSL等新型利率调控工具。这些控制工具从内涵和特征方面都有微调利率的特点，可以作为调整中国利率的创新工具。

一、中国利率微调的传统工具：公开市场业务

（一）公开市场业务的内涵与作用

　　公开市场交易意味着中央银行在金融市场出售和购买证券，并改变存款准备金利率，影响金融市场的现金流量，从而导致利率政策调整的手段。也就是：出售证券→银行准备金→银行间贷款利率。在发达国家的金融市场中，公开市场交易是最重要和最普遍的货币政策工具。中央银行可根据市场条件对金融市场的资金供应和需求进行适当的调控，以便影响利率的水平和结构：当中央银行认为货币供应是偏少的，银行将在开放的市场上购买有价的证券并扩大其基础，进而降低了市场利率；相反，它将减少货币供应以提高利率。此外，中央银行在公开市场上的证券交易可直接改变供求关系，从而改变了利率结构。正是因为公开市场业务对利率具有良好的引导作用，才特别适合作为利率调控的政策工具。

　　公开市场业务主要使用两种工具：国债和中央银行的票据。国债（国家公债）是国家根据信用发行的债券。这是中央政府对投资者的债务并承诺在一段时间内支付利

息和付款的凭证。由于公共债务的发行主体是一个高信誉的国家，它已成为传统的操作模式，尤其是在西方发达国家的公开市场业务中。然而，值得注意的是，通过购买和出售政府债券来控制市场利率，对政府债券的要求很高，需要一定规模的发放量和累积库存。如果国债规模不够，就会影响公开市场业务的有效性，货币政策的理想目标就难以实现。中央银行票据是中央银行发给商业银行的短期债务期票，用于调整银行账户盈余。中央银行票据的最大特点是短期性：主要有三个月、六个月、一年和三年期这四种形式，同时还有时间期限相对较短的正、逆回购。因此，也有人说，在没有短期政府债券的情况下，这是一种过渡性安排。中央银行票据是市场运作的方式，主要是因为它们调节基本货币供应，其发行和回购直接影响商业银行可获得的贷款金额。其中，央行票据的发行或回购是在市场上进行证券出售和基础货币的回销行为，而央行票据到期或反向回购则反映在基本货币的投放上。

公开市场业务有两种主要的方式：回购交易和现券交易。现券交易是指中央银行直接参与这些金融机构进行的有价证券二级市场交易。证券买卖伴随着其所有权凭证的转让，包括央行直接向二级市场出售债券，可以一劳永逸地返还基础货币，而当央行从二级市场买入债券，则是一次性投放基础货币。可以看出，出售债券是中央银行开放永久储备监管市场的一种方式，它的使用将导致货币供应的长期变化。与证券目前的出售不同，回购交易是临时交易，包括正、逆回购。正回购意味着中央银行将证券出售给一级经销商，并规定在今后的某一约定日期购买这些证券，这就是中央银行如何从市场上恢复流动资金的操作。反向回购恰恰相反，反向回购是指中央银行从主要分销商处购买证券，并同意在未来的特定日期向主要分销商出售证券。反向回购是中央银行将流动性引入市场的操作。回购是央行恢复市场流动性的一种操作，为了维持商业银行储备的稳定性，消除市场因素对商业银行储备的影响，央行可以在短时间内利用回购交易来规范或影响社会资金的流通，从而稳定市场和实现货币供应的目标。

公开市场运作的作用可概括如下：

首先，有效地调整货币供应量。公开市场交易虽然是一种间接的货币政策工具，但其作用机制决定了其是货币当局控制货币供应的有效工具。根据公开市场业务的运作原则：按照货币政策的要求，央行可以买卖债券，以储备作为业务目标，最终达到调整货币供应量的目的。由于买卖债券的数量和种类可由中央银行根据经济情况独立决定，货币供应量的调整不适用于其他货币政策，特别是法定准备金率政策和再贴现率政策。

二是充分发挥货币市场利率的导向作用。与其他货币政策相比，公开市场业务不仅可以有效调整货币供应量，还可以对市场利率起到重要的指导作用。特别是在利率市场化趋势下，央行将以公开市场操作利率作为政策利率，通过利率市场化的改变，以引导利率的同步变化。如果中央银行向市场买方（主要是商业银行）购买或出售中央银行的票据，银行系统的流动资金将减少，货币市场的基准利率上升；反之，银行系统的流行性增加，货币市场的基准利率下降。货币市场的基准利率和公开市场业务的操作利率是同向并行的，货币市场利率的引导作用也向前迈进了一步。

(二) 公开市场业务的微调特性

公开市场业务是美联储最重要的货币政策工具，也是英国和美国的重要货币政策工具。自20世纪90年代末以来，中国逐渐增加了公开市场操作的使用，并已成为重要的货币政策工具。事实上，由于利率概念在利率调控实践中的出现，公开市场操作一直是最好的调控工具。其原因在于公开市场业务的特征更符合微调利率的需要，主要有以下几点：

首先，公开市场业务的市场化程度较高。公开市场业务的市场性主要表现在，央行通过在市场上进行债券交易来实现政策目标。与此同时，商业银行在公开市场上是否出售中央银行发行的有价证券，完全依赖其自身的决定，不受中央银行的限制。公开市场交易的形式和自由决定了其作为货币政策工具的市场特征。为此，中央银行可通过改变公开市场交易的类型和规模，调整市场流动性和利率。

其次，公开市场业务更主动。中央银行可根据经济趋势完全运作公开市场业务，央行可以在没有其他因素的情况下独立控制公开市场的操作，只要经济形势发生变化，就可以及时采取措施。此外，一旦中央银行发现市场逆转，可以通过反向操作来纠正，以消除滞后效应。事实上，无论想怎样改变货币供应量的大小，中央银行都可以根据自己的意愿（包括方向、规模和时间）来准确地达到预期的目标。

再次，公开市场业务更加灵活。中国人民银行的公开市场运作是在银行体系的流动性和金融运行现状的基础上，采取积极防御行动，实现货币政策目标，从而维护金融体系稳定的灵活选择。在前一种情况下，中央银行采取主动行动，调整商业银行的流动资金数额与货币供应量，以改变货币市场的利率；后一种则是如果出现金融机构的流动性由于其自主性的改变而超过了中央银行的目标，中央银行即通过公开市场操作来缓冲其影响，以维持金融机构的流动性和货币利率的稳定，保证金融体系平稳健康运行。

最后，公开市场业务可以及时地开放市场运作。当中央银行需要按照利率调整指标在公开市场上运作时，它们只需要向公开市场交易者发出购买或销售指令，而无须审计程序。这不仅使得利率变化的响应范围很短，而且对商业银行等具有较强的宣传效应，并迅速推动市场利率调整，以实现中央银行的目标。当然，为了增强公开市场业务的效应，中央银行可以根据需要继续公开市场操作，并且可以很容易地改变行动方向并迅速实施。

比较而言，关于存款的法定准备金其实施反应过于强烈，即使准备金变动不大，也可能产生严重的经济和财政影响。因此，它通常被称为"外科手术中的巨大斧头"。从可控性的角度来看，准备金率的影响是难以估计的，频繁地调整往往会破坏货币供应总量的稳定性和可承受性，这不利于央行灵活控制短期利率。因此，在相对稳定的经济形势下，央行很少使用浮动的法定存款准备金来调整利率政策，而是作为在一定时期内变动市场货币供应量的机制。因此它不是调整央行利率的适当政策工具。

再贴现政策的最大缺陷是中央银行不能自主控制商业银行的贴现贷款金额。这是因为，虽然央行可以改变贴现率，但不能命令商业银行借款。这使得央行在货币政策的实施中显得过于被动，导致货币政策的有效性不明显。正是因为再贴现政策缺乏弹性，如果央行想利用它来指导市场利率的微调，它必须始终频繁调整再贴现率，这种运作无疑会使商业银行难以适应，其负面影响也将无法预测。

简言之，公开市场交易与法定存款准备金和再贴现政策相比，具有市场导向、主动性、灵活性和及时性等优势。这些都更符合微调市场利率的要求。因此，公开市场操作更适合作为央行在市场决策中微调利率的政策工具。不过值得一提的是，公开市场的运作除了有明显的优势外，也有一定的局限性，尤其是公开市场业务需要发达的金融市场，如果金融市场不发达且有更多可用于交易的工具，公开市场操作的有效性将受到影响。就中国而言，公开市场运作仍有很大的改进空间。

二、中国利率微调的创新工具：常备借贷便利

近年来，各国央行一直在努力创新货币政策工具，以解决流动性管理和利率政策调整的问题。例如，美国的 TAF（定期拍卖）和英国的 FLS（贷款融资）等。相比之下，英国和美国货币政策工具中的创新主要是为了解决短期流动性危机。与此不同，近年来中国的货币政策工具更加注重创新，更接近于建立一个更有效的利率调整框架。在货币供给机制的转变和利率传递机制失灵的基础上，建立了利率走廊监管的新框架。与此相适应，SLF（常备借贷便利）成为除了公开市场业务、存款准备金和贴现政策之外的货币政策的新工具。根据国际经验，常备借贷便利作为货币政策工具有着悠久的历史。在世界许多国家，中央银行基本上拥有类似的货币政策工具。但是，由于经济环境和金融市场的不同，SLF 在货币政策实践中的地位也不尽相同。在发达国家，这类工具目前主要用于流动性管理，特别是当金融机构面临短期流动性危机时。虽然 SLF 在稳定基准利率方面发挥作用，但其作用和使用频率不如公开市场操作重要；在新兴市场国家，SLF 通常用于稳定基准利率波动，并被广泛用作微调利率政策的工具。

（一）常备借贷便利概述

常备借贷便利（Standing Lending Facility，SLF）是我国中央银行 2013 年制定的新的货币政策工具之一。其主要职能是长期满足金融机构对流动资金的巨大需求，主要

交易对象是政策性银行和国家商业银行，其业务模式是由金融机构发起的。中央银行向抵押贷款金融机构提供贷款，并在必要时通过信贷担保机构向金融机构提供贷款，贷款期限通常是一个月到三个月，利率是根据货币政策调节及指导市场利率和其他需要确定的因素来确定。其中，符合条件的抵押品包括政府债券、中央银行票据、政策性金融债券、高评级金融债券等。事实上，SLF是中国人民银行管理市场流动性，特别是使市场流动性提升的手段，其主要有三个特点：第一，它们是由商业银行等金融机构利用SLF发起的，商业银行更加积极主动，他们可以根据自己的流动性需求独立申请，这对商业银行而言，具有更大的灵活性，可以有效地作为利率走廊的上限。第二，在操作过程中，中央银行和商业银行等金融机构表现出很强的针对性，使其成为利率调控过程中公开市场操作匹配与组合的辅助工具。第三，对应方涵盖范围广泛，通常涵盖所有存款金融机构。因此，SLF可以稳定和引导金融市场银行同业拆借利率的波动，对基准利率的微调起到有效的作用。第四，商业客体与商业银行的关系更加密切。SLF的目标是商业银行持有的高信用债券资产和优质信贷资产，这比再贴现政策的操作对象具有更广泛的直接影响。

在建立SLF实施的背景下，2013年11月6日，中央银行在全国推广SLF，以稳定2013年6月以来的市场流动性状况，改善中小企业金融机构提供的流动资金支助渠道，以促进货币市场的顺利运作，同时应对环境突然变化造成的季节性波动。自2013年6月以来，由于一些金融机构贷款增长较快，贷款计划紧凑，银行间利率迅速升高，中央银行担心"货币赤字"可能会恶化，2013年11月6日正式推出SLF。自2013年常备借贷便利实施以来，有效地降低了市场流动性。和2014年9月一样，中国人民银行在五家大型国有银行投资为期三个月，共计5000亿元的流动资金，SLF的执行稳定了市场信心，防止了不寻常的资本流动，保持了市场流动性的稳定性；2015年12月人民银行分行根据当前流动资金形势和金融机构对地方法人金融机构累计开展常备借贷便利操作共1.35亿元，期限均为隔夜；2016年7月，以2.75%的利率满足临时融资需求。常备借贷机制鼓励存户优先考虑市场上其他融资渠道，在流动资金不足的情况下，协助厘定利率上限，以及维持货币市场利率的平稳运作，在一定程度上，SLF有助于形成利率的业务范围，甚至超出了市场利率开放运作的指导。

根据国际惯例，全球大多数央行都有货币政策工具，如：联邦储备基金、欧洲央行的边际贷款便利、日本银行的额外贷款优惠、加拿大银行的常备流动性便利、新加坡金融管理局的SLF和俄罗斯联邦中央银行的担保贷款，以及马来西亚中央银行的抵押贷款、韩国银行流动性贷款（抵押贷款）等。尽管公开市场活动已经取代了借贷机制，成为常规货币政策调整的长期工具，但不可否认的是，贷款机制大大补充了流动性管理。在宏观层面，它就像安全门后面的弹簧，为避免央行透支存款而动用流动性。近年来，以加拿大、德国等国家为代表的利率走廊管制的兴起，极大地提高了常备借贷便利的地位。

(二) 常备借贷便利对中国利率微调的意义

对于中国而言，常备借贷便利不仅可以取代以前的定量货币工具，还可以构建短期价格的利率调整和传导机制，避免强有力的货币政策带来的负面影响，并有助于刺激经济政策。如果中国中央银行正确运用货币政策工具，如 SLF，它就能更加灵活地调整流动资金的方向和节奏，根据流动资金的变化及时适当调整结构。在这方面，常备借贷便利继续调整中国利率的重要性是显而易见的。这不仅是因为它与公开市场业务的合作，以丰富政策控制工具和优化政策组合，在此基础上，还为今后建立 "利率走廊" 监管模式奠定了良好的基础。分析如下：

第一，SLF 只会轻微刺激市场，解决短期流动资金问题，稳定市场利率波动。近年来，由于银行贷款利率的市场化和银行间的激烈竞争，银行资产与负债之间的时间不匹配问题层出不穷，这导致银行系统短期流动性的供需波动频繁。当各种因素相互作用或市场上的情绪反应不稳定时，可能会发生流动性危机，这不仅使金融机构难以管理其流动性，而且也无助于各国央行监控总流动性。这时，SLF 的引入是对传统流动性管理工具的补充和创新，稳定市场情绪，引导市场基准利率达到目标利率。

第二，SLF 可满足单一金融机构的部分流动资金需求，且针对性强，使其更易于在开放市场使用。自 2013 年初建立 SLF 以来，中国人民银行通过两种货币政策工具在管理流动资金方面取得了重大进展。在货币市场因各种因素而波动的情况下，中央银行通过 SLF，帮助支持实体经济的发展，促进债务减免，对符合国家产业政策和宏观经济政策的金融机构的流动性进行支持，流动性管理机构出现问题的也采取相应措施以维持金融稳定。

第三，SLF 具有市场预期，商业银行的早期指导有助于减少市场利率的异常波动。2015 年春节期间，中国人民银行向符合条件的中小企业提供短期流动性支持，稳定了市场预期。SLF 的建立将降低银行间资金的成本，并及时满足商业银行的流动性需求。在实际降低利率之前，中央银行首先向市场发出强有力的信号，向投资者提供更好的市场预测，这将有助于减少市场波动，引导长期投资，这也表明，世界货币政策的操作模式从 "神秘主义" 过渡到透明。

第四，SLF 有助于建立 "利率走廊"，稳定短期市场利率，并确保利率稳定，以实现从数量向价格政策的转变。2015 年 5 月 8 日，中央银行发布了《2015 年第一季度中国货币政策实施报告》，进一步推动货币政策改革，加强当地公司金融机构的流动性管理，有效防止中小金融机构的流动性风险，以稳定金融市场。并且中国人民银行在 2015 年初试点，在全国各地鼓励分支机构实施 SLF，同时根据货币政策及时调整利率，以探讨 SLF 发挥货币市场利率走廊上限的可能。

第六章　基准利率的变动与管理：利率走廊

第一节　利率走廊调控

一、利率走廊系统的基本原理

利率走廊是指中央银行为控制银行间拆借市场利率向目标利率逼近，而特意设定央行规定的短期存贷款利率利差为走廊宽度，存贷款利率分别为区间上下限值的一个利率调控的范围，从而可以将拆借市场利率的波动变化控制在该区域范围内，实现市场利率和目标利率的靠拢。因为上下限之间的利差类似于一个走廊形式，因而也被称为利率走廊。实质上，利率走廊指的是将银行间拆借市场利率逼近目标利率的一个操作系统。Clinton（1991，1997）对利率走廊系统基本原理进行了详细研究，研究分析零准备金制度下加拿大央行货币政策的操作问题。Woodford（2001）等学者在自己的研究中导入了利率走廊几何模型，进一步分析了利率走廊调控模型的特点以及基本原理。较为常见的利率走廊模式为对称利率走廊，其典型特征是由央行专门向全国各地的商业银行提供两种短期融资工具，以便其向中央银行借入短期贷款，也同时向中央银行提供存款。通过前者，商业银行等存款类金融机构可以从中央银行获得隔夜贷款，且其利率高于政策目标利率水平，而商业银行存入央行的隔夜存款利率比目标利率略低。可以通过一个简单的几何模型（图6-1）来说明这一点。在该模型当中，其中纵轴I为贷款市场利率；横轴R为准备金供给。i为中央银行设定的目标利率，具体大小要根据国内的具体经济运行实际来确定。i^l表示当银行机构获得来自中央银行的短期贷款担保以后，相对于目标利率的基准水平比较而言，拆借市场的实际利率比目标利率要高出n个基点值。I^d为央行向商业银行支付的准备金存款利率，它要比目标利率低n个基点值。央行规定的存贷款利率差形成一条利率的走廊带，存款利率构成走廊的上限，贷款利率构成走廊的上限，目标利率只能落在这个走廊区域的范围以内。

学者Clinton（1997）通过研究发现，纵观整个利率走廊系统，从中央银行的角度来看，为实现不同银行拆借市场利率与目标利率相接近的目标，中央银行可以不再继续使用传统的公开市场业务操作手段，而改用利率走廊的调整操作来实现货币政策的利率调整的政策目标。Woodford（2001）分析，不管是利率走廊的上限调节还是下限调节操作，都存在着政策操作的成本，这从某种程度上来说，不管货币供应量规模的大小，商业银行都有不向中央银行贷款和存款，而改向拆借市场办理资金的拆入拆出业务的动机。在理论上，商业银行会对拆借市场的拆入、拆出利率与央行要求的存贷款利率大小进行综合比较权衡，因而商业银行的拆借资金的利率大小被限制在存贷款利率差所形成的利率走廊区间范围之内，在这个区间内商业银行会选择从拆借市场进行资金的拆入和拆出业务，这使得银行间拆借市场变得更加活跃积极。因此央行充分发挥利率走廊的上下限调节功能，能够有效地对政策利率进行相应的调节，使得政策利率的波动范围限制在利率走廊的波动区间内。一旦在市场上贷款成本高于向央行贷款的成本，这些银行都不愿意继续在市场上拆入资金。正是因为准备金的供给与需求方面的市场均衡影响，决定了拆借市场的拆借利率 i。在准备金供求均衡情况下，准备金余额为 R^*，在此条件下，不管准备金的需求处于怎样的波动情况，市场利率总会在利率走廊区域内波动。

Keister（2008）等人在以 2008 年席卷全球的金融危机下央行执行的货币政策框架实践为研究背景，对利率走廊基本模型进行深入拓展研究。他们研究发现，一旦均衡准备金 R^* 予以明确，在这样的情况之下，准备金增加，那么在准备金的需求曲线的水平区域范围内可以得到准备金的供需均衡解，此时均衡利率会逼近于利率走廊的下限。在这种情况下，利率走廊将不再是原来的形式，而是进一步退化到地板系统。在地板系统下，央行目标利率与存款准备金率一致，中央银行可以在不改变准备金供给的情况下调整货币政策。一方面，央行可通过移动利率走廊来实现目标利率的调整。比如说中央银行为了将目标利率提升，只需移动原有的利率走廊上下限从而整个利率走廊进行移动，这并不会改变准备金供给量（见图 6-1）。当央行并未实行法定准备金制度的前提下，这样的灵活操作对在危机情况下增加市场流动性的政策效果明显。另一方面，在如图 6-2 所示，央行可以在不对政策利率进行调整的基础上，仅仅依靠准备金供应的调整进行政策调整。在传统操作范围内，当增加准备金供应量，其中目标利率便会出现接近零利率。观察系统可知，当准备金供应稳定增加时，那么便会出现这样的情况——其供给曲线会逐步向右移动。此时 R_1 逐步向 R_2 靠拢，那么目标利率便会下滑。随着准备金的供给数量不断增加，目标利率在利率走廊下限的限制下，会最终固定在利率走廊的最下限位置。

综上所述，中央银行的货币政策在利率走廊的影响下将一分为二：一种是利率政策，另外一种是流动性政策。在传统准备制度框架内，利率走廊并不完善，不存在利率走廊下限的限制，一旦市场当中注入了大量的流动资金以后，受供求规律的影响，市场利率将会下降到目标利率以下，这就可以解释在发生金融危机以后，越来越多的中央银行正在将货币政策实施框架从对称的走廊转移到地板系统的原因。

图 6-1 利率走廊　　　　　　　　　图 6-2 地板系统

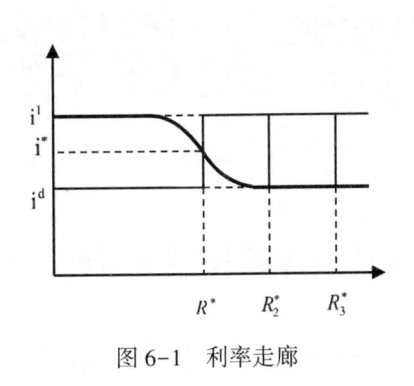

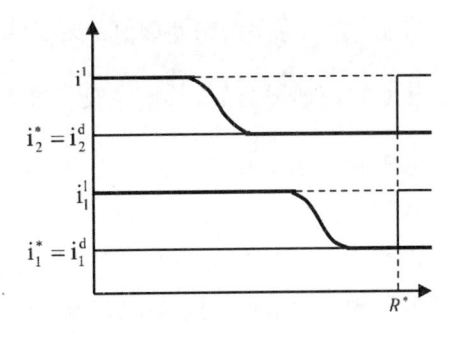

二、利率走廊理论模型

20 世纪 60 年代中后期，Poole（1968）通过构建银行准备金需求随机模型，对货币政策的实施框架进行了全面分析。在研究中他指出，一般诸如商业银行的金融机构都有将准备金持有的期望成本降到最低的动机。银行机构需要在央行规定的每个持有准备金的持续期，在市场的不确定性因素下，在流动性短缺成本与准备金持有成本之间进行比较权衡，并从比较结果中最终决定需要持有的准备金的数量。在均衡水平下，金融机构手里掌握的准备金边际成本从某程度上来看则与期望流动性成本的降低程度相等。在这样的情况之下，基于银行的角度来看，持有准备金和持有流动性的效益相同。学者 Poole（1968）明确指出，基于银行机构的角度来看，此类随机需求模型能反映金融机构的交易行为特征，对于控制银行机构准备金需求提供可较为充实的理论依据。同时，也为中央银行实施利率政策提供了可行的途径。Poole 虽然没有对准备金制度下的利率走廊调控进行全面探讨，但其基本思想已经暗含了利率走廊调控的一些基本思想。进入 21 世纪以来，在 Poole 准备金需求随机模型基础上，学者们如 Guthrie 与 Wright（2000）、Woodford（2000，2001，2003）、Gaspar 等（2004）、Whitesell（2006），基于理论分析对利率走廊及相关的应用实践的构想指导进行了大量的研究，这对于现代货币政策操作理论的发展有着积极作用。Woodford（2000）是第一个对利率走廊执行货币政策进行研究的人员，他指出，只要银行机构能够确保每一交易日的交易结算余额为 0，央行不再需要通过公开市场业务操作，仅仅依靠利率走廊即可实现将拆借市场利率向目标利率靠拢的目标。Woodford（2001）在研究当中，设立了一个基于利率走廊操作的简单政策应用模型，以加拿大、澳大利亚和新西兰等国的货币政策实施为背景，对此展开深入性的分析。

模型中，在市场利率 i 水平下银行 k 持有的结算余额的净利润为 $R(s^k + \varepsilon^k)$，

$$R(s^k + \varepsilon^k) = i^d \max(s^k + \varepsilon^k, 0) + i^l \min(s^k + \varepsilon^k, 0) - i(s^k + \varepsilon^k) \quad (6-1)$$

其中，ε^k 为银行 k 在任何营业日的结算余额的随机误差，σ^k 表示银行机构收支的不

确定性, s^k 为结算余额的期望值, 则实际结算余额为 $s^k + \varepsilon^k$, $F(-\varepsilon^k/\sigma^k)$ 为积累分布函数, 从 0 单调递增至 1。均衡时银行机构的结算余额需求 s 为: $s^k = -\sigma^k F^{-1}(\frac{i-i^d}{i^l-i^d})$

基于此, Michael Woodford 提出了这一观点, 在某一具体工作日当中, 商业银行结算余额与央行存款、贷款利率相关, 结算余额与利率走廊中市场利率所处的相对位置有一定的关联。但并不是取决于市场利率水平的高低, 因而商业银行对结算余额的需求是市场利率在走廊中相对位置的函数。

若用 S 代表央行结算余额的总供给, 则 $S = \sum_K s^k$, 银行间拆借市场出清时均衡利率为:

$$i = i^d + F(-\frac{S}{\sum \sigma^k})(i^l - i^d) \qquad (6-2)$$

显然, 市场利率必须位于具备上下限区间的利率走廊内, 而市场利率在走廊内的位置受中央银行结算的余额供给量的减函数所影响。当 $S = -F^{-1}(1/2)\sum \sigma^k$ 时, 市场均衡率与目标利率基本保持一致。

所以在上述观点的基础上, Michael Woodford 进一步提出, 中央银行在对存贷款利率即政策目标利率进行调整, 从而可以影响到市场利率的调整。这样一来, 央行便可不借助公开市场业务操作, 而是通过调整政策目标利率直接影响市场利率, 从而应对市场利率对政策目标利率的偏离。所以可以这样理解, 在整个利率走廊体系当中, 在不收紧货币政策或放松货币政策的情况下, 如果出现技术因素的外部影响, 如支付流量的不确定性, 中央银行仍可利用公开市场操作来改变结算余额的目标水平。

三、利率走廊调控的优势

从利率调控模型和国家实践的研究来看, 利率走廊具有独特的优势:

第一, 在市场预期稳定性方面, 利率走廊系统优势明显。

在相当长的一段时间内, 我国货币政策调控主要采取的是传统的以调节货币供应量为主的数量型货币政策。数量型货币政策调控的中介目标为基础货币供给量, 因此基于央行的角度来看, 为有效调控货币供应量目标, 需要舍弃利率稳定性这一因素, 利率波动远大于其他采用价格型货币政策的国家的波动水平。与此同时, 数量型调控模式存在一定的弊端: 一方面引起公众预期的偏离, 另一方面, 商业银行也会对央行的政策调整产生误判。在利率走廊调控模式之下, 中央银行的货币政策的中介目标由过往的货币供应量目标转向为现实的短期利率目标。而短期政策利率在利率走廊区间内有一个上、下限波动范围, 央行规定的存贷款利率构成这个上下限, 形成短期政策利率的波动范围。相对来说, 利率走廊模式能够在极大程度上平抑利率波动, 大大提升市场利率的稳定性,这是一种简单而且有效的新的货币政策调控模式。

第二,市场利率直接受利率走廊的影响。

在利率走廊机制下,不论是央行,还是以实现利润最大化为经营目标的商业银行,都会尽力实现零结算余额。而此时,商业银行最优准备金决策的一阶条件为:$F(-T^*) = \frac{1}{2} + \frac{i - i^*}{2s}$。央行与商业银行在准备金的供需交易过程中存在的合作博弈,在一定程度上限制了市场利率的波动。为此,央行将大幅减少公开市场操作,同时市场利率会在利率走廊区间内自发调整。事实上,利率走廊运行模式非常可靠有效,选择这种运行模式,能够起到较好的政策调控目的。

第三,利率走廊操作成本相对较低。

中央银行在运用公开市场操作进行政策调控时,往往需要多次频繁反复地在金融市场上进行公开市场操作,这往往会推高或降低市场利率,导致高买低卖,增加政策的操作成本。此外,在法定存款准备金的前提下,央行需要向商业银行支付存款准备金利息,此时政策操作成本会进一步增加。运用利率走廊这一操作机制,央行在进行利率调控时,就利率调控目标而言更为简单有效。央行收取来自商业银行的贷款利息,同时会对商业银行在央行的存款支付利息。虽然商业银行在中央银行存贷款的利差会引起政策操作的一些成本,但相对于公开市场操作下产生的政策成本要小得多。鉴于存贷款收益率比较稳定,操作成本显著降低。

第四,利率走廊调控系统,对中央银行政策的透明度提高有积极作用。

事实上,在实行公开市场操作过程当中,中央银行的政策从政策实施再通过各种政策中介目标和中介变量的传导效应,传导至商业银行及社会公众层面存在政策时滞,即中央银行将政策意图传达给商业银行和公众需要一定的时间。政策发挥出其效果,在某种程度上需要公众与商业银行对央行政策的配合。而在利率走廊调控下,央行可对外及时公布利率目标,通过利率渠道将该政策调控的意图向市场当中的所有主体传达。金融市场的市场利率体系会对央行的利率调控做出系统反应,即金融市场的真实利率水平也相应作出变动反应。在这样的情况之下,央行要尽可能多地披露自己政策执行意图相关的信息,以缓解决策者与经济实体之间的信息不对称,这大大有助于提高央行货币政策的透明度。除此之外,政策制定者和市场经济各经济主体之间可开展充分的信息交流。央行在广大公众面前通过对政策信息的完全披露增加其政策信用度,这样可以提升公众与央行的合作,一方面央行政策透明度有所提升,加强了公众对央行政策的理解,并且配合央行的政策调控方向,这有利于央行政策目标的顺利实现。

第五,利率走廊机制下商业银行超额存款准备金大大下降。

要提高利率走廊利率调控操作的效率和政策效果,需要有零准备金制度的配合。根据相关研究分析来看,利率走廊调控机制在存在超额存款准备金制度的条件下政策实施效果会有所降低。其原因在于在有超额存款准备金要求规定下，商业银行等金融机构各项决策会考虑多方面因素对其经营的影响，商业银行的储备决策不仅受到央行存贷款利率的影响，而且还受到超额准备金规模的影响。因此，利率走廊机制的实施意味着在一定程度上需要放弃超额存款准备金制度。

第二节 基准利率两种调控模式的比较：公开市场操作与利率走廊

一、公开市场操作和利率走廊的作用机制

一直以来，各国中央银行对于利率调控操作主要采取公开市场操作的方式来实现，具体操作方式为：买卖有价证券→银行准备金→同业拆借利率。在一个较为成熟的市场金融环境下，中央银行通过政策手段影响商业银行的准备金需求与商业银行准备金供给，从而通过商业银行的准备金供需调整来实现公开市场操作下的利率调控（具体见图6-3）。在图6-3中，水平坐标表示中央银行的准备金供给量和商业银行的准备金需求量。纵向坐标表示两个具体利率指标：拆借市场的拆借利率和中央银行规定的贴现率。其中曲线 D 具体表示的是商业银行的具体准备金需求，该曲线较好地反映出商业银行的准备金需求与拆借市场拆借利率的关系。具体可使用函数 $D(R)=r^f$ 加以表示，它表明商业银行之间拆借利率与商业银行持有的存款准备金之间存在着负相关的关系。拆借市场利率走低，相对来说商业银行的准备金需求增加，反之亦然。一旦利率走向极低的水平，商业银行的准备金需求则趋向于无穷大。曲线 S 为央行的储备供给，与同业拆借利率之间的关系：$TR=NBR+BR(r^f-r^d)$，其中，TR 代表商业银行的储备供应量；NBR 代表非借入准备金量，由曲线 S 的垂直部分来表示；BR 为商业银行从贴现窗口借入的准备金量，该准备金量是同业拆借利率 r^f 与贴现率 r^d 之差的函数，由曲线 S 向右上方倾斜的部分表示。[①]

由图6-3可以得知，准备金供给曲线与准备金需求曲线的交叉点表明准备金供需平衡，此时银行拆借市场利率为 $r*$。因为受市场流动性冲击因素的影响，市场利率会出现波动变化，并偏离目标利率 r^l，此时央行为了能较好地市场利率回归至目标利率水平 r^l，需要通过公开市场操作去间接影响市场利率的重新调整。其操作具体受需求函数 $R^*=D^{-1}(r^*+r^l)-R$ 影响。在该需求函数下，R^* 为商业银行的储备需求量，r^* 为目标利率，r^l 为市场利率偏离目标利率的幅度，R^* 为央行公开市场操作的幅度。为了实现

---

① Michael Woodford, "Monetary Policy In a World Without Money" [N]. NBER Working Paper, 2000, No. 7853.

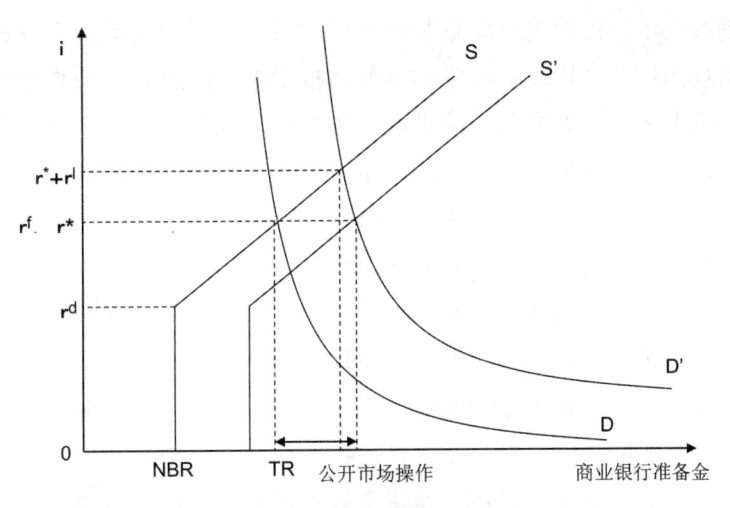

图 6-3 公开市场操作情况下商业银行的准备金供求关系

该调控目标，央行就需要通过在公开市场买卖国债以将曲线 S 移动到 S' 的位置，此时公开市场操作总幅度为 R^*，同业拆借利率由 r^*+r^l 下降到 r^f。

根据上述公开市场运行机制，明确规定了中央银行进行公开市场操作的步骤：结合具体宏观经济发展水平，中央银行设定目标利率水平，再参照储备需求曲线，选择与目标利率水平相匹配的储备金需求量。在对目标储备和实际储备准备的差额计算分析以后，可以确定公开市场业务的操作范围和幅度。最后，在明确公开市场操作中进行相应的国债购入卖出操作，以实现同业拆借市场利率和目标利率相一致的目标。只有有效确保储备需求曲线相对稳定，才能进一步保证公开市场操作的有效性。否则，公开市场操作的成效会大打折扣。1990年以后，伴随着国内电子货币的进一步发展，商业银行在准备金需求方面不确定的情况有所增加，尤其是银行同业拆借利率与商业银行准备金需求之间的关系存在着难以明确的问题，公开市场的操作幅度也变得无法预估。银行同业拆借利率也不可能仅通过公开市场操作达到预定的目标利率水平。鉴于央行的政策压力和操作成本都在不断上升，仅仅运用公开市场操作来调控利率，似乎变得不再可行，中央银行急需寻求新的利率调控模式。事实上，一些国家的央行尝试一种较为新颖的利率调控模式，将利率波动限制在一定的区间内，以提高政策效果，并且越来越多的国家开始尝试此类新的利率调控模式及利率走廊调控模型的操作方法。

利率走廊调控模式的有效性，具体取决于金融市场的完善的市场机制作用，商业银行为了获得利润最大化，使其市场拆借利率在中央银行规定的存、贷款利率范围之内波动。所以央行存、贷款利率的上、下限便形成利率走廊，同时实际渠道的利率波动在存贷款利率上、下限的通道内。事实上，这类利率走廊模式内市场利率向目标利率靠近的机制取决于央行规定存款贷款利率变动对市场利率波动产生的影响，而不再依赖在公开市场操作下对货币供应量调节的间接影响。因此它是一种更加简便的政策操作模式。理论上来讲，无准备金要求的对称利率走廊即标准的利率走廊模式下，同业拆借利率可以维持在利率走廊上下限圈定的走廊区间内 1/2 的位置，银行间同业拆借利率的波动区间也被限制在该走廊范围内。图 6-4 表明了利率走廊下的同业拆借利率如何波动，横坐标为商业银行的结算资金供求，纵坐标代表利率，S 为结算资金供给曲线，D 为结算资金需求曲线，i^*+s、i^*-s 为商业银行在央行存贷款利率的上下限，他们构成了利率走廊的上下限值，银行同业拆借利率的大小不会超过这两个区间值的范围。如图 6-4，当商业银行结算资金供求均衡点为 $e1$ 时，表示商业银行同业拆借利率越过央行贷款利率的上限阈值，商业银行按央行设定的贷款利率向央行借款比在拆借市场向市场借入资金的成本要小，在竞争的作用下，同业拆借利率均衡点就会回落至利率走廊区间内，图中 A_1B_1 就为央行向拆借市场注入的资金额，反之亦然。

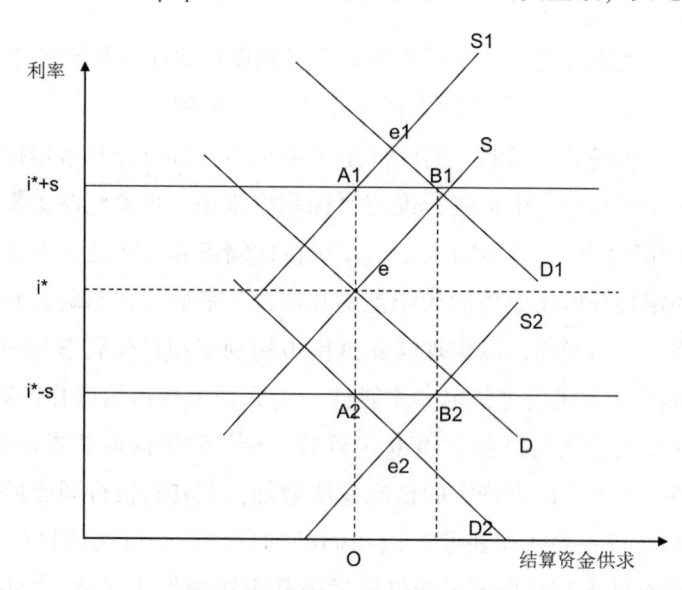

图 6-4 商业银行的结算资金供求

图 6-5 表明利率走廊机制下，拆借利率如何在中央银行存款和贷款利率的 1/2 处实现均衡。在图 6-5 中，坐标、需求供给和央行存贷款利率上下限（i^*+s、i^*-s）完全符合图 6-4 的条件。同业拆借利率的初始位置位于利率走廊区域内。在商业银行追求利润最大化的假设下，银行间拆借利率最终稳定在中央银行存贷款利率的 1/2 处。主要是因为央行决定了银行借贷资金的最高成本。其中由央行确定的贷款利率虽然与实际的利率水平之间存在一定的差异性水平，不过市场拆借利率水平与央行规定的贷款利率水平之间的差额是资金拆入行选择向央行拆入资金还是向市场同业银行处拆入资金的关键因素。同理，资金拆出行拆出资金的最低限要求是拆出资金的拆借利率不

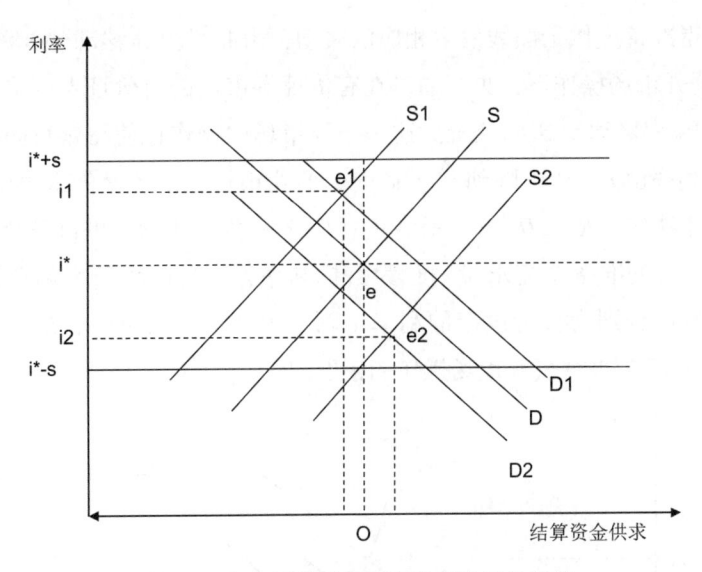

图 6-5 商业银行拆借利率偏高偏低的调整

能低于中央银行存款利率,在利润最大化要求下,资金拆出银行需要在市场拆出资金利率价格和中央银行规定的存款利率水平进行比较,择优选择拆出资金的流向。在这种情况下,当央行存贷款利率二分之一的 i^* 时与实际拆借利率不相等时,在图 6-5 中所显示,同业拆借利率的初始位置在 e1 或 e2 点上,受利润最大化的目标影响,S_1 或 S_2 会移动至曲线 S,相应的需求曲线会从 D_1 或 D_2 移动至曲线 D 的位置,而在实际拆借利率达到央行存贷款利率二分之一位置上时,e1 或 e2 会回到均衡点 e。即同业拆借利率位于 e 点上,曲线 S、D 相交于 e 点并达到均衡状态。①

二、公开市场操作和利率走廊的互动关系

(一)利率走廊操作缓解了公开市场操作的调控压力

在相关理论模式下,中央银行要降低在公开市场操作的调控成本和调控压力,还需要对商业银行的利率设置具体的可波动区间范围。如图 6-6 所示,与单一的公开市场操作模型不同,当商业银行受到市场流动性的冲击,市场利率会对流动性冲击作出相应的反应,表现为对目标利率的偏离。在利率走廊的操作模式下,央行可以通过公开市场操作的方法把剧烈波动的市场利率引导回原先设定的目标利率水平,这需要央行进一步加强对其创新的常备借贷便利操作工具的使用,并且通过该工具的使用在利率走廊上限 r^*+r^d 水平处向市场提供充足的流动性。在操作幅度为 R' 常备借贷便利操

---

① 胡海鸥,贾德奎. "利率走廊"调控的理论与实践 [M]. 上海:上海人民出版社,2006 年:43-54。

作使用下，使得准备金供给曲线发生相应的移动，由曲线由 S 移动到 S'' 的位置，同时，在幅度为 R^* 公开市场操作下，央行通过在有价证券市场的有价证券的买卖可以将准备金的供给数量由 S'' 移动到 S' 的位置。这一公开市场的操作也使得银行间同业拆借市场上的同业拆借利率由 r^*+r^l 下降到 r^*。此时，商业银行的准备金需求由函数 $r^* = D(R+R'+R^*) - r^l$ 来决定，$R^* = D^{-1}(r^*+r^l) - (R+R')$ 为中央银行的准备金需求总数。其中，R 为商业银行的准备金需求量，r^* 为目标利率，r^l 为市场利率偏离目标利率的幅度，r^*+r^d、r^*-r^d 分别为央行设定的利率走廊上限和走廊的下限，R' 为央行常备借贷便利操作幅度，R^* 为央行公开市场操作的幅度。①

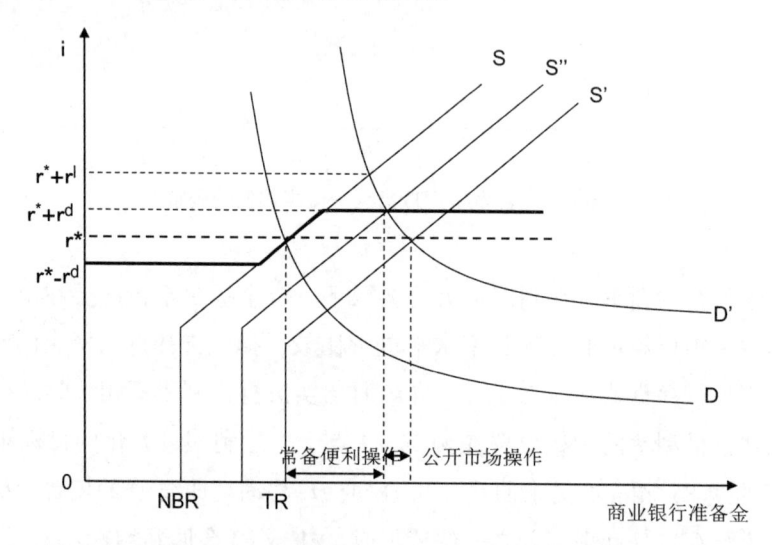

图6-6 利率走廊+公开市场操作情况下商业银行的准备金供求关系

在这方面，利率走廊可以从两方面减轻对公开市场运作的监管压力：一方面，中央银行在公开市场操作的幅度和规模在利率走廊区间设定的限定范围下有所降低。原先传统的公开市场操作是直接对准备金率进行调控，或者在国债市场等有价证券市场进行有价证券的买卖，而新创设的常备借贷便利工具的使用代替了准备金率和在国债市场买卖国债的常规公开市场操作的做法，有效地降低了公开市场操作的操作成本。传统的公开市场操作主要是对市场有价证券的买卖来进行，并且通过有价证券的买卖使得市场利率间接被调整，为有效实现逆向操作，需要在市场上进行高价买入低价卖出的操作，操作成本较高。利率走廊的上下限区间限定，在常备借贷便利工具利率的引导下市场利率很难突破利率区间的上下限阈值，从而可以将市场利率的波动范围缩小到利率走廊区间以内。在常备借贷便利工具使用下，中央银行可以在将利率限制在

---

① 牛慕鸿，张黎娜，张翔，宋雪涛，马骏. 利率走廊、稳定性和调控成本[Z]. 中国人民银行工作论文，2015年第12号，P10-11。

利率走廊区间上下限值之间，通过向商业银行发放低于市场利率的有息贷款和对商业银行支付高于市场利率的存款利息来吸收商业银行的存贷款需求，从而可以有效地将市场利率引导回在存贷款利率上下限区间内的正常水平。相比于在公开市场操作的有价证券买卖对市场流动性的影响，公开市场操作的成本较高，相对比而言，在常备借贷便利工具操作的成本就要小得多。此外，在遭受市场流动性冲击时，中央银行在利率走廊框架下对商业银行和公众行为的"告示效应"效果更为明显。"告示效应"是一种由政策信誉度及货币政策操作透明度提高公众的理性预期水平所产生的相关影响。在利率走廊的模式下，告示这种积极正向的影响可以促使商业银行和公众形成对中央银行政策调整的合理预期，从而改善货币政策操作的不确定性因素，有利于货币政策执行目标的实现。与之相对应，在公开市场操作条件下，由于公开市场操作是中央银行为调节市场流动性等各种目标采取的一种主动出击的政策做法，其操作具有很大的灵活性的同时又具有多边形，商业银行及公众很难对其操作形成一个稳定固定的预期，因而加剧了中央银行公开市场操作的不确定性，也增加了公开市场操作的调控成本。

（二）进行公开市场运作以便于利率走廊目标利率得以实现

以对央行货币供应量进行调整为基础的公开市场操作，能够使得在利率走廊调控模式下的均衡利率与目标利率保持一致，确切地来说，市场利率与央行设定的目标利率保持一致。在利率走廊调控的运作机理下，市场利率被有效控制在利率走廊区间的1/2（区间正中间）的位置，主要是通过标准利率走廊模式的操作实现。在这样的情况之下，央行可执行如下操作：在明确利率走廊的基础上，其目标利率设定为该利率走廊的一半，经过一系列机制发生作用之后，市场利率自发地趋向于目标利率。而在这个过程中，央行通常不需借助公开市场操作的力量，货币供应量自然也无须调整。在这一情况之下，利率走廊模式优势非常显著，操作也更为直接、有效，并且使得央行的政策调节操作简洁明了。但是基于实际层面来看，利率走廊在具体实施过程中也受一些现实的限制条件的局限。此外，标准利率走廊要求中央银行存、贷款利率能够完全取代银行间同业拆借，这意味着中央银行存款和贷款与银行间同业拆借市场上的拆入和拆出相同，没有担保需求，但有风险承担。但是实际与理论并不完全一致，银行间的拆借业务却要求在贷款的时候提供抵押品，而对存款不承担任何风险，这与商业银行对中央银行的资金往来业务恰好相反。这决定了商业银行向中央银行存款和贷款业务不能完全替代银行间同业拆借业务。

就利率走廊的完美操作条件来看，目前，世界上多个国家和地区无法确保利率走廊操作在现实中完美无缺。在中央银行不改变货币供应量的条件下，相对于央行的目标利率，市场利率并不总能保持与目标利率趋于一致，而是趋向于利率走廊的上下限位置。所以在实际操作当中，世界上大多数国家、地区在实施利率走廊调控的过程当中，并不会将货币供应量保证固定水平。相反地，这些国家和地区往往会在实施利率走廊调控的同时搭配公开市场操作对货币供应量进行相应的调整，最终是为了保证市场利率能在利率走廊调控的操作下向目标利率调整。央行所需要做的是将目标利率控制在利率走廊的中间位置的同时，通过公开市场操作，以便实现中央银行最初设定的利率目标。

第三节　利率走廊调控基准利率的环境要求

准备金制度是中央银行货币政策调控的必不可少的一个政策制度和政策操作的首要手段，该制度主要通过对商业银行提出一个法定存款准备金的强制性要求，并且可以通过对所要求的准备金数量和准备金率进行调整，实现对商业银行信贷规模的调整影响，从而可以进一步影响到整个市场的货币供应量规模。在20世纪80年代末，西方发达国家货币政策调控都从对货币供应量进行调节的数量型货币政策向调节市场利率为主的价格型货币政策转变，货币供应量在货币政策调控中的作用和地位开始下降，准备金制度的作用也从对货币供给调整的直接影响向对市场利率调节的间接影响转变。美联储、英国央行、日本央行和中国人民银行都在使用这一体系，并配以公开市场操作来实现目标利率。利率走廊是价格货币政策操作的一种创新，在20世纪末开始积极参与货币政策的政策调控。这就是说，中央银行将通过规定中央银行存款和贷款利率的上限和下限，促进银行间拆借利率在货币当局规定的范围内波动，商业银行为了实现利润最大化，通过市场机制的作用将促进拆借市场利率在以存贷款利率为上下限的利率走廊的中间位置不动，这是中央银行公布的拆借市场目标利率。目前，一些西方国家，比如说加拿大、新西兰等，采取的是"利率走廊"的办法，对利率进行控制，并配合利率走廊调控的需要实施零准备金制度。

一、利率走廊对准备金制度的要求

标准利率走廊机制是一种对称的利率走廊机制，且其需要准备金为零。因此在这种情况下，为了满足零准备金的条件，央行逐步放弃了对法定存款准备金的要求。同时，将目标利率规定处于利率走廊区间内的1/2处。在这样的情况之下，金融机构的储备需求曲线如图6-7所示，其中$i*-s$为央行存款利率，$i*+s$为央行贷款利率，$i*$为央行目标利率。若是商业银行的拆借利率高于央行设定的贷款利率水平，那么商业银行可以借机套利，其具体做法是：以低于拆借市场利率的价格获得来自央行的贷款，同时可凭借较高的银行同业拆借利率向其他金融机构进行银行放贷，从而从中谋利。因此，商业银行对向央行贷款具有无限大的需求，而对拆借市场的资金需求趋向于无限小，如此下去，拆借市场上的利率也将快速下降，最终与央行的贷款利率相一致。反之亦然。

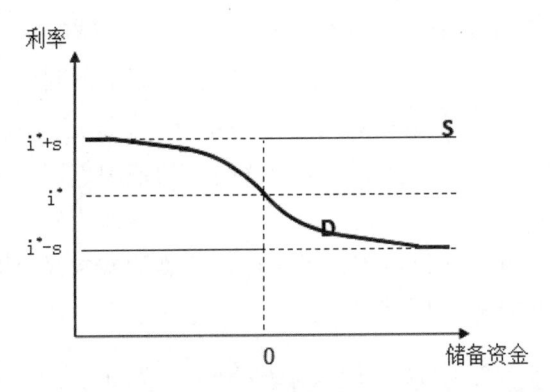

图 6-7 "利率走廊"中商业银行的储备需求曲线
资料来源：胡海鸥和贾德奎（2006），第 45 页。

基于运作模式分析可得，标准利率走廊模型需要满足零准备金的要求，在此条件下其优势明显：一是简化商业银行准备金方面决策，二是优化中央银行准备金管理。不对准备金做强制性规定的政策，使得中央银行的目标政策利率更易实现。中央银行和商业银行之间存在着资金借贷业务往来且无准备金，商业银行在央行只需开设唯一结算账户。在风险中性的利率走廊系统下，央行为商业银行提供一个对称的机会成本；而商业银行为实现账户余额最优，市场利率的水平必须维持在利率走廊的中点位置。标准利率走廊调控的一个重要假设前提就是零准备金制度假设。在这个制度下，利率走廊机制要实现同业拆借的市场利率等于央行的政策目标利率水平的前提条件就是要将央行的目标利率设置为前述的利率走廊的中点位置。以具体的公式为例，在标准利率走廊模型内，存在一个以目标利率 i^* 持有结算余额的代表性商业银行，该银行在具体的经营决策中预期自己的成本时要考虑两个因素：中央银行账户余额的机会成本 $i-(i^*-s)$，从中央银行借入资金的损失 i^*+s-i。在该模型假设下，该代表性商业银行要实现的最小化成本的准备金决策为

$$\min_T I_0 \int_{-T}^{\infty} [i-(i^*-s)](T+\varepsilon)dF(\varepsilon) - \int_{-\infty}^{-T}[(i^*+s)-i](T+\varepsilon)dF(\varepsilon)$$

(6-3)

式 6-3 中，i 为同业拆借利率，央行设定的利率走廊上下限规定为 i^*+s 和 i^*-s，ε 为各种意外事件对结算余额的冲击，$F(\varepsilon)$ 服从正态分布，且 $E(\varepsilon)=0$；对 T 的一阶偏导条件为 $F(-T^*)=\frac{1}{2}+\frac{i-i^*}{2s}$，当且仅当 $F(-T^*)=1/2$，$T^*=0$ 时（商业银行最终结算余额为零），商业银行的同业拆借利率 i 与央行目标利率 i^* 相一致。该模型

从理论上阐明了零准备金制度下的利率走廊机制的优越性。

所谓的法律准备金制度具体是指根据中央银行的要求，商业银行等金融机构需要在央行存入一定的法定准备金，且该类准备金一般无息且有一个持有期的期限规定。相对于零准备金下的利率走廊机制而言，法定准备金制下的利率走廊的运行机制并没有前者完美，但具体操作起来相对来说也是符合利率走廊运行机制的一些规则要求：在法定准备金率下，商业银行的拆借市场利率的波动范围也可以被约束在中央银行所规定的存贷款利率之间的走廊区域内。当占据市场主导地位的商业银行将超额准备金余额维持为0时，银行间同业拆借市场利率可以达到均衡水平。以下以有代表性的商业银行的成本最小化模型来解释

$$\min_{Ts}(i_s - i^* + s)b + \int_{b-Ts}^{\infty}(i_s - i^* + s)(Ts + \zeta - b)dG(\zeta) \\ + \int_{-\infty}^{b-Ts}(i^* + s - i_s)(b - Ts - \zeta)dG(\zeta) \quad (6-4)$$

该模型内的代表性商业银行的风险偏好为风险中性，i_s 为银行间拆借市场的市场利率，Ts 为代表性商业银行的目标账户余额，b 为该代表性银行在中央银行的准备金账户的结算余额，所受到的账户冲击 ξ 的概率分布函数为 $G(\xi)$。为满足剩余余额要求商业银行在拆借市场向同业借款的净成本为 $(i_s-i^*+s)b$，商业银行手头持有超额的余额机会成本 $(i_s-i^*+s)(Ts+\xi-b)$，为满足中央银行规定的准备金要求，商业银行向中央银行借入资金的成本为 $(i^*+s-i_s)(b-Ts-\xi)$。上述模型的一阶解为：$G(b-Ts^*) = \frac{1}{2} + \frac{i_s-i^*}{2s}$，此时，当且仅当要求 $G(b-Ts^*) = 1/2$，$Ts^* = b$。

然而，从另一个角度看，由于法定准备金制度的存在，商业银行受法定准备金制度的约束要求，在存款准备金决策时变得更加困难，同时法定准备金的要求也增加了央行管理准备金的难度。这对于整个拆借市场利率的稳定和均衡发展是极为不利的。由于法定准备金的要求，商业银行在缴纳规定的法定准备金时损失了其相应部分资金投放市场所获得的利息收入，商业银行只有在超出法定准备金范围的超额准备金存款才能够从央行那获取相应的存款利息收入，而且商业银行的法定准备金要求是强制性的。在没有充足的准备金余额时，商业银行需要按照央行规定的准备金贷款利率向央行贷款以获取相应规定数量的准备金存入中央银行。为此，在准备金到期的时候，商业银行的成本为向央行贷款应支付的利息减去超额准备金存入央行可以获得的利息，如下所示

$$C_T^j = i^l(d_T^j - m_T^j - \lambda_T^j)I[m_T^j + \lambda_T^j \leqslant d_T^j] - i^d(d_T^j - m_T^j - \lambda_T^j)I[m_T^j + \lambda_T^j > d_T^j] \quad (6-5)$$

其中 b_T^j 为商业银行在银行间市场的拆借储备，$m_T^j + \lambda_T^j$ 为商业银行意愿持有的储备

与预防冲击而持有的储备之和。对其期望值求取一阶导数，可得成本最小化时商业银行对于市场利率的期望值为

$$i_T^j = i^l F_\lambda(d_T^j + b_T^j - a_T^j) + i^d [1 - F_\lambda(d_T^j + b_T^j - a_T^j)] \quad (6-6)$$

其中，a_T^j 表示商业银行的实际储备，是商业银行意愿持有的储备 m_T^j 与其在市场同业拆借的储备 b_T^j 之和。上式可化为：$b_T^j = a_T^j - d_T^j + F^{-1}\left(\dfrac{i_T^j - i^d}{i^l - i^d}\right)$，由此可见，商业银行 j 在同业市场上的流动性供给 b_T^j 受其储备状况（a_T^j，d_T^j）、市场利率 i_T^j、央行存贷款利率 i^d、i^l 的影响。

由上述讨论可以看出，在具备法定准备金要求的利率走廊框架内，商业银行作出准备金管理决策变得相对困难。从商业银行的经营决策角度出发的同时，基于结算日当天所需要的法定准备金和在结算日所需要的流动资金两方面的需求，商业银行要在完成法定准备金规定的要求下合理配置当天的流动资金和法定准备金的规模。商业银行在经营方面以追求利润最大化为前提条件，在法定准备金到期的最后一日为了满足法定准备金的规定，需要补充大量的流动性资金，这样就会出现对市场资金的大幅需求，从而使得市场利率在结算日出现大幅波动的情况。另一方面，为实现利润最大化目标，商业银行会依据对于未来一日市场利率的预期情况，来确定其自身的准备金持有规模，以最优化自身的准本金管理实现收益尽可能地最大化。不过商业银行对市场利率的预期分析和判断极有可能存在失误的地方。如果商业银行因各种因素影响对未来市场利率的预期判断出现错误，导致商业银行决策失误，市场拆借与实际准备金需求可能相违背，市场利率在商业银行的错误决策下会出现明显的波动。并且，对商业银行的决策来说，需要关注日常结算账户和准备金账户的情况，这也加大了商业银行的经营管理难度。

二、利率走廊对准备金制度形式变化的影响

准备金制度的建立最早要追溯到 19 世纪的美国，其具体的发展走势与中央银行职能的演变密切相关。准备金制度的设立最早的目的是确保不同银行之间的流动性，经过发展之后，其目标是为了抑制银行的信贷规模过度扩张。自 20 世纪 50 年代之后，准备金制度在央行的数量型货币政策中占据重要地位，是实现政策的一个重要工具。中央银行通过对准备金率的调整来影响商业银行等金融机构的信贷总量规模和市场的货币供应数量。到了 20 世纪 90 年代，由于整个金融市场发展迅速，各种金融工具金融业务的创新层出不穷，金融监管环境也变得愈发复杂多变，货币供应量指标也变得更加难以控制，传统的数量型货币政策规则面临难以有效发挥政策调控的作用的局限性问题，以市场利率调节为主的价格型货币政策成为西方各发达国家的主要货币政策调整方向。在价格型货币政策得到普遍推广应用的条件下，作为市场利率调节的一个重要

工具——利率走廊调控模式被逐步推广开来。利率走廊调控模式的出现，对准备金制度的作用产生了很大的影响。在早些年，加拿大等国家在自身金融发展当中，引入了在零准备金制度条件下的对称型利率走廊条例模式。对于这类做法，公众产生了一种困惑，为何要将准备金制度和利率走廊调控模式相结合？事实上，自加拿大，澳大利亚和新西兰等国家推行利率走廊调控以来，它们一直能够将隔夜利率波动率维持在美国利率波动的水平以下。不过，值得一提的是，虽然利率走廊调控模式基于理论方面分析来看较为顺畅，但是在实际操作当中也面临一些制约因素。也正是因为如此，在大多数国家的应用实践中，零准备金制度下的利率走廊调控模式不能像理论假设的那样完美无缺。首先，中央银行存款和贷款并不能完全替代银行拆借市场内同业拆借业务。除此之外，在利率走廊调控机制（在零利率准备金制度）下的商业银行准备金需求曲线的目标利率处的斜率，其绝对值最大。而此时央行存款准备金供给的细微误差，都会引起市场利率的较大波动，这对于央行来说，增加了中央银行准备金管理的难度，同时也影响利率走廊调控效果。由于在利率出现波动时，准备金制度可对此进行缓冲波动过大的不利影响，所以有些国家摒弃了标准利率走廊机制，形成了准备金制度与利率走廊调控相结合的新利率走廊调控模式，即具有准备金要求的利率走廊机制。此时，准备金制度不再只是传统的数量型货币政策调控工具，更是货币当局间接调控利率的政策工具。不过，正如前文所述法定准备金制度下利率走廊的运作模式会产生一些负面影响，越来越多的学者开始关注是否存在一种更为适用利率走廊调控的准备金制度。

经过多年研究实践之后，出现了自愿准备金制度这一新式的准备金制度，此时不少学者也对此展开研究。商业银行可在自愿准备金制度下，具体选择某一时段平均持有的准备金金额。同样，货币当局会对准备金向商业银行提供一定的收益。在自愿准备金制度下，商业银行平均持有自愿准备金的利息损失低于商业银行在结算时需要向中央银行贷款的成本，商业银行自愿持有的准备金所得到的利息收入要高于传统准备金制度下持有的超额准备金存放在中央银行所获取的利息。这就相当于给商业银行的资金结算加了个缓冲区，缓冲区的存在大大提升货币政策的有效性。可以运用商业银行的成本最小化模型解释：在自愿准备金制度下，假设当商业银行实际持有的准备金少于其自愿选择数量时，向央行贷款需支付利息 i^*+w，选择不贷款则需承担成本 v；自愿持有准备金的利息 i^*-v，超额准备的利息为 i^*-s，且 $0<v<s$。

因此，不同准备金制度下的利率走廊会产生不同的效应。自愿准备金制度下，因为自愿机制使得商业银行会自愿选择一种准备金水平，使其自发形成关于目标利率的对称的机会成本 v，所以关于货币当局的存贷款利率能否给商业银行创造对称的机会成本，并不会造成任何影响，或者说没有任何意义。综上所述，具备代表性的商业银行的预期成本 C 是其自愿准备金持有量 R 的函数

$$C(R) = \min_T (i - i^* + v)R[1 - F(R - T)] + \int_{R-T}^{\infty} (i - i^* + s)(T + \varepsilon - R)dF(\varepsilon)$$

$$- (i^* + w - i)\int_{-\infty}^{T} (T + \varepsilon)dF(\varepsilon) + vRF(-T) + \int_{-T}^{R-T} v(R - T - \varepsilon)dF(\varepsilon)$$

$$+ (i - i^* + v)\int_{-T}^{R-T} (T + \varepsilon)dF(\varepsilon) \qquad (6-7)$$

式（6-7）内，T 表示的是商业银行的结算账户余额，i 表示的是商业银行在同业拆借市场可得到的市场利率，$(i-i^*+v)R[1-F(R-T)]$ 表示准备金承诺的机会成本，$\int_{R-T}^{\infty}(i-i^*+s)(T+\varepsilon-R)dF(\varepsilon)$ 是商业银行持有超额准备金的机会成本，$(i^*+w-i)\int_{-\infty}^{T}(T+\varepsilon)dF(\varepsilon)$ 是为使账户余额为零而借入的机会成本，$vRF(-T)$ 为弥补准备金不足的缺口所需要的成本费用，$(i-i^*+v)\int_{-T}^{R-T}(T+\varepsilon)dF(\varepsilon)$ 是商业银行在手头持有准备金余额的机会成本。模型的一阶解是

$$i - i^* + s(1 - F(R - T^*)) - wF(-T^*) = 0 \qquad (6-8)$$

$$0 < \frac{\partial T^*}{\partial R} = \left[1 + \frac{w}{s}\frac{f(-T^*)}{f(R - T^*)}\right]^{-1} < 1, \qquad (6-9)$$

式（6-9）表示商业银行的准备金需求对自愿承诺的反应条件。

将公式（6-9）代入公式（6-8）可以求解得到商业银行持有准备金的最优值，也可以得到商业银行在最优准备金持有决策下的成本函数，

对该成本函数求取 R 的导数，其一阶条件解是

$$E_{Iu}\left(\frac{\partial C}{\partial R}\right) = E_{Iu}\{v + s[F(R^* - T^*) - 1]\} = 0 \qquad (6-10)$$

对公式（6-10）求取 v 的偏导，可得

$$\frac{\partial R^*}{\partial v} = -\left[E_{Iu}\left(sf(R^* - T^*)\left[1 - \frac{\partial T^*}{\partial R^*}\right]\right)\right]^{-1} < 0 \qquad (6-11)$$

式（6-11）为最优准备金持有对机会成本 v 的反应条件式

在这里我们假定 $Iu = \{F(\varepsilon), E(i) = i^*\}$，其中 $F(\varepsilon)$ 为商业银行结算账户所面临的流动性冲击的分布函数，$E(i)$ 表示商业银行对市场利率的期望值，这里假设它与中央银行的目标利率相一致。由最优准备金持有对机会成本 v 的反应条件式（6-11）可知，商业银行自愿持有准备金量 R 的值由机会成本 v 值决定。此时，先考虑 v 可能出现极值的两个特殊情况：

①当 $v=s$ 时，商业银行自愿持有准备金与持有超额准备金的机会成本相同，只有商业银行持有的最优准备金 R^* 趋向负无穷大才能保证（6-10）成立，即满足 $F(R^*-T^*)$ 等于零的条件。

②$v=0$，联立公式（6-10）与公式（6-8），即可得到

205

$$E_{Iu}\left(\frac{\partial C}{\partial R}\right) = E_{Iu}(v + i - i^* - wF(-T^*)) = 0 \qquad (6-12)$$

此时，只有满足商业银行持有的最优准备金 R^* 趋向正无穷大（满足 $F(-T^*)$ 等于零的条件），公式（6-12）才成立。

在考虑上述两种特殊情况的条件下，可求机会成本为较小正值时，商业银行持有的最优准备金的值。当商业银行的自愿准备金持有量为零，求解公式（6-8）并考虑期望值，当 $v<sw/(s+w)$ 时（6-10）的左边为负，该公式不成立。所以 $0<v<sw/(s+w)$，仅当商业银行持有的最优准备金为正值时，（6-10）成立。然而，如果自愿准备金持有量无穷大，（6-10）的左边化为 v，该式不成立。综合以上所述，当 R 值不是零，也不是趋于无穷大时，即是个有限的正值，是公式（6-10）得以成立的充要条件，这也说明了并不是商业银行持有大量的准备金时才能实现预期成本最小的目标。

由上述理论模型的分析可以看出，在自愿持有有限数量的准备金时，无论商业银行是否满足针对央行目标利率要求的准备金条件，机会成本都是对称的，可以确保利率走廊得以有效实施。可以看出，相对法定准备金而言，自愿承诺准备金占绝对的优势。可见，在该利率走廊机制的作用之下，想要存款准备金率在整个市场利率调节当中的间接调控功能的充分发挥，必须促进存款准备金率由法定准备金制度向自愿准备金制度的转变。

第四节 我国施行利率走廊调控模式的条件考察

20世纪90年代以来，在信息技术发展等新技术在金融市场的应用，以及为实现最大化利益商业银行对金融监管的规避，市场基础货币的需求明显走低。为了适应现实的经济情况，央行不断探索新型货币政策工具。具体表现为近年来，我国央行不仅致力于完善常备借贷便利（SLF）工具，还提高了中期借贷便利（MLF）和公开市场操作的频率，表明央行有意探索利率走廊机制。

一、我国初步具备实施利率走廊调控的宏观经济基础条件

从目前来看，利率市场化改革已基本实现。从整个发展情况来看，中国在这一方面经历了非常漫长的过程。在1990年，我国就着手开始利率市场化方面的改革。人民银行在1996年对外宣布放开银行间同业拆借利率，对于利率市场化这一项重大改革可以说是巨大的进步，但改革的效果一直不大。不过值得一提的是到2000年下半年，央行第一次提出了有关于利率市场化的改革目标。此后直到2007年，整个利率化市场改革才有了阶段性进展：SHIBOR在2007年元月正式投入，这就表明我国在利率化改革

方面取得了一定的进展；时隔 8 年，央行进一步明确了若干银行无须设定存款利率浮动上限，主要面向于商业银行、农村合作金融机构等。从这里就不难发现，随着整个利率市场化工作逐步推进，利率走廊机制的发展有了坚实的基础。此时国内货币管制政策专门聚焦于利率监管，在整个利率市场优化环节当中，国内利率调控先后经过以下几个阶段：以直接规定存贷款基准利率为特征的利率"单轨"模式；利率"双轨"模式：存款贷款基准利率及其浮动区间调整和再贴现率调整相结合；存在两个利率（货币市场利率、存款基准利率）的浮动区间范围，由正逆回购利率指引形成的一个"双轨"模型。结合当前的情况来看，货币政策操作正在逐步由"数量型"操作朝着"价格型"操作的方向发展。在这个基础上，一方面，是进一步明了央行货币政策的利率政策调控逐步朝着利率"并轨"的方向发展，且贷款基础利率（LPR）逐步成为信贷市场贷款利率定价的一个基准。结合当下整个金融市场分析来看，金融机构的贴现定价充分依据 SHIBOR，它也是作为转贴现定价的基础。其次，我国货币市场上存在着诸多市场化的市场利率，如正回购利率和逆向回购利率等，它们的市场化程度较高，对我国货币市场其他利率的引导作用不断强化。因此，我国货币市场利率的货币调控政策基本实现了由"二元"的政策利率与市场利率并存向"一元"的市场化利率体系转变。最后，央行货币政策的具体实施也不断由传统的"数量型"政策向"价格型"货币政策转变。

与此同时，我国形成了较为丰富的利率体系。学者们认为，纵观整个中国市场，利率体系有以下两个非常重要的特点：一是整个利率市场化程度逐步提升，在这样的情况之下，政策利率形成一个典型的"二元"结构特征："数量型"政策利率与"价格型"政策利率并存，且数量型政策利率要少于价格型政策利率；二是国内货币市场利率体系在市场化改革中不断得到优化，利率市场化基本上得以实现，原来利率品种稀少，现在逐步丰富，而且金融市场衍生品利率发展较快。另外，整个金融市场特别是金融衍生品市场的利率定价市场化程度得到显著提升，市场利率所占据的比重大大增加。

鉴于利率市场化改革的逐步深化，同时金融市场的进一步完善，其利率体系会面临较大的变革。首先，考虑到在利率市场化过程中市场利率趋于均衡利率，今后市场利率会受到两个因素的影响：均衡利率和经济周期。第二，人民币国际化进程速度加快，中国将更好更快地进入到全球金融体系当中，货币政策和利率水平将在不可能三角的约束下与美国趋于同步。最后，伴随着新经济的逐步发展，加上外资进入中国市场或者是中国投资走向海外，中国经济的主要驱动力则会依靠消费：一方面由于"二胎"政策的推行，会导致人口结构出现变动，此时国民储蓄会逐步下滑；另一方面驱动国内 GDP 增长的投资会受到两个因素的影响而出现下滑的情况，这两个因素分别是高杠杆率和高债务。此外，我国政府宏观调控能力不断增强。为确保整个金融市场稳定有序的运作，同时保证经济发展更好地适应经济运行形势复杂多变的情况，央行在货币政策调控操作上坚定思路,一方面进一步优化使用数量型政策工具作为调控的重要手段,另一方面不断探索完善价格型货币政策调控的具体创新操作和应用,加强政策工具的组合和创新,大大提升了其发挥"预期管理"的作用。

依据2008年出现的金融危机对我国金融稳定和经济发展的影响,央行启用宏观审慎管理体系,基于宏观审慎角度试图加强对经济的管理。2011年,央行实行差别准备金动态调整制度;时隔4年,央行构建了更加全面的宏观审慎评估体系(MPA)。接下来要做的就是进一步发挥差别准备金动态工具的作用,加强采用更为有效健全的审慎政策框架,抓好金融监管体制改革这项工作,要正确考虑到宏观审慎管理与微观审慎监管二者之间的一个关系。基于当前的情况,结合利率调控工具的创新来看,中国人民银行先后创建了SLF、SLO、PSL、MLF等一系列新的利率调控工具,并且将货币政策执行的重心从对市场流动性管理和货币供应量的调节向采取利率调控措施为主转变。

二、中国在利率走廊调控方面存在的不足

结合当前的情况来看,国内实施利率走廊调控所遇到的主要问题在于货币市场发展并不完善。目前利率走廊体系的建立要考虑到以下几点:一是要考虑到不同参与者的合规度与交易规模等各类细节问题;二是确保参与者能从中受益;三是要积极建设有效的货币市场且实现分层协调。那么,考虑到市场利率的调节要通过利率走廊来发挥作用,一般的操作方法是央行加强与市场的沟通交流,就政策工具使用与具体交易方式问题通过协商来确定最优方案。所以利率走廊系统当中会涉及以下几个方面的内容:一是市场对手方,二是具体确切的交易方式,三是交易工具。其中市场对手方自身需要具备足够的信用,其目的是能有效规避在交易当中存在的信用风险,这对于货币交易其他人员而言,也是利益攸关的事。除此以外,正是因为货币市场流动性交易能在最大程度上保障各个成员的利益。在国外,央行和市场交易者之间的便利交易通常需要交易者的担保。银行之间不需要质押品,也可以相互拆借,可以实现减少效率损失的目的。但是,中国的货币市场目前难以实现这一通用做法。在央行的指导下,我国的银行间市场获得了较大的发展,这与支付制度的发展有着相似的地方。不过值得一提的是,相比较于西方发达国家银行间市场、货币市场形成的演变历程,我国银行间市场和货币市场的发展存在着诸多不自然的地方。纵观全国来看,不管是不同银行之间同业拆借中心,或者是政府债券回购市场等方面,中国银行间拆借市场得到了较大的发展,但是其不足在于尚未形成能够为货币市场、金融市场提供资本定价的市场交易。全国同业拆借中心属于信用交易,但是其中所存在的风险是需要正确看待的,其交易市场内掺杂了很多的风险交易者;在整个债券回购市场当中,具体业务的开展是需要以质押物为基础,同样涉及风险交易者;上海同业拆借中心的建设虽有长足发展,但该中心仅提供报价服务,参与报价的商业银行信誉良好,且都是规模较大的商

业银行，由于不缺乏资金所以很难形成相互交易而共享利益。结合当前的情况来看，银行回购交易量非常大，其中银行间质押回购交易规模同样非常巨大。

从宏观金融体系的角度看，市场化程度不高、利率传导效率低的问题仍旧非常凸显。我国的市场调节机制已经初步形成，但其作用并不明显。所以有关于利率走廊机制的完善还有较长的一段路要走。首先国内商业银行主要推行高存款准备金率，公开市场操作的工具还不够完善，目标利率的选择还有待于进一步深入研究。其次，当前国内金融市场环境面临着诸多问题，比如众多的中小企业融资非常困难，且融资成本比较居高不下，当前汇率机制并未真正实现完全的市场化，整个证券市场波动性较大。所以利率走廊机制要想在我国的宏观经济环境下顺利实施，还有很多问题有待解决完善，我国建立完善的利率走廊调控操作机制还面临着诸多限制因素。首先我国的准备金制度并不如西方发达国家那般成熟完善。如前文所述，利率走廊调控政策的有效实施，对成熟完善的准备金制度依赖较高。商业银行等金融机构持有的准备金规模对利率走廊的核心调控目标——市场利率趋近于政策目标利率有着重大的影响。商业银行手中持有的准备金规模越大，中央银行对其法定准备金调控的政策效果的预估越难。其次，利率传导机制受阻严重，利率传导效率也偏低。最后我国还没有形成全面完善的市场化调控政策工具。

20世纪末以来，众多的发达经济体国家都相继降低了其法定准备金率，有些甚至实行零准备金率。相比较而言，我国法定准备金率还维持在15%的高位左右，而且准备金要求对我国商业银行的经营决策的影响要复杂得多，这样过高且过于复杂的法定准备金率，对资本市场的资金扭曲产生的负面效果较大，影响利率走廊的有效实施。为此，有必要完善现有的准备金制度，否则利率走廊实施效果不佳，甚至信号失真或失效。其次，我国货币政策操作的透明度不高。目前，中国货币政策信息的透明度还相对较低。这反映在许多方面，如中央银行从来没有披露过分析我国宏观经济运行和宏观经济政策分析的理论模型，中央银行公布的数据无法反映出货币政策的力度和效果，金融机构很难仅仅依靠有限的官方数据对中央银行的货币政策调控趋向进行一个准确的评估，金融机构无法明确央行的政策意图。最后，与发达国家相比，中国的货币政策的决策透明度还比较差。中国货币政策委员会在会议记录中记录的所有意见都没有披露，公告的内容只是会议的时间和地点，在披露内容里并不包含货币政策决策的具体内容和具体过程。与之相比，我国货币政策的执行透明度反而较高，但仍有不足的地方，主要包括货币政策工具的定义是否明确（如中央银行引入的新型货币政策调控工具的定义、操作模式和目的是否明确），货币政策工具是否在运行后及时发布以及是否详细说明政策意图。2016年，中国人民银行在政策操作透明度方面采取了相应措施，及时说明和解释了货币政策工具的操作及其意图，但个别货币政策工具的定义仍然存在问题。

第七章 我国基准利率的变动与管理：国际利率联动性

第一节 国际利率联动的背景、相关概念分析

一、背景释读

利率是一项重要的经济指标，具有价格和工具的双重属性。利率不仅仅是国家相关货币部门实施宏观政策调控的工具和中介目标，也是市场中各类投资主体参考的重要经济变量。不管是在资本市场还是在货币市场当中，利率都是市场资金借贷成本的真实反映，同样也是实施国家宏观调控的重要货币政策工具。经济学家非常注重利率方面的研究，其中不少经济学家认为一个国家经济、文化发展的水平，在某种程度会通过利率水平反映出来。在市场经济体系较为成熟且发达的国家当中，利率一般会处于比较低的水平。悉尼·霍默是利息史方向的研究学者，他曾经提出过这样一个观点，一个工业化国家在利率方面执行到位，能有效地反映出该国家的经济走向与政治健康情况。[1] 在经济发展当中，利率是一个十分重要的变量，它既能有效地反映出宏观经济走向，又是反映微观经济发展好坏的一个重要信号。

经济运行与经济发展总体变化趋势密切相关，进而呈现出周期变化的运行特征。宏观经济理论认为，利率的调节功能是：一旦出现通货膨胀的情况，可由央行做好金融市场的一系列准备工作，包括通过利率调控总体需求，这样可以适当地抑制投资或者是减少消费，最终能够有效控制好通货膨胀情况的发生；当经济处于下行时，可适当地将利率降低，以便于刺激消费，提高就业水平。结合目前的情况来看，中国利率市场化基本实现，宏观经济运行的周期性波动不可避免，在整个宏观经济调控当中常用的办法就是利率工具。纵观国际市场，由于经济全球化发展趋势日益强化，国家、地区之间的经济发展依赖性逐步增强。解决布雷顿森体系以后国际间经济相互依存性强的办法是采用浮动汇率制度，但是由于2008年美国次贷危机导致全球金融危机的爆

---

[1] 霍默，西勒．肖新明，曹建海，译．利息史（第四版）[M]．北京：中信出版社，2010．

发使得这一共识被打破。事实上，在当下的经济社会发展当中，国家干预政策受到各方关注，因此采取经济政策协调是解决全球经济一体化中相互依存问题的重要办法，不论是对我国还是全球其他经济体的央行来说，国际利率联动性都是一个亟待研究和突破的重要议题。

在过去的 20 年当中，不管是全球经济体系走向还是与国际经济息息相关的各个方面，均没有出现像今天这样全球经济的高度依赖性。生产要素在跨地区、跨国范围内呈现出一体化的强烈特征。正是因为国家之间经济联系的密切性，决定了国际经济周期呈现出与以往不同的特点，其中技术瓶颈与资本跨境流动瓶颈得以消除，增加了中国与全球各个国家经济的来往。提高国内金融市场对国际资本市场发展的敏感度，这就意味着国内在制定经济政策时，不仅要考虑到国际经济政策，在利率制定与调整上还要关注和参考国际利率走势。所以在当前全球一体化的发展背景下，制定开放性的利率调控政策要从多个方面加以考虑，兼顾好整个国际金融市场和国际经济走势。当前全球一体化的发展进程逐步加快，在开放经济体当中资本流动自由化将导致资本跨境流动更为频繁，一旦货币当局对利率调整不合理，必然会对本国经济产生影响，这将改变国内和国际利率传导机制，降低货币政策的效果。

国际经济形势从 2014 年开始好转，在这个经济持续复苏的过程当中，中国承担起了世界经济发展引擎的重任。世界不同经济体表现差异特征明显，西方发达经济体出现了货币政策分化的情况，而宏观经济政策协同作用在新兴与发达国家中有所减弱，开放经济体的宏观经济政策面临巨大困难。美联储在 2014 年底宣布结束第三轮量化宽松以来，逐步回归利率正常化，这也使得加息的预期不断提升，而欧盟持续的扩张性货币政策很可行继续下去，远在亚洲的日本央行也开始推行"负利率"政策。由于主要经济体，特别是美国货币政策的溢出效应日渐突出，加剧了全球经济和金融市场波动的可能性，引起各国经济体密切关注国际货币政策协调问题。2016 年 2 月 G20 会议公报更是指出各国要强化沟通协调以减少一定的政策负面溢出效应[1]，这将进一步提高国际利率的联动性。

可以看出，全球一体化的发展对于货币当局各项利率政策的制定带来了前所未有的难题。一方面，利率政策制定的不仅要考虑国内经济形势，还要把握国际动向；另一方面，由于国际利率政策联动性，使得各个经济体无法独善其身，利率调控的水平和独立性都会受到较大的挑战。所以需要纵观全局，分析国际利率走势，把握好国际利率理论与具体的运作方式，这对于我国合理制定利率政策将起到非常重要的作用。

---

[1] 2016 年首次二十国集团财长和央行行长会议联合公报，中国上海，2016.2.26-27.

二、相关概念

(一) 国际利率

在当前的国际经济发展体系当中，美国的经济地位是不言而喻的，其对世界其他经济体影响力也是举足轻重。从历史经验来看，美国利率但凡发生波动，全球经济必然会受到牵连，并会对市场利率产生一定的溢出效应，这一情况同样会发生在利率政策的实施效果方面。根据2018年的数据显示，美元在全球外汇储备资产总额中占比仍超过6成，故而，美国拥有相对较高的货币政策独立性以及外生性。一旦美国利率政策调整，将直接导致其他国家利率政策处于被动调整的局面。从本质上来看，美国利率波动会对其他国家利率波动产生一系列的影响。故此研究将国际利率定义为主要受美国政策利率影响的，反映国际经济和金融表现以及国家货币政策目标的平均利率。这与国际金融市场的实际利率，即世界利率存在一定的差异。事实上，国际利率主要受到两方面的影响，一方面国际经济金融的运行态势，另一方面是作为世界经济霸主的美国联邦储备系统的货币政策意图。而世界利率决定于全球储蓄与投资的均衡。①

(二) 国际利率联动性

结合目前的情况来看，国外学者对于国际利率联动性所使用的专业词汇大多数为"linkage of international interest rate"②，此外还有用"synchronization of international interest rate"或"interdependence of international interest rate"，将上述英文翻译为中文：国际利率存在三个方面的典型特征，一是联动性，二是同步性，三是相互依存性。本课题所使用的是国际利率使用频次较高的"linkage of international interest rate"，即选择用"国际利率联动性"来阐释国际利率间的联动关系。这是由于国际利率虽然是联动的，但并非步调完全一致，那么这就表明彼此之间的相互作用无法真实客观反映出国际利率变化的不对称性，且无法真实地反馈实际情况。所以笔者认为国际利率联动具体是指国内、国外利率在一定程度上在时间、范围、方向和调整方式上同步的现象。由于利率可以分为政策目标利率和市场实际利率，因此可以将国际利率联动分为国际利率政策联动和国际市场利率联动。其中前者主要是指国际环境下，一个国家出现利率政策变化，从而对另外一个国家利率发生变化的一种影响；后者是指导致利率政策联动的一个主要驱动因素。其中笔者所提到的国际利

---

① 格里高利·曼昆，张帆等，译. 宏观经济学（第六版）[M]. 北京：中国人民大学出版社，2009.
② Hiroshi Yamada. On the linkage of real interest rates between the US and Canada: some additional empirical evidence [J]. Journal of International Financial Markets, Institutions and Money, 2002, 12: 279-289.

率相互作用并不意味着国际利率调整是完全同步的。从某种程度上来说，国际利率同步是国际利率联动发展到极限的一种表现形式。而国际利率互动则是指国际利率联动调整呈现出一种对称的趋势。

(三) 国际利率政策联动性与国际市场利率联动性的区别与联系

国际利率政策联动性主要是指在 20 世纪 90 年代的开放型经济中，由中央银行进行利率调整的一种模式。2008 年的全球金融危机加强了这种运作模式的国际性。IMF 主席拉加德在 2016 年指出，G20 财长以及中央央行行长会议（上海）要将重点放在有关于全球经济溢出效应方面加强政策协同引导。这与美、日以及欧洲各国所实施的差异性货币政策相关，对此要对其差异性政策部分进行协调处理。2016 年 2 月 G20 会议公报更是强调国际政策协调特别是利率政策协调性的重要性。① 20 世纪 90 年代，面对金融创新与经济全球化不断深化的趋势，不少声音开始质疑传统储备体系是否有效。当时央行已经放弃使用存款储备制度，而在宏观经济调控中使用的是利率这一工具。各国央行在制定本国利率政策的同时逐渐向利率目标联动调整的倾向靠拢，换句话说，中央银行倾向于以相同的幅度和频率在同一时期和同一方向调整利率政策目标。那么之所以会出现国际利率政策联动调整的情况，主要是因为作为货币政策中间目标的政策目标利率，在央行的操作下，通过一致的利率水平调整、变动幅度调整、频率调整等方式，朝着联动调整的方向运作。可见国际利率联动性是指在利率平价机制的影响下，国外市场利率变化转移到国内的现象。全球利率朝着一致的方向发展，最终会在两个不同的国家之间执行市场利率联动操作。

国际市场利率和国际利率政策之间存在着相互作用的情况。一旦国际利率政策联动，必然会影响国际市场利率联动这一情况的发生。鉴于不同国家制定的利率政策不同，且在某一阶段当中利率政策会有一定的变化，一个国家的利息平价机制传递会引发其他国家出现利率协同调整的情况，这必然会导致国内利率的变化，这便是利率政策的国际联动调整。不难发现，在国际市场利率联动的基础上便会引发国际利率政策联动的情况出现。国际利率政策的相互作用也将导致国际市场利率的趋同。例如，在国际合作框架之下，为了确保共同目标达成，各个国家在利率目标的设定上产生联动机制，由于国际利率政策在对称性与调整频率上出现不同，那么不同的国家利率政策变化会出现相对独立的情况。

---

① 2016 年首次二十国集团财长和央行行长会议联合公报，中国上海，2016.2.26—27.

三、国际利率联动性成因及与利率政策间关系

(一) 国际利率联动性成因

1. 金融一体化

金融全球一体化的本质便是资本要素的无国界流动。倘若一个国家资本无法流向境外,且整个金融市场无法进入世界市场时,这样国际利率的变动并不会对国内利率产生一定的影响。如果执行固定汇率制度,两个国家之间的利率政策将会保持其独立性。

倘若处于一个较为开放的全球经济体系环境下,一个国家在该环境下的利率调整会结合国际资本市场利率政策作为自身调控的重要依据。此时,国际利率联动情况就会发生。20世纪80年代以来,以互联网为代表的信息技术的飞速发展,进一步刺激了银行、证券等金融市场的蓬勃发展。由于经济全球化进程的加快,世界各国逐步进入全球金融市场当中,资本流动加速,形成了一个较为开放包容的金融环境。值得一提的是,在促进各经济体之间资本流动的同时,国际金融市场则为不同国家利率调整提供了一个比较好的开放性平台,正是由于各个国家资本回报率存在差异,从而影响了国际资本的流动方向。一些主要经济体利率政策的调整,必然会对金融市场资本价格产生影响。考虑到利率政策的变动必然会使金融市场收益率呈现出一定的波动,导致资本跨境流动产生一定的变化,全球一体化金融发展将会对世界经济的发展以及走向产生积极深远的影响,从而出现利率联动调整这一情况。

2. 经济全球化

国际货币基金组织认为世界各国经济间依赖程度的加深促使了经济全球化的产生,这一现象是在庞大规模,与多样化形式的商品、资本和技术频繁地跨国流动中形成的。简言之,经济全球化主要是指各个国家之间的经济产生一定的关联。在投资要素、国际贸易要素的基础上,不同国家之间的产品、要素相互整合。正是因为在经济全球化这一背景之下,在国家利率调整基础上,会出现贸易渠道向他国传递,他国利率政策会做出联动调整操作。在当前投资自由化等因素的作用之下,将会形成一个世界统一市场,各个国家在经济方面的相互依赖性不断增强。在这种情况下,一个国家实施了缩紧货币政策,那么消费需求会被限制;另外,国内货币升值将导致其贸易条件恶化,从而使得其他国家在贸易方面的条件得到优化。当他国的货币价值与物价水平发生变化,其利率政策就会做出相应的调整,利率联动因而形成。

3. 国际货币政策协调

近 40 年的国际货币政策实践推翻了至布雷顿森林体系以来建立的浮动汇率可以隔绝外部冲击的信条。从本质上来看，浮动汇率在实际操作当中仍然存在着一些不足，如无法有效解决全球一体化当中的不同国家经济相互依赖的问题。[①] 在进入 21 世纪以后，这类问题尤为明显，特别是在美国次贷危机所引发的全球金融危机后，人们才清醒地认识到，国际经济政策协调在其中扮演着重要的作用，是能够替代浮动汇率制且能有效解决不同国家之间经济依存度的问题。各国应通过协调和谈判制定和实施货币政策，在求双赢和确保自身利益的情况下，尽可能地发挥出货币政策效应。各国应基于对各方有利的方式调整货币政策，以尽量减少或避免国际货币政策在各个方面存在的问题。在充分使用国际货币政策协调以后，得到利率政策在经过调整以后趋向于一致的结果。在这里需要指出的是，央行货币政策具体包括货币供应量和利率之间的关系的两个部分，但一般来说，央行较为常用的就是短期名义利率工具。在这几十年以来，不管是在理论还是实践中，各国都认识到利率水平调整是一种切实可行的货币政策工具。[②] 这可以从不同国家的中央银行的货币操作实践当中得到证实。1980 年以后，各国央行采取以短期名义利率为目标的价格型调控框架，逐步摒弃了以货币供应量为目标的数量型调控框架，而货币政策的独立性也日益提上重要的议事日程，而名义利率通常则被用作衡量利率政策或货币政策。

除此之外，各个国家也面临着一系列类似的冲击，比如说商业周期冲击、金融危机冲击等，这些冲击与经济波动情况并不相同，会对该国的经济发展产生影响。在全球经济一体化背景下，各国高利率相关性充分反映了这一点，其结果是国内利率与汇率政策趋于同步调整。即便是一个国家的货币当局能实行独立的货币政策，在受到上述所提到的相关冲击性之后，会坚持政策立场步调一致，这样就会采用与他国同样的政策利率调整，国际利率联动效应也就出现了。

（二）国际利率联动与利率政策间关系

在当前社会背景下，不同国家之间的经济依存度比较高，这是全球经济发展到一定阶段的结果。对于任何一个国家来说，本国经济要发展必须要进入全球一体化体系中，否则很难生存。不同国家之间的经济联动具体表现在国际贸易、资本流动等方面，各个国家面临的各种经济因素也逐步趋同，不仅体现在经济周期和经济政策的国际传

---

① 多恩布什，费希尔，斯塔兹. 王志伟，译. 宏观经济学（第10版）[M]. 北京：中国人民大学出版社，2009：472.
② Mau rice Obstfeld, Jay C. Shambaugh, Alan M. Taylor. The trilemma in history: tradeoffs among exchange rates, monetary policies, and capital mobility [J]. The Review of Economics and Statistics, 2005, 87 (3): 423-438.

导上,也体现在国际经济和宏观经济政策的协调和一致性上。进入21世纪以后,由于各个国家积极融入经济全球化,使得在货币政策、利率政策设定上出现联动调整的情况。但是鉴于不同国家经济周期和开放程度的不同,各国利率政策又存在一定的独立性,这就形成了利率联动和利率政策独立性共存的局面。一旦利率政策独立,这就表明某国央行独立于他国经济影响以外,可独立于制定相关的货币方面的政策。

某一国家的利率政策,可通过连续谱线图进行直观地呈现(图7-1)。在连续谱线的左端,不管是国内还是国外的利率政策存在着不相容的情况;在连续谱线的右端,国内外利率政策的方向完全相同,确切地来说就是国内与其他国家利率政策趋向于一致。在连线的中点,则表明不同国家的货币政策处于完全独立的状态,就算他国出现利率波动的情况,本国的政策也将保持不变;在政策独立和全面联动之间,国内外利率政策的不同调整水平之间存在联动。在利率调整实践方面,由于各国国内的利率政策和国际利率联动的调整幅度存在差异,这就使得国内由独立性制定的利率政策与国外利率变化之间存在一定的冲突。[①]

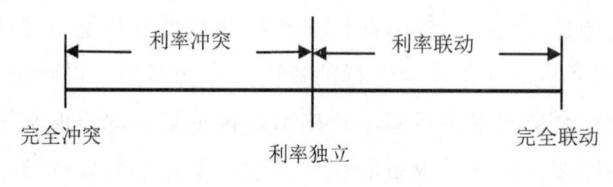

图7-1 国际利率政策关系

1. 利率平价机制下的国际利率联动性

利率平价理论表明,在开放的经济中,假设汇率保持稳定,一方面,当资本充分流动的情况下,外国市场利率的变化将传导到国内市场,导致国内市场利率与国外市场利率同步。这将直接导致国内外利率政策的调整,从而表明国际利率之间的联动关系。尤其是在整个国际金融市场平衡的基础上——处于利率平价下,外国央行采取紧缩货币政策以应对国内经济形势,提高目标利率将导致国外市场利率的上升。对本国而言,一旦国内资本出现大幅度外流的情况,此时市场利率会出现攀升的情况,这样在被动的状态下各国央行会与外国央行达成合作关系,共同提升货币政策目标利率,其目的是为缓解资本外流。所以,全球金融一体化进程当中,处于利率平价机制的状态下,国家实行利率政策,会出现政策溢出效应,这样会迫使另一个国家采取相应的回应措施,产生联动调整。另一方面,在资金流动不完全和不充分的情况下,各经济体可以根据经济条件协调资本流动的开放和利率汇率的稳定,从而做出利率政策决策。

---

① 凯伯.刘兴坤,刘志彬,李朝气,译.国际经济学[M].北京:中国人民大学出版社,2010:517.

这也被称为开放经济政策的"三元悖论"的中间道路。

2. 国际经济的共同冲击与国际货币政策协调

在遭受商业周期、金融危机等一系列的风险因素之下，国际货币政策协调机制，将导致国内外的联动利率调整政策。在上述两种机制下，国内利率政策的策略选择，参见图7-2。从图中可以看出，由于国外利率政策的变化，它将通过国际传导影响国内市场利率。当国内市场利率出现一定的波动，此时货币主管部门要对该国经济进行分析，同时制定切实可行的利率政策。在这样的情况之下，各个国家之间的利率政策并不一定会出现协同效应。央行政策操作则是同步进行的，或者是利率政策操作出现相反的情况，抑或者是利率政策保持不变，所以与之对应的利率政策调整程度出现差异性。当前各个国家之间经济高度依赖，各国企业选择进行业务上的合作也有为了减少本国利率政策与外国利率政策出现矛盾的因素考量。如果国内外面临共同因素如国际利率协调等问题，货币当局将全面分析国内经济形势，国家将不可避免地与国外联动实施利率政策，这样国际利率联动就会发生。

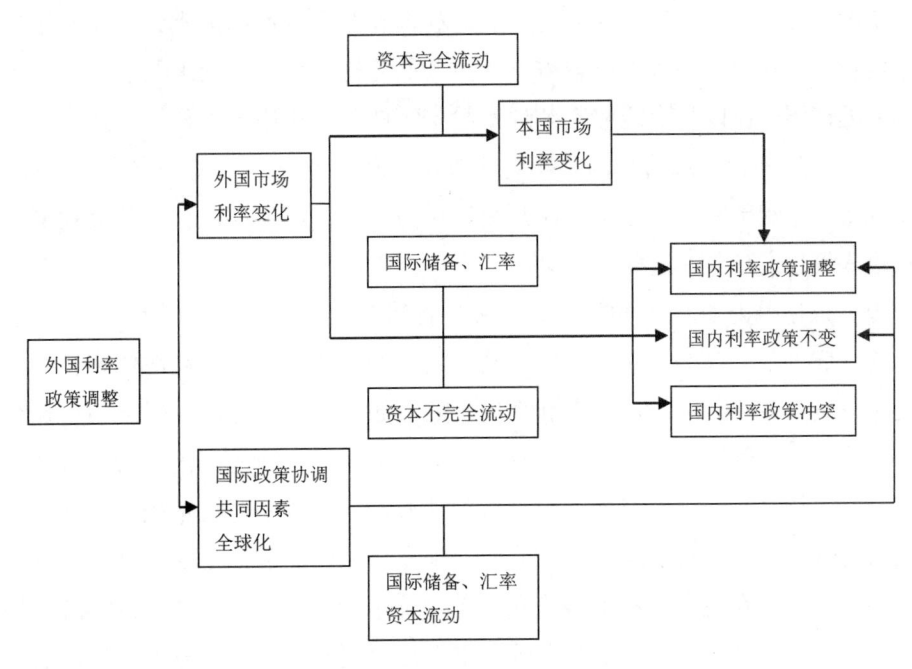

图 7-2 利率政策决策

第二节 国际利率联动的理论基础

一、凯恩斯利率理论与国际利率联动

(一) 凯恩斯的流动性偏好利息理论

20世纪20年代末发源于美国的经济危机席卷整个西方资本主义国家,当时传统西方经济学家对于出现的经济危机无法解释,也无法提出有建设性和针对性的经济措施。面对这种无法破局的形势,凯恩斯潜心研究摆脱危机的有效政策,最终形成了著作《就业、利息和货币通论》,即我们简称的《通论》。在这本书中,他试图推翻传统的失业理论、利息理论和货币理论。在《通论》当中,专门提到了流动性偏好利率理论,指出了国家利率政策的独立性以及国际利率政策与国内外充分就业的关系。

传统的西方经济学利息理论认为,决定利率有两个方面的因素,一是基于市场需求产生的投资活动,二是基于市场需求产生的储蓄行为,二者的平衡运动决定了利率的具体所处范围。所以利率能够有效地对投资、储蓄价格进行平衡。因此利率可自动调整经济,达到平衡经济的目的。换句话来说,利率主要是由借贷资本供需决定的,是内生变量。在利率的作用之下,储蓄会转化为投资,得到的社会产品会被消费或者是再次进入到投资环节,这样就不会出现产能过剩的情况,此时社会处于完全就业的状态当中。正是因为如此,西方各个国家提倡利率自由,不允许国家实行干预政策,他们认为政府干预经济是不起作用的。站在凯恩斯的角度来看,经济体系在某种程度上决定了投资与储蓄,这并不是由利率决定的。如果在金本位的情况之下,黄金产量非常小,作为具有阶级统治的重要工具,国家则不会在本国范围内发行纸币。结合古典利率理论分析来看,对于充分就业进行隐性假设,在这一假设基础上,该理论存在一定的可行性,不过在实际操作当中想要达到充分就业的前提是没有办法实现的。凯恩斯进一步指出,在充分发挥政府职能的基础上,充分就业这一目的就会得以实现。较为常见的情况就是,由于大众的有效需求无法得到充分满足,故此国民就业无法达到充分的状态。[1] 其中不难发现,凯恩斯并没有真正放弃任何传统的西方经济理论,包括利率理论。他认为,在充分就业的背景下,传统的利率理论是一个特例,基于凯恩斯理论进行分析,这种理论是适用于充分就业和不充分就业的"通论"。

---

[1] 凯恩斯. 就业、利息和货币通论 [M]. 北京:商务印书馆, 2011.

1. 利息率的决定

基于凯恩斯的角度来看，资金具有流动性的特点，可以满足人们各种交易动机。因此大多数人对资金有流动性方面的偏好，常常表现为人们为了持有资金，会放弃利息收入。利率会受到货币数量和流动性偏好之间的比较的影响。我们把货币供给量当作货币数量，供给量是央行可以调控的外生变量。下列两个因素会对货币需求的流动性偏好中交易动机和谨慎动机的货币数量产生影响，一是基于一个国家的经济活动，二是货币收入水平。那么在此环节当中利率弹性变动并不大。从总货币供应量中扣除两者吸收的金额后，所剩下的货币供给余额，能在最大限度上满足投资者的流动性投资偏好，且与利率之间形成一定的关系，具体为反比例关系。所以在同等条件之下，来自中央银行提供的货币必然与利率对应起来，由于短期收益和交易功能的总体稳定，所以，货币需求和利率在短期内会呈现相反的关系。我们知道，货币需求曲线是一条向右下角倾斜的曲线，其中利率就是在货币市场当中供给与需求平衡之后形成的结果，在最大程度上受到货币供需平衡的因素影响。

2. 利息率对经济的影响与政策主张

根据凯恩斯的收入决策理论分析来看，对整个宏观经济产生影响的一个变量便是利率。事实上，该变量对货币需求、经济均衡产生一定的影响。凯恩斯认为，国民收入包括两个方面，一是消费，二是投资，这两个内容主要由消费倾向、边际效率、资本利率所决定。其中资本的边际效率受到两个因素的影响，一是预期收益，二是资产供给价格；货币数量与流动性偏好决定了利率水平。根据凯恩斯观点分析，当经济陷入发展瓶颈，且利率下滑到一定值时，政府想要发行额外资金来更好地控制利率这一方法将会失效。所以要正确看待经济当中的"流动性陷阱"这一问题，即便是不断地扩大货币政策，其成效也会比较差。当经济处于发展滞后阶段，利率下调会帮助经济复苏。当经济处于利好的状态，同样需要执行低利率政策，以便于市场能提供更多的就业岗位。[①] 凯恩斯并不同意为了能消除过度投资而采取提升利率的办法。因为在他看来，危机的形成是有一定的原因，主要是因为资本边际效率崩盘以及随后出现利率上升的情况。一旦利率上升，必然会使得投资力度减弱，消费者消费力度减少。所以从很大程度上来讲，能提升国民收入的重要宏观经济变量便是利率。为确保国民能增加收入来源，政府就要适当干预，降低利率，对于货币供应办法要适当地改变，促进投资超过充分就业点，从而实现充分就业。

---

① 凯恩斯. 就业、利息和货币通论 [M]. 北京：商务印书馆，2011：328-333.

(二) 利率政策的独立性与联动性

凯恩斯在《就业、利息和货币通论》中还指出，利率政策的国家独立性和国际联动的调整有利于国际经济的持续、高效的发展。在国际经济走向低迷的背景下，独立的利率政策能帮助一个国家实现较高的就业水平。如果能使得上述观点成立，那么这将有利于他国的经济发展。假定本国与国外一些国家同时执行利率政策联动调整，国际就业形势会一片大好。[①] 他认为，重商主义在追求外贸顺差的同时，古代和中世纪的反高利贷的规定有其科学性。由于国家不能干预国内投资经济体，故此因外贸顺差造成的资本流入（昂贵的资金）降低了国内利率，从而刺激了国内投资，最终增加了国家财富。同样，在古代和中世纪反高利贷规定通过压低国内利率来促进充分就业。凯恩斯指出，这些做法无非是试图根据自己的意愿改变国家利率，能进一步利好于国家的经济发展。倘若每个国家都能充分发挥本国利息政策的作用达到充分就业的目的，这对于整个国际金融的合理发展是非常有利的。[②]

《通论》对外出版1年左右，希克斯（1937）结合《通论》提出了IS-LM模型，经其追随者改进与整理，被萨缪尔森写入其经济学教科书，之后IS-LM模型作为凯恩斯经济理论的最流行解释，成为政府制定与实施经济政策的经典分析工具。[③] 其中不难发现，在当前政府宏观经济政策制定方面，可借鉴凯恩斯利息理论来加以操作。确切地来说，为有效稳定经济，央行可实施反周期操作，提倡国家要充实资金库，进一步减少利率，这将进一步刺激投资。不过，当经济处于萧条期，仅仅是使用货币政策则无法产生其效用价值。基于政府的角度来看，需要充分关注财政政策。需要正确判断凯恩斯利息理论与西方传统利息理论，其中两者存在着本质性的差别，凯恩斯的利息理论的关键点聚焦于人们的流动性偏好，其原因在于货币供给引发货币需求与投机动机之间的比较。货币当局会对货币供给与需求起到一定的控制，那么市场上对于货币的需求则对利率水平的高低产生影响。低利率政策的实施可以通过货币政策控制实现，这有利于增加投资，进一步增加国民的创收，整个社会就业能达到充分状态。此外，国际利率联动可导致国际范围充分就业而共同受益。

与传统的利息理论不同，凯恩斯利息理论的基础是假设经济需求不足导致社会处于不完全就业状态，而所谓的充分就业仅是经济运行当中存在着一个较为特殊情况，很难实现。所以为了保证经济的平稳发展，政府需要对大面积的失业潮采取一定的干预手段，以便于有效控制因此出现的经济危机。在充分提出流动性偏好利率理论以后，

---

① 凯恩斯. 就业、利息和货币通论 [M]. 北京：商务印书馆，2011：344-360.
② 凯恩斯. 就业、利息和货币通论 [M]. 北京：商务印书馆，2011：395.
③ 《西方经济学》编写组. 西方经济学（下）[M]. 北京：高等教育出版社，2011：82-113.

便能从理论维度更好地解释增加国民收入到底采取哪些宏观变量，为保证这些变量得以控制，可使用政策来实现这一目的，这样便能确保全民就业。除此之外，凯恩斯提出，可采取两种方式的结合，一是国际经济政策协调，二是利率政策联动，这样可形成国际环境当中的全面就业，以规避国内外利益形成的冲突。在利率政策的调控之下，能为整个国家常规经济活动的开展提供一个重要依据，同时有利于国际利率调整做出合理的决策。不难发现，凯恩斯认为国内外充分就业目的的实现，可通过政府对利率进行调控，或者是在宏观经济方面加以调整。凯恩斯主义利率理论、国家干预政策和国际利率政策的联合调整政策对各国宏观调控，尤其是2008年席卷全球的金融危机以及当前全球一体化经济的发展基础上，凯恩斯理论利率具有较好的参考价值。同时，我们要正确看到的是凯恩斯主义利率理论存在着一定的主观性，并未考虑利率的本质，在某种程度上忽略了利率与利润率两者之间的本质关系，仅仅是基于宏观经济变量之间进行定量分析。可见马克思利息理论更为全面，所以要以辩证主义观来吸收凯恩斯主义利率理论的合理部分，积极开展市场利率化改革对于我国利率政策的合理调控非常有利。

二、蒙代尔-弗莱明模型与国际利率联动

在开放经济中，各国家之间的经济是相互依存的。事实上，一个国家所制定的利率政策与他国在该方面制定的政策存在着溢出效应。决定一个国家利率政策的主要因素是国际经济形势。罗伯特·蒙代尔（1960）提出，伴随着全球经济一体化的发展，不同国家和地区之间的产品、服务、资本将会出现跨境流动，这对国民经济产生重大的影响，在此基础上便会出现一定的国际经济方面的相关理论，这会对国际经济政策的制定产生积极的影响。一旦要执行宏观经济政策，一定要考虑两个方面的因素，一是国际经济，二是国际金融状况。由此，弗莱明（1962）和蒙代尔（1963）先后对米德冲突（Meade Conflict）进行扩展研究，他们对不同的政策施行后的效果进行分析，且将凯恩斯宏观经济模型融入其中，将原本在封闭环境当中使用IS-LM模型直接运用到开放型的经济环境当中，最终构建蒙代尔-弗莱明模型（M-F模型）。事实上，结合这一模型，研究者进行了大胆的假设——在一个小范围的较为开放的经济环境当中形成的资本流动，处于市场流通当中的利率水平与世界利率是一致的，换句话来说，该模型当中存在两条曲线，一条是IS曲线，一条是LM曲线。[①]

（1）商品市场均衡与 IS* 曲线为

$$Y = C(Y) + I(r^*) + G + NX(E) \qquad (7-1)$$

[①] 《西方经济学》编写组. 西方经济学（下）[M]. 北京：高等教育出版社，2011：268-279.

(2) 货币市场均衡与 LM* 曲线为

$$\frac{M}{P} = L(Y, r^*) \qquad (7-2)$$

式中,其字母分别代表如下:

Y:总收入;C:消费;G:政府购买;I:投资;NX:净出口;P:价格水平;M:货币供给;r:利率;E:汇率。

基于上述两个方程当中,由于考虑到利率等于世界利率的这一特殊性,所以在 IS* 曲线上,$Y_{总收入} = C_{消费} + I_{投资} + G_{政府采购} + NX_{净出口}$,净出口、总收入会受到消费因素的影响。结合 LM 曲线分析来看,因为国际市场金融走向,实际货币需求正向决定总收入 Y。结合 (7-1) 方程和 (7-2) 方程分别分析了产品、货币市场均衡,其中外部变量则包括以下几种:一是政府购买,二是货币变量,除此以外就是世界利率和价格水平。其中内生变量为 Y 与 E。事实上,开放的经济均衡具体处于两条曲线的相交处,一条是 IS* 曲线,另外一条是 LM* 曲线,它代表了当产品与货币市场具体处于平衡状态下的汇率水平,且反映出收入水平。

蒙代尔—弗莱明模型的主要作用是能有效地验证处于不同汇率制度下,对有效货币、财政政策运行情况进行验证性分析。也就是说只有在浮动汇率下,货币政策的推行更为有效。如果是处于固定汇率制度下,实施财政政策更为有效,这一模型假设经济规模较小,并且需要完整的国际资本流动,即国际资本可以自由进出国家。在这样的情况之下,国内与世界利率是一致的。在实际社会当中,美国主导了世界利率,所以从某种程度上来说,一旦美国利率出现波动,整个国际利率都会因此联动调整,这样反映出国际利率联动的走向情况。

三、利率平价理论与国际利率联动

(一)利率平价理论

在《货币改革论》当中,凯恩斯专门提出了利率平价理论的基本框架,该理论为国际利率联动提供了较好的基础保障。该理论意味着当国内、国外资产在同一种类型的货币的收益率一致时,此时外汇市场基本上处于一个较为均衡的状态。从本质上来看,利率平价反映国内、国外利率与本国所能获得预期收益率之间存在一定的关联。[1] 当前国际全球一体化,意味着不同国家之间的经济依赖更为明显,各经济体间的金融融合度也进一步提升,这就有力地推动了资本在全球范围内流动。国际资本流动的阻

---

[1] 米什金. 郑艳文,荆国勇,译. 货币金融学(第九版)[M]. 北京:中国人民大学出版社,2010:428-430.

碍减少，增加了国内和国外资产的替代现象。假定风险与流动性趋向于一致，国外资产可以替换本地资产，本地资产也可以替换外国资产。资本能实现全球流动，其原因在于该资产可以实现替代，其结果就是当外国资产的预期回报高于国内资产的预期回报，很多投资者会倾向于海外投资，资产会流向于国外，此时国内投资额度就会减少。反过来也是一样，当国外资产预期在当地收益不如国内时，资产就会流向国内。当国内与国外资产收益相等时，投资者对选择在国内投资或者是在国外投资的意愿就不会相差很大。所谓的本国资产利率用 i^d 表示，实质就是该资产在以外币支付时的预期收益率 i^d。代表国家货币点 t 的汇率，这代表着单位国内货币能够成功兑换外币的具体额度，如果汇率上升，这就可以反映国家货币出现了升值的情况。

E_{t+1}^e 代表 t 期后一期的汇率预期，有关于市场预期汇率的情况可以这样理解，本国货币预期升值率表示为：

$$\frac{E_{t+1}^e - E_t}{E_t} \qquad (7-3)$$

外币可通过本国资产预期回报率加以表示，换言之本国资产利率与这一国家的货币预期升值率进行相加。即：

$$i^d + \frac{E_{t+1}^e - E_t}{E_t} \qquad (7-4)$$

利率主要是指用外币表示的外国资产的预期回报率。当两个国家在市场操作当中出现了同样的预期回报率，有：

$$i^f = i^d + \frac{E_{t+1}^e - E_t}{E_t} \qquad (7-5)$$

i^f 为外国资产利率。

结合当前的情况来看，国内外市场对持有本国和外国两种资产意愿度相同，因而达到市场均衡。(7-5) 能表明市场均衡的相关条件，该条件被称为是利率平价条件。该情况表明：外国利率=当地利率+当地货币预期增长率。若外国利率高于国内利率，此时国内货币预期增长率则为正数，一旦国内利率比下降，则能起到较好的补偿作用。处于均衡状态时，在方程左侧部分得到的国外资产回报率（用外币表示），与方程右侧的本国资产预期回报率的利率水平相同。[①]

从利率平价的条件看，我们可以看到国内利率与国外利率政策调整之间的关系。在开放的经济中，资本可在国际环境当中流动。假定不同的国家设定的是固定汇率，某一区域货币升值预计为 0，则国内、国外利率一致，若国外货币政策进行相关调整，

---

① 米什金. 郑艳文，荆国勇，译. 货币金融学（第九版）[M]. 北京：中国人民大学出版社，2010：428-430.

这一利率的波动将会传递到本国，引发国内利率的被动调整。此时不管是国内还是国外利率，调整范围幅度相同，且调整的方向一致，故此国内与国外利率调整是在同一时段发生的。除此之外，央行会保证国内外利率调整的联动性。这样一来，国内央行的利率变动就要和国外保持一致，这就使得国内的利率政策无法更有针对性地服务于国内发展，使央行的独立性受到挑战。

如果实行完全浮动汇率制，汇率将等于资产收益率。当预期升值处于较为稳定的状态且非零时，国内与国外利率之间会出现一个不同的利率差距，不过值得一提的是，国外利率的变化也将完全传递到国内，利率将随着外国利率的调整而调整，国内利率和国外利率调整方向和幅度相同，此时国内利率调整政策已完全失去独立性。如果升值预期不稳定，汇率将等于部分资产的回报，国内外利率有一定的关联性，但是对国内利率的调整是被动性的，且调整范围同样处于被动状态，此时国内利率与外国利率调整存在不同的情况。站在另外的一个角度来看，若经济处于一个封闭的环境当中，资本流动是不可能发生的，国与国之间没有贸易关系。此时，通过国家货币利率调整外币利率完全"免疫"，外国利率调整不会转移到国内。如果没有国际利率联动，外国利率的变化将不会对国内利率产生一定的影响。国家货币当局可以充分结合国内经济的实际走向，有效地决定有关于利率方面的相关政策。以此看出，货币政策具有一定的特征—高度的独立性。

由此可知，处于一个较为开放的经济体系当中，当不同的国家汇率是固定时，那么得到的税收负担并不存在差异性，可见不同国家之间的资本流动并不存在相关障碍。换言之，国内和国外市场的资产持有者将选择利润最高的资产，从而在世界各地的资产市场上获得平等的预期回报，拥有某国资产的资产持有人，不可能在获得贷款时的利率比其他人低。此类情况反映的就是国际汇率完全联动的现象。从本质上来看，对于一些开放型的工业化国家而言，这类情况较为常见。若不考虑汇率变动所引发的风险，不同国家制定的利率相差都不太大。[①] 假定一个国家经济是开放的，不同的国家可以改变利率，那么国民承受的税收负担存在其差异性，资本跨境流动也会出现问题，同时也存在政治上的风险。当外国利率向国内利率的传导出现不完全的情况，此时本国、外国利率并不完整，这样不同国家之间的利率就会出现差异性。

（二）利息平价机制下的国际利率联动

根据利率平价理论分析，在处于非封闭的经济环境之下，国外的市场利率出现波动时会直接传递给国内市场，此时便会出现这样的情况——国内、国际利率变动一致。国际利率平价的传导机制将直接导致国内外利率政策的联动调整。处于利率平价环境

---

① 多恩布希，费舍尔，西塔兹，王志伟. 宏观经济学第十版 [M]. 北京：中国人民大学出版社，2009.

下，国外央行充分结合本国经济走势，制定的货币政策是较为紧缩的，其为了确保目标利率得以提升，调整后出现的情况就是国外利率直接攀升。国际资本从一个国家流入另外一个国家，在利率平价机制下，最终这两个国家中的市场利率会出现一致的情况。另外基于本国利率进行分析，由于本国金融市场出现了资本向外流出的情况，此时该国的利率就会攀升，而央行只能被迫跟随其他国家央行的货币政策对本国利率进行调整，其目的是尽可能地减少资本外流。不难发现，当资本跨境流动以及利率平价机制的情况之下，某些国家制定的利率政策的目的是对该利率水平进行适度调整，这样便会出现政策溢出效应，那么另外一个国家在这样的经济环境下则会被迫调整利率，这便是国际利率联动的趋势。

进入21世纪以来，全球各个国家之间的经济依赖性逐步增强。也正是因为此，本国的经济会受到他国利率政策的影响而出现利率调整的情况。事实上，当一个国家利率政策出现了调整，该行为不但对他国经济产生影响，也会在一定程度上导致外国利率出现变动。同时，在金融一体化进程当中，不同国家之间的金融部门联系更为密切。国际投资者会根据在全球范围内的投入情况进行要素的配置，使得国内、国外资产联动更加紧密，这对于一个国家在货币方面的政策调整会产生影响，其影响同样表现在利率调整方面，同时会弱化中央银行监管国内利率的力度。结果会导致它将失去或完全失去货币政策的独立性。根据国内外国际经济研究者的文献表明，自20世纪80年代以来，政府对资本市场的控制有所弱化。事实上，在一些工业化较为发达的国家当中，国际资本流动明显高于国际商品之间的流动，本国利率的预期变化会带来大量的资本在国际上流动。所以国内利率的变化与预期会直接影响国际资本的流动方向。这种国际资本的流动，可依靠较为成熟的金融市场来实现在国家间的高效转移，这样不同国家之间的利率调整会进行联动操作，从而形成调整时间同步、利率调整水平趋同的情形。

四、国际利率联动作用机理

开放经济货币政策框架有两个，分别为一般均衡模型和IS-LM-BP模型。结合上一章节当中内容分析可知，在对《通论》充分研究之后，希克斯（1937）提出了IS-LM模型，具体阐释了处于封闭经济环境中，国内商品与货币市场在同一时段内达到均衡，则说明这个国家的收入与利率之间存在一定的关系。相关学者依据这种模型来分析宏观经济政策的影响。罗伯特·蒙代尔等人在1960年之前，在全球实行浮动汇率制度经济体态下，考虑到模型使用的合理性，仅将其运用于范围较小的开放经济体系当中。① 之后，多恩布什对此进行扩展研究，并在 IS-LM 模型的基础上形成了 M-F-D 模型（蒙代尔-弗莱明-多恩布什模型）。在开放的经济体中，根据一般均衡原理可以得知，一旦当产品市场、货币市场呈现出均衡的情况，外汇市场也随之呈现均衡状态，对于上述两种情况的具体动态运作方式可通过 BP 曲线加以说明。②③ 奥伯斯法尔德等人（1995）在开展跨期均衡分析时，引入了蒙代尔-弗莱明-多恩布什模型，由此构建了一般均衡模型分析框架。④

可以看出，货币政策传导的价值在于能形成一个较为全面的分析框架，即在不同的经济条件下，使用不同的模型。在新均衡经济体系当中，学者建议使用一般均衡模型；在开放经济环境下，则是用 IS-LM-BP 模型，上述两个模型之间存在一定的差异性。通过微观经济基础和跨期分析，这类模型在短期、中长期分析当中均能产生较大的作用。在实际研究当中发现，针对微观经济以及跨期分析方面，IS-LM-BP 模型的解释效应较弱，所以在中长期范围内，IS-LM-BP 模型预测性效果不佳。在开放宏观经济当中，IS-LM-BP 模型为其发展提供了一定的理论依据，具体可运用于固定、浮动汇率制度方面的研究。事实上，为了能更好地了解资金跨境流动的整体情况，资本的完整流动和资本流动政策转移的完整流程是 IS-LM-BP 模型的一个特例。相比之下，新开放经济的货币政策的传导模式要复杂得多，以至于它无助于理论和实证分析，这也是 IS-LM-BP 模型至今仍被广泛使用的主要原因。本章就是以开放经济的小国为研究目标，假设放开国际利率不变，基于蒙代尔-弗莱明-多恩布什模型来分析国际利率联动性的机理。假设在不同情形的资本流动下价格相同，分别讨论在实行浮动汇率和固定汇率的情况下，国际利率波动对本国汇率、利率以及产出的联动影响。

（一）开放经济中的 IS-LM-BP 模型

开放经济由两部分组成：贸易和金融开放。与此同时，跨境资本流动来自外国商品和服务的出口、外国商品和服务的进口，以及在国际金融市场上出售外国股票和债券。经济开放打破了封闭经济中支出和产出之间平衡的制约因素，国家与外国经济密切相关，国家与外部经济的相互依存关系得到加强。⑤

---

① Mundell, R.. Capital mobility and stabilization policy under fixed and under flexible exchange rates [J]. Canadian Journal of Economics and Political Science, 1963, 29: 475-485.
② 王弟海. 宏观经济学数理模型基础 [M]. 上海：上海人民出版社，2010：28-42.
③ 蒋中一，凯尔文·温赖特. 刘学，顾佳峰，译. 数理经济学的基本方法（第四版）[M]. 北京：北京大学出版社，2006：259-261.
④ 奥伯斯法尔德，罗戈夫. 国际宏观经济学基础 [M]. 北京：中国金融出版社，2010：591-595.
⑤ 王弟海. 宏观经济学数理模型基础 [M]. 上海：上海人民出版社，2010：28-42.

1. 产品市场均衡与 IS 曲线

(1) 主要假设

假设经济中有四个部门：消费者，企业，政府机构和外国机构。在经济中，公司生产的产品是产量（Y）、可用于消费者消费（C）、企业投资（I）、政府采购（G）和净外贸 NX（X-M）。如果国内产品市场处于平衡状态，那么 Y＝C+I+G+（X-M）；国内外商品价格 P 和常数 Pf；如果通货膨胀率表示为 π，那么实际利率 i＝r-π。

(2) 产品市场均衡与 IS 曲线

居民的消费取决于居民的可支配收入（yd），并且与收入正相关。消费函数可表示为

$$C = C(Y^d)$$

其中居民的可支配收入为 $Y^d = Y - T + Tr$，Tr 和 T 代表向政府居民的转移支付和税收，边际消费倾向是

$$C_Y = dC/dY^d$$

公司投资与利率的反向波动之间的关系可表示为

$$I = I(r)$$

一个国家的出口取决于外国居民的可支配收入（yf）以及外国消费者的国内外商品需求，这是由国内和外国的相对价格决定的，即两国之间的实际汇率。当地货币与外币之间的名义汇率以间接价格表示，当地货币价格以外币表示。Pf 和 P 分别代表国外和国内商品价格。外国人的可支配收入越高，国内商品的价格越低，则本国出口增加。外国居民国内产品的可支配收入由外国人对外国居民的需求决定的，取决于公民的可支配收入，取决于两国商品的相对价格以及两国的实际汇率。若国内可支配收入较高，而国外的商品价格相对低廉时，这必然会导致居民增加对国外商品的消费，进口量就大。当两个经济体间仅存在贸易关系，那么各经济体间经常账户余额（CA）则完全取决于净出口的情况，表达式为

$$CA = CA(Y - T + Tr, Y^f, EP^f/P) \quad 并且 CA_E < 0, CA_Y < 0。 \quad (7-6)$$

当国内产品市场表现为平衡状态下时，利率水平和国民收入之间的对应关系如下：

$$Y = C(Y - T + Tr) + I(i - \pi) + G + CA(Y - T + Tr, Y^f, EP^f/P) \quad (7-7)$$

2. 国际收支均衡与 BP 曲线

(1) 主要假设

本国国际收支主要包括经常账户和资本金融账户。国家与外国的经济关系主要通过对外贸易和国际投资以及国际金融资产交易来实现。贸易会影响经常账户，而各类

金融及投资则会影响资本金融账户。①

3. 国际收支均衡与 BP 曲线

众所周知，资本具有逐利性，不论是从理论还是实践来看，国际资本总是会向利润更高的地方流动。表达式中用 θ 表示本国货币的升值预期，用 η 表示货币风险，那么国内和国外资产的预期外币收益差异如下：

$$[(i - \pi + \theta - \eta) - (i^f - \pi^f)] \tag{7-8}$$

两个国家之间资产的预期收益率之间的差异是通过国际直接投资与国际金融资产的交易所导致的国际资本流向利润更高的地区，所以资本金融账户余额为

$$CF = CF'[(i - \pi + \theta - \eta) - (i^f - \pi^f)] \tag{7-9}$$

由此可得，国际收支 BP 曲线方程可表示如下：

$$BP = CA(Y - T + Tr, T^f, EP^f/P) + CF[(i - \pi + \theta - \eta) - (i^f - \pi^f)] = 0 \tag{7-10}$$

国际收支余额对资产预期回报率差 $(r - \pi - rf + \pi f)$ 的导数 $CF' > 0$。

4. 货币市场均衡与 LM 曲线

这里我们要对国内货币需求（L）进行假设，假设其是由交易需求和投机需求共同构成的。对于货币的供给（M）我们假设其完全由中央银行决定。可以看出，货币市场规模的 LM 曲线可表示为

$$M/P = L(Y, i), (L_i < 0, L_Y > 0) \tag{7-11}$$

（二）资本不完全流动下的国际利率联动性

1. 国际利率联动性——基于浮动汇率制度考量

（1）基本模型

在浮动汇率制度下，国内利率水平 i、汇率 E 以及国内产出 Y 都是内生的，公式（7-9），（7-10）和（7-11）共同构成基于浮动汇率制度考量下的国际利率联系模型，i、E 和 Y 这三个变量能在模型均衡时得到均衡解，而 M, G, η 和 θ 是外生变量，无法由这个模型确定，而是需要由除模型之外的因素才能确定。

（2）比较静态分析

通过对（7-12），（7-13）和（7-14）共同构成的模型进行全微分，得到

$$dY = C_Y dY + I'di + dG + CA_Y dY + CA_E(P^f/P)dE \tag{7-12}$$

---

① 王弟海. 宏观经济学数理模型基础 [M]. 上海：上海人民出版社，2010：28-42.

$$CA_Y dY + CA_E(P^f/P) dE + CF'di + CF'd\theta - CF'd\eta - CF'di^f = 0 \quad (7-13)$$

$$L_Y dY + L_i di = dM/P \quad (7-14)$$

①外国利率变化对国内利率、产出与汇率的影响

如果在国内货币和财政政策保持不变，M 和 G 没有变化，dM 和 dG 都为零。如果当地货币和其他风险的预期识别率是恒定的，则 dη 和 dθ 均为零且 di^f 不为零。

第一，如果外国市场利率由外国利率政策调整而改变，则可由等式（7-12）、（7-13）和（7-14）可得

$$di/di^f = CF'/[CF' - I' - (1 - C_Y) L_i/L_Y] \quad (7-15)$$

若 $\Delta = CF' - I' - (1 - C_Y) L_i/L_Y$，则有 $di/di^f = CF'/\Delta$。因为 CF'>0，0<C_Y<1，I'<0，L_i<0，L_Y>0，所以式（7-15）大于 0。

第二，当外国利率政策调整导致汇率改变时，由方程（7-12）、（7-13）、（7-14）可得

$$dE/di^f = -CF'[(1 - C_Y - CA_Y) L_i/L_Y + I']/\Delta * CA_E * P^f/P \quad (7-16)$$

其中，CA_E<0，CF'>0，CA_Y<0，0<C_Y<1，I'<0，所以式（7-16）小于 0。

第三，当外国利率政策调整而导致本国产出发生变化时，由方程（7-12）、（7-13）和（7-14）可得

$$dY/di^f = (-di/di^f) * L_i/L_Y = (-CF'/\Delta) * L_i/L_Y \quad (7-17)$$

其中，0<di/di^f<1，0<C_Y<1，I'<0，所以式 7-17 大于 0。

公式（7-15）表明，国外市场利率与国内市场利率的方向相同，外币利率的上升导致国内利率上升，通过向国内转移利率的变化以及国际利率的上升，导致相关联的调整方向相同。相反，公式（7-16）表明，本国货币与外币之间的汇率与浮动利率下的外币利率变化呈负相关，外币利率上升导致汇率贬值，外币升值而本地货币贬值。相反，汇率上升，则货币升值，外币贬值。公式（7-17）表明国内产出和外国利率在同一方向变化，外国利率的上升将导致国内产出增加，反之亦然。

根据（7-15）的公式我们可以得知，当国内外的利率预期存在偏差后，因资本的逐利性会导致资本出现外流的情况，实现资本外流的主要途径就是变卖国内的货币和各类资产，最终将导致利率水平的上升。同时。公式（7-15）还反映出当国内货币政策和财政政策维持不变时，国外利率波动对国内利率的影响是通过 CF'、I'以及 L_Y 和 L_i 比值等因素实现的。对这些影响我们做如下分析：

首先，关于资本流动的程度对国际利率传导的分析。由式（7-15）可以看出，当 CF 流动越大的时候，对相关的资本流入国和流出国的国内利率影响就会更大。当 CF'即资本处于极端自由流动状态时，公式（7-15）接近 1。这就表明，这时国内外的利率传递处于一对一完全的传导状态。但为了实现利息平价的要求，两国之间的真实利率差异需要为零，当 CF'接近零时，则等式（7-15）接近于零；此时，资本根本不流

动，外国利率变化根本无法转移到国内领土影响国内利率。

其次，关于货币投机利率影响和私人投资利率影响的关系，分别用系数 L_i 和 I' 来表示，我们分三种情况分别进行探讨。首先，根据等式（7-15），当其他因素保持不变时，私人投资利率影响系数 I' 的绝对值 $-I'$ 越高时，曲线越平坦，利率传递率越低，外国利率波动对国内利率影响程度较小。当 $-I'$ 趋于无穷大时，则表示私人投资对利率极其敏感，即在开放经济中，外国利率的上升将导致资本外流，这将提高国内利率上升预期。此时，国内利率的轻微变动都会导致私人投资需求的巨大反应，只有当利率回归到原来水平，这种趋势才能得到缓解，这就出现了完全"挤出效应"，国外利率变动不会对国内利率产生任何影响。其次，由式（7-15）可以看出，保持其他影响因素一定的时候，当货币投机需求的利率影响系数的绝对值 $-L_i$ 越大，曲线就会呈现更平坦的趋势，这也就意味着国外利率波动对国内利率影响越不完全，即利率传递程度越低。同样，当系数绝对值 $-L_i$ 无限趋于 0 时，国内货币市场就会处于一种特殊状态，即"凯恩斯区域"，此时，国内货币需求就会对利率波动极为敏感，由国外利率上升引发的资本外流从而导致国内货币供应减少，但这并不会导致利率上升，也就是说国外的利率波动又是完全不能传递到国内市场，因而国外利率变动不会对国内利率产生任何影响。最后一种情况，考虑货币投机利率影响和私人投资利率影响系数的绝对值的共同影响，当系数绝对值 $-L_i$ 和 $-I'$ 越小的时候，表明国外利率波动对国内利率波动的影响越完全。当两者同时趋于 0 的时候，式（7-15）就会无限趋于 1，这表明国外利率变动对国内利率影响是完全的，呈现出一对一的国际利率传递联动性。

②本国货币的升值预期

如果在国内货币和财政政策保持不变的情况下，则 M 和 G 不会变化，则 dM 和 dG 都为零。另外当外币利率和当地货币风险保持不变，则 di^f 和 $d\eta$ 均为零，$d\theta$ 不为零。通过本币升值预期 θ 增加时，由方程（7-12）、（7-13）、（7-14）能够得出

$$di/d\theta = -CF'/[CF' - I' - (1 - C_Y) L_i/L_Y] \qquad (7-18)$$

$$dE/d\theta = CF' [(1 - C_Y - CA_Y) L_i/L_Y + I'] /\Delta * CA_E * P^f/P \qquad (7-19)$$

$$dY/d\theta = (CF'/\Delta) * L_i/L_Y \qquad (7-20)$$

通过 $0<C_Y<1$，$CF'>0$，$CA_Y<0$，$I'<0$ 分析可知，$di/d\theta<0$、$dE/d\theta>0$、$dY/d\theta<0$，这也能够从方程中 i^f 与 θ 的对称关系中分析出来。(7-18) 公式显示，人民币预期升值幅度的加大将导致国内利率发生相反的变化。预计国内货币升值的增加将导致国内利率下降，反之，导致国内利率上升。(7-19) 和（7-20) 公式显示，本国货币的上涨，将引发汇率上升并减少国内产出。相反，当国内利率预期上升时，投资利润预期也会相应上升，使得国外资本就会流向国内，这也会引发汇率水平的上升，抑制了出口和国内产出，又会反过来压低利率。

③货币风险的影响

由于货币风险 η 和升值预期 θ 之间存在对称性，从这一角度来看，本国货币风险的增加会抑制货币的升值。随着本币风险的增加，国内利率水平也向同一方向变化。当本国货币的风险增加，国内利率会随着上升。此外，本币风险的增加将导致国内产出增加，这是由于本币风险增加而导致本币贬值。

2. 固定汇率制度下的国际利率联动

（1）基本假设

假设在固定汇率制度下，中央银行通过外汇市场的干预维持固定汇率。这时，国内产出 Y 和国内利率 I 是内生的，央行的货币供应量 M 则由外生变量向内生变量转变，而汇率 E 继续是外生变量且保持不变。在均衡状态时，可参见前文由 Y、I 和 M 所构成的国际利率联动模型。而其他外生变量如 E，G，η 等无法用此模型决定。

（2）国际利率联动性的比较静态分析

①外国利率变化对国内利率的影响

这里需要将 dG 设置成 0，即表示一国国内的财政政策保持一定。此时，如果本国货币和其他风险的预期没有改变，则 dη 和 dθ 均为零且 di^f 不为零。此时，国外通过利率政策调整而导致外币利率发生波动，这一影响基于式（7-12）、（7-13）、（7-14）得到式（7-21）、（7-22）和（7-23），需要注意的是，这里还需要以 dE 为 0 的固定汇率条件。

$$di/di^f = CF'(1 - C_Y - CA_Y)/\Delta = 1/[1 + CA_Y * I'/CF'(1 - C_Y - CA_Y)]$$
$$(7-21)$$

$$dY/di^f = CF' * I'/\Delta \qquad (7-22)$$

$$dM/di^f = P * CF'[L_Y * I' + L_i(1 - C_Y - CA_Y)]/\Delta \qquad (7-23)$$

其中，$\Delta = CA_Y * I' + CF'(1 - C_Y - CA_Y)$ 大于 0。

由 $CF'>0$，$CA_Y<0$，$0<C_Y<1$，$I'<0$，通过分析可知，$0< di/di^f <1$、$dY/di^f <0$、$dM/di^f <0$。

（7-21）的公式表明在国内汇率制度下，外国利率变化与国内市场的变化方向相同。外国市场利率上升将导致国内利率上升，外国利率变动的趋势和幅度都会传导到国内市场，由于国际联动效应，使得国内利率也会相应上升。反之亦然。由公式（7-22）可以明显地看出，一国在实行固定汇率制度时，外国利率的波动趋势与国内的产出呈现反向态势。由式（7-23）可以看出，国外利率的变动趋于国内的货币供给量也呈反向变动，当国外利率下降时，通过传导机制最终将导致国内实行宽松的货币政策。出现这一现象的最主要的原因在于当一国实行固定汇率制的时候，当他国利率较高时，本国的资本则会由于趋利性流向他国，从而会引发汇率波动的风险，为维持固定汇率，货币当局以固定利率出售外币，购买本国货币，最终将导致本国利率上升。货币当局的这种做法将会产生挤出效应，特别是对私人投资产生较大影响，导致产出水平下降，使得本国丧失货币政策的独立性。此外，公式（7-21）还能反映当保持一国财政政策一定时，若货币政策独立性降低，国外利率波动对国内利率变动趋势的影响还会受到私人投资的利率影响系数、资本流动程度以及进口倾向等因素的影响。

②本国货币的升值预期与风险的影响

在一国实行固定汇率制下，当财政政策也保持一定时，表现为 dG 和 dE 都是 0。由于 i^f 与 θ 之间存在对称性，两者间互为反作用，也就意味着国内货币升值预期的上升将导致国内利率下降，形成了相对宽松的货币环境。与此类似的是，国内货币升值的预期也会与货币风险反向变动。

（三）资本完全流动下的国际利率联动性

从上述的分析我们已经知道，国际利率联动和资金流动呈正相关关系，其中，资本的完全流动对应的是国际利率的完全同步，而资本的完全不流动则对应着国际利率的完全不同步。这里我们所指的资本完全不流动状态是政府禁止任何形式的本国投资者参与国际市场交易，或者说是某一国内的投资者不会因为国外收益率的提高而选择国外资产，这样投资者仅拥有国内资产。这时，国际资本处于完全不流动状态，流入流出额都是零，这种情况只是一种理想的极端的状态，只有完全处于封闭经济体才会存在这种情况。在这种封闭经济体中，利率的决定完全是由央行制定或者是国内经济内生形成，完全不受国外市场的影响。而资本完全流动的情况则完全相反，国内外的投资者可以根据预期回报率的差异完全自由地向回报率高的地方流动，不受任何限制。当忽略汇率预期升值和本国货币风险时，模型就会回到蒙代尔-弗莱明模型。[①]

1. 资本完全流动时经济的均衡决定

当资本处于充分流动状态时，若国外市场的预期回报率高于国内市场，则国内资本和国外资本就都不愿意流入本国市场，国内资产也会流向收益预期更高的国外市场，从而导致对国内资本需求的降低，这一趋势会延续到回报率差异的消失。反过来，当国内市场的回报率高于其他市场，导致国外资本流入国内市场，这一趋势同样会延续到回报率差异的消失。要是市场在两国持有资产时期望获得相同的回报，这样持有国内或国外资产就不会有差别。分别以 θ 和 η 表示本国货币的升值预期和风险，假设国内和国外资产的预期收益率差异为 0，即 $i - \pi + \theta - \eta i^f - \pi^f$。国际利率联动的情况将会发生如下改变：

[①] 王弟海. 宏观经济学数理模型基础 [M]. 上海：上海人民出版社，2010：28-42.

$$Y = C(Y - T + Tr) + I(i - \pi) + G + CA(Y - T + Tr, Y^f, EP^f/P) \quad (7-24)$$
$$i - \pi + \theta - \eta = i^f - \pi^f \quad (7-25)$$
$$M/P = L(Y, i) \quad (7-26)$$

2. 浮动汇率制度下国际利率联动性的比较静态分析

国内利率水平 i 和汇率 E 都是内生的，如果由等式（7-24），（7-25）和（7-26）确定的经济状态是平衡的，则三个内生变量得到平衡解，其中 M、G、η 和 θ 是外生变量，模型的三个方程进行全微分可以得到

$$di + d\theta - d\eta - di^f = 0 \quad (7-27)$$
$$dY = C_Y dY + I'di + dG + CA_Y dY + CA_E (P^f/P) dE \quad (7-28)$$
$$L_Y dY + L_i di = dM/P \quad (7-29)$$

①外国利率波动情况对国内利率产生的影响

这里要对外生变量 di^f 进行假设，假设其不为 0，可以发生变动，由此，根据方程（7-27）、（7-28）、（7-29）可得

$$di/di^f = 1 \quad (7-30)$$
$$dY/di^f = -L_i/L_Y \quad (7-31)$$
$$dE/di^f = -[(1 - C_Y - CA_Y)L_i/L_Y + I']/CA_E * P^f/P \quad (7-32)$$

通过分析可知，$dY/di^f > 0$、$dE/di^f < 0$。

由式（7-30）可知，国外市场利率变化将导致国内市场利率同时在同一方向上调整。通过 $dY/di^f > 0$、$dE/di^f < 0$ 进一步分析可知，尽管两个国家可以实现利率完全联动，但这并不意味着两国的利率会完全相同。多数情况下，两国间的利率都会存在差异，仅在两国通胀率完全相同以及没有汇率上升预期的时候，才有可能出现两国利率完全相同的情况。从这里可以看出，国外利率的变动趋势与国内产出呈同向变动，而国外利率的变动趋势与汇率呈反向变动。当资本处于完全流动状态时，且国内风险可控，通胀水平稳定，此时，减少国外资本流出就会增加国内资本流出，国内资本的大量流出就会引发本国货币贬值，而贬值促进出口，又导致国内产出增加。当国内市场货币供给量保持恒定时，市场货币需求量增大就会直接导致利率的上升，最终将导致国内利率变动幅度和国外利率变动幅度保持一致。

②对本国货币的升值预期分析

前面提到，由于 i^f 和 θ 之间存在对称性，当本国货币预期即 θ 上升时，且当其他因素保持不变时，则 $di/d\theta = -1$，$dE/d\theta > 0$，$dY/d\theta < 0$。这反映了国内货币升值预期的变动会直接影响到国内的利率水平，且呈现反向变动趋势。根据式 $i - i^f = \eta - \theta + \pi - \pi^f$ 可以得知，当国内货币不存在风险或风险处于稳定状态时，经济发展势头较好，货币升值的预期就会提升，这将会减少国内外利率差距。但是，当汇率有上升预期时，货币

升值将不利于出口,导致国内产出的减少,反之则反。这是由于在资本处于完全流动的状态下,本国货币升值预期增加的同时,国家保持风险稳定,这就增加了国内外的利率预期差,而由于资本的逐利性,这也必然会加速资本的流通。同时,国内货币供需也影利率的走向,如货币供给量保持一定时,市场对货币需求下降,供大于求就会导致利率降低,最终利率下降的幅度与国内货币升值预期达到一致。

③对货币风险的影响分析

前文提到,货币风险 η 和升值预期 θ 间呈对称关系,这也就意味着货币风险 η 和升值预期 θ 呈反向变动关系。$di/d\eta = 1$、$dE/d\eta < 0$、$dY/d\eta > 0$,表明国家货币风险 η 的变化将导致国内利率水平向同一方向变化。本国货币风险的提升会导致利率水平相对提高,反之则会导致利率水平下降。此外,本币风险的增加将导致汇率下降和国内产出增加。这是因为当本国货币风险增加,资本避险情绪升高,导致国际资本外流,从而使当地货币贬值,货币贬值促进出口,使得国内产出增加,这又会引发货币需求的上升,此时,货币供小于求,货币价格升高,即利率上升。

3. 固定汇率制度下国际利率联动性的比较静态分析

(1) 模型设定

当一国执行固定汇率制,但资本又可以自由流动,这时该国央行就需要采取相关措施干预市场,从而达到维持固定汇率的目的。模型中 Y、i、M 都是内生变量,分别表示国内产出、国内利率水平以及基础货币供给;模型中 i^f、G、η 和 θ 都是外生变量,汇率 E 相对比较特殊,是外生于国内央行的变量。

(2) 比较静态分析

①国外利率波动对国内利率变动的影响分析

这里我们仅假设 di^f 变动,而其他外生变量 G、η 和 θ 都保持不变,也就是 di^f 不为 0 时,在方程 (7-27)、(7-28)、(7-29) 的基础上得到 (7-33)、(7-34)、(7-35),如下:

$$di/di^f = 1 \qquad (7-33)$$

$$dY/di^f = (C_i + I')/(1 - C_Y - CA_Y) \qquad (7-34)$$

$$dM/di^f = P*[L_Y(C_i + I')/(1 - C_Y - CA_Y) + L_i] \qquad (7-35)$$

经过以上研究能够知道:$di/di^f = 1$、$dY/di^f < 0$、$dM/di^f < 0$。

在固定汇率制下且资本可以自由流动的情况下,若其他因素保持不变,国际利率联动性较强,即国外利率波动将完全传导到国内,引发国内利率的相应变动,这种国外与国内利率的一对一变动,就是完全同步的国际利率联动调整。从前面我们可以知道,本国的货币供给量与国外利率波动呈反向变动关系,本国的产出同样与之呈反向变动。当外国利率下降时,则会导致货币供给量增加和国内产出下降。原因在于,当外国降低利率,在固定汇率机制下,会导致资本从国外流向国内,这样就会对汇率波动产生压力，货币当局为维持汇率固定，就会卖出本国货币和购买他国货币来实现货币宽松状态，达到降低国内利息的作用，当利息下降时，资本就又会流向回报率高的国家，这一传导过程会持续到国内与国外回报率差额为 0 时终止，这样，国内利率就随国外利率波动产生了完全联动调整的过程。然而，国内利率的调整必然会对私人投资产生挤出效应，从而影响国内产出，使得本国货币完全丧失独立性。

②本国货币的升值预期与风险的影响

当一国实行固定汇率制，且保持国内财政政策不变，那么 dG 和 dE 都为零。如果本国货币没有风险，外国利率也没有风险，即 di^f 和 $d\eta$ 都为 0，只有本国货币的预期 $d\theta$ 不为 0。由于 i^f 和 θ 存在对称性，两者存在反作用，即 $di/d\theta = -1$、$dY/d\theta > 0$、$dM/d\theta > 0$。这也就意味着本国货币预期的提升会导致国内利率的反向变动。根据公式 $i - i^f = \eta - \theta + \pi - \pi^f$ 可以知道，在加入本国货币风险因素后，当本币没有风险的情况下，市场对本国货币将会持乐观预期，则利率会降低，本国与外国间的利率差距将会缩小。由于市场对本国货币的乐观预期，市场基础货币供应量将会增加，利率降低，进而增加产出，国内形成宽松的货币环境。这主要是由于上升的货币预期引发起国外资本的大量流入，导致汇率有上升的压力，货币当局为维持固定汇率就不得不卖出本国货币进而购买外国货币。货币供给增加，就会导致利率下降和产出增加，大大增加了流动性。同样，本国货币风险的影响 η 与升值预期相反。

第三节　国际利率政策联动性实际考察

根据一般宏观经济理论，国家货币政策一般针对国内经济和金融发展形势。国家货币政策的制定和实行仅从国内形势出发，不受外国经济和金融形势波动的影响。然而，进入 21 世纪以来，随着经济全球化和经济一体化趋势的迅猛发展，各大经济体之间的联系日趋紧密，这一深刻变革极大影响着世界各国相关经济政策。特别是对于开放经济体，彼此经济依赖性的增强导致各经济体货币政策的制定正逐渐丧失独立性，各经济体间的联系和影响正不断深化。作为对世界经济有重要影响的货币政策对其他经济体的货币政策乃至经济发展将产生广泛而深刻的影响。

布雷顿森林体系的崩溃，也宣告着传统观念所认为的浮动汇率制可以隔绝外界冲击的信条被实践所终结。由于国际经济联动性增强，在这样的背景下浮动汇率制和固定汇率制已无多大差别。此外，由于汇率波动更为频繁所导致的相应政策的调整，使得各国宏观管理和调控的难度显著增加。① 进入 21 世纪以来，这种现象更为明显，各国的货币政策的联动性进一步增强，使得世界各国的中央银行在制定货币政策时深受国际利率联动的影响，使得政策预期目标更难以达成。目前，世界上任何一个主要国家或经济体的利率发生波动，其他国家和经济体都无法独善其身，都会引发连锁反应，即利率或汇率会相应发生变动，这充分体现了当今世界各国间利率联动性的增强。但是前一节的分析表明，货币政策理论以国际经济实践的发展为基础，并不断发展和演进。人们逐渐认识到，只有发生重大经济事件，诸如大规模战争和金融危机等，才会达成新的货币政策协议、建立新的货币政策理论。2008 年在全球范围掀起的金融危机也是如此。要想解决经济全球化趋势下的经济依存问题，唯一的出路就是寄希望于世界各国经济利益与政策的协调。② 幸运的是，越来越多的决策者认识到世界各国是相互依存的，致力于国际经济利益和政策协调，并取得了一些成果。2008 年，源于美国次级抵押贷款危机引发的全球金融危机，极大推动了世界各国在货币政策上的协调，经济政策的国际协调不断得到各国政府的重视和认可。

由于各国在此次金融危机期间相互密切配合，各国在制定应对金融危机政策时保持协调一致，有效应对了此次金融危机，这一次成功的实践，使得国际利率政策的联动性得以凸显，同时也证实了利率联动下调的合理性。从金融危机期间各国推行的利率政策来看，利率联动变化趋势越发明显，无论是在利率政策推出的时间、频率以及调整幅度等都存在明显的一致性，各国的利率水平也呈现出趋同的情形。国际金融危机爆发以来，全球主要经济体在利率方面的变动情况参见表 7-1、表 7-2。

表 7-1　世界各主要经济体利率调整表

时期	世界主要央行	目标利率	调整次数 ++	+-	-+	--	累计调整幅度 ++	--	平均调整幅度 ++	--
金融危机前期	美联储	2	17	-	1	2	5.25	0.75	0.25	0.375
	日本	0.5	2	-	1	1	0.5	0.1	0.25	0.1
	英格兰	5.75	5+5	1	2	2	2.5	0.5	0.25	0.25
	欧洲	4	8	-	1	3	2	1.25	0.25	0.42
	中国	3.6	6	-	1	1	1.62	-	0.27	0.27

---

① 多恩布什，费希尔，斯塔兹. 王志伟，译. 宏观经济学（第 10 版）[M]. 北京：中国人民大学出版社，2009：472.
② Cukierman, A. Monetary policy and institutions before, during, and after the global financial crisis [J]. Journal of Financial Stability, http://dx.doi.org/10.1016/j.jfs.2013.02.002.

续表

时期	世界主要央行	目标利率	调整次数 ++	调整次数 +-	调整次数 -+	调整次数 --	累计调整幅度 ++	累计调整幅度 --	平均调整幅度 ++	平均调整幅度 --
危机应对期	美联储	0~0.25	-	1	-	10	-	5	-	0.5
	日本	0.1	-	1	-	2	-	0.4	-	0.2
	英格兰	0.5	-	1	-	9	-	5.25	-	0.58
	欧洲	1	1	1	-	7	-	3.25	-	0.46
	中国	2.25	2	1	-	3	0.54	1.89	0.27	0.63
金融危机后期	美联储	0~0.25	-	-	-	-	-	-	-	-
	日本	0~0.1	-	-	-	1	-	-	-	0.1
	英格兰	0.5	-	-	-	-	-	-	-	-
	欧洲	0.75	2	1	1	3	0.5	0.75	0.25	0.25
	中国	3	5	1	1	2	1.25	0.5	0.25	0.25

注:"+"表示利率上调,"-"表示利率下调,"++"表示利率连续上调,"--"表示利率连续下调,"+-"表示利率先上调后下调,"-+"表示利率先下调后上调。金融危机前期指2002.1—2007.9,危机应对期指2007.10—2009.9,金融危机后期指2009年10月至今。数据来源于各国央行公开统计数据,并整理得出。

表7-2 非常规货币政策操作后期(2014—2019)各主要经济体目标利率调整表

日期	美国:联邦基金目标利率	升降基点(BP)	调整次数	日期	欧元区:再融资利率	升降基点(BP)	调整次数
2014/6/1	0.25-0.50	0	11次不变	2014/6/1	0.15	-10↓	降息
2015/12/1	0.50-0.75	25↑	加息	2014/7/1	0.15	0	5次不变
2016/1/1	0.50-0.75	0	9次不变	2014/9/1	0.05	-10↓	降息
2016/12/1	0.75-1.00	25↑	加息	2014/9/4	0.05	0	期间持续不变
2017/2/1	0.75-1.00	0	不变	2016/3/1	0	-5↓	最后一次降息
2017/3/1	1.00-1.25	25↑	加息	2019/4/1	0	0	维持零利率
2017/5/1	1.00-1.25	0	不变				
2017/6/1	1.25-1.50	25↑	加息	日期	英国:央行利率决议	升降基点(BP)	调整次数
2017/7/1	1.25-1.50	0	三次不变	2014/6/1	0.5	0	24次维持不变
2017/12/1	1.50-1.75	25↑	加息	2016/7/1	0.5	0	

续表

2017/6/1	1.25–1.50	25↑	加息	日期	英国：央行利率决议	升降基点（BP）	调整次数
2018/2/1	1.50–1.75	0	不变	2016/8/1	0.25	−25↓	降息
2018/3/1	1.75–2.00	25↑	加息	2017/9/1	0.25	0	11次维持不变
2018/4/1	1.75–2.00	0	两次不变	2017/11/1	0.5	25↑	加息调整
2018/6/1	2.00–2.25	25↑	加息	2018/6/1	0.5	0	6次不变
2018/8/1	2.00–2.25	0	不变	2018/8/1	0.75	25↑	加息调整
2018/9/1	2.25–2.50	25↑	加息	2019/5/1	0.75	0	维持不变
2018/10/1	2.25–2.50	0	三次不变				
2019/1/1	2.50–2.75	25↑	加息				

日期	日本：央行利率决议	升降基点（BP）	调整次数	日期	加拿大：隔夜目标利率	升降基点（BP）	调整次数
2014/6/1	0.1	0	维持不变	2014/7/16	1	0	4次不变
2016/3/1	−0.1	−20↓	降息到负利率	2015/1/21	0.75	−25↓	降息
2019/4/1	−0.1	0	持续至今	2015/3/4	0.75	0	3次不变
				2015/7/15	0.5	−25↓	降息
				2015/9/9	0.5	0	13次不变
				2017/7/12	0.75	25↑	加息
				2017/9/6	1	25↑	加息
				2017/10/25	1	0	2次不变
				2018/1/17	1.25	25↑	加息
				2018/4/18	1.25	0	2次不变
				2018/6/7	1.5	25↑	加息

一、2008年金融危机前国际利率的特征回顾

（一）危机前国际利率各自为主

20世纪90年代，世界经济历经了一段繁荣发展时期，但到了2000年前后，这一上升趋势戛然而止，以美国、欧洲等世界主要经济体开始出现经济增速下滑、失业率

高以及需求下降等现象。由于当时新凯恩斯主义思想盛行，世界各国央行纷纷采取利率平滑的政策操作模式以缓解经济下行危机。各国基于自身的发展状况，大多数国家央行采取连续调整短期均衡利率，从而达到实现长期利率均衡的目标。在长期均衡利率保持稳定的情况下，就能稳定通胀预期，为经济的平稳发展创造条件。欧洲央行和美联储通过连续降低基准利率，释放流动性，创造宽松的货币环境。美联储在2001年5月至2003年6月这一期间，对联邦基金利率调整多达13次，使得联邦基金率降至1%。与此同时，欧洲央行也在这两年左右的时间内将再融资利率降至2%，这是自1946年以来的最低点。远在亚洲的日本央行更是将基准利率调整到历史最低水平的0.1%。全球主要经济体在2001年至2003年间都在实行积极的扩张政策，受这些货币政策刺激的影响，世界经济在2004年曾出现过全面的复苏迹象，但好景不长，在当年的第二季度，部分经济体经济增长就又出现增速放缓的趋势。到了2007年前后，美国爆发次贷危机，直接造成美国金融市场的大崩盘，并造成全球性影响。危机发生后，美国经济增速明显放缓，其他欧洲等发达经济体也同样面临经济下行风险，只有新兴经济体依然能够保持较强劲的发展动力。这次金融危机的深度和影响程度超过各界预期，给世界经济增长带来了诸多不确定因素，加剧了市场对全球经济失衡以及发展前景的担忧。在危机前的2004至2006年，以格林斯潘为主席的美联储在2年的时间里连续17次上调联邦基金利率，使基准利率从1%上调至5.25%.。而同时期的英国则由于国内经济增速放缓，则选择在2005年8月下调0.25%的回购利率。金融危机爆发前，从英美两国的政策不难看出，这一时期的各国主要精力还是集中于国内的经济增长和金融市场稳定，而对于国际经济金融形势关注不足。这就导致世界各国在制定利率政策的时机、方向、幅度等方面存在不一致的现象，甚至是相互冲突，使得各国利率表现出互不相同的景象。具体来看：

1. 美国：货币政策由扩大转为紧缩

美联储在2001年至2003年之间对联邦基金率下调了13次，直到2003年6月达到1%的低位。美联储的低息政策有效刺激了美国经济的增长，到2004年第一季度，经济增速达到3.9%的高位。低息政策同时刺激了美国房地产市场的快速发展，房地产的泡沫风险不断积聚，加之国际高油价带来的国内通胀压力，使得美国开始转变利率政策。2004年6月，美联储宣布将基准利率上调0.25个百分点，这一次加息，宣告了美国上一轮降息周期的结束，新一轮的加息周期全面开启。从表7-1上来看，2004年6月后，美国在经过17次加息后，基准利率达到5.25%，其中2004到2006年每年加息次数分别为5次、8次和4次，加息频率可见一斑。在2006年达到5.25%后，这个基准利率水平保持到了金融危机爆发前的2007年8月。

2. 英国：坚持适度从紧的货币政策

这一期间，英国经济也保持着较高的增长速度，同样也面临着房地产市场发展过热的风险，为适当控制经济发展过热问题，英格兰银行在2004年一年的时间内连续加息四次，至8月，英国央行的基准利率达到4.75%。2005年8月后，英国经济又出现增速下滑、市场需求减弱的局面，当局被迫将回购利率下调0.25%。之后英国货币当局在2006年和2007年又开始了5次加息，直到2007年7月5日的5.75%。

3. 欧洲：银行将维持低利率政策

在2003年6月到2005年11月这一期间，欧洲中央银行将再融资利率一直维持在2%，其中存款利率是1%，贷款利率是3%。在2005年前后，美国还处在加息周期之中，但由于欧元区经济下行压力较大，使得欧洲此时面临着较大的降息压力，一些成员国明确要求降息以促进经济发展。然而，即使面临降息压力，但出于对通胀预期以及房地产市场泡沫的担忧，欧洲央行始终都没有降低利率。甚至在2005年12月1日，欧洲央行不顾经济发展前景不乐观的压力，反而是开启了加息的操作，后来经过2006年3月2日、6月8日、8月3日、10月5日和12月7日这次加息之后，欧洲央行的再融资利率已达到了3.5%，然后到了2007年3月、6月，基准利率又上升了25个基点，基准利率达到4.0%，是过去四年来的最高水平。此后保持着4.0%的基准利率直到2008年的金融危机。

4. 日本：坚持宽松的货币政策

在美国次贷危机爆发之前，日本央行一直实施宽松的货币政策来实现经济复苏，并在2006年6月之前都维持着零利率。同年，日本央行于3月9日将货币政策的操作目标转变为无担保隔夜拆借利率，日本银行于7月14日开启了近6年来的首次上调基准利率操作，将无担保隔夜拆借利率从0上升至0.25%，此后，在2007年又再一次调高基准利率至0.5%。从那时起，这一基准利率一直保持到2008年9月才发生变化。

5. 中国：货币政策从稳定转为收紧

金融危机爆发的前几年我国经济增长强劲，社会主义市场经济体制不断完善，总体保持着较好的发展势头。为实现政策的连续性和稳定性，央行坚持实行稳健的货币政策。在2004年10月到2006年8月之间，我国始终维持在2.25%的存款基准利率，这为保持我国经济稳定增长起到了重要作用。然而，经济持续多年的高速增长也带来了一些深层次的问题，如投资过快过热、价格由结构性上涨逐渐演变成通货膨胀。在此背景下，央行出于防止经济发展过热的考量，转而开始实施相对从紧的货币政策，将原本的2.25%存款基准利率经5次上调后至2007年9月的3.6%。

(二) 危机前国际利率操作的特征

通过对2004年至金融危机发生前世界上主要央行的利率政策调整分析来看，在这一期间，各国利率政策的联动性较弱，基本是各自为政状态。当然，出现这种现象的原因在于各国国内经济、金融发展形势存在差异，基于自身发展利益考量，各自为政的货币政策就不难理解。自2004年以来，世界各国虽然经济总体保持复苏和上升态势，但是发展不平衡问题凸显，这就导致各国调整利率政策的时机、方向、幅度都存在较大差异，利率水平呈发散变动态势。

1. 利率调整方向与原因不同

从表7-1中危机前的各经济体利率调整数据来看，由于各经济体均根据各自内部经济发展态势、经济发展周期制定适宜的利率政策。由于各国的经济周期不同，就使可以作为反周期调控的利率政策也不相同。可以说，经济发展状况是导致利率调整的"因"，而利率调整则是"果"，两者呈现明显的因果关系，由于各国的"因"不同，自然导致最终的"果"不同，这也就意味着各国利率政策呈现弱联动性。此时，即使作为世界超级大国的美国做出利率调整，其他国家也并不一定会同步跟随，甚至还会反向操作。就如前面所提到的美英之间在同一时期，利率政策完全相反，这正是由于当时两国国内不同的经济发展形势导致的。美联储为抑制经济增长过热所引发的通胀预期，从2004年开始开启了长达两年的加息周期，由此也导致国内经济的较大波动。在2006到2007年间，出现了全球性的通货膨胀，在平抑通货膨胀的过程中，由于各国没有协调利率政策，最终导致各国的通胀情况未得到有效解决，反而情况出现了加重，也为之后的金融危机埋下了危机。从过往各国的实践来看，由于没有实行利率联动，导致各自为政的利率政策并不能有效地解决国内问题。随着经济全球化与金融一体化的不断深化，各国的经济金融联系越来越紧密，各国政策的变动都或多或少对相关国家产生不同程度的影响，此时若制定利率政策过于独立，则难以有效解决自身问题。所以说，仅以国内的经济金融形势作为利率调整的依据，导致国际利率调整不协调，最终将会弱化各国的政策调控效果。

2. 调整时机与时间间隔不同

前面谈到，各国在金融危机之前对于利率政策的调整多是基于国内的经济金融形势而定的，但各国经济金融发展周期又不相同，这就导致各国利率政策调整的时机存在较大差异。从表7-1来看，世界主要经济体的中央银行调整利率政策的时间大多都不相同，操作时机相对分散。如表中所示的，美国在2004年6月就开启了加息周期，而欧洲央行在 2005 年底才开始加息，英国更是在 2006 年才开始进入加息周期。就时间间隔而言，各经济体央行一致性就更低。

3. 调整的频率与幅度不同

从各国的利率政策操作实践来看，在金融危机之前大多数国家都选择微调多次的操作方式，这种操作模式的好处在于能够维持金融市场的相对稳定，但各国在操作中的频次和调整幅度却有所不同。如美国在 2004 年开启的加息周期，两年的时间里共上调 17 次基准利率，调整总幅度高达 5.25%，转向却只有一次。作为老牌资本主义国家的英国在调整的频率方面要少得多，在此期间仅进行了 1 次基准利率由降转升和 2 次基准利率由升转降的操作。另外，欧洲其他国家、中国、日本等国央行在加息频率上也大大少于美国。

二、危机期间国际利率联动性

金融危机爆发后，实体经济领域受到了很大的影响，2008 年 7 月国际大宗商品价格出现"过山车"式的升降，使得全球商品价格水平由通货膨胀走向了通货紧缩。直至同年 10 月份，无论是发达还是新兴的市场经济体，其经济发展态势均陷入了衰退阶段，美国次贷危机也演变成了全球性的金融危机。因此世界各国的中央银行开始将重心放在本国的经济发展上面，以解决危机与经济倒退的问题，同时将货币政策从适度收缩或稳定转向宽松。各国央行开始大幅降低基准利率，甚至部分国家已经降至零利率下限。当基准利率下降到"零"下限时，传统的利率政策几乎没有调整空间，这时非传统的货币政策（调控资产负债规模的数量调节机制）开始成为各国央行所实施货币政策的新方向。根据国际联合行动，世界主要中央银行采取联合降息政策来应对共同危机。例如，美联储等央行为应对金融危机均采取了降息政策；日本银行虽没有采取降息政策，但很支持这次的国际联合行动；而且，一些新兴市场经济体如中国、香港、韩国等，也都加入了这次行动。在应对危机期间，美国和英国均采取了大幅度的降息政策，使其基准利率分别降 0~0.25% 区间和 0.5% 的水平上；日本则采取了"零利率"政策。从中可以看出，国际汇率政策之间的联系达到了前所未有的高度，国际利率政策显示出明显的联动性。世界各主要经济体采取利率下调的操作在帮助全球经济从危机中复苏发挥了重要作用。这种国际调解的降息效果远远大于个别国家独立运作的综合效应。随着经济全球化和金融一体化在世界上取得重大进展，利用国际利率联动调整对有效解决经济相互依存的问题是非常重要的。因此，在全球金融危机期间，世界上许多市场经济体的利率政策的构建和实施主要是源于美国次贷危机演变成的金融危机进而导致全球经济的衰退。世界各大央行的货币政策已从适度紧缩或审慎转向宽松，利率政策转到同一时间点，方向一致，高密度、大幅度地在短期内降息，一些央行的政策利率目标几乎为零，国际利率调整呈现出典型的联动趋势。

（一）危机期国际利率联动性操作

1. 美联储持续大幅度降息

如表7-1所示，2007年9月，美国开始采取大范围地降低利率的政策，因而美联储在2007年9月18日、10月31日、12月11日这三个时间点，将联邦基金利率目标分别降了50、25和25个基点，最终降息至4.25%。而且在2018年美联储采取了7次的降息政策，分别是在1月21日、1月30日、3月18日、4月29日、10月8日、10月29日、12月16日，下降了75、50、75、25、50、50、100个基点，从而将基准利率由4.25%降至0-0.25%的目标区间内，以进一步激活市场活力，以实现经济复苏的目的，同时这一基准利率也一直维持至今。美联储为加强市场流动性，还创建了多种融资工具，用以充分发挥利率政策的作用。因而，可以看出美联储应对危机前后不同的利率政策操作。美联储对利率如何运作有一定的规定。例如，当经济处于扩张期时，利率政策调整采取平稳增加和常规操作模式；当经济处于收缩期时，应采取平稳降息的方式；在经济危机等特殊情况下，应该选择迅速大幅地降息。为了应对金融危机，美联储的利率政策已经通过基于相机的方法来应对紧急情况。在危机应对期间，美联储的长期和大规模低利率政策方法与危机前的利率政策方法截然不同。

2. 欧洲央行货币政策紧缩松散

2008年7月，欧洲银行面临物价不断上升的严峻形势，基准利率被动提高了25个基点，从而导致了国际金融危机加剧和国内市场流动性的紧缩，大大抑制了经济增长。欧洲央行对再融资利率也实施了下调政策，将再融资利率减少了175个基点，从而把基准利率从4.25%减少到2.50%。在2009年1月和3月这两个时间段，欧洲银行采取下调政策，下调了50个基点，同时在4月和5月的时候，分别采取下调政策，即均减少了25个基点，使得再融资利率降至最低的1%，此后保持此利率至2011年3月。

3. 日本银行维持低利率

2008年10月31日，日本央行采取利率下调政策，减少了20个基点，同年12月，再次采取降息操作，把利率减少了20个基点，使无担保隔夜拆借利率下降至0.1%，并持续至2010年9月。同年10月，日本银行继续执行降息操作，将无担保银行间隔夜拆借利率降至0-0.1%的零利率水平。

4. 英国央行降息幅度明显提高

从2007年12月6日开始，英国央行的货币政策委员会采取降息政策，将银行的官方利率减少到5.5%，也就是下调25个基点。然后在接下来的2008年2月、2008年4月，又将银行的官方利率继续减少到5%。在第四季度，英国央行的货币政策委员会将银行的官方利率通过降息政策减少了300个基点，从而将基准利率降至2.0%。2009年1、2、3月，英格兰银行又采取降息政策，降至0.5%，并维持在英国央行建立300多年以来的最低基准利率水平。此后，英国将0.5%的短期利率水平维持至今。

5. 中国大幅降低利率

2008年10月，由于国际金融危机引发了经济衰退，我国已将货币政策从紧缩转向宽松政策，大幅度降低存贷款利率，以保证信贷覆盖扩张和提高信贷额度，维持金融市场稳定，促进经济稳定和复苏，从而对抗金融市场的经济萧条现象。同年中国人民银行连续四次下调存款利率，且将1年期存款基准利率从4.14%下降至2.25%，这一变动一直维持到2010年9月。在"不可能三角"规则的影响之下，利率调整政策的范围在一定程度上受到有管理的浮动汇率制度的限制，而这一制度的实施是用以维持资本管制和汇率调控的相对稳定。我国在应对危机时期，由于对国际经济政策调控的重视，使得我国的利率调整和美国的利率趋势呈现协调趋势，并出现了联动调整的现象。

（二）危机期间国际利率联动性特征

从以上分析能够看出，危机应对过程中国际利率调整的联动特征，主要体现在以下几个方面：

1. 利率调整与转向时点趋同

2008年9月爆发的次贷危机让世界上大多数国家和地区经济几乎同时出现了急剧下降的趋势。在国际经济政策协调机制下，央行通过协调联动降息，促进经济稳定和复苏，就针对金融危机采取的一系列措施达成了高度共识。在表7-1和表7-2中，可以看到中央银行的利率调整力度很大，同时调整方向也是一致的。在2008年10月8日，英格兰中央银行以及美联储和欧洲的央行联合声明将会采取降息政策，把利息减少50个基点。接着日本央行和一些新兴经济体也参与调整降息措施。其中，日本、欧洲和中国人民银行已经将利率操作政策从长期加息转变为降息。

2. 大幅降息、高运营密度

从表7-1可以看出，美国、英国、欧洲、日本和中国等国家，均在2007年10月到2010年9月经济发展环境极不稳定的这一阶段，进行了大幅度、高频率、高密度的下调利率操作，以期达到稳定经济的目的，而这些操作与危机前期实施的利率微调、利率平滑的方式存在明显差异。在这期间，由于美国的次贷危机引起了全球的金融危机,因而美联储于2007年9月就开始实施降息政策,直到2009年10月进行了降息操作10次,共降息500个基点,且在2008年12月17日达到了单次降息幅度最大的一次75个基点。同年英国也在10月进行了一次降幅最大的操作,即降幅150个基点;英国在应对经济危机的期间,累计降息了9次,共降低利率525个基点。

3. 一致的调整方向、维持低利率政策的时间长

在表7-1中,可以看出央行利率在危机期间继续下降,或从上升转向下降,从而保持方向的高度一致性,以维持长期的低利率水平。

三、危机后国际利率联动性造成的全球性趋势

2008年世界性的金融危机让世界上大多数国家和地区几乎同时出现了经济急剧下降的趋势。由于国家携手合作共同应对这场灾难,经济有所复苏。也是基于在这样的背景之下,全球利率政策出现了新的变化。全球经济摆脱危机后,部分国家的利率政策管控却表现出一定的分离状态,这是源于经济回暖的不均衡性。一些国家的利率独立性开始表现上升趋势,但国际利率调整的联动性仍比危机前还要高很多。

(一)后危机期国际利率的新变化

1. 日本和欧洲等发达国家的经济维持超低利率

危机过后,全球经济缓慢复苏,主要发达国家的中央银行继续实施宽松货币政策和维持超低利率。2010年,日本的经济增长有所改善,但是到了2011年,自然灾害对日本经济造成严重的打击,且外部需求不断下降,目前经济仍难以复苏。所以直到2011年,日本依然还在实行"零利率"政策,使其成为历史上第一家将利率降至接近零的央行,并将这个极低的利率维持了很长一段时间。这主要是由于日本经济持续低迷,市场信心疲弱以及未能在零利率下限下完成刺激经济的目标。在传统的零利率下限下,货币政策几乎是无用的。但日本希望市场信心的长期指引将降低长期债券的收益率曲线,以抵消衰退;另一方面,甚至希望负利率会增加商业银行和现金持有者的成本,使得成功刺激资本流入市场以复苏经济,通过负利率政策突破零利率上限。由于欧元区经济疲弱以及欧洲债务危机的影响,欧洲经济的不确定性正在增加,期间利率反反复复变化,并且可以看出,欧洲央行和中国联动降低利率的操作突显国际联动性特征,目标利率已调整为零,维持至今。可以看出,欧洲央行对经济复苏仍持谨慎态度,在短期内退出零利率的非常规政策措施似乎不太可能,欧洲央行对债务十分担忧,且对世界经济的判断也并不乐观。不过有消息指出,在经济形势逐步缓和的背景下,欧洲央行或许可以有条件地逐步取消量化宽松政策。然而,调整零利率的目标政

策的可能性并不高,这表明欧洲央行对欧盟整体经济形势并不乐观。

2. 美英等国先是量化宽松实施极低利率政策,再逐步转向正常的利率微调

美国在 2009 年第三季度脱离了经济衰退,但复苏之路艰难而缓慢,就业形势依然停滞,复苏基础仍需加固。因此,由于资源利用率低和价格稳定的趋势,美联储一直把利率管控在非常低的状态。直至 2015 年底的时候,美国银行采取了利息调整措施,并开始根据失业率数据和宏观经济形势的回转逐步加息。具体操作为:分别在 2015 年,2016 年加息 25 个基点,且在 2017 年、2018 分别加息三次,2019 年加息一次。联邦基准利率已经加息到 2.50%~2.75% 的水平,预计未来经济数据继续回暖,有再次加息操作的可能,值得注意的是美联储加息操作每次加息度控制在 25 个基点的水平,在常规政策内是一种有节奏的、分步骤的微幅度小规模利率"微调",这也说明美联储开始将政策重心从非常规的量化宽松和资产负债表扩张方法回归到对目标基准利率的微幅度小规模调整的常规操作手段上来。截至 2016 年 7 月,英国维持 0.5% 的利率水平,次月下降至 0.25%,并在 2017 年 11 月和 2018 年 8 月两次实施加息操作,并维持 0.75% 水平至今。此外,英国与美联储、欧洲中央银行一样,已逐步放弃超低利率,并已进入传统的利率操作空间,经济已开始显示出改善迹象。

3. 新兴经济体央行依据利率微调来平衡经济增长与通货膨胀

新兴国家在 2010 年经济发展态势相对强劲,但是在面对发达国家量化宽松下的通胀压力时,包括印度和韩国在内的国家央行开始提高利率并收紧货币政策,以抑制通货膨胀。自 2012 年以来,全球经济的周期性下滑,外部需求的下降以及主要经济体政策的放松使得世界货币政策市场更加宽松,一些新兴经济体的货币政策由紧转松。到 2017 年初,世界各国经济的货币政策又开始出现分歧,美国、英国、加拿大等国开始实行加息,日本欧洲中央银行仍维持零利率,甚至维持负利率政策,新兴经济体开始面临复杂的国际政策环境,加上国内宏观经济运作环境的差异,开始采取相机抉择的定向操作。这导致产生一定程度的政策差异,不同经济体之间的利率差距开始增大,各国的利率联系发生了不同的变化。

(二) 后危机期国际利率联动性的新趋势

1. 低利率、零利率、负利率基础上的利率水平趋同性

由于 2008 年美国次贷危机及其随后演变为全球金融危机,全球经济继续保持降息的政策状态。在金融危机之后,世界主要央行维持了极其低的零利率和负利率,全球低利率、零利率和负利率已成为目前世界经济的主要表现。

(1) 全球低利率的实践

在当前的全球经济环境中,几乎所有的发展中国家和发达国家的中央银行采取宽松的货币政策,使得各国的利率发展为负利率和零利率。其中欧洲央行为应对金融危机与债务危机,于 2012 年 7 月 6 日与中国央行国际联动降息,将主要再融资利率下降至欧洲银行成立以来历史低位的 0.75%。而美国由于其美元的世界货币地位加之其经济发展速度放缓,不得不选择低利率政策。英格兰银行于 2009 年 3 月 5 日将利率降至 0.5%,成为 1694 年英国央行创立以来的最低水平。日本央行于 2001 年率先在全球三大经济体中将国内基准利率降至 0.15%,实行了零利率政策。在 2010 年 10 月时,日本央行重新采用零利率,成为第一家将利率降至接近零的央行。2016 年 1 月 29 日,日本超出负利率政策预期效果,把边际超额准备金利率从 0.1%降至-0.1%。

(2) 负利率、零利率与低利率操作的经济学解释与可行性

负利率是近年来各国央行发展中的一种新事物。在现金持有成本为零的假设下,传统货币政策理论主张短期名义利率不受零下限值的约束。然而,在日常经济运作中,商业银行和非金融公司的现金持有成本较高,客观上为克服零下限制和实施负利率提供了现实基础。中国货币政策执行报告(2015)希望商业银行和个人受到持有现金成本提高的驱使,将现金用于经济投资和消费活动。

利率走廊政策的业务框架促进了低利率的顺利展开,同时也促进其技术发展。在全球范围内的金融危机产生以后,很多国家的中央银行采取货币政策的运作框架是以各种版本的利率走廊体系为基础的。利率走廊使得央行大力促进市场流动性的同时,把政策利率管控在目标利率的附近范围内。一般利率走廊有短期存款和短期贷款这两种不同的短期金融工具。有关更多信息请参见图 6-1。在图 6-1 中,i^* 表示目标利率,i 表示隔夜银行间同业拆借利率,R 表示准备金储备,i^l 与 i^d 分别代表央行的贷款和存款利率,S、D 表示的是准备金的供需曲线。央行的目标利率影响着利率走廊,同时在央行的存款利率和贷款利率这两者中间设立一个"走廊",存款利率当作走廊的下限,贷款利率当作走廊的上限。在利率走廊系统框架里面,中央银行不需要进行公开市场操作,可以通过改变走廊来调整银行间拆借市场利率以控制目标利率。当政策利率位于利率走廊的上下限之间即 $i^l>i>i^d$ 时,需求曲线 D(包含法定和超额储备需求)是向右下方倾斜的曲线,储备需求与政策利率成反比。当 $i=i^l$ 或 $i=i^d$ 时,准备金需求曲线是水平直线。当当 $i=i^l$ 时,准备金数量的多少无差异,而 $i=i^d$ 时,银行持有的准备金量将会没有限制的增长。当 $i^l>i>i^d$ 时,储备供给等于中央银行提供的拆入准备金量 Rm,此时供给曲线 S 是垂直线;当 $i=i^l$ 或 $i=i^d$ 时,储备供给曲线 S 是水平直线。当 $i=i^l$ 时,中央银行提供无限储备,如果 $i=i^d$ 时,中央银行不受储备金量的影响。当 R 和 S 交叉时,储备市场达到平衡(i^*,R^*)。通过增加 Rm,中央银行准备金供给曲线的垂直部分将会向右移动,从而降低政策利率。因此,在控制 R^* 时,央行将始终鼓励银行机构在拆

借市场上融资，而不是通过直接对接中央银行。通过这种方式，利率走廊的上下限严格限制政策利率的波动，而且银行间借贷市场也是活跃的。若均衡准备金余额 R^* 低于 Rm，那么增加 Rm 将使得供求曲线的垂直部分与需求曲线的水平区域交叉，形成低于走廊下限的均衡利率，从而利率走廊系统逐渐转化为地板系统。在地板系统里面，央行管控目标利率 $i^* = i^d$，央行是在保持准备金供给量不变的条件下实行货币政策的。见图6-2，央行能够通过控制利率走廊的移动管控目标利率。所以央行只要把系统（D_1、S_1）转移至系统（D_2、S_1），那么均衡利率就会受到相对应的影响做出一定的变化，且准备金供给水平无须变动。

利率走廊系统分离了流动性政策和利率政策，这种分离不仅改善了在现有制度条件下均衡利率的低利率限制情况，而且为实施量化宽松政策的过程提供了技术支持。所以在全球范围内的金融危机产生以来，很多国家的中央银行采取的货币政策的运作框架是以各种版本的利率走廊体系为基础的。以利率走廊为运作基础不仅能够进一步促进央行的零利率政策发挥作用，而且为此提供宽松的货币政策，也大大提升了非常规货币政策工具的可行性。

2. 利率操作方式恢复微调、平滑，转向时期同步

利率微调意味着为了稳定经济运行的趋势，央行将多次小幅度地灵活调整目标利率以应对经济中的轻微紊乱。由于金融危机，全球金融市场的经济不太稳定，很多国家的央行实行了频繁、微幅、同向的反周期微调平滑措施，以确保前瞻性的利率调整。这一时期的利率操作主要由中央银行根据国内经济形势决定，同时考虑到国际经济形势，这是一个相对独立的利率调整。可从我国2010年以来的利率政策操作和欧洲中央银行的操作得到相应的证实。我国中央银行自2010年10月20日起上调利率5次，于2012年年中下调两次，从而使得通胀预期的稳定性大大提高，同时进一步使得信贷快速增长受到一定程度上的抑制。欧洲中央银行的运作具有类似的特征。因为欧洲债务危机的影响和欧元区经济的缓慢复苏，在2011年4月和7月，欧洲央行采用了加息政策，分别将利率加息25个基点后，又在11月3日和12月8日时，再融资利率从1.5%恢复至1%。在2012年7月5日，与中国央行联动将目标利率下调至0.75%。

在2015年底加息后，美联储通过定期加息，逐步退出其非常规的极低利率政策，并开始逐步转向目标利率操作。通过数次加息，到2019年初，美联储的联邦基金目标利率已经提升到2.50%~2.75%的正常水平。除了欧洲央行和日本央行之外，英国央行和加拿大央行逐步跟随美国利率调整的幅度，逐步将政策目标利率提升至0.75%和1.5%的正常范围。同时，要根据国内外经济状况和预期而变化目标利率水平，这表明了国际利率调整之间的联动性得到极大提升。

3. 国际利率差异缩小，利率水平趋同

即使在危机之后，世界主要央行仍维持低利率或实行实际上的零利率。与危机前时期相比，国际政策利差趋于萎缩，甚至存在一个国家的利率与其他国家相同。国际利率有着从低变为零，从零变为负的趋势，这一趋势是国际利率的趋同造成的。例如，美国和日本表明将长期实施非常低或零的利率。从1913年到2014年底，联邦基金目标利率将保持在0~0.25%的范围内。日本央行将无担保拆借利率维持在0~0.1%，成为第一家将利率降至接近零的央行。在2015年10月24日时，中国央行采用了基准利率下调政策，把中国基准利率下调到从未有过的低水平1.5%，加上低利率、负利率政策的态势延续，各国利率差呈缩小的态势发展。

第四节　中美利率联动对中国利率调整的影响

国际利率联动是一项较为复杂的运作体系，很难用有限的篇幅将其运作机理阐释清楚，为了在一定程度上描述利率联动所产生的影响，本节选取中美利率联动作为案例分析，得出这种联动效应对中国利率调整的影响。由于在2008年金融危机之后，世界各国加强了利率政策的协调，所以本节选取金融危机前后的中美利率政策变化来分析其中的联动关系，从而更直观地了解中国利率的国际联动性特征和国际利率联动性对中国利率调控产生的影响。本节选取简单的VAR模型和误差修正模型进行计量检验，在对检验结果分析后再给出合理的结论和建议。

一、简单的VAR模型

(一) 变量选择与说明

由于金融危机是国际利率联动发展的一次转折，所以本文着重考量在金融危机前后美国利率调整与中国之间是否存在联动关系或是呈现怎样的联动关系。在金融危机之前，国际利率联动性普遍较低，中美也不例外，但经历了共同抵御经济危机后，中美之间的利率联动性显著增强。因此，本研究选择2007年10月-2018年12月作为研究区间，并定量分析了中美利率联动性特征，以阐明中美间国际利率联动的特征和趋势。本研究选择美国联邦基金利率作为美国的政策利率，用rusi来表示；选择市场化程度较高的同业拆借利率作为我国的政策利率，用rchi来表示。

(二) 美国利率对中国利率的影响实证

回归模型分析的前提条件是时间序列的稳定性,如果无法满足就很容易地生成伪回归。一般来说,宏观经济变量的时间序列数据都比较平稳,这就为模型分析带来了便利。协整理论认为同阶单整的不平稳序列间可能存在长期稳定的协整关系,用协整理论分析非平稳序列可以避免伪回归问题。所以,在模型构建之前,要先判别出各序列的平稳性,若是检验平稳则可直接带入回归分析;反之则需进行协整分析。Granger因果关系检验则可用于对存在协整关系序列进行因果分析。最后,通过构建向量自回归模型进行脉冲响应分析模型来观察某种冲击对系统的动态影响。

1. 平稳性检验

验证序列定义的标准方法是单位根测试,而进行单位根检验可使用 ADF 法。如果序列通过 ADF 测试,则序列或差分序列才会被认定是稳定的,测试结果如表 7-3 所示。从表 7-3 的检验结果显示,变量 rchi 和 rusi 水平序列是平稳序列。

表 7-3 单位根 ADF 检验结果表

变量	检验类型	ADF 检验值	P 值	结论
RCHI	(c, T, 0)	-4.32	0.0006	平稳
RUSI	(c, T, 2)	-3.82	0.0035	平稳

注:检验类型中的 c 表示常数项、T 表示时间趋势项、数字表示滞后阶数;滞后项的选择以 SC 准则为依据。

表 7-4 序列协整检验结果表

原假设	特征值	迹检验统计量	P
0 个协整向量*	0.11	21.64	0.0170**
至少 1 个协整向量**	0.05	6.05	0.0139**

注:**表示在 1%的显著水平上拒绝原假设,*表示在 5%的显著水平上拒绝原假设。

2. 格兰杰 (Granger) 因果检验

格兰杰 (Granger) 因果关系检验与滞后期密切相关,滞后三期的格兰杰因果关系结果如表 7-5 所示。由表可以看出,在三阶滞后条件下,在 10%统计水平上,中美间利率都不是对方的格兰杰原因,这表明中美之间的利率传递性较弱。从美国对中国的利率传导来看,可能是由于美国利率市场化程度高而中国利率市场化水平低,美国调整基准利率后可以通过利率传导机制迅速引发国际市场反应，引发市场利率变动，但对于中国这样一个资本项目还未完全开放的国家来说，这种利率传导机制无法在中国产生大的影响。从中国对美国的利率传导来看，由于中国利率市场化还未形成，所以我国央行的利率调整无法通过国内与国际渠道传递出去，所以对美国市场影响微弱。

表7-5 格兰杰因果检验

原假设	F统计量	P值
D（RUSI）不是D（RCHI）的原因	0.996 4	0.397 0
D（RCHI）不是D（RUSI）的原因	0.030 9	0.992 6

注：＊表示在10%的显著水平上拒绝原假设。

3. 脉冲响应函数

为了显示中美两国之间的利率相互作用关系，VAR模型中的脉冲响应函数的结果显示为脉冲响应图。选取滞后期数是2，结果如图7-3所示。

从图7-3（a）中可以看出，中国利率对美国利率一个标准差新息短期内有较强的正向反应，这会导致中国利率在短期内大幅上升，在第3期达到最大的影响效应，此后逐渐减弱，直到12期后几乎完全消失。对此，可以这样理解，美国利率的波动将通过国际资本流动传导到中国，会给中国带来较长时期的同向影响，由此引发国际利率联动效应。这也从侧面说明，随着经济全球化程度的加深，我国资本开放程度有明显的提高，这就给国际利率联动创造了基础。

从图7-3（b）可以看出，中国利率对自身的一个标准差新息在当期产生的正向效应大于其对美国利率变化的响应，这种效应在开始就达到最大的影响效应，随后逐渐减弱，到20期后这种影响基本消失了。这一现象表明，在资本渐进和国家外汇储备不断增加的情况下，我国货币政策与利率仍主要是受国内经济发展态势所决定的。从动态结构冲击来看，我国货币政策仍有较显著的独立性。这可能和中国资本项目与货币市场仍受到当局管控密切相关。这里还能反映出，今年来虽然我国在推进金融市场化方面做出了许多尝试，但总体而言我国的金融市场和国际金融市场的联系还不够紧密，从好的方面来说，这样可以维持我国货币政策的独立性，确保货币政策的制定是基于我国经济发展态势而决定。

如图7-3（c）所示，美国利率对中国利率一个标准差新息短期内仅有较小的正向反应，从第1期逐渐增大至第8期达到最大值，之后开始逐渐衰减。这表明，当中国利率政策发生变动时，通过国际资本流动将这一溢出效应传导到美国，引发美国利率的波动，虽然可以通过国际资本流动进行传导，但总体的影响还比较弱，说明中美间国际利率联动效应不明显。

如图 7-3（d）所示，美国利率政策对自身的一个标准差新息即期产生较大的同向变动，呈现先上升后减弱的态势，到第 30 次冲击反应消失，并开始趋于稳定。这一变动趋势表明了美国的利率政策也是高度独立的，它主要是基于自身经济发展态势而调整相应的利率政策，很少会考虑对国际利率走势的影响，有较强的外部效应。鉴于美国在全球的经济地位，使得美元利率调整会对国际利率起到主导作用，这就必然会对中国利率政策的制定形成较大的外部压力，使中国利率政策国际联动性加大。

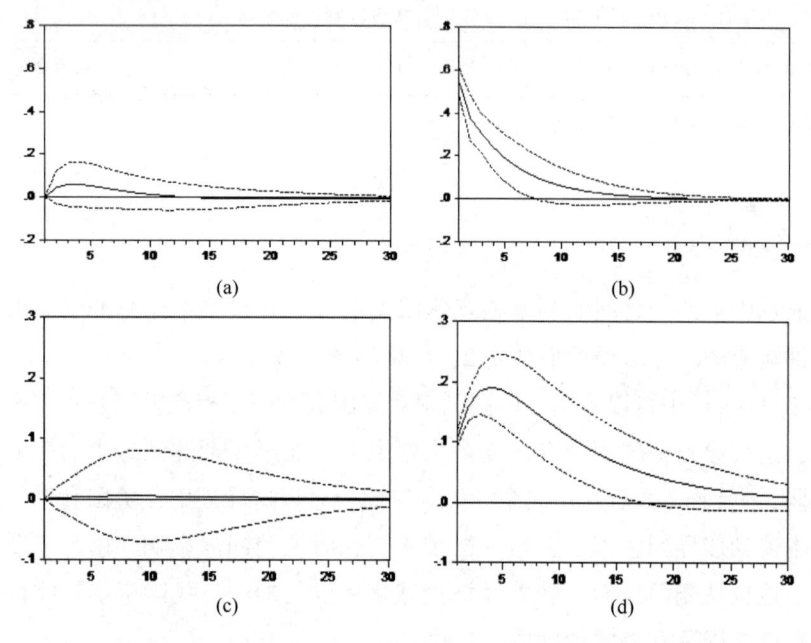

图 7-3　脉冲响应分析

二、回归分析

由于前面的双变量 VAR 分析没有考虑其他相关因素的影响，因此，这种简单的模型只能大致把握美国对中国利率的动态影响机制，而无法从更深层次的结构上反映各种因素对这一过程的影响。本节将构建利率平价模型进行回归分析。

（一）理论模型

本节利用利率平价机制作为基本模型来分析国际利率通过国际传递影响中国国内利率的机制。在开放经济中，当资本流动完全自由，两国货币可以完全替换，符合利率平价关系建立标准，即

$$r = r^f + \theta \tag{7-33}$$

在（7-33）公式中，r、r'、和 θ 分别表示国内名义利率、外国名义利率和本币的预期贬值率。

现阶段，中国的利率与汇率市场化、人民币国际化和资本账户开放等均稳步推进，且取得了很好的效果。然而，即使我国对外开放程度不断提高，但出于自身发展的考量，我国还是未完全放开资本管制。如今，中美两国已占据世界经济的头两把交椅，两国各领域的交流和合作正进一步深化，在经济全球化与金融一体的背景下，两国间的经济联系和相互依存度将进一步提升。从短期来看，美国的利率波动会通过一系列传导机制传递到我国，但从长期来看，两国利率应有均衡关系。如此看来，这个方程可以作为分析美国利率向中国传递的基本模型，也可以分析美国利率通过国际传递对中国利率产生的影响。

研究样本与上一节一致，仍从 2007 年 10 月至 2018 年 12 月的研究范围中选择。我国自 2005 年 7 月开启汇改以来，汇率市场化进程呈现良好的发展势头，市场化程度进一步提升。人民币汇率的变化不仅能够及时反映人民币币值的预期变化，亦可反映我国汇率制度的变化。由于我国实行的汇率制度是一种有管理的浮动汇率制度，用前向 1 期的人民币兑美元汇率作用为市场对人民币贬值预期的代理变量，并以 e（直接价格法）表示。rchi 和 rusi 分别用以表示中国利率和美国利率，e 是人民币汇率，同时用 e 做代理变量表示本国货币贬值预期，u 表示误差项，则模型表示为

$$rchi_t = c_0 + c_1 rusi_t + c_2 e_t + u_t \tag{7-34}$$

（二）回归估计结果

经过检验，由于中国银行间拆借利率，美国联邦基金利率和汇率变量均为稳定序列，故可直接进行传统的回归估计，结果如表 7-6 所示。

$$rchi_t = 14.66 + 0.42 rusi_t - 1.911 e_t + u_t \tag{7-35}$$

表 7-6　回归方程估计

变量	系数	标准差	显著水平
常数项	14.66	1.54	0.0000
rusi	0.42	0.08	0.0000
e	-1.91	0.24	0.0000

注：$R2=0.32$　$DW=0.75$

回归结果反映了中国利率与美国利率和汇率之间稳定的长期平衡关系，体现了中美利率水平变化的依存性，中美间的利率变化具有长期稳定的同向调整趋势。在变量系数中，可以看到美国利率系数为 0.42，在 1% 水平上统计显著，这一结果反映了美国

利率变动会引起中国利率的同向变动，中国利率的变化和国际利率的变化是部分同步和合作的。在表7-6中，显示e为-1.91，e为负值表明我国货币贬值的预期升高会对我国利率的波动带来不利影响。

三、建议：利率调整时关注美国利率调整的国际联动性影响

本研究是运用因果与向量自回归脉冲响应分析方法来研究从2007年10月至2018年12月间中国和美国利率之间的联系。研究表明，中美在制定利率政策方面多是基于自身经济发展态势的考量，具有较强的自主性。美国利率政策变动对中国利率政策的制定有很大的外溢影响，从而形成国际利率联动效应。此外，中国虽然也保持着利率政策的独立性，但自主稳定性要稍弱于美国，同时，中国利率政策的波动对美国利率政策影响较小。总的来说，中美两国经济联系密切，有着明显的利率联动效应，但美国对中国的影响程度要大于中国对美国的，呈现出一种不对称性。从短期来看，我国利率会受到国际利率变动的冲击，但由于我国具有较强的内在恢复机制使得利率最终能够恢复长期稳定发展态势，最终保持稳定的长期趋势。在考虑了货币的预期贬值险与货币风险后，利率平价理论对中国与美国的利率关系有了一定程度的解释力。

上述分析表明，我国采取的渐进式开放资本项目的策略是有效，既达到了开放金融市场的目的，又保持了我国利率政策的相对独立性。但也要认识到，我国现在利率市场化水平还偏低，由于资本项目的管制等一些限制因素，使得我国和国际金融市场的融合度还不够，由此造成对国际经济波动反应灵敏度不足，常常会形成被动调整利率政策的局面。我们要清醒地认识到我们与美国在这方面的差距，美国可以通过高度的利率与汇率市场机制，将本国利率政策以资本流动的形式快速传递到我国，引发我国金融市场的波动和货币政策产生同向变化，这种利率政策的国际联动性会大大减弱我国货币政策的独立性，对我国金融市场的稳定和经济繁荣产生不利影响。

因此，我们还应该继续坚持以渐进性和可控性为原则分步骤地推动资本账户的开放，使中国资本市场的发展紧密服务于中国经济和社会发展目标。完善人民币汇率形成机制与利率市场化改革，完善中国基准利率体系与完善货币政策传导渠道。稳步推进人民币国际化，扩大人民币在跨境贸易和投资中的使用，拓宽人民币流出和回流渠道。提高人民币利率的稳定性以及国际影响力，增加中国利率的主动性与影响力。

第五节　开放条件下对外开放度对利率调控效果的影响

一、开放背景下对外开放度对国内利率调控效果影响理论基础

(一) 文献回顾

学者们在开放经济条件下研究利率问题主要集中在以下两个方面。一是关于在岸利率与离岸利率之间的联动效应研究。刘亚等（2009）指出境内外人民币利率之间存在显著的双向溢出效应，且境外利率的波动溢出效应高于境内。He 和 McCauley（2010）指出在资本管制有限情况下，离岸利率对在岸利率的影响效应和在岸利率、国际利率以及经济规模的相对水平呈负相关关系。于孝建和菅映茜（2011）研究发现人民币境内外市场之间的价格溢出效应不显著，3 个月期的境内外市场利率间存在双向波动的溢出效应，其他都体现出境内对境外的单向溢出效应。闵敏和丁剑平（2015）认为人民币境内外市场利率的期限结构之间具有双向波动关系。阙澄宇和马斌（2016）指出在岸利率与离岸利率之间存在非对称效应、波动溢出效应和均值溢出效应。二是关于利率与汇率的关系研究。传统利率平价理论中的平价方程式所含有的利率与汇率，是央行货币政策制定的主要手段和政府进行宏观经济调控的两个重要工具，两者在传导过程和运用中存在紧密的联动制约关系。利率和汇率在开放经济条件下相互影响与制约，对一国或地区经济的内部和外部均衡产生了非常重要影响，因而深受学术界广泛关注（刘威和吴宏，2010；陈福中和陈诚，2012；潘锡泉，2013）。也有学者从利率与汇率相关性及其联动机制进行研究。Dominguez（1998）研究发现美国美联储通过联邦利率调整对美元汇率存在显著的影响。赵华（2007）指出中国货币市场利率与美元汇率并不存在显著的短期溢出效应，但欧元汇率和日元汇率分别对中国利率存在显著的双向波动溢出效应。王爱俭和林楠（2007）指出利率和人民币名义汇率之间具有交替互动的关系，即两者表现为"盘整—上升—盘整—下降—盘整"的态势。何慧刚（2008）认为因我国利率与汇率市场的严格管制，导致这两者间的相关性和 M-F-D 模型不吻合，需对利率与汇率市场化改革进一步推进，强化利率和汇率之间的联动机制。赵胜民等（2013）阐释了利率与汇率市场化进行改革的最优次序。连飞（2014）认为中美实际利差和人民币兑美元汇率之间具有非线性门限协整关系，且两者正逐渐减少对长期均衡的偏离。

已有研究对于揭示对外开放对利率变动的影响具有良好的借鉴意义，但已有的研究还存在一些不足之处：现有研究关于在岸利率与离岸利率之间的联动效应以及利率

与汇率关系等方面的成果比较丰富,但就对外开放对利率变动的影响研究仍比较鲜见。自改革开放以来我国对外开放水平不断提高,对经济发展与产业安全产生了外部风险冲击的影响。政府为应对不确定性冲击,会运用利率的调整来对宏观经济进行适度调控,但现有文献对这种特征进行理论分析和计量研究还比较少。

(二) 理论模型

这里通过对蒙代尔—弗莱明模型的修正,进一步建立 $AS-IS-LM$ 理论模型来分析对外开放对利率变动的影响。对于对外开放对利率变动的影响,主要是从两个角度来进行解释:一方面是在对外开放条件下通过财政政策渠道对利率变动产生影响;另一方面是在对外开放条件下通过货币政策渠道对利率变动产生影响。

为更具一般性以及简便起见,更好地解释对外开放对利率变动趋势的影响,在理论模型构建中采用抽象的一般函数表达形式,其意义在于避免具体的函数表达形式对于理论模型分析所造成的繁冗,且能够准确地阐释理论模型中经济变量之间所存在的真实关系。通过 $AS-IS-LM$ 理论分析模型,利用下面的一般函数表达式来分析对外开放对利率变动的影响机制。

$$Y = C(Y) + I(Y, i - \pi^e) + G + NX(Y, Y^*, \varepsilon P^*/P) \quad (7-36)$$

$$M/P = L(Y, i) \quad (7-37)$$

$$P = H(Y) \quad (7-38)$$

$$NX(Y, Y^*, \varepsilon P^*/P) + CF(i - i^*) = 0 \quad (7-39)$$

$$(1-\theta)P + \theta P_f = P_t \quad (7-40)$$

式 (7-36) 为总需求函数。其中,$C(Y)$ 表示消费函数,C_Y 是 $C(Y)$ 的导数,表示边际消费倾向,且 $0 < C_Y < 1$,表明消费与总产出正相关;$I(Y, i - \pi^e)$ 是投资函数,I_Y、$I_{i-\pi^e}$ 是 $I(Y, i - \pi^e)$ 的偏导,且 $0 < I_Y < 1$,$I_{i-\pi^e} < 0$,表明投资与总产出呈正向关系,但与利率呈负向关系;G 表示政府购买支出;$NX(Y, Y^*, \varepsilon P^*/P)$ 表示净出口函数,Y 为国内实际收入水平,Y^* 为国外实际收入水平,ε 为名义汇率,P^* 为国外价格,P 为国内价格,$\varepsilon P^*/P$ 为真实汇率。式 (7-37) 为真实货币需求函数。其中,M 为名义货币供给量,M/P 为实际货币供给量,$L(Y, i)$ 为实际货币需求函数,L_Y、L_i 是 $L(Y, i)$ 的偏导,且 $L_Y > 0$,$L_i < 0$,表明真实货币需求量与收入正相关,与利率负相关。式 (7-38) 为总供给函数。H_Y 是 $H(Y)$ 的导数,且 $H_Y > 0$,表明总产出与价格水平正相关。式 (7-39) 是国际收支平衡方程,即 BP 曲线方程。资本流动额是国内外利差的函数,CF_{i-i^*} 是 $CF(i-i^*)$ 函数的导数,且 $CF_{i-i^*} > 0$,意味着资本流动额与国内利率正相关;依据国际收支平衡关系可知净出口 NX 与资本流动额 CF 两者之和为零。式 (7-40) 表示总价格水平是本国价格和国外价格的加权平均数。其中,P_t 为一国的价格总水平,P_f 为国外价格,θ 是国外价格在本国价格总水平中的比重,且 $0 \leq \theta \leq 1$,而 $(1-\theta)$

是国内价格在本国价格总水平中的比重，比重 θ 决定了加权平均的权数。Karras（1999）指出从理论角度看，一国对外开放程度可利用价格对外开放程度来测度。价格开放度是衡量一国对外开放度的理想指标（范从来和廖晓萍，2003）[①]。因此，一国对外开放度可用比重 θ 来表示，θ 值越小表示对外开放程度越小，反之则越大。

将式（7-39）代入式（7-36）可得到

$$Y = C(Y) + I(Y, i - \pi^e) + G - CF(i - i^*) \qquad (7-41)$$

至此，汇率变量已隐性地被理论模型内生地决定。因此，联立式（7-37）与式（7-41）则表示对外开放条件下的总需求均衡方程形式。

将式（7-40）代入式（7-38）可得到对外开放条件下的总供给函数

$$(1-\theta)P + \theta P_f = H(Y) \qquad (7-42)$$

利用已有式（7-37）、式（7-41）、式（7-42），可得出对外开放条件下的 $AS-IS-LM$ 模型

$$Y = C(Y) + I(Y, i - \pi^e) + G - CF(i - i^*) \qquad (7-43)$$
$$M/P = L(Y, i) \qquad (7-44)$$
$$(1-\theta)P + \theta P_f = H(Y) \qquad (7-45)$$

将对外开放条件下 $AS-IS-LM$ 模型进行全微分，且将国外经济变量 i^* 与 P_f 视为外生变量，因此可得

$$(1 - C_Y - I_Y)\partial Y + (CF_{i-i^*} - I_{i-\pi^e})\partial i = \partial G \qquad (7-46)$$
$$L_Y \partial Y + L_i \partial i + (M/P^2)\partial P = (1/P)\partial M \qquad (7-47)$$
$$H_Y \partial Y - (1-\theta)\partial P = 0 \qquad (7-48)$$

根据式（7-46）、式（7-47）、式（7-48），可写成矩阵形式

$$\begin{pmatrix} 1 - C_Y - I_Y & CF_{i-i^*} - I_{i-\pi^e} & 0 \\ L_Y & L_i & M/P^2 \\ H_Y & 0 & -(1-\theta) \end{pmatrix} \begin{pmatrix} \partial Y \\ \partial i \\ \partial P \end{pmatrix} = \begin{pmatrix} 1 & 0 \\ 0 & 1/P \end{pmatrix} \begin{pmatrix} \partial G \\ \partial M \end{pmatrix} \qquad (7-49)$$

由式（7-49），可得该矩阵形式的判别式

$$|D| = \begin{vmatrix} 1 - C_Y - I_Y & CF_{i-i^*} - I_{i-\pi^e} & 0 \\ L_Y & L_i & M/P^2 \\ H_Y & 0 & -(1-\theta) \end{vmatrix}$$
$$= H_Y(M/P^2)(CF_{i-i^*} - I_{i-\pi^e}) - (1-\theta)[L_i(1 - C_Y - I_Y) + L_Y(I_{i-\pi^e} - CF_{i-i^*})]$$
$$(7-50)$$

判别式 $|D|$ 即式（7-50）是正值还是负值，是探讨对外开放对利率变动产生影响

[①] 范从来，廖晓萍. 开放经济下货币政策的有效性研究[J]. 当代财经，2003（07）：37-41.

的前提条件。为此，可推导出 $|D|>0$（罗书嵘，2018）[①]。基于此，可分析对外开放对利率变动的影响机理。

为了分析对外开放通过财政政策渠道与货币政策渠道对于利率变动所造成的影响，可利用式（7-49）的矩阵形式，运用克莱姆法则得出

$$\frac{\partial i}{\partial G} = \frac{(1-\theta)L_Y + (M/P^2)H_Y}{|D|} > 0 \qquad (7-51)$$

$$\frac{\partial i}{\partial M} = \frac{-(1/P)(1-\theta)(1-C_Y-I_Y)}{|D|} < 0 \qquad (7-52)$$

由式（7-51），可推出如下结论：

命题一：财政政策对利率变动随对外开放程度不同而具有同向的影响。当 $\theta=0$ 时，即如果一国对外处于封闭状态时，有 $\partial i/\partial G|_{\theta=0} = [L_Y+(M/P^2)H_Y]/|D|' > 0$，这说明财政当局能够独立制定和实施财政政策，积极性财政政策在一定时期内会导致本国利率的上升；当 $\theta \in (0,1)$ 时，即如果一国处于不完全对外开放水平时，有 $\partial i/\partial G|_{0<\theta<1} = [(1-\theta)L_Y+(M/P^2)H_Y]/|D| > 0$，积极性财政政策对利率变动存在正向影响，但这种正向有效性取决于对外开放程度 θ 的高低；当 $\theta=1$ 时，即如果一国对外处于完全开放状态时，有 $\partial i/\partial G|_{\theta=1} = (M/P^2)H_Y/|D| > 0$，此时积极性财政政策对利率变动同样存在正向影响。因此，不管一国是否处于对外封闭、对外不完全开放还是对外完全开放状态下，积极性财政政策对利率变动均存在正向影响，财政支出增加会推动利率的上升。

根据式（7-52），可得出如下结论：

命题二：货币政策对利率变动因对外开放程度不同而具有不同的影响。当 $\theta=0$ 时，即如果一国对外处于封闭状态时，有 $\partial i/\partial M|_{\theta=0} = -(1/P)(1-C_Y-I_Y)/|D|' < 0$。这说明货币当局能够独立制定和实施货币政策，扩张性货币政策在一定时期内会导致本国或地区利率的下降；当 $\theta \in (0,1)$ 时，即如果一国处于不完全对外开放水平时，有 $\partial i/\partial M|_{0<\theta<1} = -(1/P)(1-\theta)(1-C_Y-I_Y)/|D| < 0$，扩张性货币政策对利率变动存在负向影响，但这种负向有效性依赖于对外开放程度 θ 的高低而定；当 $\theta=1$ 时，即如果一国对外处于完全开放状态时，有 $\partial i/\partial M|_{\theta=1} = 0$，此时货币当局实施扩张性货币政策对利率变动不存在负向影响，呈现出一种中性特质。

根据命题一和命题二的结论，可在封闭状态和对外开放两种不同的经济运行方式下对利率变动的影响作横向比较，比较结果见表7-7。

[①] 罗书嵘，刘义圣. 对外开放对利率效应的影响机理研究 [J]. 技术经济与管理研究，2018（11）：81-86.

表 7-7 不同经济运行方式对利率变动的影响

经济运行方式	财政政策渠道
封闭状态 ($\theta = 0$)	$\dfrac{L_Y + (M/P^2)H_Y}{|D|'} > 0$
对外开放 ($0 < \theta \leq 1$)	$\dfrac{(1-\theta)L_Y + (M/P^2)H_Y}{|D|} > 0$
变动差异 (封闭-开放)	$\dfrac{\theta S_Y L_Y (M/P^2)(CF_{i-i^*} - I_{i-\pi^e})}{|D|'|D|} > 0$
经济运行方式	货币政策渠道
封闭状态 ($\theta = 0$)	$\dfrac{-(1/P)(1 - C_Y - I_Y)}{|D|'} < 0$
对外开放 ($0 < \theta \leq 1$)	$\dfrac{-(1/P)(1-\theta)(1 - C_Y - I_Y)}{|D|} < 0$
变动差异 (封闭-开放)	$\dfrac{\theta S_Y (M/P^3)(1 - C_Y - I_Y)(CF_{i-i^*} - I_{i-\pi^e})}{|D|'|D|} > 0$

从表 7-7 中可以看出，无论是封闭状态还是对外开放条件下，通过财政政策渠道对利率变动均产生了正向影响，通过货币政策渠道对利率变动均产生了负向影响。但从表中利率变动差异结果看，无论是财政政策渠道还是货币政策渠道，封闭状态下对利率变动的影响都要大于对外开放对利率变动的影响。这说明对外开放下的利率变动幅度比封闭状态下更小。由此可得到如下结论：

命题三：基于横向比较，一国在封闭状态和对外开放状态下，通过财政政策渠道和货币政策渠道（即政府制定和实施的宏观经济政策）对利率变动产生的影响均是同向的，但对外开放条件下对利率变动产生的影响要弱于封闭状态。

为进一步考察一国对外开放与利率变动之间的关系，也可从纵向比较来分析伴随对外开放程度的日益提升，通过财政政策和货币政策渠道对利率变动所产生的影响。因此，可将式（7-51）、式（7-52）中的 $\partial i/\partial G$、$\partial i/\partial M$ 分别对对外开放度 θ 求导数，于是可得

$$\frac{\partial (\partial i/\partial G)}{\partial \theta} = \frac{-H_Y L_i (M/P^2)(1 - C_Y - I_Y)}{|D|^2} > 0 \quad (7-53)$$

$$\frac{\partial (\partial i/\partial M)}{\partial \theta} = \frac{-H_Y (M/P^3)(1 - C_Y - I_Y)(CF_{i-i^*} - I_{i-\pi^e})^2}{|D|^2} < 0 \quad (7-54)$$

式（7-53）、式（7-54）表明伴随一国对外开放程度的日益提升，积极性财政政策对该国的利率上升会产生持续的扩大作用，但扩张性货币政策则对该国的利率下降会产生持续的缩减作用，这两方面综合作用的结果导致利率变动总体上随着对外开放度的日益提升而不断上升。由此，关于对外开放度对利率变动产生的影响有如下重要结论：

命题四：对外开放度与利率变动之间呈现出一种明显的递增关系。对外开放度越大，利率变动也越大；财政政策渠道对利率变动随着对外开放度的提高而产生持续扩大的影响，货币政策渠道对利率变动随着对外开放度的提高而产生持续缩减的影响。

二、对外开放度的指标测算

一直以来，学者们对利率政策有效性的研究主要集中在以下两个方面：一是利率政策和宏观经济变量波动之间的关系研究。二是开放经济条件下的利率政策有效性研究。但从现有研究看，只选择单个指标来测度经济开放程度存在不合理之处，必须从一国的外贸发展特征、经济发展水平以及经济开放的特点，来确定该国经济开放度的测度应该选择哪些指标以及如何赋予各个指标的权重，不能随意选择指标和盲目分配各指标权重，而应基于数据可获得性、指标可比性与连续性、操作简易性等原则来选取指标以及客观科学分配权重。同时，已有研究对利率政策有效性大都从对产出、投资、消费、价格的影响等角度进行探讨，而对于在经济开放条件下利率政策如何影响经济增长的，内在影响机理如何值得进一步深入研究的不多。

这里在借鉴国内外学术界关于经济开放程度指标选取及其体系设计的研究基础上，结合中国实际国情、经济发展阶段以及经济开放特征，从国际商品贸易、国际投资、国际金融、国际服务贸易四个方面考察中国经济开放程度。同时根据数据的可获得性和指标的客观性，选取出口依存度、进口依存度、对外贸易依存度、外资依存度、对外金融开放度、对外经济合作开放度以及国际旅游开放度七个指标作为测度中国开放程度的指标体系。

（一）指标含义

1. 出口依存度、进口依存度和对外贸易依存度。出口依存度指标用一定时期内全国外贸出口总额与中国GDP的比值来表示。进口依存度指标用一定时期内全国外贸进口总额与中国GDP的比值来表示。对外贸易依存度指标用一定时期内全国外贸进出口总额与中国GDP的比值来表示，是出口依存度与进口依存度两者之和，出口依存度指标和进口依存度指标是对外贸易依存度指标的延伸与扩展。

2. 外资依存度。外资依存度指标是衡量一国或地区资本开放程度以及对外融资的能力。外资依存度指标用一定时期内全国实际利用外商直接投资额与对外直接投资额两者之和占中国 GDP 的比重来表示，该指标不仅反映了一国或地区参与国际资本市场融合的程度，也体现了外商直接投资与对外直接投资对一国或地区经济增长的贡献程度。

3. 对外金融开放度。对外金融开放度能够体现跨国金融往来程度对一国或地区经济社会发展的促进作用。对外金融开放度指标用中国对外资产和对外债务总额与中国 GDP 的比值来表示。通过对外金融开放度指标的测度，可以较好地反映中国在国际金融领域中利用对外资产和对外负债的变动来度量与全球经济相互融合的程度。

4. 对外经济合作开放度。对外经济合作开放度指标不仅说明了一国或地区经济对境外建设工程和劳务输出的依赖程度，也反映了对外经济合作程度，是一国或地区实施"走出去"重要战略的体现。对外经济合作开放度指标用一定时期内全国对外承包工程合同金额与中国 GDP 的比值来表示。

5. 国际旅游开放度。国际旅游开放度指标不仅是表示一国或地区国际旅游创造外汇的规模和水平，也是一国或地区经济开放内容的重要体现。国际旅游开放度指标用全国一定时期内国际旅游外汇收入总额与中国 GDP 的比值来表示。

（二）分指标计算

通过以上各指标计算可以得到出口依存度（Z_1）、进口依存度（Z_2）、对外贸易依存度（Z_3）、外资依存度（Z_4）、对外金融开放度（Z_5）、对外经济合作开放度（Z_6）和国际旅游开放度（Z_7）值，见表 7-8。从表 7-8 中易知不同指标所计算的结果不同，仅用单一指标测算一国经济开放度是不合理的，应建立一个综合性指标体系以更好地表示一国的经济开放程度。

表 7-8 中国经济开放度衡量指标（单位:%）

年份	Z_1	Z_2	Z_3	Z_4	Z_5	Z_6	Z_7
1980	5.91	6.51	12.42	0.02	0.05	0.05	0.20
1981	7.45	7.45	14.90	0.09	0.41	0.10	0.27
1982	7.70	6.65	14.35	0.17	0.39	0.12	0.30
1983	7.28	7.01	14.29	0.33	0.19	0.26	0.31
1984	7.98	8.53	16.51	0.49	1.37	0.49	0.36
1985	8.89	13.82	22.71	0.83	7.21	0.36	0.40
1986	10.43	14.44	24.87	0.90	7.69	0.40	0.51
1987	12.07	13.26	25.33	0.91	9.42	0.50	0.57
1988	11.64	13.54	25.18	0.99	8.52	0.44	0.55

续表

年份	Z_1	Z_2	Z_3	Z_4	Z_5	Z_6	Z_7
1989	11.39	12.81	24.20	0.91	8.16	0.39	0.41
1990	15.82	13.64	29.46	1.09	12.67	0.54	0.56
1991	17.39	15.44	32.83	1.28	16.44	0.61	0.69
1992	17.20	16.34	33.54	3.04	14.30	1.06	0.80
1993	14.81	16.78	31.59	5.15	19.04	0.84	0.76
1994	21.43	20.48	41.91	6.33	26.43	1.07	1.30
1995	20.30	18.01	38.31	5.38	24.12	1.02	1.19
1996	17.51	16.09	33.60	5.07	25.79	0.89	1.18
1997	19.02	14.81	33.83	4.98	29.99	0.89	1.26
1998	17.87	13.65	31.52	4.68	28.79	0.90	1.22
1999	17.84	15.17	33.01	3.85	28.32	0.93	1.29
2000	20.58	18.59	39.17	3.44	29.06	0.97	1.34
2001	19.87	18.18	38.05	4.01	30.37	0.97	1.33
2002	22.14	20.07	42.21	3.76	33.23	1.02	1.39
2003	26.41	24.88	51.29	3.39	34.59	1.06	1.05
2004	30.34	28.69	59.03	3.38	41.52	1.22	1.32
2005	33.44	28.97	62.41	3.18	46.53	1.30	1.28
2006	35.36	28.88	64.24	3.06	51.67	2.40	1.23
2007	34.65	27.12	61.77	2.85	56.16	2.18	1.18
2008	31.42	24.89	56.31	3.23	59.70	2.27	0.89
2009	23.50	19.66	43.16	2.87	60.35	2.47	0.78
2010	25.91	22.93	48.84	2.86	58.73	2.20	0.75
2011	25.19	23.13	48.32	2.52	55.85	1.88	0.64
2012	23.94	21.24	45.18	2.34	52.23	1.83	0.58
2013	23.04	20.33	43.37	2.34	54.06	1.79	0.54
2014	22.34	18.69	41.03	2.31	53.24	1.83	0.54
2015	20.49	15.14	35.63	2.46	45.11	1.90	1.03
2016	18.60	14.11	32.71	2.87	39.82	2.18	1.07

数据来源：由《中国统计年鉴》《International Financial Statistics》整理计算而得。

（三）中国经济开放度综合计算

为了避免单个指标衡量一国或地区经济开放程度所带来的片面性与缺陷性，选取含有七个指标变量的指标体系分析法对中国的经济开放程度进行测度。针对指标体系中各个指标不同权重系数的分配问题，现有研究大多数的处理方法是测算前根据各指标的重要性通过主观判断并赋予其权重系数，但主观赋值法对原有各个指标中的某些重要信息很容易造成丢失。更为重要的是，经济开放程度测算的过程中各个指标间还可能具有某种程度的线性关系问题，从而导致这些指标信息相互重叠不能全面考察一国或地区的经济开放程度。主成分分析方法是避免并解决这些问题的一个合适工具。

鉴于主成分分析法的优越性，采取主成分分析法，并通过SPSS22.0统计软件对中国经济放程度进行合理的测算。根据前面七个指标的原始数据，可得出这七个指标之间的相关系数矩阵，见表7-9。

表7-9 中国经济开放度七个指标之间的相关系数矩阵

	Z_1	Z_2	Z_3	Z_4	Z_5	Z_6	Z_7
Z_1	1.00	0.957	0.992	0.536	0.886	0.817	0.658
Z_2	0.957	1.00	0.986	0.518	0.812	0.722	0.612
Z_3	0.992	0.986	1.00	0.534	0.863	0.784	0.645
Z_4	0.536	0.518	0.534	1.00	0.465	0.394	0.835
Z_5	0.886	0.812	0.863	0.465	1.00	0.947	0.482
Z_6	0.817	0.722	0.784	0.394	0.947	1.00	0.404
Z_7	0.658	0.612	0.645	0.835	0.482	0.404	1.00

通过表7-9的七个指标之间的相关系数矩阵可以看出，出口依存度、进口依存度与对外贸易依存度三个指标间的相关性非常强，其相关系数在0.957—0.992之间；对外金融开放度与出口依存度、进口依存度、对外贸易依存度以及对外经济合作开放度的相关性较强，其系数在0.812—0.947之间；外资依存度与国际旅游开放度的相关系数为0.835；对外经济合作开放度与出口依存度、进口依存度、对外贸易依存度的相关系数分别为0.817、0.772和0.784；国际旅游开放度与出口依存度、进口依存度和对外贸易依存度的相关系数在0.612—0.658之间。由于绝大部分指标变量间的相关性比较强、相关系数大，各指标变量间的信息具有重叠性，可以从这些指标之间提取主成分，从而进行主成分分析。

从相关系数矩阵中可以看出指标之间存在重叠交叉，有必要对主成分的特征值和累积方差贡献率进行分析,其结果见表7-10。

表7-10 主成分的特征值和累积方差贡献率

成分	1	2	3	4
初始特征值	5.313	1.083	0.395	0.145
累积%	75.907	91.378	97.027	99.097

从表7-10可以看出,第一主成分和第二主成分的初始特征值分别为5.313和1.083,且二者均大于1。同时,第一主成分和第二主成分的方差贡献率分别为75.907%和15.471%,且二者的累积方差贡献率达到91.378%,这表明第一主成分与第二主成分可以解释经济开放度七个指标总体上超过90%的信息。而第三至第七主成分的初始特征值均不大,对原有指标变量信息进行解释的贡献也较小。遵循主成分的特征值大于1和累积方差贡献率不低于85%的原则,可提取前面两个主成分来代表所有指标变量的全部信息,进而采用第一主成分和第二主成分作为综合变量来得到初始因子载荷矩阵,其计算结果见表7-11。

表7-11 初始因子载荷矩阵

成分	Z_1	Z_2	Z_3	Z_4	Z_5	Z_6	Z_7
1	0.895	0.854	0.887	0.229	0.934	0.915	0.311
2	0.404	0.398	0.406	0.918	0.218	0.128	0.910

根据表7-11,第一主成分F_1与指标变量Z_1、Z_2、Z_3、Z_5和Z_6都很显著,其载荷分别为0.895、0.854、0.887、0.934和0.915,由此可知,第一主成分F_1是测度出口依存度、进口依存度、对外贸易依存度、对外金融开放度和对外经济合作开放度的综合性指标。第二主成分F_2与指标变量F_4和F_7均十分显著,其载荷分别为0.918和0.910,因此第二主成分F_2是测度外资依存度和国际旅游开放度的综合性指标。这意味着衡量中国经济开放程度的综合性指标完全可以通过第一和第二主成分来构建。为了得出第一主成分F_1、第二主成分F_2函数的表达式,可利用表7-11中第二和第三列的系数分别除以与其相对应表3中的初始特征值的1/2次方,在此基础上可计算出第一和第二主成分函数变量的系数向量。

第一主成分F_1函数变量的系数向量表示为

$$F'_1 = \frac{1}{\sqrt{5.313}} (0.895, 0.854, 0.887, 0.229, 0.934, 0.915, 0.311)' = (0.388, 0.370, 0.385, 0.099, 0.405, 0.397, 0.135)'$$

第二主成分 F_2 函数变量的系数向量表示为

$F'_2 = \dfrac{1}{\sqrt{1.083}}$ (0.404, 0.398, 0.406, 0.918, 0.218, 0.128, 0.910)′ = (0.388, 0.382, 0.390, 0.882, 0.209, 0.123, 0.874)′

可以得到第一主成分 F_1、第二主成分 F_2 函数的表达式分别为

$F_1 = 0.388Z_1 + 0.370Z_2 + 0.385Z_3 + 0.099Z_4 + 0.405Z_5 + 0.397Z_6 + 0.135Z_7$

$F_2 = 0.388Z_1 + 0.382Z_2 + 0.390Z_3 + 0.882Z_4 + 0.209Z_5 + 0.123Z_6 + 0.874Z_7$

最后，可通过确定第一主成分、第二主成分函数两项指标的权重（即相对应主成分特征值与所有主成分特征值之和的比值），再运用综合主成分函数公式 $F_{综} = \sum\limits_{i=1}^{2} \dfrac{W_i}{P} F_i$，其中 W_i 表示第 i 主成分的初始特征值，P 表示所有主成分的初始特征值之和，$\dfrac{W_i}{P}$ 数值对应的就是表7-10中初始特征值栏第二列第 i 主成分的方差贡献率（即方差的%值），进而得到综合主成分函数的表达式 $F_{综} = 0.75907F_1 + 0.15471F_2$，即：$F_{综} = 0.355Z_1 + 0.340Z_2 + 0.352Z_3 + 0.212Z_4 + 0.340Z_5 + 0.320Z_6 + 0.238Z_7$

进一步地，可以测度出中国1980—2016年的经济开放度，测算结果见表7-12。

表7-12 中国1980—2016年经济开放度的变化（单位:%）

年份	经济开放度	年份	经济开放度	年份	经济开放度
1980	8.77	1993	30.10	2006	64.26
1981	10.67	1994	40.30	2007	63.94
1982	10.33	1995	36.77	2008	61.36
1983	10.29	1996	33.93	2009	52.32
1984	12.35	1997	35.53	2010	55.64
1985	18.69	1998	33.43	2011	54.09
1986	20.42	1999	34.16	2012	50.60
1987	21.40	2000	38.65	2013	49.93
1988	20.98	2001	38.43	2014	48.04
1989	20.10	2002	42.30	2015	41.67
1990	25.47	2003	48.96	2016	38.01
1991	29.20	2004	56.84		
1992	29.50	2005	60.91		

从表 7-12 中也可以明显看出，中国经济开放程度在 1980—1994 年表现出不断增长趋势，1995—1999 年出现了小幅度的下滑，2000—2007 年出现了连续多年的上升态势，到 2008 年之后至今又开始呈现出下降趋势。尽管中国经济开放程度具有先扬后抑的特征，但在总体上还是存在一种上升趋势。

三、利率双轨制下我国对外开放度对国内利率调节的效应影响

（一）研究回顾

学者们对利率双轨制的研究主要集中在利率双轨制对货币政策效应的影响。何东和王红林（2011）认为利率双轨制下，价格型货币政策管制带来的扭曲需要由数量型货币政策管制来纠正。张勇等（2014）指出在利率双轨制背景下，短期内货币政策主要通过管制利率渠道来进行有效传导。胡育蓉和范从来（2015）认为上调受抑制的存款利率能够促进经济增长并减弱通货膨胀压力，存款准备金率可造成产出与物价等宏观经济变量的更大幅度波动。郭豫媚等（2016）认为利率双轨制下，我国货币政策应更加注重产出波动而不是通货膨胀目标制。刘金全和石睿柯（2017）研究发现，利率市场化有助于提高货币政策效应，但货币政策调控中占据主导地位的仍是计划轨利率。李成等（2018）研究发现，"体制转换"前，货币政策价格型调控通过管制利率渠道的效应要显著高于市场利率渠道；"体制转换"后，管制利率渠道调控效应趋于减弱，而市场利率渠道调控效应明显强化。马亚明等（2018）指出如果利率完全市场化并在一定区间内，数量型货币政策更适合于快速刺激总产出增长，而价格型货币政策对经济实现微调更具优势。

尽管已有研究从不同层面探讨了利率政策效应和利率双轨制对货币政策效应的影响，仍有一些问题需进一步进行深入研究。一方面，现有文献对对外开放度、利率双轨制与利率政策效应之间关系的探讨较少；另一方面，鲜有研究关注利率双轨制下对外开放度对利率政策效应的影响。因此，笔者试图在利率双轨制下对对外开放度对利率政策产出效应和价格效应的差异性做一个实证检验分析。

（二）实证检验

1. 计量模型方程设定

对外开放条件下利率变动一方面导致国内外利率失衡，引起国际资本流动，影响投资对经济增长作用的发挥，这涉及利率政策对经济增长的促进作用有多大，进而影响利率政策的产出效应；另一方面，货币市场供求均衡必然有 $M/P = ky - hR$，在名义货币供给量 M 外生给定和产出水平 y 既定下，利率 R 的变动必定影响到价格水平 P，

这涉及利率政策对物价水平的稳定作用有多大，进而影响利率政策的价格效应。因此，对外开放对利率政策效应的影响也体现在利率政策产出效应和利率政策价格效应两方面，这也与政府制定宏观经济政策所欲达到的"经济增长与物价稳定"双重目标相一致。

Mundell—Fleming 模型、Dornbusch 超调模型以及新开放经济宏观经济学模型主要从定性角度研究对外开放条件下货币政策、财政政策等宏观经济政策的有效性问题，而较少从定量角度对其进行实证研究。Karras（1999）则开创性地建立了对外开放对货币政策效果影响的实证定量分析模型。他通过构建经济增长率与通货膨胀率模型研究了对外开放度对货币政策效果的影响。由于央行经常根据货币政策实施需要，适时运用利率政策对利率水平与结构进行调整，以此影响社会资金供求关系，从而实现货币政策既定目标；同时，利率政策是货币政策实施的重要手段，也是货币政策的主要组成部分。因此，本文借鉴 Karras 的实证定量分析模型，构建利率双轨制下对外开放度对利率政策效应影响的实证计量模型。

我们可先构建利率政策的产出效应模型与价格效应模型

$$\Delta Y_{it} = \gamma_0 + \sum_{j=1}^{M} \gamma_j^Y \Delta Y_{i,\,t-j} + \sum_{j=0}^{N} \gamma_j^r \Delta R_{i,\,t-j} + u_{it}^Y \quad (7-55)$$

$$\Delta P_{it} = \delta_0 + \sum_{j=1}^{M} \delta_j^P \Delta P_{i,\,t-j} + \sum_{j=0}^{N} \delta_j^r \Delta R_{i,\,t-j} + u_{it}^P \quad (7-56)$$

其中，式（7-55）表示利率政策的产出效应模型方程；式（7-56）为利率政策的价格效应模型方程；ΔY 为产出增长率；ΔP 为价格变化率；ΔR 是利率变动率；u_{it}^Y 与 u_{it}^P 均表示随机扰动项；i 表示第 i 个国家或地区；t 表示第 t 期；γ、δ 表示待估计参数；j、M、N 分别表示各变量最大滞后期数。

进一步地，通过利用 Karras 方法将利率变量系数变换成

$$\gamma_j^r = \alpha_j^r + \alpha_j^{Open} \cdot Open_{it} \quad (7-57)$$

$$\delta_j^r = \beta_j^r + \beta_j^{Open} \cdot Open_{it} \quad (7-58)$$

其中，$Open_{it}$ 表示某国或地区 i 在第 t 时期的对外开放度。将式（7-57）代入式（7-55）、式（7-58）代入式（7-56）可以得出产出效应模型与价格效应模型的方程式

$$\Delta Y_{it} = \gamma_0 + \sum_{j=1}^{M} \gamma_j^Y \Delta Y_{i,\,t-j} + \sum_{j=0}^{N} (\alpha_j^r \Delta R_{i,\,t-j} + \alpha_j^{Open} \cdot Open_{it} \cdot \Delta R_{i,\,t-j}) + u_{it}^Y$$

$$(7-59)$$

$$\Delta P_{it} = \delta_0 + \sum_{j=1}^{M} \delta_j^P \Delta P_{i,\,t-j} + \sum_{j=0}^{N} (\beta_j^r \Delta R_{i,\,t-j} + \beta_j^{Open} \cdot Open_{it} \cdot \Delta R_{i,\,t-j}) + u_{it}^P$$

$$(7-60)$$

其中，式（7-59）表示对外开放条件下的产出效应模型方程，式（7-60）表示对

外开放条件下的价格效应模型方程。利率变量系数 α_j^{Open}、β_j^{Open} 揭示了对外开放度对利率政策效应的影响：如果 α_j^{Open} 的值小于零，意味着随着对外开放度的提高，利率政策的产出效应趋于削弱，反之则趋于强化；如果 β_j^{Open} 的值大于零，意味着随着对外开放度的提高，利率政策的价格效应处于放大状态，反之则处于减弱状态。

根据上述实证计量模型，产出增长率可用国内生产总值 GDP 来表示，价格水平增长率可用居民消费价格指数来表示，对外开放度可用中国进出口总额与国内生产总值 GDP 的比值来表示，计划轨利率水平变动率可用一年期存款基准利率（R_{BASIC}）来表示。由于全国银行间同业拆借利率（$CHIBOR$）是中国货币市场上最早的市场化利率，市场轨利率水平变动率可用全国银行间7天同业拆借利率（R_{CHIBOR}）来表示。由于中国货币市场上最早市场化的 $CHIBOR$ 利率是从1996年开始执行，故数据样本区间是1996—2018年，数据来自1996—2019年间的《中国统计年鉴》、国家统计局官网以及中国人民银行官网。一年期基准利率水平数据经过天数加权平均得到，全国银行间7天同业拆借利率水平数据经过月度加权平均得到。

为克服"伪回归"现象所产生的估计参数误差问题，可以对时序变量采用扩展的迪基—富勒检验（Augmented Dickey-Fuller，ADF）来进行平稳性单位根检验，以提高所构建模型估计结果的有效性与无偏性。通过 ADF 检验回归方程变量的平稳性，其检验结果见表7-13。

表7-13　ADF 单位根检验结果

变量	检验形式（C，T，L）	ADF 检验统计量	P 值	结论
ΔY	(1, 0, 1)	-2.385^{***}	0.0086	平稳
ΔP	(1, 1, 1)	-4.196^{***}	0.0000	平稳
ΔR_{BASIC}	(1, 1, 4)	-1.351^{*}	0.0883	平稳
ΔR_{CHIBOR}	(1, 1, 1)	-3.254^{***}	0.0006	平稳
$Open \cdot \Delta R_{BASIC}$	(1, 1, 1)	-3.990^{***}	0.0000	平稳
$Open \cdot \Delta R_{CHIBOR}$	(1, 1, 1)	-3.433^{***}	0.0003	平稳

注：①检验形式（C，T，L）中的C、T、L分别表示为常数项、时间趋势项、滞后项期数，其中，C 和 T 的值为1表示包含常数项和时间趋势项，C 和 T 的值为0表示不包含常数项和时间趋势项；②各变量名前的"Δ"表示该变量的一阶差分形式；③*** 表示显著性水平在1%下平稳，** 表示显著性水平在5%下平稳，* 表示显著性水平在10%下平稳。

通过表7-13可以看出，ΔY、ΔP、ΔR_{CHIBOR}、$Open \cdot \Delta R_{BASIC}$ 和 $Open \cdot \Delta R_{CHIBOR}$ 在1%的水平下显著，ΔR_{BASIC} 变量在10%的水平下显著，这表明这些变量均拒绝接受具有单位根的假设，说明这些变量都是平稳序列。

2. 实证分析结果

(1) 对外开放度、利率双轨制与利率政策产出效应

表 7-14 和表 7-15 分别是计量模型滞后 1、2 期时利率政策的产出效应,从表中的估计结果可以看出,无论是滞后 1 期还是滞后 2 期,一年期存款基准利率中 $Open \cdot \Delta R_{BASIC}(-1)$ 的系数估计值均为负数且显著,这说明对外开放度提高对我国滞后一年的利率政策产出效应产生了明显的削弱影响。全国银行间 7 天同业拆借利率中 $Open \cdot \Delta R_{CHIBOR}(-2)$ 的系数估计值只在滞后 2 期时显著为负,这表明对外开放度提高对我国滞后两年的利率政策产出效应也产生了显著的削弱作用,但这种削弱作用明显低于且滞后于一年期存款基准利率。一年期存款基准利率中 $\Delta R_{BASIC}(-1)$ 的系数估计值在滞后 1 期和滞后 2 期均显著为正,而全国银行间 7 天同业拆借利率中 $\Delta R_{CHIBOR}(-2)$ 只在滞后 2 期显著为正,表明一年期存款基准利率中利率水平对经济增长产生显著正向影响明显要快于全国银行间 7 天同业拆借利率,出现这种现象可能是在计划经济中利率政策的决策时滞和执行时滞要短于市场经济,政府强而有力的宏观调控促进了利率政策作用的充分发挥。$\Delta Y(-1)$ 的系数估计值在一年期存款基准利率和全国银行间 7 天同业拆借利率中均显著为正,说明上一年的经济增长会对当年的经济增长有明显的推升作用。

表 7-14 利率政策的产出效应(滞后 1 期)

	被解释变量:利率 r	
	R_{BASIC}	R_{CHIBOR}
$\Delta Y(-1)$	1.210777*** [5.162709] (0.0001)	0.914706*** [5.570137] (0.0001)
ΔR	−0.001625 [−0.023897] (0.9812)	−0.015639 [−0.318611] (0.7544)
$\Delta R(-1)$	0.158882** [2.235681] (0.0410)	0.050762 [1.045069] (0.3125)
$Open \cdot \Delta R$	−0.000224 [−0.142971] (0.8882)	0.000550 [0.515172] (0.6139)

续表

	被解释变量：利率 r	
	R_{BASIC}	R_{CHIBOR}
$Open \cdot \Delta R(-1)$	-0.004324** [-2.657783] (0.0179)	-0.001494 [-1.409487] (0.1791)
常数项	-1.570314 [-0.762470] (0.0576)	0.781046 [0.536087] (0.5998)
观测值	21	21
R^2	0.7746	0.742949
D.W.	1.8478	2.4688

注：① *** 表示显著性水平在1%下平稳，** 表示显著性水平在5%下平稳，* 表示显著性水平在10%下平稳。② [ ] 中括号内的数据为 t 统计量，( ) 小括号内的数据为 P 值。

表 7-15 利率政策的产出效应（滞后 2 期）

	被解释变量：利率 r	
	R_{BASIC}	R_{CHIBOR}
$\Delta Y(-1)$	1.314188** [3.024293] (0.0116)	0.712691** [3.034904] (0.0113)
$\Delta Y(-2)$	-0.058611 [-0.121995] (0.9051)	0.365148 [1.379192] (0.1952)
ΔR	-0.043873 [-0.564622] (0.5837)	0.013821 [0.270815] (0.7915)
$\Delta R(-1)$	0.178650* [2.161779] (0.0535)	0.047119 [1.127264] (0.2836)
$\Delta R(-2)$	-0.036474 [-0.404699] (0.6935)	0.121391** [2.400848] (0.0352)

续表

	被解释变量：利率 r	
	R_{BASIC}	R_{CHIBOR}
$Open \cdot \Delta R$	0.000555 [0.321675] (0.7537)	-0.000300 [-0.272008] (0.7907)
$Open \cdot \Delta R(-1)$	-0.004814** [-2.600386] (0.0247)	-0.001404 [-1.547430] (0.1500)
$Open \cdot \Delta R(-2)$	0.000882 [0.406748] (0.6920)	-0.003003** [-2.639453] (0.0230)
常数项	-2.077591 [-0.741524] (0.4739)	-0.123511 [-0.089684] (0.9302)
观测值	20	20
R^2	0.8230	0.8698
D.W.	1.9813	1.8948

注：①***表示显著性水平在1%下平稳，**表示显著性水平在5%下平稳，*表示显著性水平在10%下平稳。；②[ ]中括号内的数据为t统计量，( )小括号内的数据为P值。

(2) 对外开放度、利率双轨制与利率政策价格效应

表7-16 和表 7-17 分别是计量模型滞后 1、2 期时利率政策的价格效应，从表中的估计结果可以看出，在对外开放度与利率水平变动率的交叉乘积项中，无论是滞后 1 期还是滞后 2 期，一年期存款基准利率中的系数估计值均不显著，且 $Open \cdot \Delta R_{BASIC}$ 与 $Open \cdot \Delta R_{BASIC}(-1)$ 的系数估计值都为正数，$Open \cdot \Delta R_{BASIC}(-2)$ 的系数估计值为负数。这表明对外开放度提高对当年和滞后一年的利率政策的价格效应具有放大作用，而对滞后两年的利率政策的价格效应存在负面影响，但都不具有显著性。在全国银行间 7 天同业拆借利率中，滞后 1 期的 $Open \cdot \Delta R_{CHIBOR}(-1)$ 的估计系数大于零且显著，说明滞后一年的利率政策价格效应随对外开放度提高而存在明显的放大效应。但这种放大效应只是短期的且不具有持续性，在滞后 2 期的 $Open \cdot \Delta R_{CHIBOR}$、$Open \cdot \Delta R_{CHIBOR}(-1)$ 与 $Open \cdot \Delta R_{CHIBOR}(-2)$ 的系数估计值均不显著，也表明利率政策价格效应随对外开放度提高而趋于不明显。不管是一年期存款基准利率还是全国银行间 7 天同业拆借利率，

ΔR、$\Delta R(-1)$ 和 $\Delta R(-2)$ 的估计系数表明对外开放条件下利率政策对价格效应具有此消彼长的时滞影响，$\Delta P(-1)$ 的系数估计说明通货膨胀率在一定程度上具有惯性，$\Delta P(-2)$ 的系数估计值表明前两年的价格水平会降低当年价格水平，但均不具有显著性。

表7-16 利率政策的价格效应（滞后1期）

	被解释变量：利率 r	
	R_{BASIC}	R_{CHIBOR}
$\Delta P(-1)$	0.121217 [0.525275] (0.6071)	0.170471 [0.832071] (0.4184)
ΔR	0.045957 [0.622356] (0.5431)	0.072557 [1.450596] (0.1675)
$\Delta R(-1)$	-0.041279 [-0.537813] (0.5986)	-0.072236 [-1.373398] (0.1898)
$Open \cdot \Delta R$	0.000568 [0.354320] (0.7280)	-0.000761 [-0.700510] (0.4943)
$Open \cdot \Delta R(-1)$	0.000967 [0.575534] (0.5735)	0.001947* [1.793422] (0.0931)
常数项	1.740743** [2.742733] (0.0151)	1.379436** [2.489068] (0.0250)
观测值	21	21
R^2	0.7073	0.7171
D.W.	1.7912	1.8672

注：① *** 表示显著性水平在1%下平稳，** 表示显著性水平在5%下平稳，* 表示显著性水平在10%下平稳。② [ ] 中括号内的数据为 t 统计量，( ) 小括号内的数据为 P 值。

表7-17 利率政策的价格效应（滞后2期）

	被解释变量：利率 r	
	R_{BASIC}	R_{CHIBOR}
$\Delta P(-1)$	0.198269 [0.782590] (0.4504)	0.321186 [1.070306] (0.3074)
$\Delta P(-2)$	-0.061759 [-0.262982] (0.7974)	-0.354098 [-1.118832] (0.2870)
ΔR	0.046988 [0.600973] (0.5600)	0.018756 [0.253588] (0.8045)
$\Delta R(-1)$	-0.092269 [-1.147915] (0.2754)	-0.068818 [-1.162470] (0.2696)
$\Delta R(-2)$	0.110805 [1.390041] (0.1920)	0.073467 [1.032092] (0.3242)
$Open \cdot \Delta R$	0.000522 [0.309525] (0.7627)	0.000456 [0.274495] (0.7888)
$Open \cdot \Delta R(-1)$	0.001734 [0.998555] (0.3395)	0.001620 [1.277582] (0.2277)
$Open \cdot \Delta R(-2)$	-0.001965 [-1.132794] (0.2814)	-0.001227 [-0.812889] (0.4335)
常数项	2.041701** [2.463547] (0.0315)	1.955175** [2.549116] (0.0270)
观测值	20	20
R^2	0.7758	0.7408
D.W.	2.0934	2.2637

注：①*** 表示显著性水平在1%下平稳，** 表示显著性水平在5%下平稳，* 表示显著性水平在10%下平稳。
② [ ] 中括号内的数据为 t 统计量，( ) 小括号内的数据为 P 值。

综上分析，对外开放度提高在短期内对一年期存款基准利率的产出效应具有显著的削弱影响，对全国银行间 7 天同业拆借利率的价格效应具有明显的放大效应。因此，在利率双轨制背景下，短期内，一方面政府应根据对外开放程度和国内经济发展形势对计划轨利率水平进行合理调整，促进计划轨利率政策的产出效应，从而实现经济增长目标；另一方面市场轨利率的价格效应可能会导致我国物价水平持续上升，治理通货膨胀问题将成为政府实施利率政策的主要目标之一。

本小节通过构建对外开放条件下的利率政策产出效应和价格效应模型，考察了对外开放度、利率双轨制与利率政策效应之间的关系。基于我国 1997—2018 年年度数据的实证分析结果表明：在计划轨利率中，对外开放度提高对滞后一年的利率政策的产出水平存在显著的削弱作用，对价格效应的影响无论是短期内还是长期内都随着对外开放度的提高而趋于不明显。在市场轨利率中，对外开放度提高对利率政策的产出水平的削弱作用明显低于且滞后于计划轨利率，但对价格效应的影响短期内随对外开放度提高而存在明显的放大效应，长期内这种放大效应不具有持续性，并随对外开放度提高而趋于不明显。

第八章 基准利率选择的国际比较：经验借鉴

第一节 发达市场经济国家基准利率的选择

一、美国利率市场化历程中基准利率的选择及成功经验

由于不同银行的存款准备金存在差异，这就给银行间对准备金的"卖"与"买"提供了基础，这种银行间相互交易的市场就是联邦基金市场，买卖联邦基金的价格就是联邦基金利率。联邦基金利率分为有效利率和目标利率。在发生交易时，双方在同业拆借市场上通过谈判协商形成的价格就是拆借利率。在对市场中所有的拆借利率加权平均后，就形成了联邦基金的有效利率。交易市场中基金供求关系确定了交易的利率，所以其市场程度较高。美联储一般会定时地召开关于进一步调整联邦基金目标利率的相关会议，通过运用货币政策工具达到调控宏观经济的目的。

（一）美国利率市场化历程中基准利率的选择

1. 联邦基金利率是美国货币市场基准利率

现在美国货币市场的基准利率主要是联邦基金利率，这是美国利率体系的核心。经过数十年的货币政策执行和反复试验，在金融体系创新的过程中，最终该利率形成了。如果美联储的会员银行没有足够的准备金，那么准备金足够并有超额的银行将通过银行间拆借为其提供联邦资金。[1] 联邦基金利率有两种类型，一种是由美联储制定的政策利率，该利率对外公开，称为目标利率，一般是由美联储公开市场委员会制定并实行管控。另一种是美国的银行间拆借市场的有效利率，它是进行同业拆借市场资金供求主体进行谈判设定的利率，市场资金供求关系直接决定了这种利率，具备完全市场属性，有效利率是确定基准利率的基础。另一方面，美联储采取了一系列公开市场操作，使得目标利率高效发挥其重要作用。联邦基金利率除了成为美联储公开市场操

---

[1] 王贺. 我国金融市场基准利率选择问题研究 [D]. 东北财经大学, 2007.

作的目标以外，同时也能够当做多种短期的融资工具、信贷产品、浮息债券和利率衍生品的价格基准。通过调整联邦基金利率以影响总需求，美联储能够进一步达到经济稳定且就业良好的状态。[①] 美国的金融市场在创新方面表现较为出色，自从利率逐渐向市场化方向发展以来，金融市场中已经陆陆续续出现了多元化的交易方式和工具，又进一步地促进了美国利率体系的多样化发展。[②]

简而言之，美国基准利率包括隔夜的联邦基金利率和贴现率，联邦基金利率通常被视为美国货币市场的基准利率。联邦基金利率受市场参与者和货币当局的影响，所以其同时具备市场性和政策性。其实美联储并不是对联邦基准利率直接管控，而是通过有效引导让货币市场基准利率发挥其作用。主要是借助公开市场，公开联邦基金目标利率，通过设定目标利率及其浮动区间等方式实现。

2. 联邦基金利率成为基准利率的原因

市场基准利率的选择与一国货币政策的实施效果相关。美国选择联邦基金目标利率作为基准利率，有利于美国货币政策的制定和实施，也推动了美国经济的发展。美联储通过适时公开调整联邦基金的目标利率，直接影响到联邦基金市场的有效利率和联邦储备市场的实际利率。通过对储备市场的影响，改变其他市场经济指标，这样经过不断的发展，既定的货币政策目标将会得以实现。在这个发展过程中，美联储首先利用其对银行间拆借市场的强大影响力，通过一系列的业务操作，使联邦基金市场利率与其在公开市场上公布的政策利率基本一致。然后，利用美国会员银行对其他金融市场的强大影响，通过改变联邦基金市场的有效利率来实现影响整个经济的目标。在美国经济发展史上，这种有效的操作不在少数。1998年，东南亚的市场经济受到严重的打击，这是因为受到整个亚洲金融风暴的影响，此后经济衰退也影响到了美国，导致美国经济增长率下滑。因此，同年9月至11月，美联储将其市场基准利率即联邦基金的目标利率下调三次，在一定程度上促进了美国国内经济的发展。

美国的货币市场基准利率是以联邦基金利率为标准的，主要是其具有一定的相关属性：(1) 一般有存款的金融机构和商业银行都可以作为同业拆借市场的参与者，数量庞大的市场参与者为决定基准利率提供了基础。(2) 具有大额的交易量，市场交易比重大。(3) 实际业务中的同业拆借期限主要集中于隔夜，但利率期限结构相对较为完整，包括一周至几个月的期限。(4) 联邦基金利率直接影响商业银行的融资成本，进一步影响金融产品定价和影响其他利率及经济变量。(5) 设定目标利率并使用现券交易和回购交易等公开市场操作调整联邦基金利率。得益于美联储的引导和调控，有

---

① 彩波，李昌宇．美国基准利率近年变动状况考察及借鉴 [J]．北方经贸，2009 (09)：118-120.
② 闫明健．利率市场化进程中我国货币市场基准利率的选择 [D]．上海社会科学院，2010.

效避免联邦基金利率出现大幅波动的一些风险。这些特征使联邦基金利率保持可控和稳定的同时,又不失市场性、相关性以及稳定性,从而使其成为美国货币市场的基准利率。[①]

美联储将利率作为货币政策中介目标的传统由来已久,基于此,美国将联邦基金利率作为市场基准利率。此外,联邦基金利率之所以会被美国作为市场基准利率,跟它一直是美国货币市场交易时的主导利率也是密不可分的。联邦基金市场中,银行需要在美联储存入准备金,也叫储备资产,但这种准备金是无息的。有了无息准备金后,各商业银行就可以利用这一联邦基金灵活地调节头寸余缺,同时又可以在货币市场购买债券来获得流动性,这种短期使用联邦基金的价格就是联邦基金利率。利率水平可以根据市场条件在借款人和贷款人之间达成一致。美联储是同业拆借的参与者之一,其只能对自己的拆借利率进行调节。美联储对于整个市场的联邦基金利率起决定作用,其原因在于它通过公开市场业务进行操作,影响商业银行超额储备的头寸促进联邦基金利率趋同于美联储拆借利率。如果联邦基金利率发生变化,其他市场利率也会相应变化。利率变动最终影响个人的微观经济活动,从而实现央行的宏观调控。

综上所述,美国联邦基金利率作为基准利率,指的是在美国联邦基金市场上银行间隔夜拆借利率,在美国利率体系里面占据核心地位。2011年美联储召开了八次关于利率的会议,会议的主要内容之一是确定联邦基金利率,或者更准确地说,确定隔夜联邦基金拆借利率。这种利率变化可以敏感地反映出银行间资金余缺,美联储对同业拆借利率进行调节,能够直接对商业银行的资金成本产生直接影响,并将银行间拆借市场的资金余缺转移给企业,从而影响消费、投资和国民经济,这样才能实现两个目标,即稳定价格和最大化就业。联邦基金利率成为美国货币市场的基准利率,是因为其具备的属性与金融市场基准利率所需的基本属性一样。

3. 联邦基金利率近年变动状况

从1999年开始,美国联邦基金利率经历了五个时期的变动:1999年6月到2000年5月,美国经历了第一轮加息。经过八年的连续增长,美国经济显示出过热的迹象。在全球经济复苏的背景下,为给国内经济降温并缓解经济增长压力,美联储历经3次加息,将利率从4.75%上调至5.50%。到2000年,美国经济仍面临劳动力紧缺和股市过热的问题,所以美联储通过四次加息的金融举措把联邦基金的利率提升起来,最终达到了6.50%。这项政策很快显现出其在经济运作中的作用。从2001年1月到2003年6月,美国实行了第一轮降息。2000年,美国结束了长达10年的经济增长期,消费和投资开始下滑,因为"9.11事件"和美国IT产业的崩溃减缓了美国经济增长,增加了

[①] 闫明健. 利率市场化进程中我国货币市场基准利率的选择 [D]. 上海社会科学院, 2010.

美国的失业率。为促进经济增长，美联储借助基准利率，于2001年1月初和月末两次降低联邦基金利率，同年5月，美联储连续降息13次。在2003年6月份的时候，美联储的基准利率从6%减少到了1%，这一降息举措将利息降低到了美国48年以来基准利率的最低水平。在2004年6月至2006年6月这段时间，美联储进行了第二轮加息。发展至2003年，美国的金融市场开始发展起来，市场经济也逐渐发展，具体表现在美国的就业率进一步地提高，失业率逐渐减少到了5.7%。美国为了进一步减少通货膨胀带来的负面影响，2004年6月起，央行采取渐进策略，即"逢例会就加息，每次25个基点"，在连续17次加息后，将利率从1%提高至5.25%。然而，连续17次加息这一政策，未能有效实现经济软着陆的预期目标。联邦基金利率的持续上升增加了国债收益率，这一举措让抵押贷款利率得到了提升，并且限制了房地产市场的发展，进而引发了次贷危机。2007年9月18日，美联储对联邦基准利率和再贴现率都进行了大幅调整，下调幅度高达50%个基准点，调整基准利率从最初的5.25%减少到了最终的4.75%，同时再贴现率从5.75%减少到了最终的5.25%。这次大刀阔斧的降息举措，引起全世界的关注。接下来，美联储一再降低利率以防止次贷危机进一步恶化，并抑制经济衰退。目前的联邦基准利率低于"9.11事件"发生时期的水平，在0至0.25%区间范围内波动。2015年至今，加息活动进入第三轮。2008年，金融危机在全球范围内爆发后，美国的金融市场经济已经持续两年呈现负增长。美联储持续七年减少联邦基金利率，将联邦资金目标利率从短期4.25%降至0.25%，从而抵御从半个多世纪以来最大范围和影响最大的金融危机。随着经济逐渐稳定，2014年美联储声明会在年底之前退出量化宽松政策，一直到2015年底，联邦基金目标利率上涨25个基点，这是过去十年来首次加息。截止到目前，已经加息9次，目标利率区间实现由0%~0.25%增加到2.25%~2.50%，并且速度的增加比以往周期慢。

可以看出，近年来，联邦基金利率的频繁变化已成为美国央行调节资本市场和有效控制经济的重要手段。美国货币市场基准利率即联邦基金利率的每一次变动都会产生"蝴蝶效应"，即牵一发而动全身。与一般的金融手段不同，这种变化是基于一系列全局性问题，例如当时的国际和国内经济和政治问题，这将不可避免地影响经济运行、金融环境和各种微观经济实体，真正起到了调节市场的杠杆作用。

(二) 美国基准利率选择的基本经验

1. 利率市场化历程中基准利率选择过程

美国使用联邦基金利率作为市场基准利率同样经历了市场化的过程，这是美国政府和市场互相影响产生的结果。1913年，美国政府出台了《联邦储备法》，并且依据《联邦储备法》成立了联邦储备系统。1921年，联邦基金市场在纽约成立，以协调联邦储备银行会员银行的准备金头寸。① 然而，截止到20世纪60年代末，市场的利率水平发挥的功能具有一定的有限性，因为在1929年至1933年的经济危机之后，美国实施了利率管制，该举措以Q条例为象征而进行，对市场利率进行严格把控。例如，美国商业银行储蓄账户的存款利率被设定上限。1982年10月，美国通过了存款机构法，该法案使美国存款金融机构设立了两类存款，包括超级可转让支付账和货币市场存款账户。这两种存款类型具备交易结算性的同时，不受最低存款期限和最高利率的限制。美国实行市场利率化后，联邦基金利率作为金融市场的基准利率，尤其是在货币市场上起真正基础作用。因此，为了发挥基准利率的基础性作用，政府必须认识到并采取一系列利率市场化改革措施，逐步推进并确立起基准利率的机构和体系。

由于政府和市场的双重作用，美国货币市场基准利率最终得以确立。事实上一个国家的基准利率一般处于CPI和GDP增长率的区间里面。当基准利率发展得比GDP名义增长率高时，会使产业资本创造的利润转移到金融资本，会对实体经济的发展带来负面影响；基准利率低于CPI时，此时利率为负，比起把钱存入银行，人们更愿意把钱拿来投资和进行消费，这样一来，造成银行存款量减少的同时，又反过来刺激物价水平的上涨。因此，利率水平需同时兼具动态性和平稳性才能满足现实的经济发展需要。美国利率市场化改革历程如表8-1所示。

表8-1 美国利率市场化改革历程

时间	利率市场化改革事件
1970年6月	放松对10万美元以上、90天以内的大额存单的利率管制
1971年11月	准许证券公司引入货币市场基金
1973年5月	取消1000万美元以上、期限5年以上的定期存款利率上限
1978年6月	准许存款机构引入货币市场存款账户（6个月期限、1万美元以上），不受支票存款不允许支付利息的限制
1980年3月	最高贷款上限被取消，存款利率上限被分阶段取消；成立专门委员会来调整金融机构的存款利率
1980年12月	允许所有金融机构开设可转让支付命令账户业务
1982年5月	准许存款机构引入短期货币市场存款账户（91天期限、7500美元以上），并放松对3年6个月期限以上定期存款的利率管制
1982年12月	准许存款机构引入货币市场存款账户（2500美元以上）
1983年1月	准许存款机构引入超级可转让提款通知账户

---

① 王贺. 我国金融市场基准利率选择问题研究 [D]. 东北财经大学，2007.

续表

时间	利率市场化改革事件
1983年10月	取消所有定期存款的利率上限
1986年3月	取消可转让支付命令账户的利率上限

2. 美国货币市场基准利率的传导效应

由于基准利率的存在，利率波动性相对低于其他生产要素的价格。在实行利率市场化的国家，其基准利率必然是市场利率，市场利率一般是货币市场利率而非资本市场利率。这是因为实现利率市场化的国家通常是那些市场经济比较成熟和金融市场机制相对完整的国家。一方面，货币市场扮演促进短期资金融通的角色，另一方面，它具有反馈资金供求信息的功能，对价格的反映是显而易见的。另外，央行参与货币市场不仅要发挥货币供给职能，进一步促进资金融通，还要一个可能性是为了推行货币政策以调控宏观经济的目标。因此，先进的货币市场是包含多种市场的综合体现，包括票据贴现、同业拆借和国债买卖，这些市场的利率彼此密切相关。基准利率是货币市场上的某种利率是不言自明的。以美国为例，美国利率市场化是一个渐进且漫长的过程。在利率市场化之前，美国政府采用"Q条例"来控制商业银行存款利率的上限，甚至在某些州设定贷款利率上限。自20世纪70年代以来，取消利率管制一直是美国政府的共识。美国全面步入利率完全市场化的标志是利率管制以法规的形式被解除。美国对于基准利率的选择，主要通过联邦基金机制发挥作用，联邦债券在公开市场上的买卖对于货币供应量的调控具有积极作用，为央行行使金融主体的身份提供了保障，具备直接参与货币市场交易的权利。最后，为期三个月的国债利率和同业隔夜拆借利率成为基准利率，而美联储的再贴现利率主要和联邦基金利率相关联，具体来说，联邦基金利率加利差形成再贴现率。此外，美联储确定的基准利率是联邦基金利率，商业银行在此基础上再综合考虑各种因素确定自身的利率。

美联储主要通过基准利率影响整个货币市场的利率，并通过货币市场这个中介，将影响传递到资本市场，甚至扩散到整个金融市场。在利率形成机制以市场为导向的国家里面，资本市场乃至金融市场的利率都是由市场来决定的，而金融市场的复杂利率受到基准利率的直接影响，其范围受到限制。利率市场化的国家政府在引导基准利率变化时通过货币市场加以运作。所以可以分析得出：对于利率市场化的国家而言，基准利率的变动应该与宏观经济指标实现有效的联动发展。我们使用联邦基金利率和美国经济增长率的数据来验证美国基准利率的市场表现。

如图8-1显示，美国GDP增长趋势与美国联邦基准利率显示出反向同步的趋势

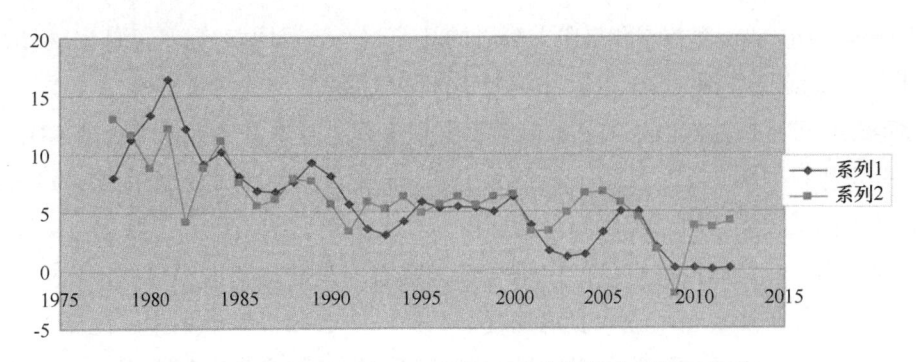

图 8-1　1978—2015 年 GDP 增长率和联邦基准利率（美国）

（其中系列 1 是联邦基准利率，系列 2 是名义 GDP 增长率）。从整体角度看，30 多年来，美国的联邦基金利率一直呈现下降趋势，基准利率历经 2008 年金融危机的洗礼之后，更加趋近零利率水平。与此同时，美国国内生产总值（GDP）在经历金融危机后已经从负增长趋势中得以恢复，这可以看作是政府对基准利率的调控发挥的作用。

对上述两组数据执行单位根检验，结果如表 8-2 和表 8-3 所示。正如在表 8-2 中所看到的，美国 GDP 增长率没有单位根，并且是平稳序列。如表 8-3 所示，联邦基准利率存在单位根，为非平稳序列。当对基准利率一阶差分以后，单位根消失，成为平稳序列。

表 8-2　美国 GDP 增长率单位根检验结果

		T-Statistic	Prob.*
ADF 检验		-4.243 2	0.002 1
临界值	1% level	-3.639 4	
	5% level	-2.951 1	
	10% level	-2.614 3	

表 8-3　美国基准利率单位根检验结果—一阶差分后单位根检验结果

	T-Statistic	Prob.		T-Statistic	Prob.
ADF 检验	-1.538 36	0.501 7	ADF 检验	-4.818 2	0.000 5
临界值	1%　-3.653 73		临界值	1%　-3.670 1	
	5%　-2.957 11			5%　-2.963 9	
	10%　-2.617 43			10%　-2.610 0	

281

对美国 GDP 增长率数据和一阶差分后的基准利率数据回归分析，可以分析出美国的基准利率数据与美国 GDP 增长率有明显相关性联系，这两者的相关系数大致是 0.58。但是当进行格兰杰因果关系检验时，发现实际上基准利率数据与美国 GDP 增长率之间并不存在因果关系。实证分析结果表明：拟合结果很好的两个因素，也可能不存在直接的因果关系，即二者之间是伪回归。具体到美国的基准利率数据与美国 GDP 增长率上，即二者之间没有直接的因果关系，其原因是联邦基准利率在市场上具备良好的传导性。如果宏观经济进入衰退期，美联储一定会减少基准利率，这样才能够促进经济复苏。通过以前的经验可以知道，美联储调整基准利率在很大程度上达到了预期的效果，相较于非利率市场化条件下，利率市场化背景下的基准利率市场表现效果更佳。

Null Hypothesis:	Obs	F-Statistic	Prob.
UGDP1 does not Granger Cause UR	33	1.67955	0.2047
UR does not Granger Cause UGDP1		0.64955	0.5300

Variable	Coefficient	Std. Error	t-Statistic	Prob.
C	6.082390	0.390853	15.56182	0.0000
UR1	0.887053	0.216425	4.098660	0.0003

R-squared	0.344249	Mean dependent var	5.879412
Adjusted R-squared	0.323757	S.D. dependent var	2.749080
S.E. of regression	2.260679	Akaike info criterion	4.526230
Sum squared resid	163.5414	Schwarz criterion	4.616016
Log likelihood	-74.94591	Hannan-Quinn criter.	4.556849
F-statistic	16.79901	Durbin-Watson stat	0.671378
Prob (F-statistic)	0.000265		

图 8-2 基准利率与 GDP 增长率的格兰杰检验结果

美联储基准利率的确立表明，非市场化是美国基准利率的一个显著特征，利率市场化完全实现的条件下也不可避免。究其原因，美元最终供给机构是美联储，在货币法定的条件下，基准利率就不可能实现完全市场化。

3. 美国运用基准利率调节市场的经验和教训

在 20 世纪末，美国的低利率导致了股票和房地产市场资产价格的上升，促进了泡沫经济的形成和恶化。在 2000 年底，美联储看到了美国经济的疲软：经济低迷使得房地产价格回落，但股价破灭并未影响房地产泡沫持续扩张。为推动经济增长，联邦基准利率继续降息，给房地产投资者带来了信心和机会。因此，随着股价暴跌和经济的下滑，却出现了房地产市场持续上涨的景象。此后，联邦基准利率一再过度降息，导致房地产资产价格继续上涨，而且泡沫恶化。上述举措是导致次贷危机、全球金融危机和全球经济危机的首要因素。联邦利率保持在1%的水平长达一年。低利率意味着信贷宽松，美国房地产市场前景如此之高，以至于极大地刺激了美国房地产市场，房价继续上涨。在2004年，美国的房价涨幅比平时高30%，实际上美国房价要高于实际价值在15%左右。因此美联储采取连续17次加息的利率政策，用来缓解经济的过热状态。所以从美联储的发展历程来看，除了能够看到美国在每个经济周期中基准利率的波动很大，或者偏高或者偏低，并且每次都伴随着反基本面的调整。

美国利率市场化改革后，市场对利率反应的敏感性有了很大的提高。从长远来看，美国的金融市场和实体经济的增长还是十分稳定的。从1990年7月到1992年9月这一期间，美联储通过采取连续降息17次的利率政策，通过短期利率调节进一步扩大了消费和投资。1994年到1995年7月，持续提高联邦基金利率次数高达7次，成功实现"软着陆"，有力地促进了经济的整体发展。①

当美联储想刺激经济并抑制通货紧缩时，其在公开市场上买入债券，银行就会增加等量的准备金。由于法定准备金的增加低于总准备金的增加，因此，超额准备金的大幅增加超出了银行打算持有的水平。此外，少数银行的准备金储备相对过剩，双方形成供需关系。联邦基金供给超过需求，导致联邦基金利率下降，这意味着银行在获取基金上成本降低，进而也会降低贷款利率。

总之，即使美联储遵循中性货币政策的原则来实施利率政策，但利率调整往往受到许多因素的影响。例如，物品价格水平、国际利率水平、宏观经济政策和特殊时期的利率管制等多种因素，而利率调整也会对房地产和股票市场、公司利润、国际资本流动以及许多其他宏观经济指标产生广泛影响。值得注意的是，鉴于基准利率在整个经济运行中的关键作用，政府调节应具备独立性，而不是随着市场的变化而变化，为有效避免出现上述类似美联储的错误，前瞻性、计划性和具备战略性的政府调节方式必不可少。

二、英国利率市场化历程中基准利率的选择及成功经验

伦敦银行间同业拆借利率（以下简称Libor）由英国银行家协会（BBA）发行，属于英国金融产品创新和金融市场发展的衍生品。通过同业拆借方式，在一定时期内，行业中领先的银行获得某一币种无抵押担保资金贷款时的平均利率即称为Libor。

---

① 曲彬. 成熟经济体利率市场化改革对我国的经验启示[J]. 财经界（学术版），2014（03）：56-58+101.

(一) 英国利率市场化历程中基准利率的选择

1. Libor 是英国货币市场基准利率

Libor 是英国货币市场的基准利率，在英国和世界经济的发展中发挥着重要作用。自1993年以来，英国摒弃了之前将货币供应量作为主要中介指标的做法，主要的政策目标始终是货币的稳定发展，而英国的基准利率选择也取决于这一目标。英格兰银行通过调整官定利率以实现货币政策目标，这个过程也会影响到市场基准利率。

Libor 反映了伦敦货币市场中获得无抵押无担保资金的最低实际成本，其中有英镑、美元、欧元、日元和加拿大元等10种货币。从隔夜到一年期主要包含15个利率期限。英国银行家协会一般会根据市场活动和规模，还有信用评级和专业人员素质等原则刷选会员单位，组建报价组，报价组的各个成员都提交报价，删除前25%和后25%的报价后计算各自的 Libor 利率。然而 Libor 只是一个报价，不是一个真实的交易利率，它不是基于真实交易的实际交易利率，但 Libor 还是市场参与者非常重要的参考。

综上所述，Libor 是英国货币市场公认的基准利率，并且由于它悠久的历史、完善的机制和涵盖的范围，Libor 的影响甚至已经超出了英国本身，对区域经济乃至世界经济都有"晴雨表"和"调节器"的作用。

2. Libor 成为基准利率的原因

英国的市场基准利率是 Libor，同时也是世界上最常用和最关键的市场基准利率，由于所涉的交易主体数量和交易量等较大，各交易主体具备同等地位且遵守同样的国际规则，Libor 通常为银行融资成本提供参考。Libor 在国际金融市场中的地位也十分关键。成立初期，英格兰银行从一级和二级市场购买了大量国债，这些债券交易使得国债交易量占金融市场的很大比例。英国金融机构还把国债回购作为短期资本头寸调整的主要手段。当然，短期债券回购利率对短期资本市场的供需变化最为敏感。经过近30年的发展，Libor 已经具有以下优势，使其成为英国货币市场的基准利率：

第一，Libor 的报价组成员是筛选过的金融机构。这些机构都具有良好的声誉、庞大的市场规模、活跃的交易以及高素质的员工，从而使 Libor 能够保持高水平的市场化程度和低水平的风险。

第二，Libor 已经发展成为具有10种货币和15种期限的利率体系，每天发布150个利率数据，对各类市场参与者提供了很好的参考。

第三，Libor 和美国联邦基金利率相同，其广泛用于商业银行的融资成本，影响金融产品的价格，加上 Libor 广泛用于贷款和衍生品市场，所以 Libor 的变化对其他利率和经济变量的影响较大。

第四，中央银行通过回购交易等开放市场运作投放或收回市场资金的流动性，以对 Libor 的变动起引导作用。①

因此，Libor 通过发展逐渐成为英国货币市场的基准利率，不仅因为它具有成为基准利率的权威性和可信度，还因为 Libor 的变化影响了市场利率和国内消费水平，影响了整个社会的经济运行，最终达到维持供需平衡和经济增长的目标。

3. Libor 近年变动状况

英格兰银行的最终目标是调整官定利率影响市场汇率，从而达到货币政策的最终目标。在 2007 年 5 月 10 日，英国官方利率增长到了 5.50%。同时 5 月 9 日至 5 月 10 日这一期间英镑的隔夜拆借利率也从 5.3% 增长到了 5.6%。在 2001 年英格兰银行声明降息 3 次的利率政策，并在 5 月 10 日降低 0.25 个百分点，把利率降低到 5.25%。这是自 1999 年以来英格兰银行的利率最低值。英格兰银行 3 次降息的原因有：一是全球经济增长速度较慢没有出现根本性的变化，前景仍然很黯淡。二是受国内经济变化的影响。在 2001 年第一季度里面，英国的经济增长率达到了英国经济发展两年以来的最低点，只有 0.3%，经济发展始终达不到政府的期望。货币政策委员会不得不采取扩张货币政策的措施，频繁调整利率。2001 年 2 月 8 日，当英格兰银行第一次实行降息政策的时候，英国几家最大的住房贷款银行受到影响，开始采取降息手段。但是在 2017 年 7 月，英国行为管理局声明从 2021 年起，不再硬性要求 Libor 报价，也就意味着 Libor 指标将退出市场。这是因为 Libor 利率本身存在一定的缺陷：

首先，报价不是真实的交易，而是样本银行的报价数据。因此，它不能保证银行报价的真实性，也不能准确地反映资金利率的真实水平。

其次，由于样本银行只有 20 家，并且银行本身业务与 LIBOR 利率有关联，因此容易被操控。

再者，Libor 市场流动性在逐步丧失。LIBOR 利率是 20 家参考银行预估在不提供抵押的情况下，银行间互相借贷的成本，而 2008 年金融危机之后，银行间无担保拆借市场规模迅速下降。根据美联储 2018 年的报告，在 2016 年到 2017 年这一段时间，有担保的美国资金借贷市场实现了快速发展，市场影响逐渐增强，而伦敦银行同业拆借利率的影响却开始逐渐减弱。

其实，真正导致 Libor 利率退出的原因是 Libor 操控的丑闻持续暴露。在金融危机期间，银行担心暴露其资金真正的流动性而故意降低其报价。在 Libor 操纵丑闻曝光之后，监管机构开始寻求伦敦银行同业拆借利率的改革。金融稳定委员会提出了两项基准利率改革建议：首先，改革现有的基准利率（包括 Libor）使其最大化地以实际交易

---

① 闫明健. 利率市场化进程中我国货币市场基准利率的选择 [D]. 上海社会科学院，2010.

数据为基础，这样才可以进一步降低基准利率被操控的风险。其次，寻找和开发没有风险的参考利率，来达到代替 Libor 的效果。

2014 年 2 月 1 日，英格兰银协会（BBA）经金融市场行为监管局（FCA）批准，正式将 Libor 的管理权转移到洲际交易所（ICE），Libor 改革迎来了根本性的变化。尽管如此，随着无担保拆借市场规模的萎缩，Libor 再也不能反映银行的融资成本，伦敦银行同业拆借利率的参考价值持续下降。2017 年 7 月，英国行为管理局（FCA）宣布，从 2021 年开始，不再强制使用 Libor 报价，这意味着 Libor 指标将退出市场。

(二) 英国利率市场化历程中基准利率选择成功经验

1. 英国利率市场化的历史沿革

从 20 世纪 70 年代初，英国正式启动金融自由化，到了在 20 世纪 80 年代经过了将近十年的发展，英国的金融自由化已完全实现。英国的利率市场化始于 1971 年，并完成于 1981 年。英国从利率管制到市场化的过程可分为三个阶段：第一个阶段是二战后到 20 世纪 60 年代，处于利率管制阶段；第二个阶段是 20 世纪 70 年代，这是利率市场化初始阶段；第三个阶段是从 1981 年发展至今，这是利率完全自由化阶段。[①]

在 20 世纪 60 年代末期，高通胀表明货币当局对利率管控力不从心，同时英国受国际资本市场发展的影响。在此背景下，20 世纪 70 年代英国实行了"一步到位"利率市场化的改革政策，最后在 1971 年废止了英国的利率协定。

改革后，英国的宏观经济环境已趋于稳定，通胀率下降，银行存款利率变得更加灵活。在 20 世纪 80 年代，英国开始进行金融改革，改革主要以金融服务自由化为内容。英国金融体系的结构发生了变化，金融机构综合化经营的趋势和金融机构之间的竞争加剧了银行收入的多样化。

英国货币政策的中介目标选择已从利率转向货币供应量，再转向利率。1998 年，英国以法律形式批准英格兰银行独立执行货币政策。回购利率已成为英国货币政策的主要工具。

2. 英国基准利率选择的经验

总的来说，英国的利率市场化是一步到位的改革。从美国和其他国家改革方式来看，是从存款利率到贷款利率的逐步过渡。根据英国的实践结果，各国没有固定的利率市场化改革模式，在推进利率市场化过程中，环境变化是重要考量因素，根据环境

---

① 王家强，瞿亢. 英国利率市场化的历史沿革与银行业应对策略 [J]. 中国货币市场，2012，(007)：24-30.

变化对利率进行调整有利于促进宏观经济平稳运行。①

从近期英国货币政策的变化来看,有明显的"逆经济风向"行事的特征,反映了基准利率在经济发展中的重要作用。一旦英国经济开始下滑,可以调低基准利率,使英国商业银行可以用低成本得到短期贷款,同时促进金融机构的变革和发展,这样就会推进整个英国的金融市场的发展,进一步加快英国的经济增长速度。当经济过热和通胀上升,通过调高基准利率来收缩信用,这样信贷就会减少。从实际调控成效分析,经济运行将很快显示出基准利率灵活变化,从而进一步促进经济的稳定快速增长。②

简而言之,与其他国家的逐步改革形式相比,英国实施了"一步到位式"改革,并成为成功的典型改革之一。这是因为利率市场化改革和金融改革等其他方面的改革是同时进行的,即在实施利率自由化的同时,英国正在积极采取金融改革措施,例如取消分业经营和贷款限额等,对所有银行实施统一最低流动资金比率等。1986年10月,英国打破传统限制,实施了金融"大爆炸"改革,巴克莱银行、汇丰银行、渣打银行等银行开展包括证券业在内的综合性经营业务。

三、日本利率市场化历程中基准利率的选择及成功经验

(一)日本利率市场化历程中基准利率的选择

日本市场的基准利率是东京银行间同业拆借利率(Tibor)。2006年,日本央行不再实行之前超级宽松的货币政策,对货币市场的操作目标进行转换,即从银行经常账户未清偿余额转移到无担保的隔夜拆借利率,货币政策对于宏观调控的影响路径是:货币政策借助银行同业市场,进一步传导到整个社会经济,并最终实现宏观调控的目标。③

1974年到1983年间,日本的间接融资从开始的94%下降到72%,如果还不实行利率市场化政策,银行业发展将会受到很大的束缚,利率市场化这一举措能够有效规避存款业务的下降。④ 真正意义上的利率市场化,日本在1979年开始实施。在此之前,即1978年间,日本政府主要采取两方面的措施为利率市场化奠定基础,一是银行间拆借利率弹性化和票据买卖利率市场化,二是以招标方式发行中期国债,同时这两项突破也促进了日本真正的短期市场利率的产生。在1981年,日本银行改变了购买政府短期债券的方式,从过去的银行认购转向金融市场销售,创造了以市场为导向的债券流

---

① 王家强,瞿亢. 英国利率市场化的历史沿革与银行业应对策略[J]. 中国货币市场,2012,(007):24-30.
② 周莉萍. 论我国基准利率的选择及市场形成条件[D]. 广西师范大学,2006.
③ 陈逸. 中国利率市场化改革中市场基准利率选择的比较研究[D]. 复旦大学,2008.
④ 孟建华. 日本利率市场化的背景、方式及特点[J]. 上海金融,2004(01):41-42+54.

通方式。1985年之后，美国强烈地督促日本的利率市场化进程，日本才开始全面推进利率自由化。

金融市场的发展和金融改革导致日本利率体系中的核心利率发生了一些变化。1902年，日本短期拆借市场自发形成金融机构之间的融资场所，抵押交易始于1927年，抵押短期拆借在市场上的主导地位直到1970年才结束。在1971年5月，日本设立了票据市场。银行间同业拆借市场分为两个市场：一个是短期拆借市场，即短期资金的交易场所；另一个是无抵押短期拆借市场，该市场由日本外资银行的筹资市场发展而来。在1988年11月，日本对短期金融市场经营状况进行调整之后，在此基础上，城市银行正式加盟，以及1993年12月，对投资信托无抵押短期拆借的资金运用额度被取消，吸引更多市场主体开始逐渐加入。两个主要市场——短期拆借市场和无抵押短期拆借市场的发展，加速了基准利率的形成。到目前为止，无抵押短期拆借市场已经超过了有抵押短期拆借市场的规模。由于其为金融机构提供短期资金，其重要性日益凸显。其中，无担保银行间隔夜拆借利率的作用非常重要，利率采用报价法确定。日本央行将及时发布市场上无抵押银行间同业拆借利率，核心利率数据具有很强的可测性。但是，日本银行无法对其进行准确地把控，并无法直接控制，只有通过从同业拆借市场注入或提取资金形成对利率的控制来实现预期目标值，而具体方法是公开市场操作。①

总之，日本利率市场化具有明显的渐进发展特征。自1979年开始到1994年结束，日本全部利率市场化已经发展了16年。从存款利率市场化开始计算时间，日本历时10年，美国用了5年，联邦德国6年，澳大利亚6年，由此可见日本的利率市场化方式和这些国家有着显著区别。特别指出的是，日本利率市场化改革，包括基准利率的最终确定，是在国际社会特别是美国的强大压力下进行的，并且始终具有鲜明的特点——"国家干预"。日本的利率市场化改革目前处于新兴市场国家的前列，但我们应该选择立足自身经济发展实际，积极主动而不是在外部压力下进行改革，要发挥改革的主观能动。

(二) 日本利率市场化历程中基准利率选择及成功经验

1. 日本利率市场化的历程

政府和货币当局对利率市场化一直持谨慎态度，处于较为被动状态，因此日本的利率市场化经过了一段很长时间的发展，历经以下四个步骤：

一是发行国债和交易利率市场化。历经经济危机后（1973—1974），政府采取宽松

---

① 周莉萍. 论我国基准利率的选择及市场形成条件 [D]. 广西师范大学, 2006.

的财政政策,即加大财政支出以刺激经济增长,意味着政府对资金需求增加,扩大国债发行规模显得很有必要。国债发行规模扩大,伴随而来的是金融市场的交易品种和规模进一步扩展,有利于促进金融市场的进一步发展。

二是短期资金市场利率管制放宽,同时扩大短期资金市场交易品种。1978年之前,同业拆借利率是参与主体双方达成共识而决定的适用于全体交易者的统一利率,在每个交易日的前一天公布。1978年之后,日本银行对银行拆借利率做了调整,使银行拆借利率具备弹性。同年6月份,银行间的票据买卖利率实现自由化,这一举措让货币市场的利率率先实现市场化,随后,丰富的交易品种进一步促进短期品种的利率市场化。

三是交易品种数变少,市场化利率逐渐从大额交易转向小额交易。一是存款利率市场化。想要全面利率市场化,需要放开存款利率管控。在这方面,日本采取的方法是逐步降低市场化利率品种的单位交易量,逐步扩大利率市场化的范围。二是贷款利率市场化。在1989年1月,日本三菱银行取消了基于法定利率决定贷款利率的方法,推出短期优惠贷款利率,在筹资利率水平上提升1%来确定贷款利率。这种基础利率根据四种来源资金(流动性存款、定期存款、可转让存款和银行间市场拆借资金)的利率加权平均得来。由于后两种资本利率已经市场化,所以短期优惠贷款利率已部分实现了货币市场化。

四是市场化水平有限。直到1994年,日本才实现利率市场化,但是只能说是有限的市场化。存款的"自由利率"受到货币当局的部分限制,各大金融机构对于利率没有自主决定权,只能参照"市场利率"支付一定的利息。这种程度的利率市场化,是带有限制的市场化,相当于为自由化安装上了安全阀门。①

2. 日本基准利率选择的经验

日元在利率市场化过程中选择基准利率的实际经验可归纳如下:

第一,制定市场化长期计划。通过世界利率市场化改革的历史可以发现,日本经历的时间最长,这也是日本可以以科学的方法实施日本的利率市场化改革的重要保证。在发展中国家,彻底的改革会带来一系列不可预测的结果。在市场化进程中,阿根廷和智利采取了激进式改革,但没有考虑到可能出现的市场波动。最后,利率市场化的结果导致了一些负面后果,如国内通胀上升、市场波动和货币贬值等。日本先难后易、先大额后小额、先外币后本币的做法为中国利率改革提供了经验借鉴。日本以金融创新的方式推进利率市场化改革,即对利率品种进行不断调整,在政策环境不断变化的过程中开创出利率新品种,因此在开放过程中需持谨慎态度。在不断创新和更正的过

---

① 王琪,雷曜. 日本利率市场化改革的路径及效应 [J]. 中国货币市场,2012,(009):14-18.

程中，改革措施与改革环境密切相关，在顺境中就加快改革步伐，加强改革开放力度，在逆境中就放慢脚步，改革措施较为温和。缩短改革时间是一个重要手段，而不是市场化改革的目的，它既有效地保护了市场化改革的结果，也不会引起市场的巨大波动，在不断调整、改进和创新中实现利率市场化。

第二，在实体经济市场化的前提下进行利率市场化改革。日本的经验说明，金融与实体经济二者之间的关系，在利率市场化改革过程中必须得到深刻认识。实体经济的发展和金融的发展在经济增长中扮演资金融通的角色，前者作为经济增长的基础发挥作用，后者为经济增长提供保障条件。在发展速度方面，中国实体经济虽然取得了显著效果，但相较于发达国家而言，中国实体经济市场化水平相对较低。企业之间的竞争夹杂一系列政策因素，主要体现在广大中小企业受制于融资难问题，资金需求愿望得不到满足。此外，国有企业财大气粗，在融资上可以忽视成本因素，这在一定程度上导致资源配置中，利率作用的发挥受到限制。

利率市场化是一个渐进式的过程，必须立足实体经济市场化的现实。如果开放利率管制，会对国有资产产生影响，不利于经济生产发展；如果对利率进行管制，产生的负面影响又会反过来倒逼利率市场化改革，因此利率市场化过程常常陷入两难的选择。

第三，对金融秩序进行规范，进一步提高金融监管水平。在利率市场化过程中，不论市场化水平高或者低的国家，其金融市场都不可避免地面临波动的情况。长期利率管制严重扭曲了资本的价格信号，对利率实行自由化，放开管制有利于促进利率发挥作为资本的价格信号作用，对资本流动产生显著影响。利率市场化情境下，金融投机行为的存在是因为市场信息不对称导致的，而市场调控结果不一定是及时的，具有滞后性。日本利率市场化与泡沫经济的产生和发展是相伴而生的，究其原因，利率政策处于不断变化的动态过程，会产生国际投机家的逐利行为。由此可见，规范金融秩序，提高监管水平显得尤为重要。

第四，货币政策与货币制度改革相结合。中央银行职能转变在一定程度上依托于利率市场化改革实现。中央银行是货币政策的制定者，中央银行也是货币调控的主体，中央银行还能够促进金融体系的稳健发展。在货币理论中，经济学家一般会认同货币中性的理论，在该理论情境下，央行的责任仅限于供应市场所需的货币。央行单一货币制度的实现是当代货币主义的主流思想。利率市场化意味着央行逐渐放开对利率的管制，让利率由市场进行决定，但并不意味着央行不再发挥作用。货币制度与货币政策相结合，一旦利率出现波动，货币政策的调整是市场稳定的重要举措。真正意义上利率市场化的实现，是利率市场化改革与货币政策和货币制度改革配套使用的结果。

综上所述，对基准利率进行选择时，必须依托利率市场化的大背景。从日本利率市场化的过程中可以看出，利率市场化是一个非常复杂的庞大工程，我们不仅要把握全局，更要注重细节，特别是在面对市场化进程中的新发展时，制定适合国情和经济实际运行的适当措施，进行金融创新，从而保障利率市场化的顺利进行。

第二节　新兴市场国家基准利率的选择

一、韩国利率市场化历程中基准利率的选择及成功经验

（一）韩国利率市场化历程中基准利率的选择

从20世纪60年代开始至亚洲金融危机之前，韩国历经了30多年的经济高速增长期，实现了从农业国家向工业化国家的成功转型。在60年代经济发展起步的早期阶段，韩国政府推行了经济开发计划，增强了政府对经济的干预程度，特别是对金融业的干预，将资金引入了优先发展的重要领域，对推动经济快速发展起到了至关重要的作用，使人们一度认为经济高速增长就是有政府的强大干预才形成的。然而，这种模式在实行一段时间后，弊端开始逐渐显露，由于经济运行机制的复杂性和市场发挥出的有效性，使得政府管控经济的效率不断降低。在20世纪80年代时，韩国面临内忧外患，受到第二次石油危机的冲击的同时，内部政局也动荡不安，企业生存环境进一步恶化，政府逐渐转变管理政策，实现由政府主导型管理政策向市场为导向的经济管理政策转变，确定金融自由化方针，由此开启了以市场为基础的利率体制改革。[①]

过去，韩国是政府主导型金融体制，政府通过干预金融市场，达到对有限金融资源的集中分配，商业银行丧失了一定的自主权，使其具有了公共企业的属性，然而，政府还直接限制商业银行的存贷款利率，使之保持很低的水平。韩国政府制定了政策性贷款计划，将有限的资金资源重点支持优先发展企业，同时，又将商业银行经营收益的一部分以较低的价格划拨给这些重点企业，政府这种做法做造成了一系列问题，首先是政府把银行借贷利率限定在较低水平，且限制部分经营自主权，使得银行吸储能力降低，可调配的资金资源受限。其次，较低的存贷款利率以及政策性融资需求，依靠外部借款这一形式迅猛发展，对于经营能力较弱的企业来说存在较大的财务风险。再次，经济快速增长导致市场对资金需求的增加，由于政府多把资源用于重点企业，这就导致非重点企业融资变得艰难。最后，因为货币供应量的快速增长，使得通胀水平快速提升。

20世纪60年代的中期，韩国政府准备实施利率自由化政策。虽然利率市场化对韩

[①] 雷曜，胡莹. 韩国利率市场化改革与其经济金融运行变化［J］. 中国货币市场，2012，（010）：8-11.

国的国内储蓄存款的增长起到了极大的刺激作用,但由于高通货膨胀、财政赤字等问题阻碍了利率市场化进程,改革进程一度中止无法顺利进行。在20世纪80年代的时候,韩国政府实施了利率市场化改革措施,然而,因为通货膨胀情况和国际收支恶化的负面影响,韩国的利率市场化改革又一次经历了失败。基于金融全球化的不断发展,1991年韩国又开始了第三次利率自由化改革,这项改革与第二次改革相同,都是采取先贷款后存款,先短期后长期的渐进式利率市场化改革。但根据以往的经验,在部分细节上做了相应的调整。如在推进贷款利率市场化的过程中先放开短期利率,而后放开长期利率,而存款利率市场化则与之相反,是先放开长期后放开短期。如此一来,韩国最终在1997全面完成了利率市场化。[①]

综上所述,韩国的利率市场化改革历经了从放开到管制,最后又从管制回到放开的两段曲折发展阶段:

第一阶段:时间跨度从1981年到1988年,这一阶段的实行的是"激进式"的利率市场化改革,导致原本不容乐观的经济形势的进一步恶化。从关键节点来看,先是在1981年6月,韩国当局在金融市场首次引入无管理利率的商业票据;然后到1982年,开始放宽对企业债券收益率的管理,允许其在一定范围内合理波动,同时,取消了过去对优先发展的重点企业的贷款优惠;同年7月,对借贷又做了进一步明确,在当局允许的最高制定范围内,商业银行有权根据存款期限确定存款利率,根据贷款种类的不同实行差异化的贷款利率;同年底,进一步放宽了对银行间拆借利率和未担保的企业债券发行利率的限制;1986年6月,当局规定货币稳定债券的发行利率同市场利率挂钩。这一时期,韩国的经济形势得到了有效的改观,企业的经营状况得以扭转,市场资金需求开始旺盛,经济又实现了高速发展,同时,韩国官定利率和市场利率间的差距也在不断缩小。面对改观的经济形势,韩国政府更坚定了推行利率市场化改革的决心,利率市场化的进程进一步加快。至1988年12月,除了少部分政策性贷款利率外,韩国已全面放开了对金融机构的利率管制。但到了1989年,韩国经济形势迅速开始恶化,市场利率快速攀升,国内通胀加剧,使得政府又被迫通过"窗口指导"对已经开放的利率再次实行管制。

第二阶段:时间跨度从1991年到1997年,在经历第一次利率市场化改革的经验教训后,这一阶段韩国采取了更为稳健的"渐进式"改革模式。自1989年韩国经济出现颓势后,市场对资金的过度需求得到了一定程度的抑制,通胀预期也逐渐平缓。这一次利率市场改革的标志是1991年韩国货币当局发布的《对利率放宽管制的中长期计划》,由此开启了新一轮的利率市场改革。这次改革凸显步骤的渐进性,按照从长期到短期、从贷款到存款、从大额到小额以及从非银行机构到银行机构的顺序有序进行。

---

① 李翔,孙曌琳. 我国利率市场化路径和风险分析[J]. 经济研究参考,2014(64):45-54.

此项计划在实际操作过程中，大致分为了4个时间节点，第一个节点是1991年11月，韩国当局基本全面放开了金融机构的短期贷款利率，存款利率方面先是对3年以上期限的存款利率实行部分放开；第二个节点是1993年11月，对贷款利率的放开程度进一步提升，除了诸如政府贷款和韩国银行再贴现贷款没有放开外，其余都已全面放开。第三个节点是1994年12月，全面放开了1年期以上的存款利率，缩小了可转让存单、大额回购协议以及商业票据的期限，同时，全面放开了韩国银行再融资的贷款利率。第四个节点是1997年，韩国当局对完全放开了活期存款利率，使之完全实现利率市场化。

简而言之，韩国的利率自由化改革已持续近20年。虽然这个过程中比较坎坷，但最终实现了将实际利率从负变为正，为经济发展提供了保障，并在许多领域取得积极成果。首先，经济基于市场的利率改革稳步增长。利率自由化带来的实际利率上升不仅促进了国内储蓄和投资的显著增长，也增加了生产和就业。在利率市场化改革开始时，存贷款利差非常大，几乎为零。然而，在第一阶段基于市场的利率改革失败后，利差再次扩大，逐渐稳定再次接近零的水平。此后，亚洲金融危机，存款和贷款利差再次波动，但波动幅度较小。近年来，韩国的存贷款利差仍相对稳定。其次，利率市场改革对通货膨胀抑制效果显著，但是在实施利率市场化改革后，经济形势明显好转，通胀受到抑制。最后，韩国的利率市场化已经实现了鼓励银行储蓄，抑制非银行投资的目标，促进金融深化和投资效率提高，有效实现经济增长。

(二) 韩国利率市场化历程中基准利率选择的成功经验

利率市场化是市场经济发展和金融改革深化的客观需要，这是利率管理体制的一个重大变化，必须经历一个渐进的过程。就发展中国家而言，货币体系改革和市场发展并不像发达国家那样全面和深刻。由于长期的金融限制，导致金融业的管理者和运营商缺乏市场竞争经验和风险管理的能力。逐步扩大市场利率金融产品的数量和范围，从而达到提高利率市场化程度的目的，由过渡期转换到市场利率自由化，这也是大多数发展中国家的普遍做法，实践证明这是成功的。

作为新兴市场国家，韩国在利率市场化改革中采取了稳妥战略，不断总结改革中出现的问题，有针对性地加以解决。可以说，他们的利率市场化改革，包括基准利率的选择，符合深化金融体系和经济运行的大环境的要求，有许多地方值得学习和模仿。在韩国利率自由化进程中基准利率的选择过程中，可以总结以下经验：

第一，宏观经济环境的稳定是利率市场化顺利实施和成功的关键。韩国利率市场一直持谨慎态度，在央行的指导下，逐步逐项推进，表现出了极大的耐心和操作的稳健性，最终取得了良好的效果。但是，当存款和贷款大幅放开时，应该重新调整因经济发展时机不当和宏观经济恶化而市场化的利率，需对此进行再次管制。

第二，要深入培育货币市场，推进其向纵深方向发展。作为金融市场的重要组成部分，金融机构是利率市场化改革的基础，金融市场是利率机制的重要组成部分。金融机构必须具备独立性，且进行自主经营和自我约束，并能够对其利润和损失负责，以便快速有效地应对利率的变化，即能够及时根据市场上资金的需求和供应信号进行反映。要想实现这些目标，货币市场和资本市场既要有合理的操作规则，也要有具备一定的深度和广度。通过这种方式，货币当局通过基准利率发出的信号才可以顺利通过金融市场上的金融机构成功发送给企业和居民，从而实现良好的政策转移，提高市场效率。

第三，加强监督。从管制利率到确定市场化利率，存在着无法完全预测的巨大风险。如果金融机构的风险集中度和广泛性没有受到很好的控制，它们可能会导致经济正常运作的中断。自由化并不意味着政府不关心任何事情，相反，在这个过程中，政府应该密切关注改革的进展，了解并及时防范可能出现的风险。考虑到包括本国在内的国家改革情况，经济体波动较小的都密切监测其金融机构，特别是银行系统实时监控，且建立了适合自身发展条件的监管制度，这样可以使得改革冲击波部分被吸收，使政府有机会对改革中出现的问题提出相应的对策。

第四，需要一个全面的信用评级体系。利率市场化后，银行要做的是分析客户的信用水平来定相应的利率。要是缺少评级体系的可信度，银行就无法管理不同类型的客户：高质量的客户风险低，他们可以负担低利率，高利率将这些客户从银行的信贷市场中脱离出来；但一些高风险客户有不同的贷款，这些贷款以低于风险利率的利率获得，然而用于高风险项目，从而产生道德风险和银行坏账。[1]

二、新加坡利率市场化历程中基准利率的选择及成功经验

新加坡的基准利率是新加坡的同业拆借利率（SIBOR）。为了降低银行风险并提高商业银行抵御风险的能力，银行业内相关法要求所有商业银行必须存一定数额的现金账户于新加坡金融管理局中。正是因为这一规定，当资金每天被清算时，一些账户现金紧张的银行向资金充裕的银行申请借款，从而促成了1962年新加坡银行同业拆借市场的形成，该市场的利率水平即为SIBOR，新加坡银行公会设定了该市场的利率水平，确定的具体方法是在银行公会在前一个交易日，将纽约市场和伦敦银行之间的银行同业拆借市场的收盘利率作为开盘利率，然后根据市场基金的供求情况来确定市场的波动性。[2]

---

[1] 孟建华. 韩国利率市场化的进程及启示 [J]. 济南金融, 2003 (06)：59-60.
[2] 盛朝晖，梁珊珊. 同业拆借利率形成机制的国际比较及对SHIBOR的借鉴 [J]. 金融与经济, 2008 (7)：30-33.

新加坡于 1975 年废除了固定存贷款利率制度。由于没有货币政策，提高新元汇率相当于提高新元的利率。1975 年，新加坡实行盯住一篮子货币的汇率制度。自 1981 年以来，新加坡的汇率政策一直是货币政策的中心。可以从新加坡的利率市场化过程中吸取一些有益经验：

一是新加坡利率市场化改革处于相对稳定的经济环境中，为利率市场化的成功提供了基本保障。在宏观经济过热、经济衰退或萧条期间实施利率市场化将导致经济出现大幅波动，甚至可能导致利率市场化改革失败。新加坡金融监管部门的重组是在利率市场化改革之前完成的，其实是将几个部门共同实施的货币政策管理工作收归其中，这种组织结构的改革为新加坡的利率市场化改革提供了良好的监管环境，促进金融改革的顺利进行。[①]

二是政府倡导的市场化发展理念。以金融衍生品市场为例，对于美国等发达国家来说，市场的发展通常伴随着衍生产品的出现，但对于金融体系不发达的国家或地区来说，衍生产品的发展并不是一个纯粹的技术问题，金融衍生品的创新能力受到金融制度和市场规则的制约。在利率市场化过程中，早期金融衍生产品市场的建立，政府逐步放宽管制以引导市场创新，培育和扶持市场发展。1998 年以后，新加坡衍生市场的发展才逐渐由政府主导，转向市场主导。

三是坚持金融安全原则。自 20 世纪 70 年代以来，新加坡一直关注金融安全和稳定，以避免利率市场化改革可能带来的金融风险。坚持市场化货币市场利率优先原则、贷款利率市场化先于存款利率市场化原则、长期存款利率市场化先于短期存款利率市场化原则和大额存款利率市场化先于小额存款利率市场化原则。

四是严格的金融监管且执法严肃。新加坡金融监管机构的合规管理是银行满足外部监管需求的重要手段，也是防范信用风险的重要途径，它可以为银行带来某些好处，例如通过合规监管提高客户信任度，以及提高银行业务发展的附加值。因此，新加坡商业银行通常有反洗钱、区分居民和非居民、交易监控、信息报告和实施新加坡元非国际化政策实施等合规管理的义务，并制定严格、详细的法规来限制银行的行为，例如新元非国际化政策量化了银行向非居民提供的部分新元金融服务，并确保监管的有效性。

现在新加坡利率市场化机制的建立将促进 SIBOR 的形成和发展。首先，自 1975 年新加坡市场利率制度改革及固定存款和贷款利率制度废除以来，SIBOR 能够灵敏地、忠实地反映市场资金供求的变化，特别是那些具有市场性特点的金融机构中短期资金的变化状况。第二，由于 SIBOR 能更好地反映金融机构短期贷款的收入水平，对其他金融产品的收益有着根本性的影响，已成为金融市场其他产品定价的依据，对于金融

[①] 贾曼丽，冯维奇．推进利率市场化面临的风险及政策建议 [J]．经济纵横，2014（11）：83-86．

资产价格也具有良好的定价和价格发现能力。此外，新加坡准央行可以通过调整短期利率目标，影响流向金融机构的资金以及进行存款和贷款交易来影响其他市场的利率。由于其市场性、基础性、相关性和可控性的特点，SIBOR 作为核心基准利率在新加坡利率体系中起着重要的作用。

第三节 国外基准利率选择对我国的借鉴意义

通过比较国内外基准利率的选择，发达国家更有可能将银行同业拆借利率作为货币市场的基准利率。因为相比于短期国债利率和回购利率，同业拆借利率的市场化程度更高；但这两种利率与银行同业拆借利率相比，市场性较弱，因为更容易带有央行的政策意图。债券市场利率使中央银行能够实施宏观经济调控，以确保金融市场的平稳运行和经济的良性发展，这对于经济基础薄弱且金融市场没有高度成熟的发展中国家来说是有利的。在利率市场化的大背景下，如果金融市场保持高水平的发展和积极稳定的经营，那么银行间拆借利率更适合作为货币市场的基准利率。①

与发达国家相比，我国商业银行体系的利率市场化的程度还不够。在发达国家，所谓深入的利率市场化，即利率这一工具已成为央行首选的货币政策中介指标。在中国的利率市场化改革中，中国人民银行利用利率工具作为货币政策的中介，积极利用利率工具调整市场资金供求关系，但总体上货币供应量仍处于央行的宏观调控之下。可以看出，利率在宏观市场调控中的作用尚未得到足够的重视。原因是金融市场尚未在中国形成相对完整或先进的市场环境，货币政策的传导机制特别是利率传导机制仍然不完善。以金融市场为例，中国的一些金融市场仍然有很多管制，市场参与者无法享受金融产品的独立定价权限，金融机构缺乏激励或创新能力不足，因此开发金融衍生品和金融保值风险工具利用能力也相对落后。总的来说，我国金融主体的竞争力在利率市场化改革期间并未得到改善，还是相对较弱，金融系统也存在较大的脆弱性。利率若要成为央行制定和实施货币政策以规范宏观经济的最重要的中介工具，则必须要在建立健全的金融市场中充分发挥其应有的作用。因为金融市场不发达、金融机构主体竞争力不强、金融体系风险控制困难，都不可避免地会影响基准利率体系发挥其作用。

此外，目前的利率体系仍缺乏可用作货币市场基础的关键基准利率。如前所述，美国、英国、日本、韩国或新加坡的主要基准利率是考虑到它应具有与其他利率相关、政府可控和稳固的市场基础等特征，在利率市场化的过程中我国也培育了类似于新加

---

① 闫明健. 利率市场化进程中我国货币市场基准利率的选择 [D]. 上海社会科学院, 2010.

坡的 SIBOR 利率，比如上海同业拆借利率，然而，仍然缺乏能够发挥绝对主导作用的基准利率。在现有利率体系中很难找到一个或多个基准利率既可以作为市场经济中一般基准利率又能够为货币当局作为中介工具目标的基准利率。①

一、市场发达国家基准利率选择对我国的借鉴意义

（一）从市场发达国家经验看我国基准利率选择的路径

随着中国利率市场化的发展，有必要及时选择合适的基准利率来实现中国货币政策的基准利率调控模式。美国和英国的经验为中国货币政策的调整提供了两种不同的模式和发展方向，即有债券市场的 7 天债券回购利率和货币市场的银行同业隔夜拆借利率。

第一，选择 7 天债券回购利率，则需要依靠国债市场，同时政府积极参与。毫无疑问，这种选择要求政府在国债市场的基础上进行积极干预。7 日债券回购利率对货币市场利率起引导作用，得益于其交易量占市场份额的比重较大，但其前提是国家债券市场和企业债券市场应十分发达，债券品种多样化，债券利率呈现期限结构，商业银行和其他金融机构持有大部分债券，并有足够的交易动力；中央银行持有的债券绝对数量可以通过日常交易来调整基准利率。这样经常调整基准利率才能影响货币市场利率，进而影响资本市场和实体经济。

第二，选择依赖于货币市场的银行同业隔夜拆借利率：即利率走廊调控模式。通过设定利率上限和下限以及设定基准利率控制的目标水平，将其限制在利率走廊范围中运行隔夜拆借利率。这种选择似乎相对容易实施，对债券市场和交易主体投资行为没有过多的要求，且与我国不发达的债券市场的实际情况不谋而合，但这表明了中国人民银行的货币政策理念和体系将面临巨大挑战。当前的货币政策体系远远不能满足利率走廊模型的实施条件。

分析这两个模型，它们的缺点与货币供应量和国民经济的关联不明显，但它们在中国货币市场及整个金融市场存在的制度性缺陷，其他利率也是不可避免的。在利率市场化条件下选择基准利率时，中国应该切实可行。两者只有在客观经济条件下实行，才能很好地履行基准利率职能。尽管同业拆借利率与银行间回购利率在交易规模和市场化程度上具有可比性，但就基准利率而言，银行间回购利率优于同业拆借利率，其更好地满足了基准利率的要求。因此，在这个阶段，中国选择和培养银行间回购利率作为基准利率是可行和合理的，这在利率市场化的发展和金融改革的深化过程中，都起着极其重要的作用。七天回购交易占交易总量的绝大多数，是交易主体，且交易量

---

① 刘义圣，万建军．央行基准利率的甄选：比较与实证研究［J］．东南学术．2015（11）：136-142.

很大，每日交易量和月交易量稳定，这是中国银行间回购利率的最佳代表，同时银行间回购利率内部各期限利率有很强的相关性。因此，中国应选择7天银行间回购利率作为基准利率。

但到目前为止，国内的货币市场还没有真正的基准利率。对此学者们提出了许多建设性观点和建议，在市场化基准利率的过程中，无论最终选择如何，"央行要想干预市场，必须比市场还要了解市场"，货币政策当局必须深刻了解经济并加强对经济的控制，充分发挥央行在宏观经济中的积极作用，系统地改变中国目前的货币政策工具。

就日本而言，在利率市场化改革之前，日本央行一直将货币供应量视为货币政策的中介目标，但自1978年改革以来，利率政策已经成为利用货币政策来调节经济的方法。鉴于日本过去的情况与中国现阶段的情况相同，日本利率市场化改革的经验对中国具有重要的借鉴意义。

一是重视内外政策的协调发展。当世界经济一体化要求各国应对自身的经济问题时，必须考虑各种因素，关注国内外两个市场，并制定总体规划。在利率和汇率问题上，我国的基本政策是先汇率后利率，因此，在实施过程中，要保持谨慎的态度，避免因汇率波动过大而导致资金流动频繁，从而加剧利率自由化的影响。坚持人民币汇率稳步升值，关注升值幅度，避免升值后对外向型经济造成下滑，进而影响实体经济发展和银行体系资金转移过于集中。

二是重视财政和货币政策协调发展。一般利率自由化计划是在经济相对稳定的时期实施的。目前，中国经济总体稳定，但也存在大量外部需求压力，内需动机不足和投资主体薄弱等情况。因此，要在困难的经济环境中实现利率自由化，就必须有效地结合财政和货币政策。在货币政策方面，我们必须坚持审慎原则，加强中国人民银行的领导作用；在财政政策方面，利用税收、政府采购和转移支付改善银行利率竞争的市场环境，避免过度的信贷集中。此外，我们还将通过税收和贴息等方式鼓励中小企业甚至是小微企业的发展，为多层次银行系统的竞争提供支持。

三是重视直接融资与间接融资市场的协调发展。在传统观念的影响下，中国目前的投融资体系中，间接融资长期占据绝对比例，这将极大地增加中国利率市场化的风险。利率自由化后，对一些具有绝对优势的大公司而言，从银行获得资金的成本等于从直接融资市场获得资金的成本。这些公司将参考公司财务报表从而选择直接融资，而中小企业将面临直接和间接融资方面的难题，利率市场化后，他们将选择以更高的利率从银行获得间接融资，主要是由于他们在金融市场获得了一些便利，从而将大量风险转移到银行系统，使得整个金融系统风险加剧。因此，顺畅的直接融资渠道和较低的直接融资门槛不利于解决银行体系的风险。

四是重视市场自发调节与宏观调控的协调发展。利率自由化并不意味着货币当局对利率放任不管，我们仍应坚持市场管理与宏观调控的有机结合，加强对金融体系的监管。在具体过程中，有必要建立有效的银行监管体系和相应的法律法规，以取代利率和金融的直接干预。二是加强基准利率制度建设，加强利率监测和报告制度。三是完善央行利率调控机制，运用货币政策调整利率水平，理顺政策传导机制，充分发挥货币政策的自主作用。四是加强对金融创新工具的监督和指导。在利率市场化的情况下，金融机构将根据当地条件制定新的金融工具，中央银行应适当加强对金融工具的监测和分析，对风险进行适当把控。第五，加强宏观经济预警作用，及时向有关部门提供政策建议。[①]

(二)从发达市场国家经验看我国基准利率选择的注意事项

为了实现建立由市场进行自主调节的，兼具全面性和协调性的金融市场目标，中国在基准利率选择和利率市场化过程中应注意以下几个方面[②]：

1. 建立完善的金融市场体制

首先，除了大力发展长期交易品种外，银行同业拆借市场还需要建立代理行制度。其次，尽快统一两个人为分割的市场，建立统一的国债市场，改革国债发行制度，建立一致、全面的国债发行制度，合理提高国债发行价格，将会很大程度地促进国债二级市场的完善和发展。再次，发展票据市场，建立全面并且灵活均衡的票据交易市场。最后，大力发展期货市场，鼓励且扩展金融衍生品市场。

2. 建立良好的社会信用环境

第一，加强信用法制建设，建立健全法律法规，维护金融机构的合法权益，严厉打击违法违规行为和不遵守信用制度的行为。第二，建立合理的信用体系，为各类公司、个人和金融机构建立信用档案，并在行业和社会中使用，增加社会对信用的认识，强化信用的重要性。第三，需要建立信用评级制度或建立社会认可的信用评级机构，同时这些评级机构具有独立性，不受到政府的影响，能够公平公正地评价信用评级结果，同时为同业拆借等信用担保的业务提供依据和参考，促进金融业务的有效发展，同时也是对市场的有益补充。

3. 加强金融监管

在中国，银行监督管理委员会为了保证金融市场的健康快速发展，不仅要依靠国家

---

① 余海萍. 日本利率市场化与泡沫经济对中国的启示[J]. 河北民族师范学院学报，2014，34(01)：74-76.
② 王贺. 我国金融市场基准利率选择问题研究[D]. 东北财经大学，2007.

建立的监管机构,还要积极开展社会监督,以及金融机构的自主性监督和内部行业监督。以上四个从美国利率市场化的经验表明,中国正在逐步实施利率市场化的选择是对的,同时控制金融市场的开放,在市场可以接受的条件下,其他利率制度应再进一步放开,以便为市场间的联系提供信息,建立一个由市场自主调节的全面协调的金融市场。

二、新兴市场国家基准利率选择对我国的借鉴意义

第一,国债利率最适合作为基准利率。利率市场化在中国已经开始了,在这之前,有必要选择和培养适合中央银行间接监管机制下的基准利率。根据基准利率的选择原则和新兴市场经济体的成功经验,银行间拆借利率是中国利率市场化过渡时期的主要选择;但就长期发展而言,只有国债市场才能将市场供求信息进行全面反映,形成有效配制的利率体系。因此,国债利率是基准利率的最终选择。

第二,利率市场化改革非常重要。金融抑制和金融深化理论的引入对新兴市场国家的经济改革产生了广泛而深远的影响。自20世纪70年代中期以来,这一理论的影响和国内经济的需求导致许多新兴市场国家进行利率市场化改革,其中一些已经失败,导致国内经济受到严重影响,三个拉美国家智利、阿根廷和乌拉圭具有代表性;在一些国家,改革已经开始产生重大成果,但此后又出现反复,例如印度尼西亚在1983年6月实施了"反序改革",并取得了一些成就,然而东南亚的金融危机暴露了20世纪资本项目过早开放的缺点,汇率波动导致整个金融体系动荡,重新对经济进行局部管制显得尤为重要;一些国家和地区的利率改革则相对成功,台湾地区具有代表性,改革不仅提高了金融体系效率,还让利率充当配置资源的重要杠杆角色。[①]

第三,渐进路线符合中国的基本国情。在中国利率市场化的过程中,银行间拆借市场和银行间国债回购市场首先开放,并且极大地促进了整个市场的开放。与此同时,浮动利率范围逐步放开,下放利率浮动权,利率市场化改革继续深化。尤其是商业银行存款利率和贷款利率浮动权的下放,为金融机构提供了更多制定利率的权限和空间,以及为金融机构改革和完善提供了机会。参考韩国在利率市场化方面的经验,中国决定逐步实施利率市场化是一条正确的道路,控制金融市场的开放性,并在市场可接受时进一步开放其他利率体系,最终促进建立一个自主调节的全面协调的金融市场。

综上所述,新兴市场经济体货币市场利率市场化和基准利率选择的经验主要是根据国情来确定改革的方向和步骤,同时在这一过程中仍需继续支持配套金融改革,并共同努力,形成相互促进推动的局面。利率市场化是中国经济和金融改革的重要目标。我们虽无法设计准确的时间表,但必须为其提供条件,选择和制定适当的基准利率体系,从而推动这一历史责任的落实。

---

① 张帅. 韩国利率市场化的经验与启示 [J]. 经济纵横, 2003 (10): 39-41.

第九章　我国基准利率培育、管理及相关配套制度建设

第一节　我国基准利率的培育目标：长短期目标考察

一、基准利率培育的短期目标：将 SHIBOR 培育为货币市场基准利率

综合前面章节的研究成果，不难得出结论，在利率市场化情境下，与其他利率品种相比，央行基准利率的最佳选择聚焦于隔夜 Shibor、隔夜 Repo 和 7 天 Repo。然而，从我国当前的现实环境来看，我们认为，培育我国货币市场基准利率的短期目标，隔夜 Shibor 是一个较为适当的选择，这不仅将加速我国的利率市场化进程，也将使得中央银行能够提高宏观调控的有效性，将更有效地反映中国金融市场的流动性，促进中国金融创新的发展，并为中国金融产品定价提供依据。Shibor 作为货币市场基准利率，不仅在中国利率市场化中起着重要作用，而且可以指导中国金融产品的重大创新。

（一）Shibor 将开创利率新时代，最终实现利率市场化

在 Shibor 运行之前，中国没有真正意义上的基准利率。就银行间同业拆借利率的构成而言，是由具备以下特点的银行间的拆借利率构成的，即在中国货币市场表现得还算活跃，且信息披露相对来说较为充分。该拆借利率主要是由资金供求双方在市场上的竞争而形成的。当前 Shibor 已经发展到能够满足作为基准利率的要求了，如果 Shibor 成为央行的政策利率将在很大程度上解放利率。目前，处于管制状态的存贷款利率在减少交易成本方面效果显著，在很大程度上降低商业银行间恶性竞争的概率。放开对存贷款利率管制的同时，没有适合的利率充当基准利率的话，会产生更坏的结果。Shibor 作为一个基准，通过央行和各市场参与成员的共同努力，其将发展成真正的基准利率并最终实现利率市场化。

（二）Shibor 将成为反映市场流动性的"晴雨表"

国债回购利率和央行票据发行利率虽不是真正的基准利率，但二者在我国货币市

场存在较大影响。Shibor是宏观管理的重要参考指标，也是反映市场流动性的"晴雨表"。一旦Shibor成为真正的基准利率后，能够对市场信号进行很好地反映，并有利于将信号传递到其他金融市场产品价格上，进一步对市场资金供求关系进行调整。

（三）Shibor将为金融产品定价提供基准

Shibor目前广泛用于货币市场产品的定价，在此基础上，金融产品定价将以此作为参考依据，增加金融产品定价科学性的同时，提高金融机构自主定价能力。金融产品定价作为金融机构核心竞争力的一个关键点，是金融机构经营过程中的一项重要技术。长期利率管控实际上是限制了金融机构学习定价的能力。各种金融产品与货币市场基准利率联系紧密，因此，Shibor的不断发展和完善将极大地促进与债券和利率相关的衍生品市场的形成和发展。

（四）Shibor将有助于提高中央银行宏观调控的有效性

Shibor的形成主要以市场化为基本条件，其波动变化能够对金融机构的利率预期进行反映，同时也反映了整个市场的利率预期。Shibor作为参照物，也起引导作用，不仅促进货币市场利率水平趋向市场化，也进一步促进存贷款利率市场化。Shibor将成为市场经济中央行货币政策调控的一个非常重要的变量。它不仅可以在整个利率体系里面引导和制约其他利率，更为重要的是Shibor还起主导作用，这将有助于提高央行的宏观调控效应。实践证明，相较于数量型调控，价格型调控效果更为显著。央行金融要实现数量型向价格型调控的成功转变，应充分重视Shibor的完善和发展。简而言之，Shibor的推出将有助于提升中央银行金融宏观调控措施的有效性。

（五）Shibor将推动中国金融创新的发展

Shibor在市场上的发展和推出，进一步促进放开金融市场里贷款和存款利率的浮动空间，并在短期内将经历净利差收缩阶段。将利息收入当作主营业务收入的商业银行，将面临较大压力，同时也鼓励它们更多进行金融创新、中间业务和零售业务是减少负面影响的有效手段。同时，基准利率能够有效提高金融机构产品开发和定价能力，对注重产品创新且具备较强实力的金融机构来说是一个发展契机。此外，随着利率市场化的深化，金融机构的利率风险将会增加，这就要求更加合理严格对利率风险进行管控。Shibor在金融市场的飞速发展，为金融机构提供利率预测风向标，也将在支持金融机构实施利率风险管理和提高中国金融机构的市场竞争力方面发挥积极作用。

虽然选择Shibor作为我国短时期内的基准利率具有十分重要的意义，但是我们仍然要注意到Shibor作为基准利率的制约因素，并对此加以改进，具体分析如下：

一是现在Shibor的报价实际上没有对实际交易产生任何约束力和影响力，所以这种情况使市场中价格的可靠性和有效性得不到提高和完善。Shibor报价行没有履行报价成交的义务会导致Shibor利率可能存在"超调"或"失调"现象。因此，Shibor的利率还只是报价型利率，还不是报价与交易并重的利率，应该实现前者向后者的成功转换，即报价行必须根据报价成交的义务。此外，Shibor报价行的信用等级是不一样的，其信用差异溢价始终是个问题。现阶段在Shibor报价中，一般而言，主要合作伙伴是相对信用评级最高的机构。基于信用形成的Shibor具有高效率，因为彼此直接用货币交易，省去了转换成产品的麻烦。中国仍处于金融市场发展的早期阶段，受制于市场信用体系的缺失，金融机构信用评级不平衡和市场成员交易信用不同等诸多因素，没有有效的信用评级系统和无法对其他金融机构进行全面的信用风险定价，所以定价变得困难。因此，市场制造商可能仍然倾向于通过回购而不是信用方式来筹集资金。

二是Shibor还不具备完全独立运行的能力，货币市场的其他利率和新股发行对其报价能力存在极大影响。在上述实证分析中，银行间同业拆借利率和债券质押式回购利率与Shibor曲线的短端互为参考，其长端参考央票发行利率。央行票据发行利率对中长期Shibor产生影响，基于此，本文形成实证比较的基本结论。因此，未来Shibor的报价行的报价水平还有上升的空间，以进一步完善其对货币市场中其他利率的引导作用。Shibor基准利率状况的改善还取决于央行票据的发展（1年期以下），这使得Shibor能够在一定范围内形成有与之相配套的利率形成参考，并且能够充分传达和消化Shibor发出的信号。此外，Shibor利率还受到新股票发行的影响。自2007年9月以来，新股的集中发行使得短期资金的需求急剧增加，从而对银行间市场短期基准利率的波动性产生较大影响。因此，为有效减少新股发行对银行间基准利率体系的负面影响，改革新股发行机制应早日提上日程。

三是货币市场中，交易和期限结构不合理等问题日益凸显，未能为Shibor的中长期报价提供实际交易支持。统计数据显示，2006年，与银行间同业拆借市场相类似，回购市场的大部分交易量也主要是通过隔夜和7天两个品种。2007年，Shibor正式推出，市场交易情况并没有发生重大变化，到2008年上半年，Shibor已经运营了18个月，超过三个月的中长期交易仅占拆借和回购市场交易量的0.36%。Shibor的长端品种（超过三个月）没有实际的交易支持，并且报价没有具体的参考标准。换句话说，作为基准利率，由于Shibor没有实际交易作为基础，所以长期Shibor在金融市场中的地位比较弱。如果想要促进Shibor作为基准利率的进一步发展，十分有必要在实际金融交易市场中重点培育长期品种，并且使这些长期品种处于活跃的状态，这样才能够进一步增加长期品种的市场广度和深度。

四是受制于Shibor的认知度，以及金融机构的内部转移定价权限约束，其辐射效果不显著。Shibor的正式运行时间较短，公众对其的认知度不一，且中国经济发展存在较大的地区差异，资本流动性受到一定的限制。而区域资金成本差异，风险溢价和期望利润率等诸多因素，在金融机构贷款定价中扮演重要角色，其与 Shibor 的相关性还有待检验。此外，目前商业银行内部转移定价普遍采用集中统一管理模式，总行权限过于集中，削弱了资本流动的区域性，使得 Shibor 对基层金融机构产品定价的参考影响减弱。利率市场化的基本要求是让最接近市场的主体拥有定价权，然而市场上的金融机构要考虑风险溢价，并收紧内部定价管理权限，这削弱了 Shibor 的效率。

五是短期内，中国利率市场双轨制还不能完全消除，而双轨制的发展影响和抑制了 Shibor 的基准性。目前，中国的利率还未完全放开管制。换句话说，金融市场中存贷款利率是人为限定的，非市场决定的，而货币市场的利率水平目前大致上向市场化方向发展，这种情况使中国利率风险的结构发展不够完善。利率的高低水平会与金融工具间的流动性、安全性和营利性等特性相挂钩，这主要得益于发达国家成熟的金融市场。当国内外的金融政策及其形势发生变化时，这种关联性会由国内其他市场参与者的套利活动反映在各种金融工具的利率变化中。但是，中国目前的市场利率与法定利率并存且同时产生作用，短时间内金融体系对管制型利率传导路径很难改变。这样就导致了市场中金融机构的产品定价制度和 Shibor 的形成机制有区别，即金融产品的市场化水平与 Shibor 的相关性呈正相关，这很大程度上影响了 Shibor 的基准性。

二、基准利率培育的长期目标：打造具有全面参照性的基准利率体系

目前，为了满足中国市场的需求，中国必须坚持各种基准利率的发展，以保持市场的正常运行和可持续发展。但是，在未来，我们的最终目标应该是建立一个对金融市场具有全面参照性的基准利率体系。

2012 年，伦敦银行间同业拆借利率 Libor 被曝光其受到暗箱操纵的丑闻，使得现有银行间同业拆借利率的可信性大打折扣，公众对 Libor 的信心受到极大的打击，进而基准利率体系不确定性逐步上升。因此，基准利率制度的完善已成为引起世界关注的重要经济问题，也是各国经济改革的重要方向。为应对 Libor 丑闻引发的信贷危机，美国一直在积极采取措施寻找新的美元基准利率。在改革美元基准利率方面，美国政府继续支持改革现有的银行间拆借利率，同时极力推崇制定新的利率来替代。2014 年 11 月，美联储牵头成立了替代参考利率委员会。经过近三年的研究，它充分吸收了各方的反馈意见，最终选择隔夜质押融资利率作为美元的基准利率。面对基于联邦资金有效利率的新兴衍生品市场，美国仍决定逐步从使用联邦基金有效利率转变为隔夜质押融资利率。美联储的该行动意味着美国对单一基准利率有着独特的偏好，甚至为了实现建立单一基准利率，打破原市场基准利率，摆脱多基准利率制度，逐步确立了隔夜质押融资利率的核心地位。在将隔夜抵押贷款利率设定为单一基准利率的过程中，美国必然会遇到交易流动性不足、质押风险等一系列经济问题。然而，由于美国已经实现了利率市场化，它可以借助高度发达的金融体系，通过技术手段消除这些问题。

反观我国，随着利率市场化的不断发展，基准利率也不断得到强化，但由于控制和调整利率的手段和技术仍然需要进一步发展，同时应对资本市场风险的能力还不足。因此，从我国的实际情况来看，建立单一的基准利率是不合适的。从长远来看，我们仍然需要依靠多一些的基准利率品种，同时积极培育贷款基准利率，以及政府债券利率等，从而来对应各种市场对基准利率的需求。等待中国形成一个高度发达的市场，并有足够的经济和技术能力来处理经济问题时，我们就可以逐步从多维基准利率制度转向单一基准利率制度过渡。与单一基准利率制度的效率和便利性相比，多维基准利率制度在一定程度上会阻碍经济运行，从而抑制有效性。与此同时，多种基准利率可能会误导公众，增加资本市场的信息不透明度。因此，中国在以打造具有全面参照性的基准利率体系作为长期目标时，也应将建立单一基准利率作为最终目标。通过不断建立基本条件，完善经济技术，最终实现单一基准利率制度，这一方面可以大大提高我国经济运行的能力和效率，形成更加完善的金融市场体系，另一方面也有助于中国参与未来的国际基准利率竞争。然而，根据我国的实际情况，可想而知，要实现最终目标还有很长的路要走。

第二节 我国基准利率培育与管理的深化完善

一、深化我国基准利率的培育路径

通过对常规货币市场利率的比较，我们可以得出我国基准利率选择的基本路径：对于货币市场上的各种市场利率，作为基准利率都是很有争议的。研究视角和评估标准的差异使得难以对基准利率的选择和培育难以达成共识。对于能够在金融市场上作为基准利率发挥作用的利率，一方面这种利率要能够对其他利率起绝对影响的作用，同时还要符合金融市场中宏观控制和调整的相关要求。基准利率的选择并不局限于某一种市场利率，应结合国际社会的有利经验和金融市场在中国的现实，稳步推进。因此，我们应该从以下几个方面探讨发展培育基准利率的途径。

（一）完善 Shibor 形成机制，以提高 Shibor 价格的可靠性

第一，我们需要降低对 Shibor 报价主体的限制，以扩大报价团成员的规模，实现参与主体多元化。为了实现隔夜 Shibor 作为中央银行基准利率的目标，以及实现将其他期限品种作为整个市场基准利率的目标，要做到使 Shibor 报价成员的数量进一步增大，同时还要进一步扩大市场中非金融机构的参与规模。随着中国金融体系的开放性越来越强，越来越多的银行加入报价集团，如吸纳民营银行和外资银行加入其中，报

价团积极吸收不同结构的、拥有强大实力并且占据市场大量交易和交易份额的其他大公司和金融机构，以增加 Shibor 报价主体的多样化，将有助于 Shibor 充分反映货币市场中各种市场参与者的观察和预期，帮助 Shibor 更好地代表不同市场参与者对价格的意愿和要求。这种情况有助于真实反映市场上资金的供求关系。

其次，改进 Shibor 期限结构，提高中长期 Shibor 的精度。Shibor 在市场上承担重要的责任，但其在长期期限品种上存在不足，要通过 Shibor 期限结构的完善来提高 Shibor 长期利率的准确性。当 Shibor 发展得更为完善，我们要将重点放在增加 Shibor 的各种期限之间的关联性，使得长期短期 Shibor 并不是相互隔离的，同时要让 Shibor 在金融市场交易中的期限连续性得到保障，进一步发展长期市场，这样才能够让 Shibor 的短期利率更加快速地向长期利率传导。在整个发展过程中，央行不能放松对 Shibor 的监督管理，要将监管贯穿于 Shibor 形成的各个阶段，从而从根本上上保证银行报价的客观性，进而也为 Shibor 价格的可靠性奠定了基础，落实其公信力。

此外，加强各个市场之间的联系，扩大 Shibor 在金融市场的定价范围。为了进一步扩大 Shibor 在金融市场上的定价范围，一方面我们要畅通市场之间的交易，保证市场之间的交易可以快速高效进行，另一反面，通过设定统一的货币资金流动渠道提高不同市场之间的联系。为了进一步完善我国的利率体系，我国要不仅要深化 Shibor 相关产品和市场的发展，同时不能忽略通过各种方式加强票据市场与 Shibor 利率的相关性，基于此可以促进形成以 Shibor 利率为基础的票据市场的产品定价标准。另外，信用工具和利率衍生品也是可以与 Shibor 结合起来共同发展的，探索其之间的关联并深化联系，可能会进一步推动 Shibor 利率衍生工具及产品创新。商业银行同样要重视研究 Shibor，尝试把其资产负债期限匹配和利率敏感度性与 Shibor 相联系，深入研究具体联系，从而大大增强商业银行对 Shibor 利率的预测精确度，使得该利率在金融市场上的地位进一步提升，为央行基准利率提供良好的备选。

最后，作为货币政策的执行者，央行要注重 Shibor 利率，增强央行利率与 Shibor 的相关性，进一步支持和引导 Shibor 的形成。Shibor 的发展需要中国人民银行的大力扶持和管控，中央银行要采取多样化的措施来进一步提高 Shibor 的市场影响力，增强 Shibor 政策调控性。

（二）完善国债体系，为公开市场管理提供充足的空间

首先，有必要扩大国债市场的容纳能力，建立国债定期、滚动债券发行机制。针对当前政府债券市场存在的问题，政府债券发行制度尽快实现标准化，定期发行国债，提高债券发行频率，增加债券发行量，提高透明度，更好地优化政府债券收益率曲线。完善债券发行利率机制，不断扩大市场主体的规模，积极吸收更多的机构参与。此外，加强对国债余额的监管，创设并且完善预发行制度，丰富国债的发行方式。在发行国

债中,应该不断减少固定利率国债的规模,即提高浮动利率国债的发行量,从而使得市场风险由政府和投资者共同分担,大大降低了投资的风险,以此激励投资。在扩大国债市场的容纳能力的过程中,不言而喻,各个机构中资产中国债的占比将得到大大提升,为央行进行公开市场提供了充足的交易基础,同时也大大提升了国债利率的地位。

其次,进一步扩充国债的种类,实现国债多样化,完善国债期限结构。在发展过程中,不仅要保证国债良好的流动性及其足够大的市场容纳度,更要聚焦于丰富国债的种类,构建完整良好的国债期限结构,进而为其交易奠定一定的基础。所以,我们要重视将短期品种的比例提高,将凭证式政府债券进一步减少,但是要提高可上市国债的规模。二级市场要积极培养市场中金融机构的投资者,将市商债券持有存货成本充分降低,这样才会使国债现货市场的流动性得到改善。加强国债衍生品的开发和研究,引入越来越多的理性国债金融衍生品,实现多层次的交易方式,促进金融投资基金的发展,以此来吸引小规模投资者,扩大投资者规模。同时,明确法律法规和监管机构,提高发行、交易和分配政府债券的效率,促进国债期货市场的稳定发展,提高国债在央行公开市场操作的比率。鼓励各中央银行将基准利率运用于国债市场,增加政府债券的流动性,促进其交易发展。

(三)完善债券回购市场,构建合格且高效的公开市场操作平台

首先,促进债券回购市场的融合和统一,扩大回购市场利率的影响。一方面,中国政府债券回购市场的分割状态分散了回购市场的总量。另一方面,这种状况抑制了回购市场利率的一致性,对国债回购力起抑制作用。因此,中国应注重促进和实现债券回购市场的整合和统一,逐步改变债券回购市场分割的现状,解决国债市场主体隔离、品种隔离、债券托管和清算隔离等问题。而为了应对这些市场分割的遗留问题,要进一步完善国债托管市场建设,促进其高效运行,与此同时,建立高效清算系统和国债交易市场,增加两个不同国债回购市场的相关性,以提高政府债券市场的容纳能力,从而可以形成统一的国债回购利率,增加政府债券回购利率的影响。

其次,回购市场作为传导货币政策的工具,必须高度重视其功能的发挥。除了为筹备资金提供渠道,债券回购市场也在央行实施货币政策中扮演着重要角色。例如,当央行开展公开市场操作时,切勿忽视债券回购市场在其中发挥的作用,应该不断提升银行间债券回购市场在货币政策传导中的作用。此外,还应为创新丰富证券现货交易提供大力支持,积极开发新的回购协议品种,并且不断优化交易方式。此外,债券回购市场对金融机构的资金头寸具有调节作用,央行应积极发挥债券回购市场的作用,通过有效调控资金供求以实现货币政策目标。

二、在"利率并轨"要求下存贷款基准利率向市场利率方向改革

央行政策利率体系的初步形成将推动利率并轨发展,基于此,商业银行的资产定价、利率风险管控能力受到挑战的同时,资产久期和负债久期的平衡能力也将面临巨大挑战。贷款基础利率(LPR)定价对于缺乏贷款定价能力的银行而言,在改革过渡期起参考作用。然而,贷款基础利率与市场利率之间的关联性较低,货币市场利率对其影响较小,长时期内未经过明显调整,在其成为基准利率的替代品种过程中,有待进一步培育和市场的检验。

"利率并轨"也称"利率双轨合一轨",即将现今分割的存贷款基准利率与货币市场利率合并到一个市场轨道上来,最终取消存贷款基准利率。现今,虽然存贷款基准利率的上下限管制名义上已完全放开,但存款利率仍然受到市场利率定价行业自律机制、央行宏观审慎评估绩效考核(MPA)等条件约束,贷款利率也在央行的信贷数量和价格约束下并没有实现商业银行自主定价。这样的利率隐性双轨制的存在,一方面制约了政策利率在货币市场等市场化程度较高的金融子市场的传递,另一方面也破坏了金融产品定价的市场化,影响资金从金融市场向实体经济流动,资金配置效率低,利率并轨的改革势在必行。

利率并轨的关键在于,全面取消存贷款基准利率对存贷款定价的牵引作用,将商业银行的存贷款利率定价放回到资金交易市场,由资金供需双方按照市场行情变化自主定价。但是,在宏观审慎背景下,不可能采用激进式地直接宣布取消存贷款基准利率的做法,而是要施行循序渐进的渐进式改革,通过完善存贷款利率的市场化定价机制和配套设施后,再逐步取消存贷款基准利率是比较可取的方式。具体如何实现"利率双轨的统一"央行并没有明确具体操作仍有待于进一步探索。实现利率并轨,不是简单宣布废除基准利率,而是将基准利率与短端政策利率联动,同时在利差、浮动比例方面引入足够的市场化因素,实现利率有效传导和利率市场化。

可以试着取消现行官方存贷款基准利率改为市场化锚,比如用LPR(贷款基础利率)替换贷款基准利率,或者用货币市场利率如银行间存款类机构质押式回购利率DR、上海银行间同业拆借利率SHIBOR等挂钩利率做贷款利率的市场化锚、用DR007(银行间市场存款类机构7天期回购利率)替换存款基准利率,然后逐步将存贷款的利率水平引导到市场化的水平上,使得商业银行存贷款定价对存贷款基准利率的依赖减小,最终将存贷款基准利率取消。要成功实现利率并轨的改革,改变存贷款利率定价的利率锚只是关键的一个步骤,最重要的还是要解决央行的政策基准利率在货币市场向信贷市场传导的渠道受阻问题。而传导机制的问题就不是简单地选定定价锚就能解决。解决传导机制需要解决诸如银行体系考核要求对银行存贷款利率的限制、存贷款利率与货币市场利率的期限差异性问题、货币市场利率短期波动性大与存贷款利率对

市场利率不敏感的矛盾、金融市场的配套制度不健全等等问题。

利率并轨改革并不是个一蹴而就的激进过程，而是一个从中央银行的政策设计调整到商业银行的自主定价能力培育再到市场适应调整的渐进式的调整过程。利率并轨并不能简单地理解为取消中央银行规定的存贷款基准利率转向新的市场化的政策利率，而是要视作全面深入的金融系统改革。应该要综合央行政策基准利率和政策操作目标的选择、货币政策传导渠道的疏浚、商业银行在资金市场的市场主体建设诸如存贷款利率自主定价能力的建设和风险性经营能力建设、金融衍生品市场建设和市场化的监管能力建设以及对非正规金融市场和债券市场等直接融资市场的规范发展各个方面。现今，还需要注意在改革中存在的一些关键问题，如中国人民银行短端政策基准利率和政策操作目标并不明确，对利率并轨后存贷款定价基准的选择并不清晰，货币政策在货币市场向信贷市场传递受阻，商业银行经营风险加剧、制度障碍等等。基于此，针对利率改革并轨过程可能出现的问题需要做以下努力：

第一，尽快明确央行在货币市场操作的短端基准利率，尽量简化政策操作的目标，明确具体的政策操作工具和操作目标。减少货币市场基准利率不确定性和政策操作目标的不确定性引起的市场预期混乱，减少因市场预期混乱引起的市场波动性增大的问题。同时，也应该更进一步加强央行的政策披露和与公众之间的双向交流，合理引导市场预期向政策改革的期望方向调整。目前，在货币市场操作的有公开市场操作、票据贴现以及准备金率调整等多重数量型的工具可供使用，也有银行间隔夜回购、质押回购、Shibor等价格型的货币市场利率工具可供选择使用，在利率微调的操作原则下为合理管理市场流动性，这些政策工具被多次使用，但没有一个明确的操作指南，央行只是按照经济形势的变化和政策目标的要求，相机抉择使用这些工具，或者单独使用或者组合使用，市场难以预期这些政策工具的使用幅度和频率，也没有一个准确的政策利率工具的代表，货币政策调整的方向性和目的性并不是十分明确，也缺少相关利率调整的统一性，因此，央行政策操作目标和政策操作工具的复杂多样性，容易引起市场预期的混乱，从而引起市场行动与政策预期方向相违背的结果。因而，需要明确一个最具市场代表性的货币市场利率，并且明确其基准地位，作为一个最佳的政策基准利率，其调整既要结合政策的调整意愿又要与市场利率联系紧密，能够将政策意图完整传递到所有的市场利率方向，从而改善政策的整体传导效果。在利率并轨改革过程中，要逐步减少数量型工具的使用，将数量型工具的利率与价格型工具的货币市场利率相挂钩实现整个政策利率体系的联动性，进一步明确数量型工具作为市场流动性管理的作用，价格型工具作为将政策利率调整向市场利率调整从而进一步引导实体经济调整的关键传导工具，实现由信贷数量和货币供应总量调控的数量型货币政策向间接的市场利率调整引导为主的价格型货币政策顺利过渡。

第二，利率并轨改革后，存贷款基准利率将逐步被取消，需要在深入研究的基础上不断探索关于存贷款定价基准的选择问题。借鉴美国、日本等国家的市场化改革的实践经验，存贷款利率的定价基准最好要结合国内金融市场和货币政策的实际，加强其与货币市场利率的关联性，多位一体，以便央行通过调整货币市场基准利率来影响存贷款利率，提高货币政策的最终传导效应。短期来看，目前，央行公布的存款基准利率依然发挥重要作用，市场化的存款基准利率的选择仍有空间。而贷款基准利率已经放开，可以不再公布具体的存贷款基准利率，并且在进一步研究存量贷款的合同期限对短期市场利率的波动不敏感的问题，贷款的定价基准应该在充分完善的 LPR 定价方法和构建新的高度市场化的货币市场利率挂钩利率之间进行选择。首先，存款利率的定价基准选择，需要在 DR007、Shibor 等货币市场利率中选择，但具体的选择应结合货币市场实际，从市场代表性、政策的传导效果差异性、期限品种的丰富性等多方面综合考虑，综合货币市场利率体系的特点，找到最适宜的市场基准利率。其次，贷款利率的市场化定价基准选择，在贷款基准利率已经实际放开的条件下，显得尤为紧迫。关于 LPR 定价方法在美国和日本都只被应用到零售贷款的定价里而并没有被用来做整个金融市场的贷款基准，而我国在 2013 年初次公布该定价方法后，该定价一直与央行公布的贷款基准利率保持一致，与市场关联度低，市场化运行机制也低，并不适合作为贷款定价的基准利率，需要进一步推进其市场化的运行机制减少对央行公布的贷款基准利率的粘性。另外，关于选择与已经市场化的货币市场利率相挂钩的贷款定价基准要求，要注意货币市场利率短期波动性大，对市场敏感性强容易引起金融市场不稳定的问题。与存款利率挂钩市场利率一样，贷款利率挂钩的市场利率也应该是在货币市场具备市场代表性和优异传导效果的货币市场基准利率。

第三，在货币政策由货币市场向信贷市场传导方向上，进一步丰富完善货币政策在货币市场的操作工具，解决存贷款利率期限结构单一的问题。进一步丰富完善存款利率的创新品种，同时加强对各种创新形势下的存款利率的监管，进一步改善贷款利率的结构，在以存量长期合同为基础的长期贷款利率方面进一步丰富其利率的期限结构，从而解决短期波动性大的货币市场基准利率与中长期存贷款利率之间的不匹配问题，从而在风险合理把控的基础上，让灵活调整的短期货币市场利率更好地向信贷市场的存贷款利率方向上传导，从而缩短从政策调整到影响实际经济活动的政策周期，打造更加完善的利率传导渠道，为利率并轨改革后的全面市场化的利率体系建设做好铺垫和准备工作。

第四，在利率并轨的改革迫切要求下，商业银行要逐步适应市场化竞争的要求，努力提高自身的存贷款定价能力和风险经营能力，进一步提升对客户的信用度的区分能力，针对市场不同客户群量化不同的经营风险和价格指标，改变以往对政策基准利率的依赖性和对国有企业地方政府等信贷的依赖，打破固有的信贷配给制度，打造一个包含国企、中小企业、居民贷款在内的全面的贷款定价系统，真正实现将市场流动性投放到具体需要资金的实体经济内，实现资金的全面最优配置。此外，要注意区分商业银行之间的结构性差异，避免部分经营不善，实力较弱的商业银行在存款利率下限取消后为吸收存款的"恶性竞争"倾向，一方面要控制在恶性竞争下不断加高的存款利率，另一方面，要对商业银行的贷款的具体投放加以关注，尤其关注贷款客户的信用度、贷款用途的风险度以及风险贷款占银行贷款总额的比重，在放开存贷款利率的限制后要在自由竞争的市场条件下更加注重对商业银行经营的风险控制，健全商业银行的经营管理和风险管理要求，停止政府对商业银行的风险担保，对经营不善的小型商业银行和存款类金融机构要完善市场竞争条件下的破产退出机制，改变银行无倒闭破产的现象，进一步完善商业银行市场竞争的风险意识和危机意识。

第五，进一步加强金融市场建设，丰富和完善债券市场、股票市场和票据贴现市场等直接融资市场的建设，解决企业发展对信贷市场的过度依赖问题。要进一步完善加强对"影子银行"等非正规金融机构的监管，减少其对存贷款利率的冲击影响，在进一步完善信贷市场融资的基础上缩减"影子银行"存在的套利空间，减少企业在"影子银行"系统融资的成本，缩短企业融资的融资周期从而缩短政策利率在各金融子市场间尤其是在信贷市场向实体经济传导的周期。最后，要进一步加强金融衍生品市场的建设，丰富和完善利率远期互换交易市场和远期利率对冲交易市场，有效解决商业银行存贷款利率期限错配与市场利率期限不一致引起的利率风险问题。

三、继续完善和发展中国利率微调的操作工具

（一）完善和发展中国公开市场业务

中国的公开市场业务起步较晚，在数量规模和操作方式等方面与发达国家存在较大差距，与此同时，从市场效应方面来看，国内公开市场业务也有很大的提升空间，这主要体现在以下几个方面：

首先，公开市场业务主体的行为存在缺陷。中国公开市场业务的操作主体和交易主体在一定程度上限制了公开市场业务的效应。一方面，中国公开市场业务的操作主体并不具有很强的独立性。在实际业务操作过程中，也受制于其他条件的影响。另一方面，中国公开市场业务的交易主体不够敏感，特别是商业银行对利率比较不敏感，这削弱了其在公开市场业务操作中的主动性和积极性，进而阻碍了公开市场业务对市场利率的调节作用。

其次，利率市场化进程尚未完全实现。公开市场操作对利率市场化存在较高要求，只有央行才可以依据市场经济形势的状态来采取相对应的措施，从而来达到政策目的。我国的利率发展至今，已经形成了一个复杂的利率系统，其中包括国债市场利率、金融机构各种存贷款利率、银行间同业拆借市场利率等。在十几年发展之后，中国银行

间同业拆借市场利率等利率市场化程度已经达到一定高度。然而，由于利率市场化的过程还没有完全实现，中国的利率仍未能有效反映市场资金的需求，利率作为资金价格的杠杆也还没有完全实现。目前，利率市场化改革已进入深水区，改革难度进一步加大，利率形成机制和利率传导机制尚待进一步构建。在这种情况下，公开市场业务的实际操作存在较大困难。

第三，公开市场业务操作工具具有局限性。国债和央票作为公开市场业务的操作工具，各有各的不足之处。首先，中国政府债券市场的发行和交易规模远远没有达到要求。虽然近年来我国国债发行规模逐渐扩大，但与发达国家相比，政府债券发行规模仍然较小，特别是短期国债发行规模过小。根据国际经验，短期国债发行规模与央行公开市场操作密切相关。然而，鉴于规模较小，无法满足公开市场运作的需要，限制了政府债券对资金状况的敏感反应，也削弱了货币政策的传导效成效。其次，虽然中央银行票据可以对冲外汇占款并调节宏观经济，但是如果经济形势不利时，中央银行票据调节效果有限。[1]

我国公开市场业务的发展和完善主要从以下几个方面进行：

首先，规范公开市场参与者的行为。这包括两个方面，一是增加人民银行资产结构中的债券比例，提高公开市场业务的操作能力。然而，无论是直接从政府手中购买（相当于直接贷款给政府），还是从商业银行手中购买（随意地向金融系统注入流动性），都要讲究计划性，具备一定的技巧，而不能随意进行。正确的解决办法是，当商业银行需要向中央银行借款时，商业银行第一步要做的事情就是将其持有的债券卖向中央银行，此时还应该考虑提高再贷款利率，并使用再贷款和再贴现等调控工具，彼此配合使用促使银行的资金需求向银行间拆借市场和公开市场靠近，此时中央银行可以通过公开市场操作积极购买债券[2]；二是有必要加快商业银行和其他金融机构市场化的速度，以促进整个金融业的竞争和效率。要做到这一点，中国的商业银行和其他金融机构必须适应市场经济法则，建立以利润最大化为目标的现代商业银行体系，有效规避政府对商业银行的再经营方面受到过度干预，转变发展方式，实现制度监控和自我约束相结合的方式来控制商业银行的行为。

第二，转换公开市场业务操作目标、多元化操作工具。在现阶段，我国公开市场业务的操作目标是基础货币，但这种选择会产生很多问题，诸如传导过程缓慢，调整幅度难以把控，操作不灵活等。总的来说，以基础货币为目标的操作效果并不理想。可以说这只是一个阶段性的选择。在货币市场不断完善和债券市场化改革不断深化的前提下，人民银行应该实现公开市场操作目标的转移，即从基础货币量转移到利率。

---

[1] 孙若宁. 论公开市场业务及其在我国的运用 [D]. 吉林大学, 2004.
[2] 崔丹. 我国开展公开市场业务的对策选择 [J]. 工业技术经济, 2000 (01): 9-10+14.

利率应尽量选择具备广泛的影响力和稳定性的，其中Shibor是一个较好的选择；对于公开市场业务操作工具的选择方面，立足于中国政府债券市场的发展水平较低的实际，中国应该主要依托国债、政策性金融工具，以央行债券作为补充，以多元化方式促进公开市场业务操作。2013年初，针对市场对资金面紧张情绪的不断升温，央行借机推出短期流动性调节工具-SLO（Short-term Liquidity Operations），适用于银行体系流动性出现临时性波动的情境，用于及时补充公开市场常规操作，调节银行系统的流动性。SLO以7天期以内短期回购为主，该工具的使用时机、操作规模以及期限品种等，其主要依据是货币调控需要，以及银行体系流动性供求状况、货币市场利率水平等诸多因素。

SLO的启动表明，正回购和逆回购将成为市场金融调节流动性的主流工具，增强其对流动性调控的精确性。[1]

第三，促进与公开市场业务相关的金融市场发展。这主要包括三个层次的含义：①国债市场的发展。必须增加可流通的国债种类，尤其是要增加短期国债的比例，与此同时还要拓展国债市场的规模，增加国债市场集中度，增加国债市场的深度和灵活性。②货币市场的发展。发达的货币市场可以为公开市场业务操作提供有效的货币政策传导途径。具体来说，首先要进一步建立全国统一的银行间拆借市场，使得一级拆借市场和二级拆借市场相互连接。其次还要进一步降低市场准入标准，同时扩大货币市场交易主体的覆盖面，拓展货币政策传递渠道和传递面。③资本市场的发展。虽然近年来我国资本市场取得了很大的进步，但从本质上讲，我国资本市场仍然具备较高的管制属性，特别是在一级市场。同时，二级市场投机行为十分普遍，导致股价大幅波动。因此，我们建议进一步规范资本市场，降低投资属性，促进资本市场利率和货币市场利率的一致性[2]。

此外，推动利率市场改革也是改善公开市场运作的必要条件。只有从根本上建立利率市场机制，货币政策工具（公开市场业务）才能发挥其应有的作用。

（二）完善和发展中国利率微调创新工具

近年来，为了更好地管理流动性和稳定市场预期，央行于2013年初在公开市场创建了短期流动性调整工具（SLO）和常设借贷便利（SLF）。但是，SLO和SLF在实际操作过程中的作用尚不显著，短端利率下降幅度高于长端，且利率曲线呈现出陡峭化趋势。就SLF而言，其期限很短，仅为3个月，其长期发展令人担忧。SLF的实施只能

---

[1] SLO与MLF[J].天津经济，2015（01）：83-84.
[2] 张红地，严文兵.论中国公开市场业务的改革与发展[J].武汉金融高等专科学校学报，2001（04）：7-12.

作为简单稳定的短期利率发挥功能，保持银行间市场利率处于较低水平，这并不一定能完全促进金融机构向实体经济的资金流动，因此今后应该继续改进SLF。此外，在实施SLF期间，中央银行必须指导和加强监管，以便SLF能够正常运作。

在此背景下，中期借贷便利MLF（Medium-term Lending Facility）和抵押补充贷款PSL（Pledged Supplementary Lending）于2014年创建。其中，MLF为中中期借贷便利，为央行提供中期基础货币。其具体实施过程为：央行以质押方式向合格的商业银行和政策性银行发放。而且，质押品必须是优质债券，诸如国债，中央银行票据，政策性金融债券等。其期限为三个月，一旦趋近到期，利率将重新约定并展期，银行可以通过质押利率债和信用债获得贷款。正是因为MLF有着较长的期限，商业银行可以借助MLF发放长期贷款。因此，MLF是一种中期流动性管理工具，比SLF更能稳定市场预期。MLF的使用反映了中国货币政策基本方针的调整，即有保有压，定向调控，调整结构，而且是预调、微调。

抵押补充贷款PSL（Pledged Supplementary Lending）是一种新的货币政策工具，中央银行以有价证券及信贷资产等为抵押品向商业银行发放贷款。PSL有两个主要特征：第一是期限相对较长，PSL期限可能超过三个月，最多五年，时间比SLO和SLF等短期流动性调节工具的期限都要长的多。二是由央行发起。SLF是允许金融机构依照自身流动性需求向中央银行申请贷款的一种工具。而PSL则是由中央银行主动发起的工具，中央银行利用这一工具积极向商业银行融资，并设想利用这一工具指导银行的中长期贷款投资方向和利率水平，从而影响金融机构的定价和整个社会的投资和消费行为。[1] 从目标方面来看，PSL的最大突破是将商业银行贷款纳入用于基础货币投放的合格抵押品框架，并指导中期政策利率。这将改善中国现行货币政策调控方式，并对建立未来利率走廊机制产生重大影响。[2]

如今现有的创新工具相对完整，涵盖短端和中端。在实践中，这些创新工具可能导致无风险利率下降，但对银行等资金提供者所要求的风险溢价正在上升，难以引导资金转移至实体经济。一方面，现有的创新工具很难改变商业银行的惜贷行为。尽管MLF和PSL等创新工具的期限相对较长，但只能提供短期流动性，在经历了2013年"钱荒"以后，商业银行不愿以"借短贷长"的方式将资金流动性注入实体企业，而更多的是在同业市场内部循环。另一方面，中央银行向商业银行缴纳的法定准备金，只需支付较低的利息，但是央行使用传统的逆回购和MLF等创新工具，对商业银行收取的利率要高得多。实际上使解决融资困难的初衷产生了偏差，增加商业银行资金成

---

[1] 姜汝楠，程逸飞.对央行创设PSL货币政策工具的思考［J］.价格理论与实践，2014（08）：96-98.
[2] 钟正生.PSL的"此案"与"彼岸"［J］.金融博览（财富），2014（08）：20-21.

本。① 为此,要想有效发挥上述创新工具的作用,就要更好地理解这类工具的实施条件,并对其加以合理使用:

首先,完善各种政策工具的合理组合和使用。然而,一方面,SLO和MLF等创新货币政策工具的操作表明央行的货币政策正在从数量型为主转向价格型为主。另一方面,中央银行可以借助这些新型的货币政策工具,更加灵活高效地管理商业银行的流动性。然而,常备借贷便利政策工具并不是万灵药,必须与其他货币政策工具相结合使用,才能有效实现金融体系的稳定,提高资金配置效率,进一步促进实体经济的发展进程。② 2015年中央经济工作会议表示,当前货币政策应是"更加注重松紧适度"的状态,所谓"松紧适度",意味着重视货币政策的主动性和灵活性。主动性是在经济可能将要出现衰退或系统性金融风险的情况下,央行积极主动提前做好规划,通过降准、降息等行为来应对。灵活性表明需要不断推出发展创新货币政策工具,不仅需要凭借SLO和MLF积极投放流动性,此外,为了弥补传统货币投放渠道减少的不足,需要采取降低存款准备金率和降息等货币政策措施。③

第二,强化政策工具,以指导和调整中长期利率。央行创设MLF(中期借贷便利)、PSL(抵押补充贷款)这类政策工具旨在通过中央银行利用MLF和PSL的利率水平来实现对中期和长期利率调整和指导的目标。虽说,MLF、PSL的本质上就具有引导和调节中长期利率的功能,但要真正发挥其效果,还主要取决于MLF、PSL的规模大小和使用范围。仅就目前来看,MLF、PSL的规模较小、参与对象单一,这与引导中长期利率的目标之间尚有一定距离。此外,发挥MLF、PSL的作用还与商业银行可纳入合格抵押品的贷款范围及其风险控制直接相关。因此,从长远来看,要想提升MLF、PSL对中长期利率的引导和调节,还需要不断完善央行的合格抵押品框架,同时拓展基础货币投放渠道。根据国际经验,发达国家的中央银行对不同类型的担保品有严格的限制,并在根据风险评估水平对担保品折价后提供流动性。对于以内部风险评估为主的贷款类抵押品,要求中央银行在接受贷款抵押品前建立内部评级制度。有鉴于此,我国央行也在推动建立内部评级体系,目的是将贷款纳入抵押品框架内。然而,值得注意的是,虽然信贷资产的质押丰富了中央银行的合格抵押品储备,在提高存量资产的流动性方面存在重大意义。与此同时,我们也要认清一个现实,中国的实体经济还处于稳定的过程中,贷款的风险也在上升,因此,商业银行还要颁布严格的新增贷款的授信标准,并且还要完善贷后管理,同时妥善应对风险项目,只有这样才能真正地

---

① 刘振冬. 创新货币政策工具难以替代降准效用 [N]. 经济参考报,2015-08-21 (001).
② 马理,刘艺. 借贷便利类货币政策工具的传导机制与文献述评 [J]. 世界经济研究,2014 (09):23-27, 87-88.
③ SLO与MLF [J]. 天津经济,2015 (01):83-84.

抵御产生不良贷款。①

四、进一步深入完善利率走廊

受制于我国的社会、经济和技术条件，我国实施利率走廊调控的条件还不成熟，有必要探索一条公开市场业务向利率走廊逐步过渡的道路，这不应该是纯粹的公开市场操作或实施纯粹的利率走廊。应该选择将其二者相结合，利用后者管控利率波动的范围，再凭借前者进一步调整利率接近基准利率。继续发展并且完善利率走廊体系，这不仅仅是利率市场化改革的需要，也是改善金融市场的重要举措，有利于促进经济。与此同时，可以有效推进我国经济转型，增强我国经济实力和国际地位。基于中国经济现状和货币金融环境的发展，十分有必要建立一个合理的利率走廊体系。利率走廊机制本身独具优势，在发展过程中取得了一定的成就，但是不可否认的是，依然存在很多障碍，阻碍着利率走廊顺利地发挥作用，例如相关机制和市场仍然存在不成熟的因素，导致实施中存在很多困难。因此现阶段迫切需要确定利率走廊的总体发展方向，并且完善相关配套设施改革，进一步确定利率走廊的运作所需要的基本要求，以确保有效发挥货币政策的调控效果。

一是完善存款准备金率制度，减少法定存款准备金率。利率走廊制度是基于价格型货币政策的，且在低水平法定存款准备金下作用越强。如果利率走廊系统足够有效，则表示金融市场足够有效，那么利率变化可以产生显著的调控效果。相反的情况下，仍旧实施价格型货币政策，那么虽然准备金储备很少，这也将有助于央行调控利率。所以不管中央银行的调控模式是将利率走廊机制还是公开市场作为主要方式，低水平的法定存款准备金率才可使货币政策发挥作用。随着2016年中国经济通胀再次出现，央行在3月份进行了一次调整，将大型金融机构的准备金率调整下降为16.5%，中小金融机构存款准备金率调整为13%。准备金率越高，同业拆借利率起伏越高，准备金税赋与准备金利率会通过限制商业银行的主体地位来降低金融机构的效率。尤其是当金融业在创新过程的调整阶段时，市场上金融机构的资产负债表应显示为收缩状态。如果紧缩的流动性和因此引发的大规模风险，超出了金融机构的承受能力，央行可以在适当的时候逐步减少法定存款储备金率。所以处于高水平的准备金率不仅会在很大的程度上限制利率走廊调控作用的发挥，而且必然导致利率价格的扭曲，偏离实际情况。因此，适时降低存款准备金率或实施自愿准备金持有制度，是利率走廊机制建立的基础。

目前，中国的准备金制度还不完善，为了推进利率走廊的建设，有必要完善该制度，例如通过央行实行降准政策。从近期而言，央行已经多次宣布调整准备金率的水

---

① 朱虹．商业银行"不差钱"[N]．中国企业报，2015-09-08 (002)．

平,并且推出了一些面向准备金制度的改革措施,其具体内容有将法定和超额准备金的账户进行合并,定向降低存款准备金等等。在这样的基础上,我国法定准备金制度在一定程度上符合实施利率走廊的要求。但是面向长远发展,中国的存款准备金制度改革措施还远远不够,应学习国外央行的经验,同时也要吸取其教训。此外,由于中国的经济周期和先前的货币政策调控,导致市场中的货币流动数量减少,这是中国的法定存款准备金率仍然高于成熟市场国家的原因。随着经济周期和经济条件的变化,为了满足利率走廊的要求,法定存款准备金率会降低。基于目前中国的政策目标,中国将逐步推动从法定准备金制度转向自愿准备金制度。

二是积极提高利率传导效率,基于利率市场化改革的深化发展。中国的利率市场化改革已经前进了一大步,但与成熟市场国家市场的差距仍然比较明显,仍有深化的空间和必要。基于现实,我国的金融机构不多,几大国有银行直接主导着整个金融市场的资金配置,形成寡头市场,造成金融市场缺乏竞争,难以形成实际的市场利率。而且,中小金融机构的自主权相对较弱,特别是尚未确立将短期利率传导给长期利率的机制。中央银行的抵押补充贷款(PSL)主要是为了可以稳定中期利率,但是短期利率向长期利率的传导机制依然受阻。因此,中国必须继续推进利率市场化改革,为此,需不断完善利率传导机制,同时大力改善金融市场环境。

三是简化和改进商业银行使用 MLF。如今,央行早已对商业银行提供常备借贷便利,然而由于申请 MLF 需要一系列复杂的过程,且其管理机制更是烦琐,使得商业银行申请 MLF 的意愿受到很大影响。面对这种情况,央行需要简化常备借贷便利管理机制的程序,缩短时间,同时不影响资金安全。此外,央行内部管理和经营方式方面,具体可以对内部各部门的组织管理进行深化发展,发展到一定程度并且开始创新,这样可以大大增加部门间合作的效率,加快部门间协作办理业务的速度。此外,央行致力于努力提升市场上金融机构的独立定价能力,央行必须进一步完善价格型调控工具,同时还要继续改善利率传导机制,于是逆回购应以 7 天期为主,MLF 以 1 年期为主,其他期限品种应在季节性扰动等条件下展开。

四是认真选择主要政策利率,根据中国国情建立成熟的利率走廊体系。基于前面对于利率走廊的分析,可知为了维持市场流动的稳定性,利率走廊的中心点应逐渐趋近在利率市场化条件下的均衡利率。然而,由于在改革进程中不可避免地发生一些变化,例如在利率传导路径方面,这些巨大改变对中国而言是个不小的挑战。为了顺利应对这些挑战,我国市场应该朝着更大的深度和更强的联动性的发向发展。同时在央行管理水平提升,基础设施也不断完善的背景下,央行逐步探索到可以以 MLF 作为利率走廊上限,而超额准备金利率作为下限,以货币市场相关的政策工具作为桥梁,通过公开市场操作稳定以达到利率均衡点。显而易见,这才是符合我国经济发展状况的利率走廊体系。而其有效性的关键在于市场参与者是否能够明确地定位央行调控的利率目标。我国目前的现实情况是，我国政策利率尚不确定，要在众多带有"准政策利率"特征的利率中选定政策利率实属不易，这将在一定程度上抑制了引导市场利率和稳定市场预期作用的发挥。我们相信，在不久的将来，立足于新的货币政策框架下，存款基准利率和贷款基准利率将实现无差别化，而是在实际中借助政策利率来引导其他市场利率。首先，这个政策利率必须基于市场形成，可以反映市场供需关系。其次，它需要主导整个利率体系，有极强的影响力和传导性。最后，应该有稳定性和易控制性。中国对 Shibor 的期望值很高，但在实际运营方面，Shibor 起着非常小的作用，应该改善提高其对金融体系的参照力。而且，Shibor 的基准性和稳定性方面，与我国对于基准利率的要求还存在着一定差距，还不能完全为其他利率的调整和变化提供参考。

五是在价格型货币政策框架下，利率走廊和货币数量调控进行协调分工，但这两种运作方式并不是完全割裂开来的。相反，为有效实施价格型货币政策，央行务必要明确利率走廊调控与货币量调控的分工，利率走廊的使用能够有效调控资金借贷利率，调控货币量能够对流通中的货币状态进行调整。鉴于中央银行货币政策的多目标，利率走廊调控模式与数量型货币政策的有机结合是最适应我国的价格型货币政策运作模式。从现实情况来看，中国具备成熟的数量型货币政策体系，实现这些实践经验和利率走廊体系的有效融合，将使中国的货币政策调控更加灵活有效。目前，利率走廊调控模式的建设似乎并不能在短期内完成，要建立符合我国国情的模式还要经历较长的过渡期。现阶段经济转型和现代化经济体系建设背景下，还不具备完全实施价格型货币政策框架的条件，因此，必须将价格型货币政策与数量型货币政策相结合。借鉴国际经验，我们发现，将公开市场操与和利率走廊机制结合，是货币框架的最佳模式。而中央银行货币政策操作的多目标和工具的多样化表明，价格型货币政策和数量型货币政策应该有机地结合起来。在利率走廊维持短期市场利率稳定的同时，可以通过公开市场操作来调节货币流动，这确保了价格型货币政策的有效性。

六是加大目标利率培育力度，积极推进金融市场的完善建设。想要确保利率调控的有效性，首先最重要的是货币市场利率一定要有效，且在市场上占据基准地位。中国有极大的可能性以 SHIBOR 作为目标利率，因此 SHIBOR 定价应该不断优化升级，极大程度上增强其可靠性，不仅要不断强化其在金融市场产品定价中发挥的基准作用，更要深化其在商业银行内部定价中的重要性，提升其报价准确性，使 SHIBOR 在市场利率体系中的地位得到进一步的巩固。另外还要重视货币市场的发展和开放，促进金融市场的发展和完善，进一步降低金融市场的准入限制，通过各种措施促进货币市场的发展，有利于吸引民间资本，改善市场结构，提高货币市场的包容性。在经济全球化的发展背景下，提高货币市场对外开放程度，使货币流动范围不局限于本国，还可以促使其在国际市场上流动，从而使得利率更准确地反映市场资金供求关系。综上可知，健全的金融市场在一定程度上可以为利率传导机制提供坚实的基础，金融市场不断完善有利于提高金融体系的运行效率,进一步夯实建设利率走廊机制的基础。

七是缩小利率走廊宽度。在利率市场化进程中,我国政策体系获得进一步的完善,并且我国货币政策工具经过不断发展完善,实现一定程度上的多样化,SLF可视为中国利率走廊的上限,准备金利率视为下限,因而也就自然地决定了走廊宽度。在大多数国家,利率走廊的范围在50到200基点。一些宽度大的国家在面临金融危机时,将利率走廊的宽度进一步减少到大约100个基点,以稳定利率。相比之下,中国人民银行的利率走廊还有必要缩小其宽度,积极调整市场利率,进一步限制利率波动范围。中国的初始利率走廊宽度设定为428bp,后迅速调整至378bp,现在中国的利率走廊宽度调整为203bp,相较于其他国家,我国的利率走廊宽度过宽,不利于我国的利率调控。因此,继续缩小现有宽度,可以在一定程度上平抑短期市场波动,从而大大提升利率的稳定性,促进形成具有明确政策目标利率的利率走廊。

八是要加强央行的窗口指导。提高央行实行货币政策的有效性,将有助于实施积极有效的货币政策。在货币当局的操作过程中,切勿经常改变利率走廊,因为频繁操作会误导公众和金融机构,大大阻碍了央行实现政策目标,且由于商业银行等金融机构可能无法理解央行的意图,从而导致更高的运营成本。因此,央行实施货币政策时,借助其特殊地位,以劝告和建议的方式引导金融机构采取防范措施,实现政策调整。中央银行的窗口指导有助于形成合理的预期并降低操作成本。

五、加强国际利率沟通与协调,注重国际利率联动性影响

当前全球经济增长仍较为疲弱,中国经济进入新常态下的稳定增长,成为带动全球经济增长的生力军,但结构性矛盾仍较突出。要在适度扩大总需求的同时,加快推进供给侧结构性改革,培育新的发展动能。李克强总理(2016)指出,要加强宏观经济政策协调,G20成员在制定实施经济政策时,既要考虑促进自身增长,也要考虑外溢性影响,加强相互的沟通和协调。货币政策要主动适应经济发展新常态,为结构调整和转型升级营造适宜的货币环境,促进经济增长新动能形成。这种形势下,中国经济必然会进一步开放,不断提高资本项目可兑换程度,2016年10月1日人民币纳入SDR将正式生效,人民币将要成为自由使用货币。中国经济与世界经济的相互溢出效应会增大,中国经济应该学会在新常态下转型发展,必须重视货币政策的制定如何去和先发的国家的政策的协调。在短期,在当前国际货币体系下,中国人民银行要积极参与国际货币政策协调与沟通。政策当局要研究货币政策溢出效应演变趋势与机理,有针对生性地采取措施,减缓全球负向溢出效应冲击,提高货币政策的前瞻性。同时,加强与主要经济体政策沟通,维护开放利益。这关系全球经济的复苏增长与中国开放宏观政策的效果提升。在长期,要主张国际货币体系改革,要根据货币政策溢出效应大小进行责任划分。比如美国就要实行负责任的货币政策,这就要一定的机制相互监督和协调。

第一，加强国内外宏观经济周期的监测和管控。宏观经济周期监测是维持中国利率政策独立性和有效性的基础。对中国宏观经济和全球经济周期的科学测量和影响评估，能够让我们进一步确定中国的经济周期和运行趋势，并根据国际经济周期的变化和动态建立和实施利率政策，适时、适量地调整我国利率，使其朝着正确的方向调整。这不仅可以确保在中国国内经济的基础上对利率政策进行独立调整，而且可以避免国内与国际宏观经济周期同步时的利率政策之间的冲突。因此，与国际利率调整趋于同步，实现在幅度、方向和时间上保持一致。

我国自20世纪80年代中期开始实施经济周期监测，但到目前为止，监测技术水平并不高。通过定性分析和专家预测，监测对象主要是国内经济的运行，随着经济国际化和一体化的发展，国际经济运行周期应成为中国经济周期预警和监测的重要组成部分。在国内外经济监测方面，首先要提高中国统计指标体系的科学性。目前，中国的大部分统计指标都是同比指数和环比指数，没有与国际经济比较的依据。在经济全球化的背景下，中国经济与世界经济的关系不断深化，中国经济的国际联动性逐步加强。现有的统计系统还不能对国内和国际宏观经济表现的相同点和不同点，进行准确比较和分析。其次，中国统计数据报告的频率较低，限制了国内宏观经济运行情况的把握和研究水平。因此，适当参照国际公认的统计指标体系是中国统计指标体系完善和发展的必要条件。这将提高监测国内外经济周期和金融形势发展的及时性和准确性，提高利率政策对经济调控的针对性、灵活性和前瞻性，能够更加及时、适当地调整利率政策，避免方法突然转变，且可以提高货币政策的有效性。

第二，建立国际宏观政策沟通协调机制。当前，我们必须主动研究探索不同的渠道，以大大增强国际货币协调组织的普遍性和代表性，从而可以实现有效的货币政策协调。更重要的是，在短期内与发达经济体建立沟通机制，可与主要经济体采用双边或多边货币沟通和协调机制。在货币政策决策和货币政策操作方面，应注意货币政策的溢出效应，制定负责任的货币政策，推动IMF协调机制的改革和重建，建立监督机制，促进均衡协调模式的实现。

第三节 完善我国基准利率培育的配套制度

一、增强市场参与主体的微观经济行为

（一）重塑市场化的微观主体

一是促进商业银行的市场化发展。只有具有风险意识和内部约束机制的商业银行

才可以有效地传递货币政策利率信号。加快中国商业银行改革,积极推进现代商业银行体系的发展,充分完善激励约束机制。盈利能力代表着商业银行经营原则的具体表现,其应该作为评估商业银行业绩的主要指标,激励商业银行加强成本管理和利润评估的工作力度。其次,为分支机构设定激励机制,将机构和个人收入与银行的利润水平联系起来,可以充分调动员工的积极性。最后是加强金融监管,改善外部约束。在剥离商业银行不良贷款基础上,对金融机构的关键指标进行审查,清算无法挽回的金融企业,保护债权人的合法权益。现阶段中小企业融资难阻碍了实体经济对利率的感知力。商业银行需要改变其对个体私营公司、中小企业和国有企业贷款时实施同等条件,对于风险较高的个别公司,利率允许上升。我国政府应为建立贷款担保机构提供政策和资金支持,设立地方性银行或非银行金融机构为个体私营企业提供资金支持,以满足具有盈利前景的中小企业的需求。

二是构建现代企业制度。利率波动会影响公司的产出,所以企业必须对利率敏感,并自行决定资源的投资量和投资方向,使其成为一个受预算硬约束的经济实体。由于国企有政府的隐性担保和预算软约束,非国有企业比国有企业对货币政策更为敏感,市场化程度更高,运行机制也相对更为健全。国有企业要继续推进产权多元化,消除国有股占比过大造成的过度行政干预。形成多元产权主体和经营者的监督机制,加强建立股东之间相互监督和彼此约束的有效措施,形成合理高效的公司治理结构。非国有企业在制度和机制方面具有一定的优势,但融资渠道相对简单,过分依赖银行贷款,而且其信用担保体系也不够健全,投资需求受到了极大的限制。因此,非国有企业应加强诚信建设,使银行敢于对非国有企业借钱,以有效地缓解非国有企业的资金缺乏问题。其次,非国有企业发展应朝着多元化的方向经营,从而保障资金使用的灵活性,同时加大对非国有企业的优惠待遇,协助非国有企业建立中小型金融机构,改善利率传导渠道的影响。

三是提高居民对利率的反应程度。加快社会保障体系的建立和完善,逐步明确社会保障改革的方向和力度,提高相关政策的可预测性,尽量减少居民的悲观预期,以及预防性储蓄心理也应有效降低。同时,要调整中国目前的收入制度,有必要在经济发展水平提高的同时适当增加个人收入,进而实现城乡居民个人收入的持续稳定增长。在分配制度中,有必要加快缩小贫富差距的步伐,特别是为了提高低收入阶层和农民的收入,要积极发展普及消费信贷,彻底改变居民个人对消费信贷的认知。与此同时,促进个人信贷业务的发展,使居民能够深入参与金融活动。鼓励金融创新,建立借贷市场或社会保障风险分散机制,使居民面对资金不足时,能够通过借贷渡过难关。

(二)改变过度投资行为,提高企业利率敏感性

投资长期以来都是推动中国经济增速的主要动力。特别是自2008年全球金融危机

以来，中国的外需增长动力一直处于疲软状态，投资更是成为经济增长的主要动力。自2008年以来，中国的投资和GDP都呈现出迅速增长的趋势，2013年更是创下历史新高，高达47.8%的增长率。一定程度上来说，高投资模式可以推动经济发展，但也伴随资本使用效率低，产能过剩等问题的产生。近年来，投资高速增长的同时，国内也出现了货币总量大规模扩张和市场利率不断攀升的局面。而且随着投资在GDP中的比例逐渐上升，金融机构贷款的加权平均利率也呈现上升趋势，这种异常现象值得我们深思。与此同时，中国的货币总量也在不断扩大，大量资金流入政府融资平台和房地产等领域，对其他经济主体的资金需求造成了一定的影响，从而导致了资金成本的增加，基于此，导致部分市场主体出现"融资难、融资贵"等结构性问题，结构性问题反过来影响货币政策的整体有效性。鉴于上述存在的问题，可提出以下几点思考，在资金成本高的前提下，投资为何在快速增长？企业投资对资金成本的变动是否敏感？以及货币总额的增加与企业投资是否有关？因此，非常有必要研究过度投资行为与利率变化和货币扩张之间的关系。

在经济变革时期，中国的企业融资渠道相对狭窄，投融资决策极易受行政干预，导致国有资本出现过度投资行为。这反映在当地政府主导的公共项目和基础设施，以及其辖区内各公司的投资和融资活动中。许多地方政府依靠上市公司来实现其公共治理目标，因此这些公司很可能成为政府干预的目标。与此同时，中国的许多大型商业银行也处于国家的控制之下，且他们对不同的贷款对象存在股权性质偏好（俞鸿琳，2012）。因此，具有政府或国有"背景"的公司更容易获得贷款，这是因为政府提供明确或隐性的担保，使得扩大投资所需的资金来源相对安全。总而言之，中国企业，尤其是国有企业，在高经济增长水平和其他目标体系下，往往表现出更高的投资欲望和更强的融资意愿，这可能会导致盲目投资和过度投资等问题。

我国过度投资企业的投资几乎不受利率波动的影响。对预算硬约束的公司来说，他们的经理或股东所做的投资决策会对更多地受融资成本的影响，会更加注重考量收入和支出。但对于中国公司，特别是国有公司，政府经常在其投资失败的情况下提供各种形式的援助。软预算约束预期越高，公司受到的债务约束越弱，投资对资金成本展现出了低敏感度。同时，在考察上市公司所有权结构对投资收益的影响时，可以得出结论，虽然国有产权资本的成本低于非国有产权资本的成本，但平均而言，国有产权对资本收益的负面影响大于低资本成本的积极影响，所以国有上市公司的投资存在过度行为。

企业是否能更容易地筹集资金，是决定它们是否能过度投资的外部因素。因此，过度投资与货币信贷总量扩张之间存在联系。当前我国企业的发展对银行贷款展现出了较强的依赖性，货币政策对于企业投资行为的影响主要通过信贷渠道。处于产业结构调整期的过剩行业，过度的货币信贷投放将使其调整放缓，这将导致产能过剩和金融风险等问题。货币政策通过银行可贷资金规模和公司资产负债表影响企业投融资决策。李治国等人（2010）指出，在过渡期的经济分割环境中，货币扩张和资本形成之间存在着长期稳定的互动与正循环，信贷扩张对企业的过度投资造成了很大的影响，过度投资和资本加快形成会对货币扩张产生显著的影响。黄志忠等人（2013）发现，从企业投资的角度来看，宽松的货币政策既促进了扩张性投资，同时也缓解了企业融资约束。

总结，第一，应进一步深化企业改革，银行企业的预算约束。第二，转变通过盲目扩大投资来拉动经济增长的理念。第三，推进利率市场化进程的稳步前进，进一步强化价格型货币政策的有效性，优化市场化传导机制。

（三）转变经济金融结构扭曲，推进"深水区"改革

2008年国际金融危机爆发以来，地方金融平台和房地产等部门持续扩大，制造业等实体经济部门出现"产业空心化"。经济结构的扭曲对我国的宏观经济和金融产生了影响，这是造成"产业空心化"的一个重要原因。因为成本扭曲，预算软约束等，导致了地方融资平台和房地产等行业的投资和资金需求过度增加，进而提高利率水平。因此，信贷市场受到逆向选择和道德风险的影响，扭曲部门的资金数额将增加，而分配给实体部门的资金将减少，导致资金严重"挤出"。所以，经济结构中"产业空洞化"的趋势有所增加。

在经济结构扭曲的现实中，货币政策应保持适度，不要太紧或太松。过度紧缩的货币政策将有助于抑制扭曲部门的扩张，但这无助于实体经济的发展，并抑制工业的进一步发展。如果货币政策过于扩张，信贷市场的新增资本供应将因"挤出效应"而进入扭曲部门，从而进一步巩固结构性矛盾。因此，处于两难境地之下，货币政策应该是保持适度稳定和中立，过于紧缩或过于宽松都不适合。

要解决经济金融结构扭曲的问题，必须全面推进"深水区"改革。加快改革步伐，打破当前经济结构的扭曲，有效规避"产业空心化"陷入循环，促进资金有效进入实体经济。加强对房地产市场的监管，消除房价的不合理波动。遏制地方融资平台过度扩张，推进政府职能转变和财税体制改革，加大国有企业预算约束力度，提高投资效益，充分发挥市场在资源配置中的决定性作用。

（四）加强对微观市场主体的打造

为了推动利率市场化的有效改革，除了应该明确央行的利率监管思路，还应该对微观市场主体加强管理。首先，我们必须促进商业银行商业化运作机制和企业化管理体制的完善，商业银行利率的变动，基准利率应该要有效进行传导。在中央银行的间接调控和金融监管下，商业银行必须遵循基本要求，根据市场资金供求、资金使用方

式、贷款方式、借款人信用、经营特征、资金组织的成本费用等确定存贷款利率。其次，国有企业改革应符合现代企业制度的要求，尽力融入市场，成为真正市场参与者的其中一员。由于企业是国民经济的主体，也是利率政策发挥实效的目标载体，所以如果公司没有动力在利率变化时调整公司决策，那么利率市场化的改革意图将无法实现。因此，必须从制度上放开对国有企业的束缚。国有企业拥有决策权和自主经营权，获得属于自己的经济利益，才能真正成为独立的市场主体和合法法人。也只有这样，国有企业才能从自身利益最大化的角度对市场利率等价格信号做出灵敏的反应。再来，是扩大中小企业的外部正规融资渠道，提高其对市场资本的价格敏感度。最后，要对资本市场运作进行规范管理，拓宽居民的投资渠道，进一步提高居民收入水平。

二、继续深入利率市场化改革

中国利率市场化改革的实质是将利率决策能力转移到金融机构，可以通过以下两种方式来自主调节利率水平，一是货币市场资金的供求状况是金融机构的判断依据，二是对金融市场动向的合理判断。现在，中国已经形成两种利率体系，分别是市场利率制度和官方利率制度。当前，我国已经形成了两种利率体系：官定利率体系和市场利率体系。在利率市场化程度较高的国家，官定利率与市场利率之间存在着有效的传导。但在我国，由于人民币存贷款利率放开时间太短，主动灵活的调节机制尚未形成，利率体系不能够有效传导实现联动，市场主体对利率变动的反应不灵敏，利率的市场化程度仍不高。故此，时至今日，虽然我国央行对利率的管制已经放开，但距离完成利率市场化，还有最后两步：一是市场的资金定价机制，二是货币政策的传导机制。否则，利率放开了，但市场上的刚性兑付和隐性担保并没有消除，也就是说，价格放开了，市场参与机构的行为却没有改变，这可能会导致严重的道德风险，使金融风险大幅上升。

在下一阶段，中国将继续推进利率市场化改革，有序将利率市场化的最终障碍克服，逐步形成独立的风险定价机制，最终实现从管制型的利率管理体制到有管理的市场化利率体制的转变。随着当前的体制变化，中国人民银行应加大力度完善市场资金定价机制，放开货币政策传导机制。

（一）完善市场资金定价机制，资金定价由市场主导并反映市场需求变化

从最终目标来看，利率市场化的实现不仅仅是存款利率的放开，更显著的标志是在央行的货币政策引导下的资金收益的市场定价，而真正走到这一步则需要推进四个方面的机制建设：一是各金融机构健全内部资金转移定价机制，以科学地指导产品利率定价和集中管理市场风险。这就要求各金融机构能够盯住市场基准收益率曲线，综合Shibor、央票和国债收益率等拟合内部市场基准收益率曲线，并以此形成本行基准的

内部资金转移定价,确保资金安全性、流动性和盈利性的有机统一。二是各金融机构健全贷款利率定价机制,以形成贷款利率定价的良性秩序,为央行货币政策价格调控打下坚实基础。这就要求各金融机构在综合考虑本系统最优客户的最低风险溢价和最低客户利润率等因素的基础上,在接受央行等监管部门检查论证和社会市场有效监督的前提下,最终建立各自的贷款利率底价。三是健全风险定价机制,真实缓释并转移风险,以改善资源错配及监管套利所导致的融资效率低下等问题。为此,既要提高对大中型企业风险定价的精准性,也要建立健全小微企业和个人客户的风险定价机制。要利用互联网技术充分收集、积累各种数据,以跟踪分析验证客户所在行业和地区的风险定价指标,不断提高风险溢价估算的精准性。四是存款类金融机构建立健全存款利率定价机制,以防范高息揽储、存款大战的多种风险。对此,要主动参考本系统资产负债管理、利率风险和流动性风险管理和全行调控的需要,以及存款利率市场化改革进度和市场竞争及其市场定位等因素。最终,存款利率定价还要实行从逐笔定价和单产品定价向客户关系综合定价转型。[①]

(二) 进一步理顺货币政策传导机制,使央行的货币政策能够有效传导

从技术上来看,货币政策传导机制不畅与基准利率体系的构建、央行职能及其权力边界的确定、货币政策操作工具的选择、金融信息的公开透明度以及金融监管的措施和手段等息息相关,关于这些内容,我们已经在本书不同章节做出了不同程度的论述。事实上,除了上述的技术方面原因之外,从一定的角度看,货币政策传导机制不稳定,也反映了不合理的经济结构和不科学的发展方式。为此,我们需要进一步理顺货币政策的传导机制。具体来说,货币政策到"三农"和小微企业等经济实体的最后一公里要打通,以及创新和"灵活使用"货币政策工具也是重要内容,还需要财政和税收政策以及监管政策的共同努力,让"流动性如春雨润万物一样渗透到实体经济当中,使实体经济中的小苗长成大树"。[②]

(三) 逐步放开替代性金融产品的价格,使利率市场化改革能够整体推进

利率是由多种价格组成的整体,为了推动服务价格体系和的整个金融产品的市场化,需要对相互关联的定价体系进行改革。反之,如果没有实现名义市场化利率与中间业务相关的服务价格和产品的自由化,将会出现新的扭曲,商业银行将没有足够的动力发展中间业务。这不是一蹴而就的,但作为一个整体,市场导向的利率改革应该作为一个整体进行。在释放存款和贷款利率的同时,其他上下游产品和替代品的定价

---

① 郭建伟. 利率市场化与利率定价机制 [J]. 中国金融, 2013 (22): 16-19.
② 许志平. 降准考验货币政策传导机制 [N]. 金融时报, 2015-02-09 (002).

能力也应由市场决定。①

(四) 推进利率"双轨"合"一轨"改革，进一步全面深入利率市场化

尽管利率市场化的胜利曙光就在眼前，但是改革的"最后一公里"往往错综复杂，利益问题与风险问题相互交织。在2015年央行彻底放开存贷款基准利率的浮动区间之后，中国货币政策从数量型调控向价格型调控的转型可以说已接近完成。但由于中国商业银行过去的存贷款定价行为长期依赖于存贷款基准利率，因此保留存贷款基准利率实际上意味着"利率双轨制"依然存在。目前，货币政策传导不畅的症结在于目前中国利率仍存在市场化的货币市场利率与受管制的存款贷基准利率两套并行的利率体系。面对这种现象，政策制定者和学界达成共识——取消存贷款基准利率，实现利率并轨，同时明确市场化的政策目标利率，即关键基准利率。2019年《政府工作报告》提出"深化利率市场化改革，降低实际利率水平"，这说明我们必须关注市场融资症结背后的制度性改革问题。为了实现基准利率改革，为了深化利率市场化改革，要综合考虑多重风险因素，深入分析探索在具体实践中改革的时机、改革的路径以及改革的方式，实现稳妥有序推进利率"两轨并为一轨"，同时平衡多重政策目标。央行近期发布的《2019年第一季度货币政策执行报告》也表示，继续深化利率市场化改革，稳妥推进利率"两轨合一轨"。完善市场化的利率形成、调控和传导机制，进一步疏通利率传导，尤其是疏通央行政策利率向信贷利率的传导。这反映了我国目前利率市场化改革面临的瓶颈：作为货币政策传导的关键渠道，利率传导渠道并不畅通，政策利率到货币市场利率、债券市场利率传导效率高，而再从货币市场债券市场利率传导至信贷市场利率（主要是贷款利率）的间接传导效应严重受阻，贷款利率对政策利率调整的反映幅度相对较小。未来要进一步将政策利率向市场利率靠拢，减少政策传导的损失效应，从而更好地实现货币政策影响实体经济的调控能力。

综上所述，可以肯定的是，中国的利率市场化改革即将完成。按照目前的发展来看，中国的利率市场化改革不可能一蹴而就，要经过全面的权衡以及进行利弊分析之后，以循序渐进的方式稳步推进。实际上，这是自1996年以来中国利率市场化渐进式改革思路。因此，在央行公布金融机构的存贷款利率管制后，应充分发挥拆借利率的调控作用。通过将银行间借贷市场利率作为中国货币市场的基准利率，凸显了拆借利率在货币市场利率转移中的核心地位。② 考虑到这一点，在完成利率市场化改革后，央行强调要充分利用市场工具并通过市场交易的形式来指导商业银行的运作，允许商业银行在保持自身利润最大化的条件下应对央行利率做出相应的回应。

---

① 周小川. 关于推进利率市场化改革的若干思考 [J]. 西部金融，2011 (02)：4-6.
② 胡海鸥，贾德奎. "利率走廊"调控的理论与实践 [M] 上海：上海人民出版社，2006：277-278.

三、增强利率政策信息的公开度及透明度

传统的货币政策理论认为，实现货币政策有效性的最佳保证是，中央银行有限制的货币政策操作，有时甚至是完全隐蔽性的操作。在过去的货币政策操作中，中央银行通常没有向公众披露和解释政策决策的依据、过程和结果的义务，但是会通过更隐蔽的形式来传达。然而，随着货币政策操作方式在20世纪80年代持续改善，政策制定者转变了对货币政策信息披露的态度，公众为了加强对货币当局行为和意图的掌控，开始加大对利率政策信息的公开性和透明度的关注力度。在这方面，理论研究和实际测试表明，货币当局不仅通过确保利率政策信息的公开性和透明度来降低金融市场的波动性，而且还提高了金融市场的效率。在国际层面，人们越来越相信央行需要保持对公众开放的货币政策的透明度，因为它们会披露其目标，程序等，这将创造一个相对稳定的公众信任。例如，央行可以公开宣布通胀目标，建立价格稳定的声誉，向公众提供更稳定的通胀预期目标，可以显著降低价格稳定成本。事实上，在美国、英国、加拿大等国，央行向公众公布利率政策决策和操作的相关信息后，市场将及时根据相关部门披露的信息对利率水平进行调整，从而使货币市场利率在较快时间内达到预期的目标利率。通过在相对较短的时间内实现央行的监管和控制目标，这显著提高了央行利率政策监管的效率。迄今为止，及时准确地向公众提供近乎完整的利率决策信息，也是逐步实现货币当局进行利率政策改革方向。

现在央行利率政策的透明度被国际社会进行了广泛的分类，其中包括央行利率政策目标的透明度，经济模型和数据披露的透明度以及央行利率的政策运作上的透明度。为应对近年来国际货币政策的发展，中国人民银行在保持利率政策的公开性和透明度方面取得了巨大的进展。中国人民银行把加强宏观经济分析和预测作为基础，在此基础上开始及时准确地披露有关货币市场的信息。自1994年以来，中国人民银行已开始向公众披露各级货币供应量数据。自2001年以来，中国人民银行货币政策部发布了中国货币政策实施的季度报告，其中包括宏观经济数据预测、金融市场分析以及货币政策操作等内容。自2002年以来，中国人民银行发布了第一份关于稳健货币政策问题的分析报告，该报告还描述了稳健货币政策的起源、内容和有效性。2004年中国人民银行公布了《中国人民银行2004年公布金融统计数据时间表》，以提高中国金融统计的透明度，使公众可以快速获取金融统计数据。

通过一系列措施的有效实施，中国央行的政策开放和透明度得到了很大提高。即便如此，中国央行货币政策的开放性和透明度与《货币和金融政策透明度良好作为准

则》①的要求还存在一定差距，因此，中国人民银行应继续提高利率政策的透明度，从而为利率政策的决策、运作和实施创造良好的外部环境。随着我国快速融入全球经济一体化，央行将继续加强利率政策决策和运营的透明度和公开性。

随着利率政策透明度的提高，政策意图可以传达给公众，利率市场化改革的有效性将大大提高。因此，为了使中国基准利率的改革加快步伐，我国需要从以下几个方面进行改进：

（一）增加央行与公众和市场的沟通

中央银行的沟通主要是通过准确指导公众期望来提高货币政策的有效性。一方面，公众预期的形成取决于中央银行发布的准确信息，另一方面取决于公众的理解能力，这两个方面至关重要。如何缩小公众期望与央行货币政策目标之间的差距对央行来说是一个挑战。央行良好的沟通技巧可以进一步提高货币政策的透明度，也可以帮助公众和市场更好地了解央行的货币政策意图。

人民银行网站于2014年10月24日启动了一个新的"工作文件"栏目，以加强中央银行研究人员与公众和市场之间的沟通，以便更有效地建立一个优秀的互动交流和沟通平台。此举将有利于央行的研究，并为未来的宏观经济政策决策做出贡献。但是，工作文件的内容仅代表作者的个人学术观点，并不代表中国人民银行。它没有反映中央银行的意图。因此，可以考虑以下几个方面来进一步加强中央银行与公众和市场之间的沟通：

一是将公众分类并有针对性地进行沟通。中央银行过于专业化，过于复杂，无法披露货币政策信息，而且金融市场的参与主体不同，每个参与主体的目的和要求都不同，因此沟通渠道和沟通方式仍然存在局限性，这需要加快中央银行与公众之间的信息交流。中央银行应该尝试了解宏观经济环境的不确定性和复杂性，并更好地让公众了解央行的货币政策。同时央行应通过通俗易懂的语言向公众传达他们对当前经济形势的判断以及对未来货币政策的预测和分析，从而准确指导公众对未来货币政策的趋势和预期。换言之，中央银行需要充分利用各种沟通渠道，以促进货币政策信息的转移。

二是逐步提高中国人民银行利率政策目标的透明度。官方声明，中国人民银行利率政策操作的唯一目标是物价稳定。然而事实上，物价稳定不是央行利率政策操作的唯一目标，而只是重要参考标准之一。这种政策制定不但没有与中国目前的经济发展相矛盾，反而更加具有客观性和合理性。然而，缺点是央行在发布有关利率政策的信

---

① 以此准则要求，中央银行政策透明度集中体现于对自身的定位、公开与政策决策的相关信息、确保公众对相关信息的可获得性等。

息时，未对工资解说此问题且有所隐瞒。因此，许多人认为物价稳定是利率政策操作的唯一目标，而没有对其他目标进行关注。从某种程度来说，对公众形成误导，难以形成利率政策预期的科学合理判断，对利率调整的效果造成不良影响。

三是提高银行利率政策操作的透明度。国际标准是央行应公布并向公众解释利率政策的方式、操作程序及方法，并定期公布关于实现利率政策目标的进展和前景的公开声明，必须及时提交报告以解释宏观经济形势的变化以及对利率政策目标可能产生的影响。在此基础上，中国人民银行应提高利率政策预测信息的频率，通过各种不同的方式披露利率调整决策和相关的工作程序，同时增加预测信息的内容。必须快速准确地向公众提供各种经济统计数据，从而让公众更好地了解利率政策操作的阶段性成果。对利率政策的实施效果进行说明，以避免执行速度和运作过程对利率政策带来不利影响。①

四是进一步提高公众的金融素养。随着中国经济体制的不断完善，金融市场的规模不断扩大，越来越多的人参与金融活动，也就是说，对金融知识的普及和金融教育的加强提出了更高的要求。近年来，中国也积极推动"金慧工程"，提高公众金融素质教育水平。2014年《政府工作报告》明确提出"发展普惠金融"。同年还发布了《金融知识普及阅读》，以提高公众对最新金融信息的认识，并鼓励公众学习金融知识。2008年，英国高度重视公众的金融素养，将金融教育纳入国民教育体系，具体来说，即把个人理财融入《国民教育教学大纲》，以发展青年人的理财能力。除了正规学校教育外，英国还通过各种渠道传播金融知识，例如工作场所的金融知识转移，在线工具和财务建议。基于英国这种发达国家的成功经验，我们可以将把公共财政教育进一步结合国家法律，即与我国国情相结合，让金融教育更加规范和法制。进一步把金融教育融入我国国家战略，并以长期金融发展为目标，提高对教育职能的认识。

五是中国人民银行应注意利用各种渠道与公众沟通。除了定期的书面交流，更应该增加口头交流。对于即将出台的重大货币政策决策，中国人民银行应及时召开新闻发布会，与公众沟通，让公众形成心理预期，以减少重大事件对金融市场造成的动荡。对于重大金融事件，如会对金融市场造成动荡的情况，中国银行必须向市场通报市场事件的可能结果并与公众互动。此外，中国人民银行应逐步形成加快货币政策信息平台建设的简单方式、规范信息、方法、时间和信息披露的格式，并利用最新的电子科技产品和网络平台进行信息交流。加强中央银行与公众互动，减少双向获取信息的成本，推动央行利率政策的顺利稳定实施。

---

① 徐杰．货币政策透明化及对中国的启示［J］．国家行政学院学报，2009（05）：114-117.

(二）培育规范的中央银行信息披露制度

目前，中国人民银行公布了货币信贷政策，并通过人民银行官方网站，人民日报等媒体分析了金融市场运作情况，评估并发表了关于金融市场稳定性的报告，并发布了各类调查统计数据，银行会计标准，介绍和研究了支付系统和金融科技的新发展。虽然央行的公开信息较为全面，但及时性和长效性是不够的，公众无法更清楚地明白央行的货币政策意图。因此，为了让广大市民更好地了解央行的货币政策意图，获取货币政策的动态，并达到合理的公众预期，有必要建立一个规范的中央银行信息披露制度。进而可从以下几个方面进行讨论：

一是健全信息披露统计指标体系。首先是完善统计指标体系，健全财务信息披露标准化机制，严格遵循基本会计制度原则，及时修订 GDP、CPI、家庭收入和就业统计调查制度。再来是建立统计指标的动态互补机制。金融全球化和一体化进程快速发展，改善金融统计系统。在这个阶段，银行金融机构为主体，加以证券保险机构为辅，并以跨境银行为补充。最后，改进信息辅助系统。完善中央银行信用信息系统，扩大信用范围，发展非银行信用系统，建立政府信息公开统计报送制度，提高信息披露效率。

二是完善信息披露制度。完善信息披露的渠道、时间、方法和内容，确保政策目标和意图及时准确地向社会公布。根据信息的内容，信息可以每天、每周、每月、每季度和每年发布，扩大信息披露的深度和广度。货币政策决策过程中披露信息的过程主要包括货币政策决策，货币委员会会议的内容、讨论过程、投票结果、会议记录等；设置标准化表格，以简化和标准化信息披露。除传统媒体和发布途径外，在线论坛和互动论坛（如官方微博）可实现即时信息披露和解释，员工加强接受金融知识和工具方面的培训，以易于理解政策意图，并以简单易懂的方式向公众公布，与公众保持良好的沟通。加强对政策热点的认识，回应社会问题，建议央行行长或发言人担纲的发言人制度，或定期或不定期，二者相结合向公众发布新闻，联系媒体对新闻发布会进行报道，并跟踪媒体反馈、回复评论、处理评论并采取适当措施改进意见。

三是健全信息披露的监督与问责机制。除了披露金融，经济和货币信息外，中央银行还对银行等金融机构披露信息提出规定和要求。中央银行负责审查和监督信息的真实性和有效性。如果信息披露不真实，不准确或不完整，则必须建立相应的责任机制来惩罚虚假披露。与此同时，要进一步加大对风险和行业自律的内部控制，加强信息披露意识，并接受社会监督。

（三）建立完善的信息沟通协调机制

自中央银行成立以来，其行动一直充满神秘色彩，最具代表性的是 20 世纪上半叶。当时的英格兰银行行长 Montage Norman 的座右铭为："决不解释，决不辩解。"批评家们指出，央行所谓的保密只不过是掩盖事实，是将其责任最小化、权力最大化的借口。当时，央行高管认为，具备突然属性的货币政策才具有现实意义。或许说得越多，就越不对。因此，央行官员在公开场合总是含糊不清，即使他们对事件进行表态，那也是未对事情进行清楚的解释，最终还是让人摸不着头脑。在过去的二十年里发生了巨大的变化，一方面，信息的顺利转移是现代的，随着央行变得更加独立使得市场越做越大，因而央行变得越来越负责，服务群体也在增长，因此对央行信息畅通性提出了更高的要求。另一方面，央行对预期的把握程度决定了货币政策的可靠性和有效性，拥有良好沟通和协调机制的中央银行更有可能获得公众信任和公众支持，才能够建立更完整的信息协调机制，达到以上目标，可以有几点方案：

第一，改善我国货币政策实施过程中的沟通，现阶段中国人民银行需要在制定决策和执行阶段中加强沟通。中央银行应在今后的工作中对其政策基础和数据来源作出必要的解释。当有多个工作目标时，需要在年度计划中披露各项工作的权重，以避免职责不清，责任不清，要加强对群众的监督，避免长期忽视央行政策或短期变化。通过上述方法，我国的货币政策具有很高的可信度，从而保证了货币政策的可行性和最终效果。

第二，有计划地进行前瞻性指导。前瞻性指导可以在一定程度上影响公众对经济形势的预期，进而与央行的货币政策目标高度协同，并有利于货币政策的实施效果，特别是当市场动荡、未来经济前景暗淡导致失去一些货币政策工具时，前瞻性指导可以在引导经济走出困境中发挥重要作用。然而，在当前形势下，央行的前瞻性指导的态度是比较保守的，语言暧昧及目标不明确。在大多数情况下，央行使用"将继续微刺激经济和保持更稳定的货币政策"等较模糊的表述。因此，央行可以考虑与"五年计划"中提出更具体目标的相同政策，包括经济增长率，通货膨胀率，就业率和住宅价格指数。运用相应的评价方法，对初步规划进行客观、公正地总结。

第三，提高监管部门与经济实体之间沟通的可预测性和危机意识。这反映在市场可以对未来事件和危机有宏观理解的事实，同时有应对可能的冲击的预防准备。2008年金融海啸对全球经济的影响尚未得到彻底解决，互联网金融也影响了传统的金融秩序。与此同时，科学技术的发展加快，信息循环加速，金融创新加速了社会的发展。在这种情况下，即使是看似孤立的小事件也可能使各种放大器变成主要事件。对于中央银行而言，有必要及时沟通和调整，适当快速地应对必要的事件，有效规避损失，防止对市场经济信心的缺失。

第四，必须清楚地认识到我国央行与世界上最好的央行之间仍然存在差距。面对日益深化的中国市场化和人民币逐步国际化，中国中央银行加强沟通非常困难。因此，逐步完善基础沟通框架，提高日常工作的透明度和可靠性，改善应急响应以完善信息沟通机制。

（四）优化我国货币政策委员会制度

在1997年初，中国人民银行正式成立货币政策委员会，为货币政策的合理制定和有效性带来了稳定的保障。中国货币政策委员会自成立以来，在审议工作中发挥了良好作用，为顺利制定中国货币政策提供了科学的分析和预测，但仍有许多问题尚待解决。例如，货币委员会的成员没有实际表决权，只提供咨询功能；成员由政府任命，政府机构中成员太多，经济专家的比例却很小等问题。随着中国市场经济的不断完善和人民币向国际市场的逐步转移，改善中国货币政策委员会势在必行。完善中国的货币政策委员会制度可以提高货币政策的可预测性及中央银行沟通的效率，更好地稳定公众预期。

本论文主要从以下几个方面优化中国货币政策委员会制度：

第一，提高中国货币政策委员会的地位。根据人民银行货币政策委员会的规定，货币政策委员会具有"咨询议事"的功能。显然，这种情况使金融机构更加尴尬，并没有帮助货币政策协调。因此，为了进一步增加货币政策委员会对中国货币政策的影响，使中国的货币政策更加民主和理性，货币政策委员会应给予适当的决策权。关于国外经验，根据中国国情进行修订相关法律，重新安置货币政策委员会，给予货币政策委员会决策权。

第二，改变中国货币政策委员会成员的结构。发达国家和地区的中央银行货币政策委员会成员机构，都有自己的特点。例如，联邦货币政策委员会的成员主要由其内部成员组成，而欧盟货币政策委员会的成员结构除了央行银行系统内部人员外，还有学术和商界专业人士。因此，在借鉴国外模式的过程中，我们可以在这个模型中增加专家和学者的比例，提高其整体的专业性和表达能力。同时，可以参考发达国家货币政策委员会成员的任期，延长中国货币政策委员会的单届委员资格期限，以确保政策意见的变化在更合理的范围内。

第三，提高中国货币政策委员会的透明度。过去，中国货币政策委员会没有固定的开会时间，会议时间，内容和其他公开信息。因此，建议定期召开会议，并通过适当的方式及时公布货币政策委员会会议记录，例如匿名等方式。这种披露将使市场和公众更好地了解未来的货币政策趋势和未来的宏观经济前景，并有效地指导公众和市场的预期。

四、完善市场体系建设和金融监管

（一）继续完善市场体系建设

利率和基准利率都无法在政策中发挥独立作用。利率市场化进程的深化不仅受整个国民经济运行的影响,还需要相关政策措施的支持与配合。在这方面,市场体系建设是利率市场化改革得以有效实施的基础和保障。只有这样,基准利率才能在政策意图的实现中发挥作用。因此,中国仍需要重点改善和发展市场体系,在不断完善和发展市场体制的基本目标上,完善利率市场化改革、为有效实现政策目标创造了必要的基本条件。具体而言:一是既要稳固宏观经济发展的长期目标,又要适应形势的发展进行合理安排,为进一步推进利率市场化改革创造良好的外部经济环境。2015年,中国货币政策监管的基调是:"继续实施稳健的货币政策,注重松紧适当,及时地调整,灵活的工具组合用于保持合理和充足的流动性,从而引导货币信贷和社会融资规模平稳适度增长。"在此基础上,将进一步凸显适应我国利率市场化改革的宏观经济政策环境。利率政策的"稳中微调"也将促进中国宏观经济的增长;二是大力建设和完善金融市场,加强金融市场基础性制度建设,进一步提高金融市场体系的运行效率。

(二) 不断提高金融监管力度

确保基准利率秩序改革所必需的配套政策措施是利率市场化改革,但是利率市场化改革又离不开政府的有效金融监管。在利率市场化改革过程中如果不加强金融监管,就会产生利率过度变动的情况,从而增加金融市场利率波动的风险。为此,在实施利率市场化改革的同时,中国有关部门也应该采取相应的措施,第一是央行要对监管方式进行改进,除了要扩大金融监管机构的监管覆盖范围,更要突出和加强监管者的管理水平,提高监管的有效性,从而为金融市场的稳定和繁荣奠定良好基础。第二是注重科技手段在其中的运用,对于市场关注的信息要加快披露速度,运用科技手段提高对市场交易的监管水平,确保交易的公开透明。第三是要构建和完善金融监管体系,只有形成完善的监管体系,才能预防和有效杜绝各类金融风险的发生,提高金融市场的安全性。最后实现从自由竞争到负责竞争的竞争模式,逐步建立金融风险纠正机制,有效降低银行流动性的暂时波动,从而使货币市场的利率平稳地流向所需的方向,从而避免非必要的负面信号效应的影响。

五、注重利率与汇率的互动性以及政策协调的作用

随着中国对外开放速度的加快,中国经济已逐步融入世界经济。在此背景下,资本流动和汇率政策对中国宏观经济产生越来越重要的影响。当前的宏观经济平衡在很大程度上是本土的,因为从理论上讲,当国家处于封闭经济时,外部因素不会影响国内均衡。但是,在开放的条件下,外国因素可以通过各种途径影响国内经济,削弱国内平衡。因此,当前的宏观调控政策应考虑国内均衡的同时联系国外均衡,最终实现国内外同步均衡。因此,越来越多的外部影响正在加剧我国利率政策和汇率政策之间的矛盾和冲突。

有鉴于此，中国应充分发挥政策在实施利率政策中的作用，加强利率互动，并将利率政策与传统的政策匹配理论相结合。在这种情况下，中国央行在制定利率政策时可以调整国内和国际资本流动，有效防止国际资本冲击和国内资本外流对利率政策的负面影响。在此基础上，为了提高中国利率政策的灵活性，有效性和独立性，应重视开放经济中利率与汇率的相互作用和政策调整。

(一) 逐步放松资本项目管制

胡锦涛在中国共产党第十八次代表大会报告中明确表示，资本项目的自由兑换的可能性将逐步实现。1994年和1996年，在经常项目下，中国的汇率制度改革使人民币实现自由兑换，但对资本和金融项目的控制变得更加严格。目前，资本项目开放的条件基本形成，资本准入自由度不断提高。资本和金融项目的开放与国内金融市场的开放密切相关。金融市场开放包括商业银行和投资银行等外国金融机构，在中国境内以接收金融市场服务，它还包括自由跨境转移的能力。随着中国金融开放程度的扩大和外汇储备的积累，对资本项目的限制正在减少。QFII和QDII的引入以及个人用汇出入境额度的增加表明资本和金融项目的开放有所增加，资本和金融的更大开放使得控制跨境资本流动变得更加困难。2012年11月8日在美国实施QE3后，人民币兑美元的即期汇率（最低价格为6.2428）已达到连续8个交易日的涨停。这是过去11个交易日的第10次。这表明中国的资本流动规模如此之大，以至于资本管制的影响正在减弱。资本管制也有较高的经济和社会成本，因为它扭曲了有效的资本配置并增加了腐败，这表明中国的资本管制是不可持续的。要实现人民币的全面转换。

(二) 注重利率与汇率的互动及政策协调

1. 协调汇率政策和利率政策的目标

综上所述，可以很明显地看出：维持物价稳定是中国利率政策的主要目标。然而，中国对外开放程度慢慢提高，国内和国际资本流动的障碍将逐渐减少。由于资本自由流动，宏观经济调控利率政策目标和汇率政策目标（主要目标是维持汇率稳定）。实际上，自1994年以来，由于多种因素的影响，中国的利率政策与汇率政策目标出现不一致，产生四次冲突。第一次冲突发生在1994年到1996年期间，外汇储备出现了快速增长，中央银行不得不投入大量基础货币。与此同时，货币当局的利率随着通货膨胀率的增加而增加，这导致了人民币汇率和利率政策之间的冲突。第二次是1997至2000年亚洲金融危机导致的通货膨胀转向通货紧缩。为缓解通缩压力，中国货币当局采取了降息政策。然而，在此期间，由于国际收支减少，进一步影响到外汇储备，使其大幅减少，中国人民银行减少了基础货币金额，加剧了汇率政策与扩大利率政策之间的矛盾。第三次是2002年至2005年，国内经济回升，政府为了防止经济"过热"现象而开始采取加息政策。但是，外汇占款与审慎的利率政策目标之间矛盾加剧，源于外汇占款产生了大量规模的货币投放。因此，维持人民币汇率稳定的汇率政策与稳定的利率政策之间存在权衡。第四次是由于2007年至2008年通胀压力不断增强，中国货币当局采取的政策仍然是紧缩利率政策。但是，与此同时，随着外汇储备数量的急剧增加，汇率单向升值速度变得更快，这就与紧缩性的利率政策之间产生了冲突。[①]

简言之，虽然中央银行可以同时控制利率和汇率，但在开放的经济中，国家利率和汇率政策相互作用，相互制约，形成政策目标。这两者之间很容易产生矛盾，这将使各国央行更难实施货币政策。因此，在实施利率政策时，央行应考虑汇率政策的需要，采取协调利率政策和汇率政策的目标，以确保利率政策的有效性。特别是，汇率稳定目标和物价稳定目标之间的优先次序需要进一步厘清。在这方面，优先考虑价格稳定极为重要。当然，鉴于国内需求不足，仍有必要维持汇率稳定。但是从长远发展的角度分析，中国货币政策的主要目标是物价稳定，次要目标才是汇率稳定。

2. 协调汇率与利率的市场化改革进程

就目前而言，在利率政策和汇率政策相结合的情况下，利率仍然处于被控制阶段。自2005年以来，汇率开始实行有管理的浮动汇率制度，但仍受到很大的控制。例如，资本项目不是自由化的。目前，以管制为特征的利率和汇率制度不仅增加了央行的管理成本，而且还难以在国内外同时实现平衡。因此，加快利率市场化进程和汇率市场化改革具有越来越重要的作用。通过比较利率政策与汇率政策，我们得出利率市场化改革是利率政策调整的前提。汇率制度的选择是调整利率政策和汇率政策的关键。因此，中国应首先加快利率市场化改革，逐步建立起高效的利率和汇率政策机制。基于此，逐步实现真正有管理的浮动汇率制度。解决浮动汇率制度实际管理中需要注意的问题主要有以下几点。首先，它扩大了汇率的覆盖范围。中国目前的浮动汇率制度，注重管理而忽视浮动。这种汇率制度不能起到调节市场的作用，只能达到稳定预期的效果。因此，充分扩大人民币汇率波动范围是近期汇率改革的重点，从而可以减少央行在外汇市场的被动操作，加强央行对基础货币交割的主动权。二是开拓远期外汇市场。这不仅有助于汇率风险地避免，还有助于投资者规避风险，第三，将强制结售汇制改为意愿结售汇。允许中国企业适当持有外汇，将会分散汇率风险并促进外汇市场的发展。[②]

协调利率政策与汇率政策的外部环境。改革开放以来，中国一直倡导以出口为导

[①] 刘仁伍. 全球化背景下的货币政策调控 [M]. 北京：社会科学文献出版社，2007：305.
[②] 范方志，赵明勋. 当代货币政策：理论与实践 [M]. 上海：上海三联书店，2005：363.

向的经济发展政策，鼓励外资流入，扩大出口，这导致了微观主体对汇率贬值形成了依赖，极大地影响了中国汇率制度的发展和进一步改革。我国处于转轨阶段，不完善的金融体系也是影响中国利率和汇率政策调整的重大缺陷。为了真正协调汇率政策工具和利率政策工具的使用，需要提出三个要点：

一是，加快人民币资本项目自由化。在汇率波动之前，中国对资本账户进行监管，以确保利率政策的独立性。随着中国加入WTO，中国的汇率控制将逐步放开，资本账户控制将不适应开放经济协调发展的趋势。1/3的中国资本账户处于管制之下，应进一步加快调整利率和汇率政策有效性，开放资本账户的过程。根据"三元悖论"和中国国情，通过放开资本项目，可以从根本上解决人民币汇率的不合理问题。具体而言，短期内资本账户自由化的目标应该是实现资本账户的基本转换。中期目标是逐步开放QFII和QDII投资渠道，减少市场准入壁垒，并简化外汇管理审批流程。长期目标是开放所有资本项目，但对国家经济安全的潜在风险除外。

二是加快产业结构调整和升级。中国在深化全球价值链进程中，伴随而来的是对外依附性强和产业利润低。目前，中国对外贸易依存度仍达到60%。如果公司未能及时将某些行业从出口转向国内需求市场，贸易顺差将继续增加，将利率和汇率记忆不进行调整，则需求和压力就越大。因此，为了在相对稳定的外部环境中运作，有必要通过出口促进利率形成机制，以刺激内需，加速第三产业的发展。其次，中国可以利用巨额外汇储备的长期积累，依托内需对第三产业投资，如外汇储备，改革医疗等。通过上述渠道，国际舆论对中国贸易平衡的外部压力和减少外汇储备的内部压力得到了缓解，为中央银行在采取利率政策和汇率政策措施进行宏观调控时有更多的灵活性。

三是完善金融基础设施建设。由于传统体制的局限和影响，中国的金融基础设施相对落后，存在金融监管不完善，范围狭窄，缺乏金融监管等问题。考虑到中国利率与汇率关系中的外部环境问题，只有有效的金融监督才是市场有序运作的重要保证。要做到这一点，有必要重新考虑建立金融体系的建设问题。借鉴国际经验，加强国际合作，在开放的经济环境中以稳定，协调的方式处理人民币利率与汇率之间的关系。另一方面，金融基础设施的建设需要相关金融法规的支持和保证，及时撤销一些与市场发展不相适应的法律，法规和政策文件，重新规定市场准入限制，小市场企业的经济权益应该保留。例如，扩大资本建设项目进出的渠道，将检查和审批权下放给地方政府，并建立合理有效的检查和批准程序。为了按照中国的利率市场化改革制定金融法律法规，利率市场化改革的各个方面都必须遵循这些法律法规。例如，在使用外汇的范围和方向上，应根据资本项目的开放程度制定相关规定，并且必须谨慎处理逃汇，套汇，金融诈骗和内幕信息等暗箱操作业务。为中国金融体系建立稳固高效的基础设施形成强大的法律威慑力。同时，有必要加强监管机构在建设中国金融基础设施方面的作用。确定利率市场化的适宜性，设计合理科学的退出市场以及对市场资源配置的其他影响,以支持和规范经济发展过程。

(三) 努力寻求资本流动、利率、汇率与外汇储备之间的动态平衡

利率平价理论和蒙代尔的"不可能三角"模型的假设条件都较为严格,只有满足假设条件,模型才能成立。其中蒙代尔的"不可能三角"模型表明,固定汇率、资本自由流动和货币政策的有效性三者,只有两个条件能同时满足。但在中国和美国等大型经济体中,利率政策的外部性和高度独立性在其他国家的利率政策选择上造成了更深的影响,其他国家的货币可以仅集中在一个国家的货币上,而较大的国家可以独立地实施利率政策,其他国家利率政策的独立性受到限制。此外,固定汇率、资本自由流动和货币政策的有效性是出现的一种极端现象,对于中间道路,如将有大量国家外汇储备管理的流动性货币汇率,某种程度的资本管制放松管制加上一定程度的利率政策都将产生新的组合。克鲁格曼说:"不可能三角并不意味着没有中间状态",但不完全的资本流动,在一定程度上增加了央行维持利率和汇率稳定的成本,增强汇率干预力度。中国资本项目的开放和基于市场的汇率的渐进改革基本上就是这样的中间状态。在宏观审慎管理体制下,中国应该研究和分析中间道路,明确汇率有管理的波动,资本管制处于某种程度的放松,利率政策的独立性与外汇储备彼此之间的相互作用。寻求这四者之间的长期动态平衡,探索具有中国特色的人民币自由兑换之路。

参考文献

一、马克思主义经典著作和重要文献

邓小平文选［M］．北京：人民出版社，1993．

列宁，1960．帝国主义是资本主义的最高阶段［M］．北京：人民出版社．

列宁，1995．列宁选集：第1-4卷［M］．北京：人民出版社．

马克思，1975．资本论：第1-3卷［M］．北京：人民出版社．

马克思，1978．机器、自然力和科学的应用［M］．北京：人民出版社．

马克思，2000．1844年经济学哲学手稿［M］．北京：人民出版社．

马克思和恩格斯，1960．马克思恩格斯全集：第3卷［M］．北京：人民出版社．

马克思和恩格斯，1995．马克思恩格斯选集：第1-3卷［M］．北京：人民出版社．

马克思和恩格斯，1958．马克思恩格斯全集：第4卷［M］．北京：人民出版社．

马克思和恩格斯，1962．马克思恩格斯全集：第13卷［M］．北京：人民出版社．

马克思和恩格斯，1963．马克思恩格斯全集：第19卷［M］．北京：人民出版社．

马克思和恩格斯，1964．马克思恩格斯全集：第16卷［M］．北京：人民出版社．

马克思和恩格斯，1980．德意志意识形态（节选），马克思恩格斯选集第一卷［M］．北京：人民出版社．

毛泽东思想基本著作选读［M］．北京：人民出版社，2001．

斯大林，1961．苏联社会主义经济问题［M］．北京：人民出版社．

习近平，2014．习近平谈治国理政（第一卷）［M］．北京：人民出版社．

习近平，2017．习近平谈治国理政（第二卷）［M］．北京：人民出版社．

习近平．决胜全面建成小康社会 夺取新时代中国特色社会主义伟大胜利——在中国共产党第十九次全国代表大会上的报告［EB/OL］．http：//www.xinhuanet.com//politics/2017－10/27/c_11 21867529.htm．

习近平总书记系列重要讲话读本（2016年版）［M］．北京：学习出版社，2016．

中共中央关于全面深化改革若干重大问题的决定［M］．北京：人民出版社，2013．

二、著作图书

爱德华·肖，1988．经济发展中的金融深化．上海：上海三联书店出版社．

保罗·克鲁格曼，2012．萧条经济学的回归［M］．北京：中信出版社．

本·S. 伯南克，2006．通货膨胀目标制国际经验［M］．东北财经大学出版社．

卞志村，2006．转型期货币政策规则研究［M］．人民出版社．

宾得赛尔，2013．货币政策实施：理论、沿革与现状［M］．大连：东北财经大学出版社．

陈学彬主编，2003. 金融学. [M]. 高等教育出版社.

陈征，2005. 劳动和劳动价值论的运用与发展 [M]. 高等教育出版社.

陈征，1997.《资本论》解说（1-3）[M]. 福州：福建人民出版社.

陈征，2003.《资本论》选读 [M]. 高等教育出版社.

陈征，2005.《资本论》和中国特色社会主义经济研究 [M]. 山西经济出版社.

陈征、李建平、郭铁民，1998.《资本论》在社会主义市场经济中的运用与发展 [M]. 福州：福建人民出版社.

陈征、李建平、郭铁民，2003.《资本论》选读 [M]. 北京：高等教育出版社.

达德利，诺思，1976. 贸易论. 中文版. 桑伍译 [M]. 北京：商务印书馆.

戴国强，2005. 我国商业银行利率风险管理研究 [M]. 上海财经大学出版社.

樊纲，易纲，吴晓灵等，2017. 50人的二十年 [M]. 中信出版集团股份有限公司.

范方志，2005. 当代货币政策：理论与实践 [M]. 上海三联书店.

弗雷德里克·S. 米什金，2011. 货币金融学 [M]. 北京：中国人民大学出版社.

弗里德曼、施瓦茨，2009. 美国货币史 [M]. 北京：北京大学出版社.

高铁梅，2009. 计量经济分析方法与建模 [M]. 清华大学出版社.

汉森. 凯恩斯学说指南. [M]. 北京：商务印书馆，1964.

胡海鸥，贾德奎，2006."利率走廊"调控的理论与实践 [M]. 上海：上海人民出版社.

黄达，1990. 中国金融百科全书 [M]. 经济管理出版社.

黄达，2015. 金融学 [M]. 北京：中国人民大学出版社.

黄赜琳，2008. 实际经济周期与中国经济波动 [M]. 上海财经大学出版社.

霍默，西勒，肖新明，曹建海译，2010. 利息史（第四版）[M]. 北京：中信出版社.

姜旭朝，1996. 中国民间金融研究 [M]. 山东人民出版社.

蒋中一，2015. 动态最优化基础 [M]. 中国人民大学出版社.

杰文斯，1984. 政治经济学理论 [M]. 北京：商务印书馆.

卡尔·瓦什，2012. 货币理论与政策 [M]. 格致出版社.

凯恩斯，1923. 货币改革论 [M]. 北京：商务印书馆.

凯恩斯，2011. 就业、利息和货币通论 [M]. 商务印书馆.

李波，2018. 构建宏观货币政策和宏观审慎政策双支柱调控框架 [M]. 北京：中国金融出版社.

李格平，2008. 金融市场化改革中的货币市场 [M]. 社会科学文献出版社.

李建平，2006.《资本论》第一卷辩证法探索 [M]. 社会科学文献出版社.

李建平等，2008. 马克思主义经济学的创新与发展 [M]. 北京：社会科学文献出版社.

李社环，2001. 利率自由化 [M]. 上海财经大学出版社.

梁福涛，2007. 货币市场利率结构，基准利率与利率衍生品创新 [M]. 上海财经大学出版社.

梁小民，1993. 高级宏观经济学教程 [M]. 北京大学出版社.

刘涤源，1998. 凯恩斯经济学说评论：第1卷 [M]. 武汉：武汉大学出版社.

刘仁伍，2007. 全球化背景下的货币政策调控 [M]. 社会科学文献出版社.

刘义圣，2006. 中国资本市场的多功能定位与发展方略 [M]. 社会科学文献出版社.

刘义圣，2012. 中国宏观经济利率微调的操作模式探绎［M］. 长春出版社.

刘义圣，2002. 中国利率市场化改革论纲．［M］. 北京：北京大学出版社.

刘义圣，李建建，2008. 发展经济学与中国经济发展策论［M］. 社会科学文献出版社.

刘义圣，王春丽，2012. 中国宏观经济利率微调的操作模式探绎．［M］. 吉林：长春出版社.

罗纳德·I. 麦金农，1997. 经济发展中的货币与资本［M］. 三联书店上海分店.

罗纳德·I. 麦金农，2014. 经济市场化的次序［M］. 上海人民出版社.

马俊，纪敏，2016. 新货币政策框架下的利率传导机制［M］. 北京：中国金融出版社.

马歇尔，1964. 经济学原理（上，下卷）. 中文版. 朱志泰译［M］. 北京：商务印书馆.

迈克尔·伍德福德，2010. 利息与价格：货币政策理论基础［M］. 北京：中国人民大学出版社.

米什金. 郑艳文，荆国勇译，2010. 货币金融学（第九版）［M］. 北京：中国人民大学出版社.

庞巴维克，1981. 资本实证论. 中译本. 陈端译［M］. 北京：商务印书馆.

钱小安，2000. 通货紧缩论［M］. 商务印书馆.

钱小安，2002. 货币政策规则［M］. 商务印书馆.

盛松成，2017. 中央银行与货币供给［M］. 北京：中国金融出版社.

施兵超，2003. 利率理论与利率政策［M］. 中国金融出版社.

石启志，1983.《资本论》第一卷引读［M］. 黑龙江人民出版社.

时光，2013. 金融改革与基准利率：利率市场化与Shibor研究［M］. 民族出版社.

孙丽，2007. 通货膨胀目标制［M］. 学林出版社.

王志伟，2004. 现代西方经济学主要思潮及流派［M］. 北京：高等教育出版社.

威廉·配第，1981. 配第经济著作选集. 中文版. 陈冬野等译［M］. 北京：商务印书馆.

魏克赛尔，1997. 利息与价格. 中译本. 蔡受百等译．［M］. 北京：商务印书馆.

吴宣恭，2000. 产权理论比较［M］. 经济科学出版社.

吴易风，王健，1997. 凯恩斯学派［M］. 武汉：武汉出版社.

伍戈，李斌，2016. 货币数量、利率调控与政策转型［M］. 北京：中国金融出版社.

肖恩，2003. 动态经济学［M］. 中国人民大学出版社.

休谟，1984. 休谟经济论文选［M］. 北京：商务印书馆.

休谟，1997. 论贸易平衡［M］. 北京：商务印书馆.

亚当·斯密，2002. 国民财富的性质和原因的研究. 中文版. 郭大力、王亚南译［M］. 北京：商务印书馆.

闫素仙，2002. 利息理论与利率政策研究［M］. 中国经济出版社.

扬奎斯特，萨金特，2010. 递归宏观经济理论. 第2版［M］. 中国人民大学出版社.

约翰·洛克，1962. 论降低利息和提高货币价值的后果. 中文版. 徐式谷译［M］. 北京：商务书馆.

约瑟夫·马西，1996. 论决定自然利率的原因. 中文版. 胡企林译［M］. 北京：商务印书馆.

曾宪久，2004. 货币政策传导机制论［M］. 中国金融出版社.

周其仁，2012. 货币的教训［M］. 北京：北京大学出版社.

邹至庄，1983. 动态经济系统的分析与控制［M］. 北京友谊出版社.

三、中文论文

艾洪德，郭凯，李涛，2008. 一般均衡中的利率、确定性与最优规则［J］. 财经问题研究，（2）：3-12.

安宇宏，2014. 常备借贷便利［J］. 宏观经济管理，（10）：78.

巴曙松，2010. 全球复苏分化下中国金融政策的基调［J］. 财经问题研究，（8）：3-8.

巴曙松，谌鹏，2012. 互动与融合：互联网金融时代的竞争新格局［J］. 中国农村金融，（24）：15-17.

巴曙松，尚航飞，2015. 利率走廊调控模式的演进、实践及启示［J］. 现代经济探讨，（5）：5-10.

白重恩，2013. 2012 年中国投资回报率仅 2.7%［N］. 第一财经日报. 7月30日.

毕海霞，郭幼佳，2016. 新常态下我国货币政策传导机制的转变特征及对策［J］. 经济纵横，（10）：102-107.

毕燕茹，2015. 利率走廊机制国际经验及我国的借鉴［J］. 金融发展评论，（4）：40-44.

毕玉江，2001. 我国利率市场化的基准利率选择［J］. 新疆财经学院学报，（G1）：68-69.

卞志村，2006. 泰勒规则的实证问题及在中国的检验［J］. 金融研究，（8）：56-69.

卞志村，毛泽盛，2005. 货币政策规则理论的发展回顾［J］. 世界经济，（12）：64-76+80.

卞志村，孟士清，2014. 基于马尔科夫转换模型泰勒规则的实证研究［J］. 南京财经大学学报，（5）：21-28+36.

卜微微，2011. 中国金融开放问题研究［D］. 山东经济学院.

蔡璐婧，2017. 利率走廊和通胀目标制的国际经验［J］. 上海金融，（4）：87-91.

蔡跃洲，吉昱华，2004. 规则行事、泰勒规则及其在中国的适用性［J］. 经济评论，（2）：89-93.

曹凤岐，2014. 利率市场化进程中基准利率在货币政策体系中的地位与构建［J］. 中央财经大学学报，（4）：26-33.

陈福中，陈诚，2012. 发达经济体利率与汇率交互效应的动态机制——基于美国和日本月度数据的实证考察［J］. 国际经贸探索，28（11）：55-67.

陈晖，谢赤，2004. 中国银行间同业拆借市场利率结构转换研究［J］. 管理科学，（4）：65-70.

陈杰，2014. 人民币汇率市场化形成机制改革动力与路径研究［J］. 华北金融，（10）：8-10.

陈利平，2005. 中国银行货币政策的透明与模糊［J］. 世界经济，（2）：9-12.

陈人俊，1994. 1993 年上海同业拆借市场概述［J］. 上海金融，（5）：20-21.

陈时兴，2001. 我国国债的利率效应与基准利率研究［J］. 当代经济研究，（8）：53-56.

陈学彬，1996. 对我国经济运行中的菲利普斯曲线关系和通胀预期的实证分析［J］. 财经研究，（8）：3-8+64.

陈彦斌，2008. 中国新凯恩斯菲利普斯曲线研究［J］. 经济研究，43（12）：50-64.

陈逸，2008. 中国利率市场化改革中市场基准利率选择的比较研究［D］. 复旦大学.

陈雨露，边卫红，2004. 货币政策规则的理论依据及其原创性论述［J］. 国际金融研究，（6）：4-13.

程建华，王冲. Markov 区制转移"泰勒规则"型货币政策在我国的非线性特征［J］. 商业研究，2015（6）：69-73.

程娜,付英俊,龚承刚,2014.泰勒规则在我国货币政策中应用的研究[J].21世纪数量经济学,14(00):270-285.

程云龙,2016.宏观审慎框架下防范跨境资本波动的国外经验与借鉴[J].吉林金融研究,(6):52-56.

丛剑锋,2016.常备借贷便利构建利率走廊上限的有效性分析[J].甘肃金融,(11):30-33.

崔百胜,2008.利率规则与通货膨胀:一个模型分析[J].经济经纬(6):153-156.

崔百胜,2008.我国货币政策规则选择[J].浙江金融,(7):14-15.

崔丹,2000.我国开展公开市场业务的对策选择[J].工业技术经济,(1):9-10+14.

崔嵬,2007.国际货币市场基准利率的一般做法与经验[J].中国货币市场(7):48-50.

崔志明,2017.流动性管理新方向[J].新理财(政府理财),(Z1):37-38.

戴根有,2002.论我国公开市场操作的实践[J].深圳金融,(11):1-4.

戴根有,2000.关于我国货币政策的理论与实践问题[J].金融研究,(9):1-12.

戴根有,2003.中国央行公开市场业务操作实践和经验[J].金融研究,(1):55-65.

戴桂兵,2009.我国金融市场基准利率比较研究[J].现代商贸工业,21(3):144-145.

戴国海,李伟,2013.SHIBOR在我国基准利率体系中的地位及其完善渠道研究[J].金融监管研究,(6):31-54.

戴国强,方鹏飞,2014.监管创新、利率市场化与互联网金融[J].现代经济探讨,(7):64-67+82.

戴国强,梁福涛,2006.中国金融市场基准利率选择的经验分析[J].世界经济,(4):3-11+95.

戴金平,陈汉鹏,2013.中国利率市场化中基准利率的选择——Shibor作为基准利率的可行性研究[J].财经科学,(10):1-10.

单云亮,2009.SHIBOR作为我国货币市场基准利率的实证分析[J].科技信息,(1):350-351.

邓伟,袁小惠,2016.中国货币政策创新工具:产生、比较与效果分析[J].江西财经大学学报,(4):23-30.

邓翔,雷国胜,2011.泰勒规则的发展及其在中国的适用性分析[J].理论月刊,(11):5-11+1.

邓雄,2015.从信贷到利率:利率市场化条件下的货币政策传导渠道转变[J].上海金融,(10):19-24.

邓雪春,2016.政策利率预期度量的国际经验借鉴[J].福建金融,(9):39-42.

刁节文,2008."利率走廊"调控模式研究[J].工业技术经济,(7):150-151+161.

刁节文,胡海鸥,2006.零准备金制度下商业银行储备管理行为[J].武汉理工大学学报,(3):131-133.

刁节文,贾德奎,2005.货币政策透明度:理论研究与实践进展[J].当代财经,(10):40-43.

刁节文,王铖,2008.加拿大利率走廊调控模式的研究及对我国的启示[J].海南金融,(7):42-45.

董奋义,2006.利率市场化过程中我国基准利率的选择与培育[J].经济经纬,(4):136-139.

董进,2006.宏观经济波动周期的测度[J].经济研究,(7):41-48.

董乐,2008.银行间回购利率的基准效应研究——我国短期利率"领先—滞后"效应的实证检验

［J］．中国管理科学，（3）：16-22.

董艳玲，2007．泰勒规则中加入汇率因素的探讨及其在中国的应用［J］．经济学动态，（11）：51-54.

杜金岷，郭红兵，2008．我国货币政策对基准收益率曲线影响的实证研究［J］．理论月刊，（9）：5-11.

杜云龙，2000．开放经济中货币政策中介目标的选择［J］．黑龙江财专学报，（6）：17-22.

樊明太，2004．金融结构及其对货币传导机制的影响［J］．经济研究，(7)：27-37.

樊卫东，2002．中国利率市场化研究［D］．中国社会科学院研究生院.

范从来，2004．论货币政策中间目标的选择［J］．金融研究，(6)：123-129.

范从来，刘晓辉，2008．开放经济条件下货币政策分析框架的选择［J］．经济理论与经济管理，(3)：5-11.

范立夫，丁思宁，2013．巴克莱银行Libor操纵案的反思——基于金融业综合经营趋势下利益冲突的视角［J］．财务与会计，(6)：17-19.

范希文，2017．全球流动性风险：若隐若现，欲罢还休［J］．金融博览，(5)：44-45.

范志勇，冯俊新，刘铭哲，2017．负利率政策的传导渠道和有效性研究［J］．经济理论与经济管理，(2)：13-22.

方恒，2017．利率走廊系统的国际经验及启示［J］．时代金融，(11)：40-41.

方齐云，余喆杨，潘华玲，2002．我国货币供给的内生性与货币政策中介目标选择［J］．华中科技大学学报（人文社会科学版），(5)：69-72.

方先明，2015．价格型货币政策操作框架：利率走廊的条件、机制与实现［J］．经济理论与经济管理，(6)：43-51.

方先明，花旻，2009．SHIBOR能成为中国货币市场基准利率吗——基于2007.1—2008.3间SHIBOR数据的经验分析［J］．经济学家，(1)：85-92.

方意，方明，2012．中国货币市场基准利率的确立及其动态关系研究［J］．金融研究，(7)：84-97.

封北麟，王贵民，2006．金融状况指数FCI与货币政策反应函数经验研究［J］．财经研究，(12)：53-64.

冯玉明，俞自由，1998．中国货币政策中间目标变量的选择［J］．上海交通大学学报，(12)：90-93.

冯宗宪，郭建伟，霍天翔，2009．市场基准利率Shibor的基准性检验［J］．西安交通大学学报（社会科学版），29(3)：24-30.

付晓琳，2013．我国货币政策中介目标的选择研究［D］．石河子大学.

付英俊，2017．我国央行预期管理实践：现状、问题及建议［J］．武汉金融，(9)：72-75.

盖新哲，朱尘，2016．未来货币政策的构建：政策工具选择［J］．国际金融研究，(3)：3-16.

高宏，2013．非线性泰勒规则及其政策效果——基于新凯恩斯DSGE模型的分析［J］．当代经济科学，35(4)：19-26+124.

高鸿，2007．开放条件下中国利率政策调控的基本思路［J］．生产力研究，(22)：37-38.

高洁超，孟士清，2015．中国非线性审慎利率规则的实证研究［J］．南京审计学院学报，12(6)：95-104.

高婧, 2012. 货币供应量作为我国中介目标的有效性分析 [D]. 山西财经大学.

高丽, 毛小刚, 2013. 泰勒规则研究回顾及对我国货币政策操作的启示 [J]. 新疆财经大学学报, (3): 26-32.

高培亮, 夏园园, 2013. 我国利率市场化下的基准利率的选择 [J]. 理论界, (1): 35-37.

高惺惟, 谷牧青, 2016. 利率市场化对我国货币政策操作目标的影响 [J]. 财经科学, (12): 35-46.

葛奇, 2015. 泰勒规则和最优控制政策在 FRB/US 模型中的稳健性比较——兼论耶伦新常态货币政策的利率路径选择 [J]. 国际金融研究, (9): 3-15.

葛奇, 2017. 从量化宽松到量化紧缩——美联储缩减资产负债表的决定因素及其影响 [J]. 国际金融研究, (9): 45-56.

勾东宁, 2010, 刘喆. SHIBOR 运行状况及改进建议 [J]. 中国金融, (14).

谷裕, 2014. 优化 Shibor 报价机制完善货币市场基准利率体系 [J]. 中国货币市场, (9): 5.

官慧, 刘义圣, 2016. 利率走廊模式的国际比较与我国现实选择 [J]. 亚太经济, (6): 38-42.

贯彻新发展理念, 深化供给侧结构性改革——厉以宁教授解读党的十九大报告 [J]. 经济科学, 2017 (6): 2.

郭红兵, 陈平, 2012. 中国货币政策的工具规则和目标规则——"多工具, 多目标"背景下的一个比较实证研究 [J]. 金融研究, (8): 29-43.

郭红兵, 钱毅, 2008. 我国金融市场基准利率考察——基于构建完整的基准收益率曲线 [J]. 金融理论与实践, (3): 37-40.

郭建伟, 2007. Shibor 与利率市场化 [J]. 中国货币市场, (7): 4-11.

郭凯, 2007. 最优利率规则: 一般理论与应用 [D]. 东北财经大学.

郭庆旺, 贾俊雪, 2004. 中国潜在产出与产出缺口的估算 [J]. 经济研究, (5): 31-39.

郭万山, 2004. 通货膨胀钉住制度下的最优货币政策规则研究 [D]. 辽宁大学.

郭万山, 丁洪福, 2015. 产出缺口、产出增长率与泰勒规则 [J]. 统计与信息论坛, 30 (11): 24-31.

郭雄, 李亚琼, 2006. 我国的产出缺口与通货膨胀 [J]. 统计与决策, (2): 82-85.

郭豫媚, 郭俊杰, 肖争艳, 2016. 利率双轨制下中国最优货币政策研究 [J]. 经济学动态, (3): 31-42.

国家统计局. 2011 年 GDP 增 9.2% 4 季度增 8.9% 创 2 年新低 [EB/OL]. http://news.hexun.com/2012-01-17/137341068.htlm.

何德旭, 张捷, 2016. 金融经济周期下的中央银行资产负债表策略 [J]. 郑州大学学报（哲学社会科学版）, 49 (1): 50-56.

何德旭, 张捷, 2017. 中国货币政策现状及抉择 [J]. 中国经济报告, (6): 78-80.

何东, 王红林, 2011. 利率双轨制与中国货币政策实施 [J]. 金融研究, (12): 1-18.

何国华, 常鑫鑫, 2013. 开放条件下不同泰勒规则在中国的适用性研究 [J]. 财贸研究, 24 (2): 94-101.

何慧刚, 2008. 人民币利率-汇率联动协调机制的实证分析和对策研究 [J]. 国际金融研究, (8):

51-57.

何梦泽, 2013. 我国金融市场基准利率选取的实证研究 [J]. 当代经济, (7): 99-101.

何珊, 2017. 中小银行应对利率走廊形成机制的策略研究 [J]. 吉林金融研究, (2): 18-22.

何涛, 胡资骏, 2014. 国际基准利率建设经验及启示 [J]. 青海金融, (10): 21-23.

何运信, 2005. 我国货币政策中介目标研究 [D]. 湖南大学.

何志刚, 阮琤, 2006. 国债金融效应: 基准利率视角的分析 [J]. 商业经济与管理, (9): 53-57.

贺卉, 2009. 关于中央银行独立性问题的研究 [J]. 上海金融, (6): 31-35.

贺力平, 2014. 政策性基准利率选择 [J]. 中国金融, (14): 24-25.

贺思文, 2014. 金融危机背景下我国货币政策工具的运用与效用分析 [D]. 海南大学.

贺云松, 2010. 利率规则的福利成本及对我国货币政策的启示——基于新凯恩斯 DSGE 模型的分析 [J]. 华东经济管理, 24 (2): 73-78.

胡波, 2012. 解析央行第二代支付系统及其影响 [J]. 银行家 (4): 120-122.

胡光年, 2014 对中央银行独立性问题的探讨 [J]. 时代金融, (11): 84-86.

胡海鸥, 季波, 2006. 完善我国基准利率主导作用的基本思路 [J]. 上海金融, (11): 34-37.

胡海鸥, 季波, 2007. 准备金制度功能的异化与我国准备金政策的取向 [J]. 财经科学, (3): 1-8.

胡海鸥, 季波, 贾德奎, 2006. "利率走廊" 调控含义、机理与机制——无基础货币供给量调控的启示 [J]. 当代经济科学, (1): 35-40+125.

胡海鸥, 季波, 贾德奎, 2006. "利率走廊" 调控与准备金制度功能的异化 [J]. 北京交通大学学报 (社会科学版), (1): 55-58.

胡海鸥, 贾德奎, 2004. "利率走廊" 调控的运行机制及其在我国的实践意义 [J]. 上海金融, (2): 12-14.

胡海鸥, 赵慈拉, 2008. 理顺和规范 Shibor 决定机制的思考 [J]. 上海金融, (9): 30-33.

胡明东, 2014. 对中国货币市场基准利率的验证 [J]. 北方金融, (10): 34-37.

胡岳峰, 2015. 关于中国新兴货币政策工具 "常备借贷便利" 的解析与国际比较 [J]. 金融经济, (2): 18-19.

华秀萍, 熊爱宗, 张斌, 2012. 金融开放的测度 [J]. 金融评论, 4 (5): 110-121+126.

黄昌利, 尚友芳, 2013. 资产价格波动对中国货币政策的影响——基于前瞻性泰勒规则的实证研究 [J]. 宏观经济研究, (1): 3-10+37.

黄晨, 任若恩, 李焰, 柏满迎, 2002. 中国金融市场基准利率分析 [J]. 北京航空航天大学学报 (社会科学版), (2): 38-43.

黄国明, 1997. 我国央行基准利率选择之分析 [J]. 上海金融, (1): 15-16.

黄金老, 2001. 利率市场化与商业银行风险控制 [J]. 经济研究, (1): 19-28+94.

黄启才, 2010. 非线性菲利普斯曲线及对货币政策的影响 [J]. 金融经济, (22): 60-62.

黄启才, 2010. 中国利率波动的体制转换与非对称性分析——基于 MSIH-AR 模型研究 [J]. 亚太经济, (6): 32-36.

黄启才, 2010. 最优货币政策规则及在中国的实证 [J]. 发展研究, (11): 60-63.

黄启才, 2012. 泰勒规则及其在中国的应用 [J]. 中国物价, (9): 36-38.

黄启才，刘睎蕊，2011. 我国货币政策目标偏好的非对称估计与检验［J］. 现代财经（天津财经大学学报），31（2）：92-97.

黄小英，刘婷，2017. 利率走廊降低利率波动的机理与实证检验——基于发达国家央行数据的实证研究［J］. 现代财经（天津财经大学学报），37（2）：55-68.

黄益平. 利率市场化改变尚未完成.［EB/OL］. http：//news.hexun.com/2015-11-18/180632588.html

黄志忠，谢军，2013. 宏观货币政策、区域金融发展和企业融资约束——货币政策传导机制的微观证据［J］. 会计研究，(1)：63-69+96.

纪中慷，2007. 汇率制度与货币政策裙带关系带给我们的启示［J］. 山东商业职业技术学院学报，(6)：20-24.

季伟，2015. 由公开市场操作走向利率走廊：我国利率调控模式的转型方向［J］. 金融发展评论，(8)：102-108.

季伟，2016. 从公开市场操作到利率走廊［J］. 中国金融，(5)：26-27.

季晓静，2009. "利率走廊"深化我国利率市场化改革的新途径［J］. 财经界（学术版），(10)：5-6+8.

贾德奎，2007. 基于自愿准备金制度的利率走廊调控模式研究［J］. 财经理论与实践，(4)：14-18.

贾德奎，胡海鸥，2004. "利率走廊"：货币市场利率调控的新范式［J］. 经济评论，(2)：94-97.

贾德奎，胡海鸥，2004. "利率走廊"调控模式的机制与启示［J］. 中央财经大学学报，(1)：31-35.

贾德奎，胡海鸥，2004. 利率走廊：我国利率调控模式的未来选择［J］. 财经研究，(9)：56-65.

贾雅茹，2013. 日本利率市场化及其对中国的启示［J］. 北方经济，(8)：74-76.

江春，陈永，2014. 中国利率市场化阶段利率规则探究——基于对泰勒规则的扩展［J］. 财贸研究，25（3）：100-107.

姜楠，2016. 如何评价我国当前货币政策的有效性［J］. 科技经济导刊，(29)：246.

姜汝楠，程逸飞，2014. 对央行创设PSL货币政策工具的思考［J］. 价格理论与实践，(8)：96-98.

蒋竞，2007. 中国基准利率选择的实证分析［J］. 四川理工学院学报（社会科学版），(4)：60-63+82.

蒋先玲，苏日娜，孙倩，2012. Shibor作为中国基准利率的可行性研究［J］. 金融论坛，17（9）：25-32+60.

蒋先玲，赵一林，2016. 基于SVAR的常备借贷便利工具传导机制有效性研究［J］. 国际商务（对外经济贸易大学学报），(4)：105-116.

蒋贤锋，王贺，史永东，2008. 我国金融市场中基准利率的选择［J］. 金融研究，(10)：22-36.

金成晓，李雨真，2017. 名义负利率政策的理论、实施与效果［J］. 江西社会科学，37（6）：49-57.

金成晓，朱培金，2013. 包含汇率因素的非线性泰勒规则及其在中国的适用性检验［J］. 统计与决策，(7)：4-7.

金中夏，2014. 从央行视角看利率市场化［J］. 中国金融，(1)：20-22.

荆海龙，淡亚君，李亚奇，2014. 我国市场化利率形成问题研究［J］. 青海金融，（10）：7-12.
康彬，尤立杰，2017. 负利率政策利弊观［J］. 新理财，（8）：38-42.
柯普扎克，2011. 公开市场操作的流动性效应［J］. 银行与金融杂志财政学，35（12）：3292-3295.
雷国胜，2007. 货币政策的动态优化与调整［D］. 四川大学.
雷耀，胡莹，2012. 韩国利率市场化改革与其经济金融运行变化［J］. 中国货币市场，（10）：8-11.
李成，方蔚豪，党静静，2018. 利率"双轨制"对我国货币政策价格型调控效应的动态考察［J］. 云南师范大学学报（哲学社会科学版），50（4）：105-113.
李成，王彬，马文涛，2010. 资产价格、汇率波动与最优利率规则［J］. 经济研究，45（3）：91-103.
李冠超，罗鹏静，郭凯，2017. 中美货币政策分化、影响及对策［J］. 宏观经济管理，（5）：83-87.
李嘉洁，2014. 试论国外利率走廊实践对我国利率调控机制的启示与建议［J］. 金融理论与实践，（9）：100-102.
李建建，2006. 马克思利息理论与中国利率市场化的改革实践［J］. 当代经济研究，134（10）：44-48.
李京阳，2012. 货币政策透明度中"度"的把握——基于中国实际情况的分析［J］. 中国市场，（9）：59-63.
李静，2017. 中国利率走廊操作模式的选择——基于国际经验比较［J］. 银行家，（10）：62-65+6.
李良松，柳永明，2009. 新魏克塞尔主义下我国基准利率的比较与定位［J］. 财经研究，35（6）：52-64.
李露，2015. 利率走廊：央行利率调控"新"模式［J］. 金融博览（财富），（12）：20-21.
李丕东，魏巍贤，2005. 韩国货币政策体系的演化及其借鉴［J］. 世界经济研究，（2）：56-61.
李琼，王志伟，2008. 利率规则理论研究新进展［J］. 经济学动态，（1）：83-88. PHam
李琼，王志伟，2009. 泰勒规则与中国宏观经济波动——1994-2006的实证检验［J］. 经济科学，（2）：9-22.
李社环，2001. 适应我国利率全面市场化的基准利率的研究［J］. 财经研究，（4）：45-49.
李树利，王敬花，2014. Libor操纵案对我国Shibor管理的启示［J］. 对外经贸实务，（1）：53-56.
李涛，傅强，2011. 考虑资产价格波动的前瞻性泰勒规则及实证检验［J］. 统计与决策，（17）：137-140.
李维刚，2001. 泰勒规则、联储货币政策及我国货币调控问题的思考［J］. 国际金融研究，（6）：15-19.
李维林，朱文君，2017. 我国市场基准利率的选择与培育——基于价格型货币政策传导渠道的分析［J］. 宏观经济研究，（8）：59-68.
李文溥，李鑫2010. 利率平滑化与产出、物价波动——一个基于泰勒规则的研究［J］. 南开经济研究，（1）：36-50.
李翔，孙墨琳，2014. 我国利率市场化路径和风险分析［J］. 经济研究参考，（64）：45-54.
李秀秀，乔小枫，2017. "格林斯潘之谜"或将重演［J］. 银行家，（9）：56-59+6.
李雅丽，2015. 利率市场化与中国货币政策框架转型［J］. 新金融，（5）：28-32.

李雅丽, 2016. 中央银行利率调控模式的比较分析 [J]. 新金融, (11): 13-19.

李扬, 2003. 中国利率市场化: 做了什么, 要做什么 [J]. 国际金融研究, (9): 9-13.

李治国, 张晓蓉, 徐剑刚, 2010. 资本形成与货币扩张的互动关系: 解析中国经济增长 [J]. 财经研究, 36 (6): 36-45+68.

李自磊, 张云, 2014. 美国量化宽松政策对金砖四国溢出效应的比较研究——基于 SVAR 模型的跨国分析 [J]. 财经科学, (4): 22-31.

连飞, 2014. 开放经济条件下中美两国汇率与利率的联动效应——基于 VECM 的两区制门限协整检验 [J]. 经济问题探索, (4): 127-132.

连平, 徐光林, 2009. 资产价格应成为货币政策的重要参考因素 [J]. 新金融, (10): 4-8.

梁丽丽, 许世瑛, 2016. 短期利率对商业银行资产结构影响研究——兼论加强利率走廊建设的重要性 [J]. 农村金融研究, (2): 34-39.

梁琪, 张孝岩, 过新伟, 2010. 中国金融市场基准利率的培育——基于构建完整基准收益率曲线的实证分析 [J]. 金融研究, (9): 87-105.

梁斯, 2017. 流动性"紧平衡"与货币政策操作——对结构性流动性短缺操作框架的思考 [J]. 南方金融, (9): 18-25.

梁斯, 2017. 新货币政策框架下的货币供给机制: 强化与纠偏 [J]. 新金融, (9): 32-35.

林琛, 2008. 利率走廊调控初探 [J]. 消费导刊, (21): 79.

林海, 郑振龙, 2005. 中国利率动态模型研究 [J]. 财经问题研究, (9): 45-49.

林锦鸿, 2015. 我国市场基准利率的选择研究 [J]. 福建商业高等专科学校学报, (6): 1-7+60.

刘斌, 2003. 最优货币政策规则的选择及在我国的应用 [J]. 经济研究, (9): 3-13+92.

刘斌, 2004. 最优前瞻性货币政策规则的设计与应用 [J]. 世界经济, (4): 12-18+80.

刘斌, 2006. 稳健的最优简单货币政策规则在我国的应用 [J]. 金融研究, (4): 12-23.

刘斌, 张怀清, 2001. 我国产出缺口的估计 [J]. 金融研究, (10): 69-77.

刘春田, 2006. 西方利息理论评析及对中国利率问题的思考 [D]. 福州大学.

刘杰, 王定祥, 2014. 人民币汇率、资产价格与非线性利率规则 [J]. 财经科学, (1): 19-27.

刘金全, 范剑青, 2001. 中国经济周期的非对称性和相关性研究 [J]. 经济研究, (5): 28-37+94.

刘金全, 石睿柯, 2017. 利率双轨制与货币政策传导效率: 理论阐释和实证检验 [J]. 经济学家, (12): 66-74.

刘金全, 张小宇, 2012. 时变参数"泰勒规则"在我国货币政策操作中的实证研究 [J]. 管理世界, (7): 20-28.

刘俊奇, 2005. 以货币供应量作为我国货币政策中介目标的不适应性分析及优化策略——兼评以通胀定标作为我国货币政策框架的可行性 [J]. 社会科学辑刊, (3): 81-85.

刘澜飚, 文艺, 2014. 美国量化宽松货币政策退出对亚太经济体的影响 [J]. 南开学报 (哲学社会科学版), (2): 142-150.

刘澜飚, 尹海晨, 张靖佳, 2017. 欧元区非传统货币政策的发展及对中国的启示 [J]. 国际金融研究, (3): 35-44.

刘陆宇, 2013. 利率市场化进程中基准利率的选择 [J]. 华东经济管理, 27 (9): 115-119.

刘明月，2003. 泰勒规则在我国的实践需要解决的两大问题［J］. 上海金融，（9）：13-15.

刘娜，2008. 货币政策透明度研究与分析［J］. 山西科技，（2）：24+27.

刘姗，朱森林，2017. 借贷便利货币政策工具能有效引导市场利率走势吗［J］. 广东财经大学学报，32（6）：21-32+57.

刘树成，2006. 多次性微调：使经济增长率不"冒顶"［J］. 中国经贸导刊，（24）：7-8.

刘宛恬，2017. 基于信贷渠道的常备借贷工具的有效性研究［J］. 辽宁经济，（4）：54-57.

刘威，吴宏，2010. 中美两国利率与汇率相互影响效应的评估研究——基于抛补利率平价理论的实证检验［J］. 世界经济研究，（2）：32-36+88.

刘湘云，邱乐平，2011. Shibor已成为我国货币市场基准利率了吗？［J］. 金融理论与实践，（1）：24-27.

刘晓燕. 利率走廊对短期市场利率波动的影响研究［D］. 山东大学，2017.

刘新源，2017. "利率走廊"在中国实施的可行性［J］. 产业与科技论坛，16（16）：103-104.

刘亚，张曙东，许萍，2009. 境内外人民币利率联动效应研究——基于离岸无本金交割利率互换［J］. 金融研究，（10）：94-106.

刘阳，2017. 利率上调当口之"千姿百看"［J］. 首席财务官，（5）：40-41.

刘义圣，2007. 关于现时期我国利率微调问题的思考［J］. 经济问题，（12）：101-104+125.

刘义圣，2007. 我国宏观经济调控体系中利率微调政策的时效性研究［J］. 东南学术，（6）：59-67.

刘义圣，郭志，2016. 利率市场化进程中利率规则在中国的适用性分析［J］. 宏观经济研究，（2）：45-54+80.

刘义圣，黄启才，2008. 央行的利率平滑调控偏好：基于一个动态优化模型分析框架［J］. 江汉论坛，（11）：109-112.

刘义圣，刘一林，2010. 泰勒规则及其对中国适应性研究［J］. 当代经济研究，（10）：48-53.

刘义圣，王世杰，2015. 中美货币市场基准利率传导效应比较研究［J］. 亚太经济，（5）：25-31.

刘义圣，张晶，2008. 关于我国利率微调"平滑化"的思考［J］. 当代经济研究，（9）：58-63+73.

刘义圣，赵东喜，2012. 利率走廊理论述评［J］. 经济学动态，（7）：122-129.

刘轶，李久学，2003. 中国利率市场化进程中基准利率的选择［J］. 财经理论与实践，（4）：56-59.

刘兆强，倪全学，2017. 主要新兴市场国家利率走廊货币政策框架选择及启示［J］. 时代金融，（3）：10-11.

柳洪，2016. 利率走廊调控机制的特点及影响［J］. 金融博览，（2）：50-51.

柳欣，刘磊，吕元祥，2013. 我国货币市场基准利率的比较研究［J］. 经济学家，（5）：65-74.

卢超，2017. "新常态"下中国货币政策实施研究［D］. 东北师范大学.

卢向前，刘知鸿，程晓松，2012. 同业存单发行系统. 上海市，中国外汇交易中心，2015-06-01.

卢遵华，2006. 我国货币市场基准利率研究［J］. 证券市场导报，（8）：63-69.

鲁政委，2012. 利率市场化开启之后的思考［J］. 中国金融，（15）：22-23.

鲁政委，李苗献，2016. 中国利率走廊的经验宽度研究［J］. 新金融评论，（2）：57-71.

陆军，钟丹，2003. 泰勒规则在中国的协整检验［J］. 经济研究，（8）：76-85+93.

陆维新，2010. 上海银行间拆放利率的基准效应研究［J］. 统计与决策，（5）：130-132.

陆玉,2006. 中国货币政策规则有关问题研究[D]. 西南财经大学.

吕江林,汪洋,2004. 我国转轨现阶段货币调控基准利率的选择[J]. 武汉金融,(4):4-6.

吕小锋,2010. 利率规则在我国的实证研究[D]. 福建师范大学.

罗杰,2014. 商业银行贷款利率市场化定价的新进展及政策建议[J]. 区域金融研究(12):13-17.

罗滢,2004. 谁可担当基准利率的重任?[J]. 资本市场,(6):37-39.

罗原,2017. 常备借贷便利、利率走廊与中国利率调控探究[J]. 现代商业,(8):82-83.

马骏,王红林,2014. 政策利率传导机制的理论模型[J]. 金融研究,(12):1-22.

马理、刘艺,2014. 借贷便利类货币政策工具的传导机制与文献述评[J]. 世界经济研究》,(9).

马明霞,王立军,2014. 开放经济体中利率调控的宏观经济效应研究[J]. 金融理论与实践,(1):46-49.

马亚明,常军,佟淼,2018. 新利率双轨制、企业部门杠杆率差异与我国货币政策传导——考虑影子银行体系的DSGE模型分析[J]. 南开经济研究,(6):57-73.

毛泽盛,李鹏鹏,2014. 超额存款准备金付息制度与"利率走廊"构建[J]. 当代经济研究,(3):75-81.

毛志杰,李博,杨晋丽,2013. 货币政策指数及对经济周期的影响[J]. 西部金融,(7):24-30.

孟士清,2015. 构建中国的利率走廊:国际经验与国情分析[J]. 现代金融,(12):34-36.

孟阳,2016. 负利率政策:背景、现状、影响及评价[J]. 债券,(4):67-73.

闵敏,丁剑平,2015. 中国离岸市场利率期限结构特征研究——基于面板宏观金融模型的分析[J]. 财经研究,41(6):107-119.

闵晓鸣,2015. 国际主要基准利率改革最新进展及对我国的启示[J]. 吉林金融研究,(6):30-33.

闵远光,胡海鸥,2006. 利率平滑研究及其新进展[J]. 经济学动态,(10):83-87.

明明,2017. 货币政策的新特点[J]. 中国金融,(6):73-75.

倪亚芬,2016. 关于利率走廊的国内文献述评[J]. 经济论坛,(7):150-152.

牛慕鸿,张黎娜,张翔,2015. 利率走廊系统的国际经验借鉴[J]. 金融发展评论,(12):59-64.

牛慕鸿,张黎娜,张翔,2017. 利率走廊、利率稳定性和调控成本[J]. 金融研究,(7):16-28.

钮文新,2015. "央行利率走廊"的新方式[J]. 中国经济周刊,(46):72.

欧阳志刚,韩士专,2007. 我国经济周期中菲利普斯曲线机制转移的阈值协整研究[J]. 数量经济技术经济研究,(11):27-36+55.

欧阳志刚,王世杰,2009. 我国货币政策对通货膨胀与产出的非对称反应[J]. 经济研究,44(9):27-38.

潘功胜. 外汇管理改革发展的实践与思考——纪念外汇管理改革暨国家外汇管理局成立40周年[EB/OL]. http://www.safe.gov.cn/safe/2019/0121/

潘锡泉,2013. 中美利率和汇率动态效应研究:理论与实证——基于拓展的非抛补利率平价模型的研究[J]. 国际贸易问题,(6):76-87.

彭红枫,鲁维洁,2010. 中国金融市场基准利率的选择研究[J]. 管理世界,(11):166-167.

彭建刚,谭亚平,2016. 净稳定资金比例在我国银行业应用的若干思考[J]. 武汉金融,(5):12-15+25.

彭建刚，王舒军，关天宇，2016. 利率市场化导致商业银行利差缩窄吗？——来自中国银行业的经验证据［J］. 金融研究，(7)：48-63.

彭兴韵，2009. 金融危机管理中的货币政策操作——美联储的若干工具创新及货币政策的国际协调［J］. 金融研究，(4)：20-35.

彭兴韵，张运才，2017. 缩不回去的美联储资产负债表［J］. 中国金融，(13)：43-45.

齐稚平，刘广伟，2007. 泰勒规则在中国的实证检验［J］. 统计与决策，(3)：104-105.

钱枫林，马琳，2013. 基于预期理论的Shibor市场期限结构研究［J］. 商业研究，(2)：28-32.

钱小安，1998. 资产价格变化对货币政策的影响［J］. 经济研究，(1)：72-78.

钱宥妮，2005. 菲利普斯曲线在中国经济中的实证研究——基于产出缺口的分析［J］. 财经研究，(6)：60-67.

钱喆，2012. 纳入资产价格因素的最优利率规则研究［D］. 南京师范大学.

乔婕，2006. 我国货币政策的工具变量效应与货币政策的有效性——1997—2004年的实证分析［J］. 世界经济情况，(4)：23-26+11.

邱冠华，王剑，张宇，2017. 从利率走廊角度理解逆回购和SLF［J］. 金融博览，(3)：58-59.

曲彬，2014. 成熟经济体利率市场化改革对我国的经验启示［J］. 财经界（学术版），(3)：56-58+101.

曲彬，2014. 我国价格型货币政策调控模式的前瞻性研究——"利率走廊"调控新范式初探［J］. 华北金融，(7)：8-11.

阙澄宇，马斌，2016. 在岸与离岸人民币利率溢出效应的实证研究［J］. 财经问题研究（12）：47-56.

任启诺，2017. 利率市场化背景下利率管理模式研究［D］. 安徽大学.

戎梅，齐炜，2014. 金融市场基准利率：一个研究综述［J］. 武汉金融，(5)：16-19.

申琳，2015. "利率走廊"能降低短期市场利率波动吗［J］. 财贸经济，(9)：61-73.

沈建光，2017. 2017年中国货币政策展望［J］. 中国外汇，(4)：12.

盛松成，吴培新，2008. 中国货币政策的二元传导机制——"两中介目标，两调控对象"模式研究［J］. 经济研究，43（10）：37-51.

施恬，2014. 完善基准利率体系，构建利率走廊机制［J］. 经济师，(8)：171-172.

施恬，2016. 我国建立利率走廊机制的基础、约束与发展方向［J］. 台州学院学报，38（2）：30-32.

施伟俊，2001. 论我国利率市场化进程中基准利率的选择［J］. 计划与市场，(1)：32-33+43.

石柱，张帆，赵国林，石君，杨雁，2017. 新常态下货币政策传导机制有效性探析——基于利率传导机制的实证分析［J］. 华北金融，(8)：19-25.

石柱鲜，孙皓，邓创，2009. Taylor规则在我国货币政策中的实证检验——基于时变隐性通货膨胀目标的新证据［J］. 当代财经，(12)：43-48.

时光，高珂，2012. 对SHIBOR作为我国货币市场基准利率的有效性检验［J］. 财经科学，(2)：20-28.

宋芳秀，杜宁，2010. 我国货币市场的基准利率及其管制因素［J］. 改革，(11)：91-96.

宋逢明，1999. 透视金融工程［J］. 现代商业银行，（11）：8-11.

宋雪涛，2016. 从利率走廊看货币政策框架转型与利率市场化之路［J］. 清华金融评论，（4）：68-70.

宋艳伟，2016. 负利率时代展望以及对商业银行的影响分析［J］. 海南金融，（10）：4-11.

苏迅，2014. 试论我国的有效货币政策［J］. 商，（19）：100.

孙彬彬，周岳，高志刚，2016. 从国际实践看利率走廊的中国路径［J］. 债券，（1）：34-41.

孙丹，李宏瑾，2017. 经济新常态下我国货币政策工具的创新［J］. 南方金融，（9）：10-17.

孙丹，李宏瑾. 我国创新性货币政策工具：特点、效果、问题及建议［J/OL］. 南融，：1-12（2017-09-08）. http://kns.cnki.net/kcms/detail/44.1479.F.20170908.0921.004.html.

孙国峰，2017. 货币政策工具的创新［J］. 中国金融，（4）：16-18.

孙国峰，蔡春春，2014. 货币市场利率、流动性供求与中央银行流动性管理——对货币市场利率波动的新分析框架［J］. 经济研究，49（12）：33-44+59.

孙婧，2017. 利率走廊的调控机制、国际实践及对我国的启示［D］. 外交学院.

孙静雯，2017. 美联储加息及其对全球经济的影响［J］. 时代金融，（15）：6+10.

孙立行，2008. 中国金融业对外开放的历史进程与战略取向［J］. 世界经济研究，（8）：9-14+87.

孙丽丽，2014. 关于完善 SHIBOR 作为货币市场基准利率的研究［D］. 首都经济贸易大学.

孙若宁，2004. 论公开市场业务及其在我国的运用［D］. 吉林大学.

孙音，2011. 流动性过剩、最优利率规则与通胀目标制：对中国货币政策的检验与冲击响应分析［D］. 东北财经大学.

孙友杰，2005. 我国央行基准利率选择问题研究［D］. 华东师范大学.

谈小生，2009. 第二代支付系统技术体系架构研究［J］. 金融电子化，（10）：75-77.

覃宇环，2008. 制约国债收益率发挥市场基准利率作用的障碍分析及对策［J］. 广西金融研究，（10）：10-12.

谭小芬，2006. 泰勒规则及其在中国的适应性分析［J］. 山西财经大学学报，（4）：106-111.

谭小芬，李昆，2017. 负利率的理论基础、实施效果与中国对策［J］. 国际金融，（5）：37-42.

谭中明，时红，2016. 利率市场化对商业银行盈利能力的影响——以四大国有银行为例［J］. 西南金融，（3）：17-20.

唐珏岚，2003. 当前启动和强化结构性货币政策工具的必要性［J］. 广西金融研究，（5）：15-17+32.

田远，2017. 欧洲中央银行负利率政策运行框架的梳理与思考［J］. 经济研究参考，（13）：57-67.

佟文立，2016. "大放水"结论过早，低利率走廊成型［J］. 商业观察，（3）：40-41.

万光彩，常文琪，2015. 我国"新常态"货币框架下的"利率走廊"构建［J］. 江南大学学报（人文社会科学版），14（4）：75-85.

万光彩，陈燕，2015. 论我国货币政策中间目标的有效性［J］. 宿州学院学报，30（6）：12-16.

王爱俭，林楠，2007. 人民币名义汇率与利率的互动关系研究［J］. 经济研究，42（10）：56-67.

王彬，高健淋，2017. 从宏观经济形势看货币政策与利率长期趋势［J］. 金融市场研究，（5）：1-15.

王超, 陈乐一, 2015. "利率走廊"模式的国际经验及启示 [J]. 经济纵横, (9): 107-111.

王春丽, 2009. 经济周期波动与我国利率调整——基于凯恩斯利息理论视角 [J]. 西安财经学院学报, 22 (6): 5-9.

王春丽, 2010. 我国宏观经济调控中的利率微调问题研究 [D]. 福建师范大学.

王春丽, 2015. 市场起决定作用下的利率调控模式: 国际比较与借鉴 [J]. 亚太经济, (2): 28-32+126.

王春丽, 刘义圣, 2009. 货币政策的利率微调问题试探 [J]. 福建论坛 (人文社会科学版), (11): 26-29.

王锋, 王兆华, 2014. 欧洲央行的利率角色与货币政策操作 [J]. 西部金融 (1): 36-39.

王光伟, 2002. 我国当前货币政策效果与外汇管理体制改革 [J]. 经济学动态, (1): 30-33.

王海洋, 杨晓光.《SHIBOR 运行半年来的分析和评述》. 科学时报, 2007 年 6 月 27 日.

王贺, 2007. 我国金融市场基准利率选择问题研究 [D]. 东北财经大学.

王家强, 瞿亢, 2012. 英国利率市场化的历史沿革与银行业应对策略 [J]. 中国货币市场, (7): 24-30.

王建国, 2006. 泰勒规则与我国货币政策反应函数的实证研究 [J]. 数量经济技术经济研究, (1): 43-49.

王鉴岗, 2001. 国债市场基准利率的形成 [J]. 中国青年政治学院学报, (2): 67-71.

王晋斌, 刘元春, 2005. 关于 IS-LM/AS 模型分析范式演变的思考 [J]. 中国人民大学学报, (2): 76-83.

王晋忠, 赵杰强, 王茜, 2014. Shibor 作为中国基准利率有效性的市场属性分析 [J]. 经济理论与经济管理, (2): 85-94.

王静文, 2015. 从利率走廊机制看货币政策框架转型 [J]. 中国农村金融, (24): 39-40.

王珏, 2017. 市场基准利率与我国货币政策目标的相关性研究 [D]. 浙江大学.

王凯, 舒力, 2003. 市场基准利率的核心属性与形成机制 [J]. 济南金融, (6): 51-52.

王坤, 2006. 我国货币政策中介目标、工具及传导机制研究 [D]. 山东大学.

王璐, 2007. 马克思的内生货币理论解析 [J]. 教学与研究, (5): 29-35.

王如丰, 2009. 利率对汇率变化反应了吗?——基于开放经济下泰勒规则的分位数回归 [J]. 财贸研究, 20 (6): 75-81.

王少林, 2015. 双重时变"泰勒规则"在中国货币政策操作中的检验 [J]. 南方经济, (6): 67-83.

王胜, 邹恒甫, 2006. 开放经济中的泰勒规则——对中国货币政策的检验 [J]. 统计研究, (3): 42-46.

王世杰, 2015. 基准利率的市场传导效应比较分析 [J]. 东南学术, (5): 119-125.

王树同, 2007. Shibor 与利率市场化: 前景展望 [J]. 中国货币市场, (7): 28-29.

王琪、雷耀, 2012. 日本利率市场化改革的路径及效应 [J]. 中国货币市场, (9): 14-18.

王新平, 2009. 对区域经济发展战略与货币政策协调性的思考 [J]. 中国金融, (17): 62.

王应贵, 甘当善, 2005. 新世纪以来美联储货币政策的操作特点 [J]. 世界经济与政治论坛, (6): 68-73.

王莹, 2004. 泰勒规则评析及其对我国货币政策制定的借鉴意义 [J]. 武汉金融, (1): 6-8.

王莹, 2016. "利率走廊"操作模式在中国的适用性分析 [J]. 上海金融, (12): 17-20.

王勇. 常备借贷便利已成市场流动性稳定利器 [N]. 上海证券报, 2013-11-12 (A02).

王佑元, 马运生, 石明悦, 孔迅, 刘小二, 2012. 对我国再贴现利率生成机制及其政策信号与导向作用的研究 [J]. 金融理论与实践, (2): 45-50.

王媛. 季末央行"加码"投放千亿逆回购公开市场重启单日净投放 [N]. 上海证券报, 2017-03-21 (002).

王云中, 2005. 马克思利率理论与凯恩斯和萨缪尔森利率理论的比较 [J]. 当代经济研究, (1): 12-16+73.

王泽, 2017. 韩国中小企业信用增级途径对我国债券融资的启示 [J]. 时代金融, (5): 172+177.

王哲, 2017. 牵住流动性的"牛鼻子" [J]. 中国报道, (3): 34-35.

王镇, 2017. 国外宏观审慎监管政策回顾及对我国的启示 [J]. 华北金融, (4): 56-59+67.

王志栋, 2011. 利率理论考察与基准利率定义 [J]. 现代管理科学, (9): 32-35.

王志栋, 2012. 中国货币市场基准利率选择的实证研究 [J]. 投资研究, 31 (1): 25-40.

王志强, 贺畅达, 2012. 时变货币政策规则对利率期限结构的动态影响分析 [J]. 宏观经济研究, (10): 21-29+62.

王志强, 熊海芳, 2015. 参数不稳定下利差在宏观经济与货币政策中的应用. 数量经济技术经济研究, 32 (10), 16.

魏澄荣, 刘义圣, 2007. 马克思的利率市场性理论与我国利率市场化改革 [J]. 福建论坛（人文社会科学版）, (8): 4-8.

温彬, 2004. 我国利率市场化后基准利率选择的实证研究 [J]. 国际金融研究, (11): 54-60.

吴瑞花, 2010. 浅谈我国利率市场化改革 [J]. 长春金融高等专科学校学报, (3): 9-11.

吴诗伟, 朱业, 李拓 2015. 利率市场化、互联网金融与商业银行风险——基于面板数据动态 GMM 方法的实证检验 [J]. 金融经济学研究, 30 (6): 29-38.

吴曙明, 1997. 关于国债利率成为基准利率的思考 [J]. 中央财经大学学报, (8): 48-49.

吴曙明, 1997. 国债利率成为基准利率的必然性 [J]. 经济研究参考, (A5): 21-22.

吴曙明, 1997. 国债利率可否成为基准利率? [J]. 四川财政, (8): 15-16.

吴玮, 2007. 联邦基金利率发展经验及对 Shibor 推广的启示（上）[J]. 中国货币市场, (8): 49-53.

吴秀波, 2016. 海外负利率政策实施的效果及借鉴 [J]. 价格理论与实践, (3): 17-23.

伍戈, 李斌, 2012. 货币创造渠道的变化与货币政策的应对 [J]. 国际金融研究, (10): 4-10.

伍戈, 王苏阳, 2015. 货币政策是否应调控中长期利率? [J]. 金融发展评论, (4): 31-39.

奚君羊, 刘卫江, 2002. 通货膨胀目标制的理论思考——论我国货币政策中介目标的重新界定 [J]. 财经研究, (4): 3-8.

夏斌, 廖强, 2001. 货币供应量已不宜作为当前我国货币政策的中介目标 [J]. 经济研究, (8): 33-43.

夏乐, 董晋越, 2017. 新工具完善央行货币政策框架 [J]. 国际金融, (7): 5-7.

向祥华，杨昱星，2004. 麦卡勒姆规则及其对我国货币政策的借鉴意义［J］. 上海金融，（5）：17-20.

项卫星，李宏瑾，2014. 货币市场基准利率的性质及对Shibor的实证研究［J］. 经济评论，（1）：107-117.

萧松华，杨德娟，2009. 利率平滑：基于学习机制和美联储实践的分析与启示［J］. 国际金融研究，（8）：17-22.

肖卫国，刘杰，2014. 前瞻性、后顾性与混合型泰勒规则政策效果的动态模拟［J］. 金融经济学研究，29（3）：3-12.

肖娱，2011. 美国货币政策冲击的国际传导研究——针对亚洲经济体的实证分析［J］. 国际金融研究，（9）：18-29.

谢多，2001. 中国货币市场的现状与发展［J］. 中国金融，（7）：31-33.

谢多，2001. 中国货币市场发展的分析［J］. 经济研究，（9）：3-11+30-95.

谢静敏，2016. 国际利率走廊运行经验及其启示［J］. 新金融，（6）：26-30.

谢静敏，2016. 利率走廊运行的国际经验及其对我国的启示［J］. 武汉金融，（12）：44-47.

谢平，程均丽，2005. 货币政策透明度的基础理论分析［J］. 金融研究，（1）：24-31.

谢平，刘斌，2004. 货币政策规则研究的新进展［J］. 金融研究，（2）：9-20.

谢平，罗雄，2002. 泰勒规则及其在中国货币政策中的检验［J］. 经济研究，（3）：3-12+92.

谢平，袁沁敔，2003. 我国近年利率政策的效果分析［J］. 金融研究，（5）：1-13.

谢仍明，2014. 中国利率市场化研究［D］. 中国社会科学院研究生院.

辛清泉，林斌，王彦超，2007. 政府控制、经历薪酬与资本投资［J］. 经济研究，（8）.

熊海芳，王志强，2014. 基于市场利率的利率偏离与央行学习行为［J］. 宏观经济研究，（11）：39-46+106.

熊启跃，王哲，赵乙欧，2016. 日本"负利率"政策实施及其影响探微［J］. 中国农村金融，（23）：82-84.

熊一洲，毛旭江，2016. 我国货币市场基准利率的选择研究［J］. 商业经济研究，（19）：165-168.

徐策，2016. 印度的利率市场化改革及利率走廊调控机制［J］. 南亚研究季刊，（1）：61-65+72+5.

徐聪聪，2011. SHIBOR作为我国基准利率市场运行的可行性研究［D］. 西南财经大学.

徐凡，2009. 基准利率体系的构建［J］. 科技创业月刊，22（2）：31-32.

徐慧伦，耿亚莹，谭小芬，2017. 完善利率走廊疏通传导机制［J］. 清华金融评论，（2）：65-68.

徐慧贤，2009. 资产价格波动与最优货币政策选择［J］. 中央财经大学学报，（11）：47-50.

徐杰，2009. 货币政策透明化及对中国的启示［J］. 国家行政学院学报，（5）：114-117.

徐清，2007. 马克思与凯恩斯利息理论的分野与耦合［D］. 福建师范大学.

徐义国，殷剑峰，2018. 中国金融市场体系的未来取向——十九大报告蕴涵的金融元素［J］. 经济社会体制比较，（1）：19-27.

徐忠，2017. 中国稳健货币政策的实践经验与货币政策理论的国际前沿［J］. 金融研究，，（1）：1-21.

许冰，叶娅芬，2009. 基于理性预期模型的最优货币政策的选择及应用［J］. 统计研究，26（5）：

25-32.

许冰，章上峰，2008. 经济转型时期中国的非线性菲利普斯曲线［J］. 中国管理科学，（5）：37-41.

许彩玲，2006. 凯恩斯利息理论及其对中国适用性考探［D］. 福建师范大学.

许方，赵艳，李荷娟，2016. 利率走廊机制在中国的适用性［J］. 金融理论与实践，（2）：114-118.

许召元，2005. 中国的潜在产出、产出缺口及产量——通货膨胀交替关系——基于"Kalman 滤波"方法的研究［J］. 数量经济技术经济研究，（12）：3-15.

许志平. 降准考验货币政策传导机制［N］. 金融时报，2015-02-09（002）.

闫明健，2010. 利率市场化进程中我国货币市场基准利率的选择［D］. 上海社会科学院.

闫文涛，2010. 汇率与泰勒规则文献评述［J］. 经济学动态，（10）：137-139.

闫小娜，2003. 泰勒规则及其在我国的检验［D］. 中国社会科学院研究生院.

央行：适时适度开展常备借贷便利和中期借贷便利操作［EB/OL］. http://bank.cnfol.com/yanghang/20150508/20719784.shtml.

杨长岩，2017. 目前利率市场化改革与探索——基于福建省的实践与启示［J］. 福建金融，（4）：10-15.

杨春蕾，2017. 货币政策工具与中介目标选择：国际比较与中国实证［D］. 上海社会科学院.

杨德勇，刘笑彤，赵袁军 2017. 互联网金融背景下中国货币政策工具的使用研究——基于金融市场反应机制及 VEC 模型的实证分析［J］. 武汉金融，，（2）：26-32.

杨迪川，2016. 利率走廊的国际经验与我国利率走廊构建研究［J］. 金融监管研究，（11）：43-64.

杨佳，段军山，2016. 利率走廊模式对我国的影响分析［J］. 浙江金融，（5）：3-11.

杨敏，2017. 新型货币政策工具运用与基准利率选择［J］. 金融发展评论，（7）：132-140.

杨娉，2016. 中央银行政策利率的实现模式［J］. 债券，（1）：23-28.

杨绍基，2005. 我国银行间债券回购利率影响因素的实证研究［J］. 南方金融，（8）：30-32+22.

杨伟，2014. 中国式"利率走廊"机制的前景及影响［J］. 银行家，（8）：37-38.

杨文进，2004. 论马克思宏观性的货币理论［J］. 当代财经，（7）：5-9.

杨晓胜，2007. 基于 Shibor 完善我国基准利率的研究［J］. 福建金融管理干部学院学报，（3）：11-15.

杨英杰，2002. 泰勒规则与麦克勒姆规则在中国货币政策中的检验［J］. 数量经济技术经济研究，（12）：97-100.

杨宇，2017. "三元悖论"下货币政策困境及两种流动性矛盾［J］. 财经界（学术版），（9）：23-25.

姚小义，王学坤，2003. 论我国利率市场化进程中基准利率的选择［J］. 湖南财经高等专科学校学报，（1）：15-18.

姚余栋，谭海鸣，2011. 央票利率可以作为货币政策的综合性指标［J］. 经济研究，46（S2）：63-74.

叶茂，胡新天，2015. 我国货币政策的利率规则、货币供应量规则和贷款规则的比较和检验［J］. 学术研究，（3）：85-94+160.

叶永刚，陈勃特，2012. 中国政策利率调控对市场基准利率的影响研究［J］. 管理世界，（4）：

169-170.

佚名, 2015. SLO 与 MLF [J]. 天津经济, (1): 83-84.

易纲, 2008. 进一步确立 Shibor 的基准性地位 [J]. 中国货币市场, (1): 7-12.

易纲, 2009. 中国改革开放三十年的利率市场化进程 [J]. 金融研究, (1): 1-14.

易宪容, 2015. 中国利率市场化改革的理论分析 [J]. 江苏社会科学, (2): 1-10.

于孝建, 菅映茜, 2011. 人民币隔夜利率互换境内外市场联动效应研究 [J]. 上海经济研究, (10): 67-76.

余海萍, 2014. 日本利率市场化与泡沫经济对中国的启示 [J]. 河北民族师范学院学报. (1): 74-76.

余文建, 施海松, 2005. 美国联邦储备系统的货币政策及其启示 [J]. 海南金融, (4): 42-44.

孟建华, 2004. 日本利率市场化的背景、方式及特点 [J]. 上海金融. (9): 41-42

俞鸿琳, 2012. 银行贷款、管理者投资行为与公司投资效率 [J]. 南方经济, (7): 30-42.

袁靖, 陈伟, 2012. 基于 MCMC 方法对中国非线性广义泰勒规则的构建 [J]. 统计与决策, (19): 21-24.

岳娟丽, 徐晓伟, 2014. 基于社会福利的央行货币政策目标利率选择——动态随机一般均衡模型下的实证分析 [J]. 江西财经大学学报, (2): 33-43.

曾华, 祝开元, 2006. 我国国债市场化改革与市场基准利率 [J]. 东北大学学报 (社会科学版), (6): 426-429.

曾瑜, 2013. 利率市场化进程中基准利率体系构建问题研究 [J]. 经济视角 (上), (7): 32-33.

曾芸, 伍旭川, 袁绍锋, 2017. 我国基准利率体系构建研究 [J]. 上海金融, (7): 63-67.

曾芸, 袁绍锋, 2017. 利率调控、基准收益率曲线与利率期货: 国际经验与启示 [J]. 债券, (4): 24-28.

张海星, 2002. 国债利率基准化与市场化探析 [J]. 东北财经大学学报, (1): 44-47.

张和英, 2017. "新常态"下我国货币政策转型的理论及政策分析 [J]. 商场现代化, (16): 110-111.

张红地, 严文兵, 2001. 论中国公开市场业务的改革与发展 [J]. 武汉金融高等专科学校学报, (4): 7-12.

张晶, 2008. 利率平滑调控理论及其在我国的应用探研 [D]. 福州大学.

张晶, 2015. 从利率走廊看中国货币政策框架转型与利率市场化之路 [J]. 金融市场研究, (12): 80-84.

张俊, 王晓莹, 2017. 交易账户利率风险监管改革及影响研究——以 Shibor 利率风险为例 [J]. 武汉金融, (2): 33-36+62.

张莉, 2010. 我国货币政策的利率传导机制及效率研究 [D]. 苏州大学.

张林, 何广文, 2009. 我国货币市场基准利率 SHIBOR 实证分析及运行评价 [J]. 金融理论与实践, (4): 9-12.

张明, 郭子睿, 何帆, 2016. "钱荒"为什么会发生?——上海银行间同业拆放利率的影响因素分析 [J]. 国际金融研究, (12): 84-93.

张前程, 2014. 基准利率调整与企业投资行为——来自中国上市公司的经验证据 [J]. 投资研究, 33 (2): 22-32.

张庆昌, 王跃生, 2017. 负利率的实施及影响 [J]. 中国金融, (13): 46-47.

张帅, 2003. 韩国利率市场化的经验与启示 [J]. 经济纵横, (10): 39-41.

张小宇, 刘金全, 2010. "泰勒规则"在中国经济运行中的经验证据 [J]. 财经研究, 36 (11): 127-134.

张晓慧, 2008. 走向间接调控的中国货币政策 [J]. 中国金融, (23): 44-47.

张晓慧, 2017. 货币政策回顾与展望 [J]. 中国金融, (3): 12-15.

张晓霞, 张研, 2002. 国债市场与利率自由化——理论解说与发展策略 [J]. 贵州财经学院学报, (4): 32-35.

张晓燕, 张捷, 2016. 利率走廊模式下的货币政策 [J]. 中国金融, (17): 62-63.

张孝岩, 2012. 中国基准收益率曲线的培育及其应用价值研究 [D]. 南开大学.

张秀武, 林春鸿, 2016. SHIBOR能否作为中国利率市场的基准利率？——基于泰勒规则视角的研究 [J]. 学习与探索, (3): 104-109.

张亚光, 2007. 凯恩斯主义利率理论的新发展 [J]. 北京大学研究生学志, (1): 53-62.

张尧, 2017. 负利率政策对银行业的影响及对中国的启示 [D]. 外交学院.

张亿镭, 吴伶伶, 2000. 联储货币政策在美国"新经济"中运作 [J]. 世界经济文汇 (6): 52-57.

张屹山, 张代强, 2007. 前瞻性货币政策反应函数在我国货币政策中的检验 [J]. 经济研究, (3): 20-32.

张勇, 李政军, 龚六堂, 2014. 利率双轨制、金融改革与最优货币政策 [J]. 经济研究, 49 (10): 19-32.

章潇萌, 2016. 我国货币政策有效性演变研究：数量型和价格型的比较 [J]. 中国物价, (12): 7-10.

赵彩波, 李昌宇, 2009. 美国基准利率近年变动状况考察及借鉴 [J]. 北方经贸, (9): 118-120.

赵慈拉, 2016. 构建全国一体化票据交易市场的路径设计 [J]. 上海金融, (3): 27-31.

赵华, 2007. 人民币汇率与利率之间的价格和波动溢出效应研究 [J]. 金融研究, (3): 41-49.

赵进文, 高辉, 2004. 中国利率市场化主导下稳健货币政策规则的构建及应用 [J]. 经济学（季刊）, (S1): 41-64.

赵进文, 黄彦, 2006. 中国货币政策与通货膨胀关系的模型实证研究 [J]. 中国社会科学, (2): 45-54.

赵进文, 闵捷, 2005. 央行货币政策操作效果非对称性实证研究 [J]. 经济研究, (2): 26-34+53.

赵进文, 闵捷, 2005. 央行货币政策操作政策拐点与开关函数的测定 [J]. 经济研究, (12): 90-101.

赵经涛, 李宁, 2016. 中国货币政策调控框架转型与市场基准利率选择 [J]. 南方金融, (3): 7-18.

赵磊, 2007. 宏观经济稳定与货币政策中介目标的选择——基于普尔规则的实证分析 [J]. 经济经纬, (5): 26-29.

赵尚梅，2002. 市场化利率体制有效运行的要件约束与制度建设［J］. 经济学动态，（11）：30-33.

赵胜民，谢晓闻，方意，田庄，2013. 金融市场化改革进程中人民币汇率和利率动态关系研究——兼论人民币汇率市场化和利率市场化次序问题［J］. 南开经济研究，（5）：33-49.

郑葵方，2017. 央行上调各类政策性利率意在降杠杆［J］. 银行家，（3）：80-81.

郑理，2017. G20货币政策框架的比较及启示［J］. 现代管理科学，（10）：78-80.

郑挺国，刘金全，2010. 区制转移形式的"泰勒规则"及其在中国货币政策中的应用［J］. 经济研究，45（3）：40-52.

郑挺国，王霞，2011. 泰勒规则的实时分析及其在我国货币政策中的适用性［J］. 金融研究，（8）：31-46.

郑晓亚，赵自然，陈华，2016. 利率走廊、政策利率传导与商业银行贷款市场化定价——结合中美实践的比较研究［J］. 财政研究，（7）：92-100.

郑振龙，莫天瑜，2011. 政策利率引导市场利率的走势吗——央票发行利率与央票市场利率双向互动关系研究［J］. 财贸经济，（1）：49-55+136.

郑周胜，2015. 发挥常备借贷便利作用构建利率走廊机制［J］. 甘肃金融，（11）：1.

中国工商银行城市金融研究所课题组，詹向阳，樊志刚，赵新杰，2008. 银行间市场基准利率体系选择及Shibor运行分析——兼析基准利率变动对商业银行的影响［J］. 金融论坛，（4）：3-8.

中国人民银行长沙中心支行课题组，肖杰，2015. 利率市场化背景下我国利率调控体系构建研究［J］. 金融监管研究，（2）：10-32.

中国人民银行货币政策分析小组：中国货币政策执行报告［EB/OL］. http：//www.pbc.gov.cn/goutongjiaoliu/113456/113469/2973791/index.html.

中国人民银行营业管理部课题组，李宏瑾，2013. 中央银行利率引导——理论、经验分析与中国的政策选择［J］. 金融研究，（9）：44-55.

中国人民银行营业管理部课题组，杨国中，姜再勇，刘宁，2009. 非线性泰勒规则在我国货币政策操作中的实证研究［J］. 金融研究，（12）：30-44.

钟凡，2002. 德国中央银行的再贴现管理［J］. 中国金融，（5）：50-51.

钟菲，2016. 浅谈利率走廊机制及其对商业银行的影响［J］. 商，（3）：179.

钟言，2017. 深化利率市场化正当其时［J］. 债券，（10）：6.

钟正生，2014. PSL的"此岸"与"彼岸"［J］. 金融博览，（8）.

钟正生，牛播坤，夏天然，2015. 中国离建立利率走廊还有多远？［J］. 银行家，（10）：68-71.

钟正生，张璐，2017. 金融去杠杆向何处去［J］. 中国金融，（11）：54-56.

周彬，胡凯，2009. 开放经济下不同目标制的最优货币政策分析［J］. 中南财经政法大学学报，（6）：82-85.

周诚君，2002. 外生利率下的货币政策中介目标选择——兼析马克思的货币利息理论［J］. 经济评论，（5）：88-91.

周莉萍，2006. 论我国基准利率的选择及市场形成条件［D］. 广西师范大学.

周沁怡，胡海鸥，2009. 央票作为我国公开市场操作手段的局限［J］. 科学技术与工程，9（11）：3162-3164+3168.

周小川, 2011. 关于推进利率市场化改革的若干思考 [J]. 中国总会计师, (1): 54-56.

周小川, 2014. 全面深化金融业改革开放 加快完善金融市场体系 [J]. 中国金融家, (1): 38-41.

朱韩丹丹, 2014. 利率市场化对货币政策传导机制的影响 [D]. 浙江大学.

朱华培, 2009. 中国金融市场开放度——基于两类模型的比较研究 [J]. 当代经济科学, 31 (3): 48-55+125.

朱钧钧, 2009. 中国利率政策的不对称行为研究 [J]. 上海经济研究, (12): 18-26.

朱培金, 2013. 扩展的泰勒规则及其在中国的适用性研究 [D]. 吉林大学.

朱曙光, 李堃, 2016. 利率走廊机制的国际实践及对我国的启示 [J]. 现代金融, (1): 40-42.

宗良, 张靓, 2016. 稳步构建利率走廊助推货币政策转型 [J]. 清华金融评论, (8): 63-66.

邹蜀宁, 2018. 我国SHIBOR基准性地位研究及改进 [J]. 金融发展与研究, (12), 38-41.

邹蜀宁, 马居亭, 丁培培, 2008. 我国SHIBOR基准性地位研究及改进 [J]. 金融发展研究, (12): 38-41.

四、外文文献

AKERLOF G A, DICKENS W T, PERRY G L, et al, 1996. The macroeconomics of low inflation [J]. Brookings papers on economic activity, (1): 1-76.

ALEKSANDER B, CYRIL M, 2008. Monetary policy in a channel system [J]. Journal of Monetary Economics, 55 (6).

ALLEN, GALE, 2000. Understanding Financial Crises [M]. OXFORD University Press.

ANGELINI, NOBILI, PICILLO, 2009. "The inter bank market after August 2007: what has changed, and why?," Temi di discussione (Economic working papers) 731, Bank of Italy, Economic Research and International Relations Area.

ARCHER D, BROOKES A, REDDELL M, 1999. A cash rate system for implementing monetary policy [J]. Reserve Bank of New Zealand Bulletin, 62 (1): 51-61.

AROURI M, JAWADI F, NGUYEN D K, 2013. What can we tell about monetary policy synchronization and interdependence over the 2007 – 2009 global financial crisis? [J]. Journal of Macroeconomics, 36: 175-187.

ATKESON A, CHARI V, KEHOE P, 2007. On the Optimal Choice of a Monetary Policy Instrument [J]. Staff Report.

BAI J, Ng S, 1998. A consistent test for conditional symmetry in time series models [J]. Journal of Econometrics, 103 (1): 225-258.

BAILY M N, Phelps E S, Friedman B M, 1978. Stabilization policy and private economic behavior [J]. Brookings Papers on Economic Activity, (1): 11-59.

BALL L, 1999. Efficient Rules for Monetary Policy [J]. International Finance, 2 (1).

BANK OF CANADA, "The Framework for the Implementation of Monetary Policy in the Large Value Transfer System Environment," web document, revised March 31, 1999; see also Addendum II, November 1999.

BARRO R J, GORDON D B, 1983. Rules, Discretion and Reputation in a Model of Monetary Policy [J]. Journal of Monetary Economics, 12 (1): 101-121.

BARRO R J, 1977. Unanticipated Money Growth and Unemployment in the United States [J], American Economic Review 67 (2): 101-115.

BEN B, MARK G, 1995. Inside the Black Box: The Credit Channel of Monetary Policy Transmission [J]. Nashville: Journal of Economic Perspectives, (9), 27-48.

BENNETT, PAUL, STAVROS P, 2001. "Are U. S. Reserve Requirements Still Effective?" unpublished, Federal Reserve Bank of New York.

BENSB, THOMASL, 1999. Inflation Targeting Duration. Frecleric S. Mishkin, Adam S. Posen.

BERENTSEN A, MONNET C, 2007. Monetary Policy in a Channel System [J].

BERENTSEN A, MARCHESIANI A, WALLER C J, 2010. Channel Systems: Why is There a Positive Spread?, Federal Reserve Bank of St. Louis Working Paper Series, 49A.

BERENTSEN A, MONNET C, 2008. Monetary Policy in a Channel System [J]. Journal of Monetary Economics, 55 (6): 1067-1080.

BERENTSEN, MARCHESIANI, WALLER, 2010. " Channel systems: Why is there a positive spread?," Working Papers 2010-049, Federal Reserve Bank of St. Louis.

BERNANKE B S, GERTLER M, GILCHRIST S, 1999. Chapter 21 The financial accelerator in a quantitative business cycle framework [J]. Handbook of Macroeconomics, 1: 1341-1393.

BERNANKE B S, Mishkin F S, 1992. Inflation Targeting: A New Framework for Monetary Policy? [J]. Journal of Economic Perspectives, 11 (2): 97-116.

BERNANKE B S, BLINDER A S, 1992. The Federal Funds Rate and the Channels of Monetary Transmission [J]. American Economic Review, 82 (4): 901-921.

BILBIIE F O, GHIRONI F, MELITZ M J, et al, 2007. Monetary policy and business cycles with endogenous entry and product variety [with comments and discussion] [J]. NBER Macroeconomics Annual, 22: 299-379.

BINDSEIL U, 2004. Monetary Policy Implementation: Theory, past, and present [J]. OUP Catalogue.

BINDSEIL, JABLECKI, 2011. "The optimal width of the central bank standing facilities corridor and banks' day-to-day liquidity management". No1350, Working Paper Series. European Central Bank.

BLACK F, 1970. Banking in a world without money: The effects of uncontrolled banking [J]. Journal of Bank Research, 1: 9-20.

BLANCHARD O J, KAHN C M, 1980. The Solution of Linear Difference Models under Rational Expectations [J]. Econometrica, 48 (5): 1305-1311.

BLANCHARD O, FISCHER S, 1989. Lectures on macroeconomics [M]. MIT press.

BLINDER A S, 1998. Central Banking in Theory and Practice, Cambridge, MA: MIT Press.

BLINDER A, GOODHART C, HILDEBRAND P, et al., 2001. How do central banks talk? [R]. International Center for Monetary and Banking [etc.].

BOFINGER P, 2011. Whrungspolitik in " emerging market economies".

BOLLERSLEV T, 1986. Generalized Autoregressive Conditional Heteroskedasticity [J]. Journal of Econometrics, 31 (3): 307-327.

BOMFIM A N, 2000. Pre-announcement effects, news, and volatility: monetary policy and the stock market [R]. Board of Governors of the Federal Reserve System (US).

BORIO C, 1997. The Implementation of Monetary Policy in Industrial Countries: A Survey [J]. Economic Paper no. 47, Bank for International Settlements.

BOSCHEN, J F, GROSSMAN H I, 1982. Tests of equilibrium macroeconomics using contemporaneous monetary data [J]. Journal of Monetary Economics, 10 (3): 309-333.

BRITAIN G, RADCLIFFE C J R, 1959. Report [of The] Committee on the Working of the Monetary System, [Gt. Brit [M]. HM Stationery Office.

BROOKES A, 1999. Monetary policy and the Reserve Bank balance sheet [J]. Reserve Bank of New Zealand Bulletin, 62 (4): 17-33.

BRYANT R, HOOPER P, Mann C L, Eds, 2010. Evaluating policy regimes: new research in empirical macroeconomics [M]. Brookings Institution Press.

CALVO G A, 1983. Staggered prices in a utility - maximizing framework [J]. Journal of monetary Economics, 12 (3): 383-398.

CAMPBEL F, 1998. Reserve bank domestic operations under RTGS [J]. Reserve Bank of Australia Bulletin, 54.

CARPENTER S B, DEMIRALP S, 2006. The Liquidity Effect in the Federal Funds Market: Evidence from Daily Open Market Operations [J]. Journal of Money, Credit and Banking, 38 (4): 901-920.

CECCHETTI S G, 1999. Legal Structure, Financial Structure, and the Monetary Policy Transmission Mechanism [J]. Economic and Policy Review, 5 (2): 9-28.

CECCHETTI S G, GENBERG H, WADHWANI S, et al, 2002. Asset Prices in a Flexible Inflation Targeting Framework [J]. National Bureau of Economic Research.

CHARI V V, KEHOE P J, 1999. Optimal fiscal and monetary policy [J]. Handbook of macroeconomics, 1: 1671-1745.

CHARI V, 2013. Discussion of " QE 1 vs. 2 vs. 3...: A framework for analyzing large-scale asset purchases as a monetary policy tool" [J]. International Journal of Central Banking, 61-68.

CHRISTIANO L J, EICHENBAUM M, EVANS C L, 2005. Nominal rigidities and the dynamic effects of a shock to monetary policy [J]. Journal of political Economy, 113 (1): 1-45.

CLAESSENS, GLAESSNER T, KLINGEBIEL D, 2001. E-finance in emerging markets: is leapfrogging possible? [J]. Available at SSRN 280794.

CLARIDA R H, GALI J, GERTLER M et al., 1997. Monetary Policy Rules in Practice: Some International Evidence [J]. European Economic Review, 42 (6): 1033-1067.

CLARIDA R H, GERTLER M, 1996. How the Bundesbank Conducts Monetary Policy [J]. National Bureau of Economic Research, 363-412.

CLARIDA R H, GALI J, GERTLER M, et al, 1998. Monetary Policy Rules and Macroeconomic Stability: Evidence and Some Theory [J]. Quarterly Journal of Economics, 115 (1): 147-180.

CLARIDA R, JORDI G, MARK G, 1999. The Science of Monetary Policy: A New Keynesian Perspective

[J]. Journal of Economic Literature 37 (4): 1661-1707.

CLEMENTS M P, KROLZIG H, 2003. Business cycle asymmetries: characterisation and testing based on Markov-switching autoregressions [J]. Journal of Business & Economic Statistics, 21 (1): 196-211.

CLINTON K, 1991. Bank of Canada Cash Management: The Main Technique for Implementing Monetary Policy [R]. Bank of Canada Review, January.

CLINTON K, 1997. Implementation of Monetary Policy in a Regime with Zero Reserve Requirements [R]. Bank of Canada working paper no. 97-8, April.

CLOUSE J A, ELMENDOR D W, 1997. Declining Required Reserves and the Volatility of the Federal Funds Rate [J]. Federal Reserve Board, FEDS paper no. 1997-30, June.

COGLEY T, SBORDONE A M, 2008. Trend Inflation, Indexation, and Inflation Persistence in the New Keynesian Phillips Curve [J]. The American Economic Review, 98 (5): 2101-2126.

COHEN B H, 1999. Monetary Policy Procedures and Volatility Transmission along the Yield Curve [J]. Cgfs Papers Chapters, 11.

COOK T, HAHN T, 1989. The Effect of Changes in the Federal Funds Rate Target on Market Interest Rates in the 1970s [J]. Journal of Monetary Economics 24 (3): 331-351.

COSTA S C, DE G P, 2001. Monetary policy in a cashless society [J]. Available at SSRN 261872.

CRAIG H F, 2003. Interbank Exposure: Quantifying the Risk of Contagion. Journal of Money Credit & Banking, 35 (1): 111-128.

CUKIERMAN A, 2013. Monetary policy and institutions before, during, and after the global financial crisis [J]. Journal of Financial Stability, 9 (3): 373-384.

CUKIERMAN A, MELTZER A H, 1986. A Theory of Ambiguity, Credibility, and Inflation under Discretion and Asymmetric Information [J], Econometrica 54: 1099-1128.

CURDIA V, FERRERO A, NG G C, et al, 2015. Has U.S. monetary policy tracked the efficient interest rate [J]. Journal of Monetary Economics, 72-83.

CURDIA V, WOODFORD M, 2011. The Central-Bank Balance Sheet As an Instrument of Monetary Policy [J]. Journal of Monetary Economics, 58 (1): 54-79.

DANIEL L, THORNTON, 2004. The Fed and Short Term Rates: Is it Open Market Operations, Open Mouth Operations, Or Interest Rate Smoothing? [J] Journal of Banking & Finance, 28 (3): 475-498.

DAVIDSON P, KREGEL J, 1997. Improving the Global Economy [M]. Edward Elgar Publishing.

DEMIRALP S, JORDA O, 2001. The Pavlovian Response of Term Rates to Fed Announcements, Federal Reserve Board, FEDS paper no. 10, January 2001a.

DENNIS R, WILLIAMS J C, 2007. Monetary policy, transparency, and credibility: Conference summary [J]. FRBSF Economic Letter.

DI G J, SHAMBAUGH J C, 2008. The impact of foreign interest rates on the economy: The role of the exchange rate regime [J]. Journal of International economics, 74 (2): 341-361.

DIETER NAUTZ, SANDRA SCHMIDT, 2009. Monetary policy implementation and the federal funds rate [J]. Journal of Banking and Finance, 33 (7).

DOBRYNSKAYA V, 2008. Asymmetric price rigidity and the optimal interest rate defense of the exchange rate: Some evidence for the US [J]. Journal of Policy Modeling, 30 (5): 713-724.

DOLADO J J, MARIADOLORES R, RUGEMURCIA F J et al, 2005. Nonlinear Monetary Policy Rules: Some New Evidence for the U.S [J]. Studies in Nonlinear Dynamics and Econometrics, 8 (3): 1-34.

DOMINGUEZ K M, 1998. The dollar exposure of Japanese companies [J]. Journal of the Japanese and International Economies, 12 (4): 388-405.

ENGLE R F. 1982. Autoregressive Conditional Heteroscedasticity with Estimates of the Variance of United Kingdom Inflations [J]. Econometrica: Journal of the econometric society, 50: 987-1008.

FENDEL, R M, FRENKEL M R, 2006. Five Years of Single European Monetary Policy in Practice: Is the ECB Rule - Based? [J]. Contemporary Economic Policy, 2006, 24 (1): 106-115.

FISHER I, 1920. Stabilizing the dollar [M]. MacMillan: New York.

FISHER I, 1945. 100% money: designed to keep checking banks 100% liquid, to prevent inflation and deflation, largely to cure or prevent depressions, and to wipe out much of the national debt [M]. City Print. Co.

FLEMING J M, MUNDELL R A, 1964. Official intervention on the forward exchange market: a simplified analysis [J]. Staff Papers, 11 (1): 1-19.

FLEMING, M, 1962. Domestic financial policies under fixed and under floating exchange rates [C]. International Monetary Funds Staff Papers, (9): 369-319.

FONTANA G, 2003. Post Keynesian Approaches to Endogenous Money: A time framework explanation [J]. Review of Political Economy, 15 (3): 291-314.

FRANKEL J, SCHMUKLER SL, SERVIN L, 2004. Global transmission of interest rates: Monetary independence&currency regime [J]. Journal of International Money and Finance, (2) 701-733.

FREEDMAN, CHARLES, 2000. Monetary Policy Implementation: Past, Present and Future — Will Electronic Money Lead to the Eventual Demise of Central Banking? [J]. International Finance 3: 211-227.

FREIDMAN, MILTON, 1968. The role of Monetary Policy [J]. American Economic Review, 58, PPI-21.

FREIXAS X, PARIGI B M, ROCHET J C, 2000. Systemic Risk, Inter bank Relations, and Liquidity Provision by the Central Bank [J]. Journal of Money, Credit and Banking, Blackwell Publishing, vol. 32 (3): 611-638.

FRIEDMAN B M, KUTTNER K N, 1992. Money, Income, Prices and Interest Rates [J]. The American Economic Review, 82 (3): 472-492.

FRIEDMAN M, SCHWARTZ A J, 1963. A Monetary History of the United States, 1867-1960. [J]. NBER Books.

FRIEDMAN M, 1995. A Monetary and Fiscal Framework for Economic Stability [M]. In: Estrin S., Marin A. (eds) Essential Readings in Economics. Palgrave, London.

FRIEDMAN, BENJAMIN M, 1999. The Future of Monetary Policy: The Central Bank as an Army with Only a Signal Corps? [J]. International Finance 2: 321-338.

FUERTES A M, HEFFERNAN S, KALOTYCHOU E, 2010. How do UK banks react to changing central bank rates [J]. Journal of Financial Services research, 37 (2-3): 99-130.

FUMG H G, JANG H, LEE W, 1997. International interest rate transmission and volatility spillover [J]. International Review of Economics & Finance, 6 (1): 67-75.

FURFINE, CRAIG H, 2000. Interbank Payments and the Daily Federal Funds Rate [J]. Journal of Monetary Economics 46: 535-553.

GALI, JORDI, MARK GERTLER, 1999. Inflation Dynamics: A Structural Econometric Analysis [J], Journal of Monetary Economics 44: 195-222.

GARCIA R, PERRON P, 1995. An Analysis of the Real Interest Rate Under Regime Shifts [J]. Review of Economics and Statistics.

GERLACH S, 2003. Recession Aversion, Output and the Kydland-Prescott Barro-Gordon Model [J]. Economics Letters, 81 (3): 389-394.

GERLACH S, 2000. Asymmetric policy reactions and inflation [J]. Bank for International Settlements, Mimeo.

GERLACH S, 2004. Recession aversion, output and the Kydland-Prescott Barro-Gordon model [J]. Economics Letters, 81 (3): 389-394.

GERLACH-KRISTEN P, 2004. Is the MPC´s Voting Record Informative about Futue UK Monetary Policy [J]. Scandinavian Journal of Economics, 106 (2): 299-313.

GIANNONI M P, WOODFORD M, 2002. Optimal interest-rate rules [M]. National Bureau of Economic Research.

GIANNONI M P, 2006. Robust Optimal Policy in a Forward-Looking Model with Parameter and Shock Uncertainty [J]. Journal of Applied Econometrics, 22 (1): 179-213.

GIDDY I H, DUFEY G, MIN S, 1979. Interest rates in the US and Eurodollar markets [J]. Weltwirtschaftliches Archiv, 115 (1): 51-67.

GILBERT R A, 1985. Operating procedures for conducting monetary policy [J]. Federal Reserve Bank of St. Louis Review, 67 (2): 13-21.

GOODFRIEND M, KING R G., 1997. The new neoclassical synthesis and the role of monetary policy [J]. NBER macroeconomics annual, 1997, 12: 231-283.

GOODFRIEND M, MCCALLUM B T, 2007. Banking and Interest Rates in Monetary Policy Analysis: A Quantitative Exploration [J]. Journal of Monetary Economics, 54 (5): 1480-1507.

GOODHART C, 2009. Liguedity Management [R]. Conference on Financial Stability and Macroeconomic Policy, Jackson Hole, Wyoming.

GOODHART C, 2013. The endogeneity of money [M] //Money, Macroeconomics and Keynes. Routledge, 14-24.

GORMEZ Y, CAPIE F, 2000. Surveys on electronic money [M]. Bank of Finland Discussion Papers.

GRAMLICH E M, 1998. Monetary rules [J]. Eastern Economic Journal, 24 (2): 127-136.

GRIMES A, 1992. Discount policy and bank liquidity: Implications for the Modigliani-Miller and quantity theories [M]. Reserve Bank of New Zealand.

GUTHRIE G, WRIGHT J, 2000. Open mouth operations [J]. Journal of Monetary Economics, 46 (2): 489-516.

GYNTELBER J, WOOLDRIDGE P, 2008. Interbank rate fixings during the recent turmoil [J]. BIS Quarterly Review.

HALL, ROBERT E, 1983. Optimal Fiduciary Monetary Systems [J]. Journal of Monetary Economics, 12: 33-50.

HAMILTON J D, 1997. Measuring the liquidity effect [J]. The American Economic Review, 87 (1): 80.

HAMPTON T, 2000. Y2K and Banking System Liquidity [J]. Reserve Bank of New Zealand Bulletin, 63: 52-60.

HARVEY C R, HUANG R D, 2002. The impact of the Federal Reserve Bank's open market operations [J]. Journal of Financial Markets, 5 (2): 223-257.

HAYEK F A, 1986. Market Standards for Money [J], Economic Affairs, 6 (4): 8-10.

HE D, MCCAULEY R N, 2010. Offshore Markets for the Domestic Currency: Monetary and Financial Stability Issues [J]. Bank for International Settlements.

HENDERSHOTT PATRIC H, 1967. The Structure of International Interest Rates: The U.S. Treasury Bill Rate and the Eurodollar Deposit Rate [J]. Journal of Finance, (22): 455-65.

HETZEL R L, 2000. The Taylor rule: is it a useful guide to understanding monetary policy? [J]. FRB Richmond Economic Quarterly, 86 (2): 1-33.

HICKS J R, 1937. Mr. Keynes and the 'classics': a Suggested Interpretation [J]. Econometrica, 5 (2): 147-159.

HOEROVA M, MONNET C. Money market discipline and central bank lending [J]. Available at SSRN 2786501, 2016.

ISSING O, GASPAR V, ANGELONI I, et al, 2001. Monetary policy in the euro area: strategy and decision-making at the European Central Bank [M]. Cambridge University Press.

IZE M A, KOVANEN M A, HENCKEL T, 1999. Central banking without central bank money [M]. International Monetary Fund.

JENKINS P, 2001. Communicating Canadian monetary policy: towards greater transparency [J]. Bank of Canada Review (Summer): 45-50.

JORGENSON D W, 1963. Capital Theory and Investment Behavior [J]. The American Economic Review, 53 (2).

JUDD J P, RUDEBUSCH G D, 1998. Taylor's rule and the Fed, 1970-1997 [J]. Econometric Reviews: 3-16.

JUDSON R A, KLEE E, 2010. Whither the liquidity effect: The impact of Federal Reserve open market operations in recent years [J]. Journal of Macroeconomics, 32 (3): 713-731.

KARRAS G, 1999. Openness and the effects of monetary policy [J]. Journal of International Money and Finance, 18 (1): 13-26.

KATSIMBRIS G M, MILLER S M, 1993. Interest Rate Linkages within the European Monetary System: Further Analysis [J]. Journal of Money, Credit and Banking, 25 (4): 771-779.

KAZI I A, WAGAN H, AKBAR F, 2013. The changing international transmission of US monetary policy shocks: Is there evidence of contagion effect on OECD countries [J]. Economic Modelling, 30: 90-116.

KEISTER T, MARTIN A, MCANDRES J, 2008. Divorcing money from monetary policy [J]. Economic Policy Review, 14 (2).

KING M, 1999. Challenges for monetary policy: new and old [J]. Quarterly Bulletin-Bank of England, 39: 397-415.

KING R G, KERR W, 1996. Limits on interest rate rules in the IS model [J]. FRB Richmond Economic Quarterly, 82 (2): 47-75.

KOPCHAK S J, 2011. The liquidity effect for open market operations [J]. Journal of Banking and Finance, 35 (12).

KOZICKI S, 1999. How useful are Taylor rules for monetary policy [J]. Econometric Reviews, 84 (2): 5-33.

KREICHER L, MCCAULEY R, WOOLDRIDGE P, 2014. Benchmark tipping in the global bond market [R]. Bank for International Settlements.

KRUGMAN P R, 1998. It's baaack: Japan's slump and the return of the liquidity trap [J]. Brookings Papers on Economic Activity, (2): 137-205.

KUTTNER K N, 2001. Monetary Policy Surprises and Interest Rates: Evidence from the Fed Funds Futures Market [J], Journal of Monetary Economics, 47 (3): 523-544.

KWACK S Y, 1971. The structure of international interest rates: An extension of Hendershott's tests [J]. The Journal of Finance, 26 (4): 897-900.

KYDLAND F E, PRESCOTT E C, 1977. Rules Rather than Discretion: The Inconsistency of Optimal Plans [J]. Journal of Political Economy, 85 (3): 473-49.

LAGOS R, 2010. Asset prices and liquidity in an exchange economy [J]. Journal of Monetary Economics, 57 (8): 913-930.

LANGE J, SACK B, WHITESELL W, 2003. Anticipations of monetary policy in financial markets [J]. Journal of Money, Credit and Banking, 889-909.

LARS E. O. SVENSSON, MICHAEL WOODFORD, 2003. "Implementing Optimal Policy through Inflation-Forecast Targeting," NBER Working Papers 9747, National Bureau of Economic Research, Inc.

LAXTON D, MEREDITH G, ROSE D, 1995. Asymmetric effects of economic activity on inflation: Evidence and policy implications [J]. Staff papers, 42 (2): 344-374.

LAXTON D, ROSE D, TAMAKIS D, 1999. The US Phillips curve: The case for asymmetry [J]. Journal of Economic dynamics and Control, 23 (9-10): 1459-1485.

LEVIN JAY H, 1974. The Eurodollar Market and the International Transmission of Interest Rates [J]. Canadian Journal of Economics, (7): 205-24.

LEVIN A T, WIELAND V, WILLIAMS J C, et al, 1998. Robustness of Simple Monetary Policy Rules under Model Uncertainty [J]. Social Science Research Network: 263-318.

LEVIN A T, WIELAND V, WILLIAMS J C, et al, 2003. The Performance of Forecast-Based Monetary Policy Rules Under Model Uncertainty [J] . The American Economic Review, 93 (3): 622-645.

LITTERMAN R B, WEISS L, 1985. Money, Real Interest Rates, and Output: A Reinterpretation of Postwar U. S. Data [J] . Econometrica, 53 (1): 129-156.

LOIS P P A, 2000. ASYMMETRIES IN THE CAPACITY-INFLATION TRADE-OFF [R] . Unitat de Fonaments de l'Anàlisi Econòmica (UAB) and Institut d'Anàlisi Econòmica (CSIC) .

LUCAS R E, 1976. Econometric policy evaluation: A critique [J] . Carnegie-Rochester Conference Series on Public Policy, 1 (1): 19-46.

MARGA PEETERS, 1999. Measuring Monetary Conditions in Europe: Use and Limitations of the MCI [J] . De Economist, Vol. 147 (2), pp. 183-203

MARTIN A, MONNET C, 2008. Monetary policy implementation frameworks: a comparative analysis [J] . Staff Reports.

MARTIN A, MONNET C, 2011. Monetary policy implementation frameworks: A comparative analysis [J] . Macroeconomic Dynamics, 15 (S1): 145-189.

MCCALLUM B , 2000. Alternative monetary policy rules: a comparison with historical settings for the United States [J], the United Kingdom, and Japan, Economic Quarterly, (Win), 49-79.

MCCALLUM B T, 1993. Discretion versus policy rules in practice: two critical points [J] . Carnegie-Rochester Conference Series on Public Policy: 215-220.

MCCALLUM B T, NELSON E, 1998. Performance of Operational Policy Rules in an Estimated Semi-Classical Structural Model [J] . National Bureau of Economic Research: 15-56.

MCCALLUM, BENNETT T, 1999. " Issues in the design of monetary policy rules," Handbook of Macroeconomics, in: J. B. Taylor & M. Woodford (ed.), Handbook of Macroeconomics, edition 1, volume 1, chapter 23, pages 1483-1530 Elsevier.

MCCALLUM, B. T, 1987. The case for rules in the conduct of monetary policy: a concrete example [J] . Economic Review, 73 (Sep): 10-18.

MCCULLOCH, J. HUSTON, 1986. Beyond the Historical Gold Standard, in C. D. Campbell and W. R. Dougan, eds. , Alternative Monetary Regimes, Baltimore: Johns Hopkins University Press.

MCQUEEN G, THORLEY S, 1993 Asymmetric business cycle turning points [J] . Journal of Monetary Economics, 31 (3): 341-362.

MEHRA Y P, 1999. A Forward-Looking Monetary Policy Reaction Function [J] . Economic Quarterly, 85 (2): 33-54.

MEULENDYKE, ANNE-MARIE, 1998. U. S. Monetary Policy and Financial Markets, New York: Federal Reserve Bank of New York, 1998. Reserve Bank of Australia, "Operations in Financial Markets," Annual Report, ReserveBank of Australia, pp. 28-43.

MICHAEL P CLEMENTS, 2003. Hans-Martin Krolzig. Business Cycle Asymmetries [J] . Journal of Business & Economic Statistics, 21 (1) .

MILTON FRIEDMAN , 1968. The Role of Monetary Policy [J] . American Economic Review, Vol. 58, No.

1 (March), pp. 1-17.

MISHKIN F S, 1995. Symposium on the monetary transmission mechanism [J]. Journal of Economic perspectives, 9 (4): 3-10.

MOLLENKAMP C, WHITEHOUSE M, 2008. Study casts doubt on key rate [J]. Wall Street Journal, 29 (5).

MOUAWIYA AL AWAD, BARRY K. GOODWIN, 1998. Dynamic linkages among real interest rates in international capital markets [J]. Journal of International Money and Finance, 17 (6).

MUNDELL R, 1963. Capital mobility and stabilization policy under fixed and under flexible exchange rates [J]. Canadian Journal of Economics and Political Science, 29: 475-485.

NICOLAS A. CUCHE, 2000. "Monetary policy with forward-looking rules: The Swiss case," Working Papers 00.10, Swiss National Bank, Study Center Gerzensee.

NOBAY ROBERT, DAVID A, 2003. Peel. Optimal Discretionary Monetary Policy in a Model of Asymmetric Central Bank Preferences * [J]. The Economic Journal, 113 (489).

OBSTFELD M, SHAMBAUGH J C, TAYLOR A M, 2005. The trilemma in history: tradeoffs among exchange rates, monetary policies, and capital mobility [J]. Review of economics and statistics, 2005, 87 (3): 423-438.

OKUN A M, 1963. Potential GNP: its measurement and significance [M]. Cowles Foundation for Research in Economics at Yale University.

OLIVIER BLANCHARD. Transcript of the World Economic Outlook (WEO) Press Briefing [EB/OL]. www.imf.org/en/News/Articles/2015/09/28/04/54/tr092011a

ORPHANIDES A, 2001. Monetary policy rules based on real-time data [J]. American Economic Revies, 91 (4): 964-985.

P BOFINGER, 2013. Monetary Policy [M]. John Wiley & Sons Ltd.

PALLEY T I, 1996. Accommodationism versus Structuralism: Time for an Accommodation [J]. Journal of Post Keynesian Economics, 18 (4): 585-594.

PAOLO SURICO, 2007. The Monetary Policy of the European Central Bank [J]. Scandinavian Journal of Economics, 109 (1).

PAUL EINZIG, 1937. The Theroy of Forward Exchange [M]. London: Macmillan.

PEETERS M, 1999. Measuring monetary conditions in Europe: use and limitations of the MCI [J]. De Economist, 147 (2): 183-203.

PHILLIPS A W, 1958. The Relation between Unemployment and the Rate of Change of Money Wage Rates in the United Kingdom, 1861-1957 [J]. Economica, 25 (100): 283.

POOLE W, 1968. Commercial Bank Reserve Management in a Stochastic Model: Implications for Monetary Policy [J], Journal of Finance, 23 (5): 769-791.

POOLE W, 1970. Optimal Choice of Monetary Policy Instruments in a Simple Stochastic Macro Model [J]. Boston: Quarterly Journal of Economics, 84: 197-216.

PORTER M N, XU T T, 2009. What drives china's interbank market? . IMF Working Papers.

PORTER N, XU T. T, 2013. Money market rates and retail interest regulation in china: the disconnect between interbank and retail credit conditions. Staff Working Papers, 12 (1), 143-198.

PÉREZ QUIRÓS, G, H. R, 2012. Mendizábal. Asymmetric Standing Facilities: An Unexploited Monetary Policy Tool [R]. IMF Economic Review, Volume 60, Number 1, Page 43.

RESERVE BANK OF NEW ZEALAND, 1999, Monetary Policy Implementation: Changes to Operating Procedures [J]. Reserve Bank of New Zealand Bulletin 62 (1): 46-50.

ROBERT NOBAY A, PEEL, DAVID, 1998. Optimal Monetary Policy in a Model of Asymmetric Central Bank Preferences [J]. The Economics Journal, 2003: 113, 657-665.

ROCHET J, TIROLE J, 2003. Platform Competition in two-sided markets [J]. Journal of the European Economic Association, 1 (4): 990-1029.

ROMER D, 2006. Advanced Macroeconomics [J], McGraw-Hill.

RUDEBUSCH G D, 2005a. Assessing the Lucas Critique in Monetary Policy Models [J]. Journal of Money, Credit and Banking, 37 (2): 245-272.

RUDEBUSCH G D, 2005b. Monetary policy inertia: fact or fiction? [J]. International Journal of Central Banking, 2 (4).

RUDEBUSCH G D, 2002. Term structure evidence on interest rate smoothing and monetary policy inertia [J]. Journal of Monetary Economics, 49 (6).

RUDEBUSCH G D, SVENSSON L E, 1998. Policy Rules for Inflation Targeting [J]. National Bureau of Economic Research: 203-262.

RUGEMURCIA F J, 2004. The Inflation Bias When the Central Bank Targets, the Natural Rate of Unemployment [J]. European Economic Review, 48 (1): 91-107.

SACK B P, 1998. Does the Fed Act Gradually? A VAR Analysis [J]. Journal of Monetary Economics, 46 (1): 229-256.

SACK B P, WIELAND V, 2000. Interest-rate smoothing and optimal monetary policy: a review of recent empirical evidence [J]. Journal of Economics and Business, 52 (1): 205-228.

SARGENT T J, WALLACE N, 1975. " Rational" Expectations, the Optimal Monetary Instrument, and the Optimal Money Supply Rule [J]. Journal of Political Economy, 83 (2): 241-254.

SARNO L, THORNTON D L, 2003. The dynamic relationship between the federal funds rate and the Treasury bill rate: An empirical investigation [J]. Journal of Banking & Finance, 27 (6): 1079-1110.

SBORDONE, ARGIA M, 1998., "Prices and Unit Labor Costs: A New Test of Price Stickiness," Stockholm University, IIES seminar paper no. 653.

SCHALING E, 1999. The Non-Linear Phillips Curve and Inflation Forecast Targeting [J]. Social Science Research Network.

SEKIOUA S H, 2008. Real interest parity (RIP) over the 20th century: new evidence based on confidence intervals for the largest root and the half-life [J]. Journal of International Money and Finance, 27 (1): 76-101.

SELLON G H, WEINER S E, 1996. Monetary Policy Without Reserve Requirements: Analytical Issues

[J], Economic Review-Federal Reserve Bank of Kansas City, 81 (4): 5-24.

SICHEL D E, 1993. Business Cycle Asymmetry: A Deeper Look [J], Economic Inquiry, Western Economic Association International, 31 (2): 224-236.

SIMS C A, 1980. Macroeconomics and reality [J]. Econometrica, 48 (1): 1-48.

SMITHIN J, 2007. A real interest rate rule for monetary policy [J]. Journal of Post Keynesian Economics, 30 (1): 101-118.

SNIDER C A, YOULE T, 2010. Does the LIBOR reflect banks' borrowing costs? [J]. Available at SSRN 1569603.

SOLOW R M, 1960. Investment and technical progress [J]. Mathematical methods in the social sciences, 1 (10): 48-93.

SOYOUNG KIM, 2001. International transmission of U.S. monetary policy shocks: Evidence from VAR's [J]. Journal of Monetary Economics, 48 (2).

SPINDT P A, HOFFMEISTER J R, 1988. The Micromechanics of the Federal Funds Market: Implications for Day-of-the-Week Effects in Funds Rate Variability [J], Journal of Financial and Quantitative Analysis 23 (4): 401-416.

STIGLITZ J, 1997. Reflections on the natural rate hypothesis [J]. Journal of Economic perspectives, 11 (1): 3-10.

STUART A, 1996. Simple monetary policy rules. Bank of England Quarterly Bulletin.

SUN X, TSANG K P, 2014. Optima interest rate rule in a DSGE model with housing market spillovers [J]. Economics Letters, 125 (1): 47-51.

SURICO P, 2004. Inflation targeting and nonlinear policy rules: The case of asymmetric preferences [J]. Available at SSRN 608901.

SURICO P, 2007. The Monetary Policy of the European Central Bank [J]. The Scandinavian Journal of Economics, 109 (1): 115-135.

SVENSSON L E O, 1997. Inflation forecast targeting: Implementing and monitoring inflation targets [J]. European economic review, 41 (6): 1111-1146.

SVENSSON L E O, 2000. Open-economy inflation targeting [J]. Journal of international economics, 50 (1): 155-183.

SVENSSON L E O, 2003. What is wrong with Taylor rules? Using judgment in monetary policy through targeting rules [J]. Journal of Economic Literature, 41 (2): 426-477.

SVENSSON L E O, WILLIAMS N M, 2005. Monetary Policy with Model Uncertainty: Distribution Forecast Targeting [R]. National Bureau of Economic Research, Inc.

TAYLOR J B, 1998. An Historical Analysis of Monetary Policy Rules [J]. National Bureau of Economic Research: 319-348.

TAYLOR J B, 1999. The Robustness and Efficiency of Monetary Policy Rules as Guidelines for Interest Rate Setting by the European Central Bank [J]. Journal of Monetary Economics, 43 (3): 655-679.

TAYLOR J B, 2000. Low inflation, pass-through, and the pricing power of firms [J]. European Economic

Review, 44 (7): 1389-1408.

TAYLOR J B, 2001. Expectations, Open Market Operations, and Changes in the Federal Funds Rate [J]. Canadian Parliamentary Review, 83 (4): 33-58.

TAYLOR J B, WOODFORD M, BROWNING M, HANSEN LP, HECKMAN J J, 1999. Handbook of macroeconomics.

TAYLOR J B, 1993. Discretion versus policy rules in practice [J]. Carnegie-Rochester Conference Series on Public Policy, 39 (1): 195-214.

TAYLOR J B, 1995. The Monetary Transmission Mechanism: An Empirical Framework [J]. Nashville: Journal of Economic Perspectives, (9), 11-26.

TAYLOR J B, 2003. The Role of the Exchange Rate in Monetary-Policy Rules [J]. The American Economic Review, 91 (2): 263-267.

THORNTON H, 1962. An inquiry into the nature and effects of paper credit of Great Britain (reprinted, Fairfield, NJ: Kelley, 1991) [J]. 1802.

TOBIN J, 1969. A General Equilibrium Approach to Monetary Theory [J]. Journal of Money, Credit and Banking, 1 (1): 15-29.

TOOTELL G M, 1997. How farsighted is the FOMC [J]. New England Economic Review: 49-65.

ULRICH BINDSEIL, JULIUSZ JABŁECKI, 2011. A structural model of central bank operations and bank intermediation, No 1312, Working Paper Series, European Central Bank.

ULRICH BINDSEIL and JULIUSZ JABŁECKI, 2011. The optimal width of the central bank standing facilities corridor and banks' day-to-day liquidity management, No 1350, Working Paper Series, European Central Bank.

VÍTOR GASPAR, GABRIEL PÉREZ-QUIRÓS, HUGO RODRIGUEZ MENDIZABAL, 2004. Interest rate determination in the interbank market, No 0407, Working Papers, Banco de España.

WELZ P, OSTERHOLM P, 2005. Interest rate smoothing versus serially coreated errors inTaylor rules: Testing the tests [M]. Universiy, Department of Economics, 77-83.

WHITE, BRUCE, 2001. Central Banking: Back to the Future, Reserve Bank of New Zealand, Discussion Paper, forthcoming.

WHITESELL W C, 2006. Interest rate corridors and reserves [J]. Journal of Monetary Economics, 53 (6): 1177-1195.

WICKSELL K, 1907. The Influence of the Rate of Interest on Prices [J]. History of Economic Thought Articles: 213-220.

WICKSELL K, 1936. Interest and prices [M]. Ludwig von Mises Institute.

WILLIAM W C, 2003. Tunnels and reserves in monetary policy implementation [J]. Available at SSRN 427765.

WILLIAMS J C, 1999. Simple rules for monetary policy [J]. Econometric Reviews: 1-12.

WILLIAMS, JOHN C, 2003. Simple Rules for Monetary Policy [R]. Federal Reserve Bank of San Francisco Economic Review, 1-12.

WOODFORD M, WALSH C E, 2005. Interest and prices: Foundations of a theory of monetary policy [J]. Macroeconomic Dynamics, 9 (3): 462-468.

WOODFORD M, 2000a. Pitfalls of Forward-Looking Monetary Policy [J]. The American Economic Review, 90 (2): 100-104.

WOODFORD M, 2000b. Monetary Policy In A World Without Money [J], International Finance, 3 (2): 229-260.

WOODFORD M, 2001. Inflation Stabilization and Welfare [J]. B E Journal of Macroeconomics, 2 (1): 1-53.

WOODFORD M, 1999. Optimal monetary policy inertia [J]. The Manchester School, 67: 1-35.

ZELLNER A, 1986. Bayesian Estimation and Prediction Using Asymmetric Loss Functions [J]. Journal of the American Statistical Association, 81 (394): 446-451.